대중의 계보학

대중의 계보학

모던 걸에서 촛불 소녀까지,
대중 실천의 역사와 새로운 대중의 시대

김성일 지음

이매진

이매진 컨텍스트 49

대중의 계보학
— 모던 걸에서 촛불 소녀까지, 대중 실천의 역사와 새로운 대중의 시대

지은이 김성일 **펴낸곳** 이매진 **펴낸이** 정철수
편집 김성현 기인선 최예원 **디자인** 오혜진 **마케팅** 김둘미
처음 찍은 날 2014년 5월 7일
등록 2003년 5월 14일 제313-2003-0183호
주소 서울시 마포구 성지5길 17, 301호(합정동) **전화** 02-3141-1917 **팩스** 02-3141-0917
이메일 imaginepub@naver.com **블로그** blog.naver.com/imaginepub
ISBN 979-11-5531-044-1 (03300)

3부. 대중의 시대 — 참여 군중과 집단 지성 그리고 새로운 대중 실천

대중이라는 현상

1. 왜, 다시, 대중인가

가세트[O. Gasset]는 '대중의 반역'을 거스를 수 없는 하나의 역사적 과정으로 규정했다. 이때 대중의 반역은 정치적 진보가 아니라 문명의 퇴보를 의미한다. 사실상 대중을 바라보는 지배적 관점은 가세트의 시각하고 크게 다르지 않다. 개인으로 환원될 수 없는 집단성이 초래한 감정적 조울증과 폭력은 대중을 부정적으로 보게 했을 뿐 아니라 지적 관심의 범위에도 한계를 정했다. 그러나 레비[Pierre Lévy]는 이런 말로 우리의 통념을 깨뜨린다. "데카르트의 '나는 생각한다'에서 '우리는 생각한다'로 넘어가는 것이다. …… 능력, 기획에서 그리고 구성원들이 지식의 공간에서 맺는 관계들에서 떠오르는 유동적 이미지는 집단에게 있어 긍정적이고 생동감 넘치며 열려 있는 새로운 정체성 확립의 양태를 구성한다."

대중에 관한 인식의 근본적 전환은 지적 유행이나 이론적 수사가 아니다. 현재 우리의 삶의 질을 측정하고 앞으로 민주주의가 나아갈 방향을 가늠한다는 점에서 대중에 관한 새로운 관심이 요구된다. 그 중심에 2008년에 일어난 미국산 쇠고기 수입 반대 촛불 집회가 있다. 이 촛불 집회는 단순히 정부의 대외 무역 정책에 관련된 졸속 행정을 비판한 사건이 아니다. 한국 사회의 변동을 측정할 사회적 지표이자 그 미래의 향방을 가늠할 나침반인 것이다.

사회 변동의 측면에서 볼 때, 미국산 쇠고기 수입 반대 촛불 집회는 한국 사회의 물적 토대, 정치권력의 행사 방식, 사회적 결속의 형태와 문화적 의미화의 코드가 바뀐 사실을 알려준다. 또한 이런 변화가 앞으로 삶의 질을 향상시키는 새로운 차원의 민주주의로 나아갈지, 아니면 사회 양극화에 뒤이은 삶의 질 저하로 귀결될지를 가늠할 수 있게 한다. 그런 의미에서 미국산 쇠고기 수입 반대 촛불 집회는 사회운동론에 입각한 집합행동의 한 양상으로 단정할 수 없다. 거대한 사회 변동의 현재적 좌표와 그 좌표에 관한 가치 평가를 다각적으로 요구한다는 점에서 새로운 접근이 필요한 것이다.

미국산 쇠고기 수입 반대 촛불 집회는 스스로 진화하고 능동적으로 전화한 동태적인 사건이기 때문에, 사후 평가로는 그 흐름의 역동성을 따라잡을 수 없다. 모바일 2.0이 장착된 무선 인터넷을 통한 생중계 정도가 그 특이성의 일부를 포착할 수 있을 뿐이다. 촛불 집회가 갖는 역동성과 특이성의 중심에는 '대중'이 있었다. 촛불 집회를 가능하게 한 핵심 주체인 대중의 결집 양태가 한국 사회의 변동에 연동돼 있는 만큼 대중이 관심의 중심 대상으로 설정돼야 한다는 말이다.

사실 대중이라는 대상 또는 개념은 식상하기도 하고 모호하기도 하다. 식상하다고 하는 이유는 일상생활 속에서 늘 마주치고 부딪치는 익명의 사람들인 탓에 새로움과 선선함을 기대하기가 쉽지 않기 때문이다. 모호하다고 하는 이유는 실재하면서도 고정될 수 없는 형태로, 순간적이고 불확정적으로 존재해서 온전한 모습을 포착할 수 없기 때문이다. 그러나 이런 식상함과 모호함이 미국산 쇠고기 수입 반대 촛불 집회를 하나의 '사건'으로 만든 핵심 특징이다.

따라서 대중에 관한 연구가 새롭게 시작돼야 한다. 물론 새로운 대중연구의 필요성이 2008년 촛불 집회 때문에 생겨난 것은 아니다. 오히려 이 촛불 집회는 그동안 나타난 수많은 여울들이 만들어낸 상대적으로 큰 파도라고 할 수 있다. 2008년 촛불 집회를 일으킨 주요 원인은 미국산 쇠고기 전면 수입 개방이 아니라, 2002년을 기점으로 발생한 여러 사건, 곧 오노 사건, 노무현을 사랑하는 사람들의 모임(노사모) 활동, 길거리 응원전, 미선이 효순이 촛불 집회, 이라크전 반대와 파병 반대 운동, 대통령 탄핵 반대 촛불 집회를 주도한 대중의 새로운 결집 방식과 자율적 실천들이다.

미국산 쇠고기 수입 반대 촛불 집회로 정점을 찍은 여러 사건들이 갖는 특이성은 무엇인가? 무엇보다도 이 사건들을 주도한 대중은 계급과 계층, 세대와 성별을 초월해 있다는 점에서 특징적이다. 영상 세대라고 할 10대 청소년부터 청년 실업에 가위눌려 지낸 20대의 청년 세대, 민주화의 주역인 386세대와 절대 빈곤을 타개한 산업 역군인 40대와 50대를 포괄한다. 또한 사이버 공간에서 필요한 정보를 수집하고 소통하며 집단 지성을 형성한 네티즌도 있다. 더불어 사회적 불의social injustice에 적극적으로 문제를 제기하고 자신이 지지하는 정치인을 후원한 유권자도 있다. 마지막으로 거리를 광장으로 전유해 몸과 몸을 부딪치며 축제를 벌인 응원자도 있다.

대중 구성의 이런 다양함이 유기적으로 연결돼 있다는 점이 이 사건들이 지니는 둘째 특이성이다. 흔히 대중을 '모래알'로 부르는 데서 알 수 있듯이 구성원 사이의 관계는 익명적이고 파편적이며 이해 타산적이다. 그러나 이런 사건들에서 보이는 대중은 모래알이 아니라 유기적 관계를 맺고 있는 한 편의 모자이크를 연상시킨다. 저마다 지닌 고유한 질료와 색깔이 상대적 독립성을 연상시키면서도, 각각의 고유성 사이에는 긴밀한 유기적 관계가 형성돼 있다. 이런 유기성은 대중 속에 핵심 주체가 명확히 존재한 덕분에 가능했다. 핵심 주체가 분명하다는 말은 대중적 결집이 가능했고, 행위 목표와 행위 양식이 사전에 공유돼 조직적으로 확산될 추동력이 존재했다는 것을 시사한다.

핵심 주체의 명확한 존재와 조직적 준비라는 조건은 대중의 대규모 참여를 견인한다. 여기서 견인이란 하향식 계몽과 지도를 의미하기보다는, 상향식의 자발적이고 폭발적인 참여를 가능하게 한 도화선을 가리킨다. 또한 핵심 주체가 명확히 존재한다는 것은 집단행동의 목표가 명확히 수립됐다는 것을 뜻한다. 예를 들어 오노 사건은 김동성 선수 금메달 박탈 사건의 부당성 부각을, 노사모는 제도 정치의 개혁을, 길거리 응원전은 한국 축구 대표팀의 승리를, 미선이 효순이 촛불 집회는 한-미 주둔군 지위 협정SOFA 개정과 책임자 처벌을, 미국산 쇠고기 수입 반대 촛불 집회는 검역 주권과 신자유주의 정책 반대를 명확히 목표로 설정하고 있었다. 집단행동의 명확한 목표 설정은 이데올로기 지평에서 분명한 태도를 취하게 만들고, '우리'와 '그 사람들'의 구별을 통해 갈등과 연대의 기준을 확립하며, 집단행동의 결과에 따른 성패를 명확히 인식하게 해준다.

한편 인터넷을 필두로 한 디지털 미디어의 발전과 이런 미디어를 활용하는 대중의 능력이 커진 상황도 대중이 폭발적으로 결집하는 데 결정적인 영향을 미쳤다. 미디어 혁명은 사회적 소통 방식의 일대 혁신과 집단 지성의 출현으로 이어진다. 대중은 집단행동에 필요한 지식과 정보를 디지털 미디어를 통해 스스로 찾고 구성한다. 오피니언 그룹이라고 불리는 기성 언론과 지식인 집단이 아니라, 질문과 응답, 긴 논문과 짧은 단상, 치열한 논쟁, 특정 사안을 둘러싼 투표 등 인터넷을 활용해 자율적으로 지식과 정보를 만들어냈다. 이렇게 대중은 스스로 지성화하며 집단행동에 필요한 참여 동기와 행위 목표, 물적 자원을 자율 조달했다.

2002년을 기점으로 발생한 일련의 대중 행동에서 관찰된 순간적인 출몰, 폭발적인 결집력, 자기 조직화를 통한 주체적 변이의 역능은 마치 '유령'을 연상시킨다. 공포 영화에나 나올 법한 가상의 존재가 아니라, 현실에 실존한다는 의미에서 더욱 위협적이다. 이것을 통해 대중의 행위가 우발적이며 무질서하고 폭력적이므로 통제와 규제 또는 지도와 계몽이 필요하다는 지배 권력과 일부 사회운동 진영의 인식은 완전히 부정된다.

이런 새로운 대중의 출현은 고지식한 지식인과 부패한 정치인 그리고 무능력한 공무원과 신자유주의 후광으로 기세가 등등한 자본가 사이에 새로운 신성 동맹을 강제했다. 이 동맹과 새로운 대중의 정면충돌은 한국뿐 아니라 세계 곳곳에서 반세계화의 이름으로 다양하게 펼쳐지고 있다. 세계적 수준에서 벌어지는 이런 갈등 양상은 새로운 대중의 출현과 저항이 국민국가의 경계를 넘어 세계에 접속하고 있다는 측면에서 보편적 현상이라고 할 수 있다. 따라서 오노 사건을 필두로 발생한 대중 행동들, 특히 미국산 쇠고기 수입 반대 촛불 집회는 한국의 문제이면서 신자유주의 세계화의 일방통행에 제동을 걸려 한 대중의 능동적 대응이다.

이런 상황은 곧 앞서 말한 여러 사건을 규명하는 작업이 신자유주의 세계화와 연계돼 진행돼야 한다는 것을 뜻한다. 외환 위기 이후 전면 추진된 신자유주의 재구조화는 탈공업 전략 속에서 교역 구조의 변화(중국의 부상, 해외 자본의 유입 증가)와 산업 구조의 변화(제조업 쇠퇴와 고용 감소, 서비스업 발전과 생산성 저하)를, 경영 합리화 속에서 노동시장의 분절화(비정규직 고용 확대, 원하청 기업 간 불평등 심화)와 노동 유연화(조직 혁신, 인원 감축)를 초래했다. 노동자들의 불안한 지위는 사회 전체의 불안전성을 초래했고, 사회 양극화는 더욱더 고착했다.

문제는 무한 경쟁에서 밀려난 다수의 사람들(대중)이 가치 생산의 순환에서 점차 배제돼 무용한 존재가 됐다는 점이다. 경제적으로 추락할지 모른다는 불안이 만성이 되고 새로운 탈출구를 향한 열망이 강렬해지면서 폭발적인 대중 결집을 이끈 대중 심리가 작용했다. 제한된 계급 상승의 통로에서 배제된 상태에서 찾은 탈출구가 바로 대중적 이벤트인 대규모 집단 행동인 것이다. 이런 집단행동은 촛불 집회 같은 사회운동의 형태부터 사이버 마녀사냥에 이르기까지 다양하다.

이 책은 새롭게 출현한 대중의 주체 형성과 실천의 동학을 경제의 탈근대화가 가져온 변화들, 곧 신자유주의 재편이 속도를 더해가는 한국 사회의 정세, 디지털 미디어 환경이 바꾼 사회적 소통 방식의 일대 혁신, 집단 지성의 구성에 작동한 의미 작용의 변화에 연관해 살펴보려 한다. 대중연구가 이런 과정을 통해 진행된다는 것은 새롭게 등장한 대중이 단순한 지적 호기심의 대상이 아니라는 사실을 알려준다. 무엇보다도 대중 연구는 현대 사회의 성격과 현대인의 사회적 삶의 형태를 규명하는 지적 작업이다.

시민이라는 주체 형태가 근대국가의 형성과 민주주의의 출현에 핵심이었듯, 새롭게 등장한 대중도 권력 행사, 물적 토대, 사회적 소통, 의미화의 문화적 과정이 어떻게 변했는지 이해할 수 있게 해준다. 예를 들어 대중의 주체 구성 방식이 노동자를 호명하는 방식(푸코가 말하는 의미의 규율사회)에서 일상생활을 포괄하는 '사회적 삶'의 구성으로 변화한 사실은 현대 사회가 새로운 국면에 들어섰다는 것을 의미한다. 이런 변화에서 시작해 대중 연구는 사회변동을 다루는 지적 작업을 거쳐, 그 변동의 요인을 규명하는 작업을 통해 새로운 대안을 모색하는 이론적 실천으로 나아간다.

2. 시청 앞 광장에서 새로운 대중을 만나다

2002년은 새로운 대중의 시대가 시작된 시발점이다. 무질서와 폭력, 극심한 조울증, 이성의 마비로 규정되던 대중이 자율적으로 질서와 규범을 만들고 차이를 인정하며 집단행동에 필요한 지식과 정보를 스스로 구성하는 집단으로 인식되기 시작한 게 2002년이기 때문이다. 그해 초에 일어난 '오노 사건'을 매개로 네티즌은 빠르게 결집했다. 솔트레이크시티 동계 올림픽에서 쇼트트랙 국가대표인 김동성 선수가 금메달을 빼앗긴 사건은 '페어플레이' 정신을 어긴 미국을 향한 한국인들의 문제 제기를 통해 공론화됐다. 온라인을 매개로 네티즌들은 사건의 진상을 발빠르게 알렸고, 사회적 위신과 도덕적 평판의 영향력이 남달리 강한 한국 사회에서 페어플레이 위반은 대중의 도덕적 분노를 쉽게 증폭시켰다. 사회적 쟁점으로 오노 사건을 공론화한 네티즌들의 실천은 광화문 사거리를 붉게 물들인 길거리 응원전으로 이어졌다.

길거리 응원전은 단순히 월드컵이라는 스포츠 이벤트로 규정할 수 없다. 노는 것을 게으름의 징표로 금기시하고 군중의 흐름을 무질서와 폭력으로 동일시한 노동 사회와 규율 사회를 통렬히 비판한 패러다임의 변동을 수반했기 때문이다. 그런 의미에서 스포츠를 '3S 정책'의 하나로 보고 길거리 응원전을 스포츠 상품의 노예가 된 행동 또는 일시적 광기로 바라본 시각은 문제가 있다. 붉은 악마라는 행위 주체의 주도면밀한 준비와 기상천외한 도구를 창의적으로 동원한 응원은 3S 정책의 악령을 전혀 떠올릴 수 없게 만들기 때문이다.

그해 겨울 일어난 미선이 효순이 촛불 집회는 길거리 응원전의 정치적 승화였다. 집회에 관한 모든 정보가 인터넷을 통해 전달됐고, 대중들은 자신의 의견을 자유롭게 게시하며 사건화에 필요한 다양한 자원을 스스로 조달했다. 이 과정에서 보여준 정보 소통과 공유의 민주적인 형태는 대중의 폭발적 결집으로 이어졌다. 운동 단체를 중심으로 한 조직화된 참여자 말고, 인지적 또는 감정적 동조를 보인 잠재적 참여자들이 집회 현장에 나온 것이다. 약소민족의 설움을 담은 엄숙한 추모 집회는 〈오, 필승 코리아〉와 〈아리랑〉을 통해 대동굿으로 바뀌면서 민족적 동질감을 새롭게 확인하는 장으로 이어졌다.

한편 미국산 쇠고기 수입 반대 촛불 집회는 안전한 먹을거리를 보장하고 가족의 건강권(신체권)을 확보하려는 운동으로 촉발됐다. 그런 의미에서 미국산 쇠고기 수입 반대 촛불 집회는 시민운동 또는 신사회운동하고 맥을 같이한다. 시민운동은 갈등 대상으로 국가를 설정한 민주화 운동이나 계급 운동하고 다르게 시민사회를 활성화하고 합법 수단을 통해 생활에 밀접한 다양한 권리를 향상시키기 위해 노력한다. 신사회운동 역시 근대화와 산업화 과정에서 주변화된 집단(여성, 아동, 노인, 외국인, 노동자)의 정체성 또는 환경과 신체 등에 관련된 문제를 공동체 운동 같은 비제도 또는 반제도 형식에 담아 해결하려 한다.

그러나 이번 촛불 집회는 이런 운동들하고 상당히 다른 특이성을 보이는 만큼 새롭게 접근해야 한다. 미국산 쇠고기 수입 반대 촛불 집회는 생활권과 시민권, 합법과 불법, 제도와 비제도 중 하나를 선택하는 형태가 아니라 둘 사이를 자유롭게 횡단하며 전개됐다. 이런 경계 넘기의 주체, 합법과 불법의 경계를 자유롭게 횡단한 주체는 '광우병 위험 미국산 쇠고기 전면 수입을 반대하는 국민대책회의(대책위)'가 아니라 개별로 또는 소규모 집단으로 참여한 많은 참여자들이었다. 이 참여자들은 물대포의 과녁이 되고, 전경이 휘두른 방패에 머리가 찢겼으며, 새벽까지 도로에 연좌하다가 연행됐다. 그런데 이런 행동은 '비폭력 평화 시위'를 행동 강령으로 채택한 대책위에서 벗어나 스스로 만든 정치 의례들이다. 이미 대책위는 행사의 종료를 알린 지 오래됐지만, 참여자들은 1박 2일의 끝장 집회를 이어갔다.

그런데 이런 사건들이 시청 앞 광장과 광화문 사거리에서 수만 명이 참가한 상황에서 진행된 사실은 그것 자체로 상징적 의미를 갖는다. 한국의 지배 권력이 밀집한 이곳을 자신들의 편의대로 전유한 이 사건들은 대중의 존재와 영향력이 매우 커진 사실을 환기해주기 때문이다. 이런 사실에서 출발해 새로운 대중 시대가 도래하고 있는 한국 사회의 대중 연구를 수행해야 하는 것은 아주 당연하다.

그러나 이런 대중의 자율성과 능동성을 긍정적인 시각으로 볼 수만은 없다. 분명 이런 사건들은 새로운 실천 주체로 등장한 대중을 긍정적으로 평가하게 만든다. 그러나 지하철에서 반려견의 배설물을 치우지 않았다 해서 네티즌의 뭇매를 맞은 일명 '개똥녀' 사건과 미니홈피에 개인적으로 넋두리한 글이 전후 맥락 없이 유포되면서 가수 활동을 중단하게 된 '2PM 재범 사건', 명백한 직무 유기에도 한국을 빛낼 위인이자 영웅으로 칭송된 '황우석 사태', 영화계와 일반 대중의 평가가 첨예하게 엇갈린 〈디워〉 논쟁'은 편협한 애국주의와 자폐적 민족주의, 왜곡된 포퓰리즘이라는 문제를 제기한다.

이런 대중의 폭력성이 문제되는 이유는 집단행동에 필요한 의미와 정당화의 논리를 대중 스스로 만든다는 점 때문이다. 특정 상황을 사건화하는 데 필요한 인적 자원과 물적 자원을 스스로 동원하고 만든다는 점에서, 자칫 타인의 객관적 시선과 조언을 무시하는 자폐적 성향이 생겨날 수 있다. 그 결과 자신의 생각과 행위의 준거에서 벗어난 모든 것을 잘못된 것으로 규정하고, 문제의 해결책으로 상징적 또는 물리적 린치를 직접 감행하려한다. 린치의 목적이 '사회 안전과 국가 이익' 또는 '공공성 확립'으로 설정된다는 점에서 이런 공격 행위는 '대중 파시즘'의 변종이다.

대중이 보인 이런 양면성, 곧 이성적 판단이 마비되고 분위기에 휩쓸리면서 형성된 집단적 열광과 분노는 보는 사람에게 또 다른 공포를 심어준다. 특히 이런 대중의 분노가 지배 분파가 아니라 대중 자신을 겨냥하고 대중 자신을 재물로 삼기 때문에 문제는 매우 심각하다. 집단적 흥분이 겨냥한 목표가 지배 체제가 아니라 흥분한 자신들하고 거리를 두려 한 동료나 이웃이기 때문이다. 이런 상황은 명백히 다수의 횡포이자 민주주의의 퇴행이며, 신자유주의 세계화의 전횡 속에서 주변화된 패배감을 왜곡된 방식으로 해소하려는 감정적 쏠림 현상의 변종이다.

이런 대중의 양면성은 자연 상태와 문명화의 양극단 사이를 불안하게 걷게 만든다. 이때 자연 상태란 집단적 흥분에 기초한 폭력성을, 문명화란 민주주의를 향한 열망과 실천을 뜻한다. 그런 의미에서 대중의 양면성을 면밀히 고찰하고 그 의미를 평가하는 일은 다수의 폭력과 독선을 미리 방지하고 공공선의 가치와 효과를 극대화하는 작업에 연결된다.

대중의 이중성은 신자유주의를 향한 재편이 가져온 대중의 삶의 위기와 그 결과인 불안의 만성화에 기인한다. 한국 사회의 신자유주의적 재구조화가 본격화된 때는 1997년 외환 위기 이후다. 신자유주의적 재구조화가 진행된 지 14년이 지난 지금, 국가와 자본에는 막대한 이익이, 대중에게는 사회 양극화에 따른 피폐한 삶이 구조화됐다. '구조화된다'는 말은 경제 위기나 사회 양극화가 예외가 아니라 정상이 되는, 곧 사회 시스템이 정상 작동한 필연적 결과로 나타나는 상황을 뜻한다.

주변화되고 배제된 대중의 삶은 한국 사회의 정치 정세를 읽는 핵심 지표다. 그만큼 곳곳에서 시시때때로 예외 없이 대중의 삶이 추락하고 있다. 1970년대에나 나올 법한 '생존권 요구'가 2012년에 대중들의 입에서 터져 나오고 있다. 대중의 생존권 요구가 부쩍 늘어난 것은 민주주의가 위협받고 있다는 말이다. 민주주의가 위협받고 있다는 것은 전체주의나 독재 체제로 퇴행되는 현상이 진행되고 있다는 뜻이다.

그런데 지금 대중의 생존권 요구는 과거보다 더 처절하다. 착취의 대상도 되지 못하는 '쓰레기가 되는 삶'으로 추락했기 때문이다. 바우만Z. Bauman은 대중의 삶이 쓰레기로 전락하게 되는 원인과 과정을 근대 정치의 인구관리 정책에서 나타난 변화에서 찾으면서 이 변화를 신자유주의 체제에 연결했다. 바우만에 따르면 과거 산업화 속에서 발생한 과잉 인구는 식민지 개척과 인구 송출을 통해 해결됐지만, 신자유주의 체제에서는 생산과 소비의 두 측면에서 아무 도움이 안 되는 집단으로 규정된다. 더욱이 이 집단은 아감벤G. Agamben이 말한 '호모 사케르Homo Sacer'도 되지 못하는 쓸모없는 사람들이다. 희생 제의의 제물이 된 호모 사케르는 부족의 질서를 구축하는 데 기여한다는 측면에서 나름의 사회적 가치를 지니지만, 오늘날의 주변화된 대중은 이용과 착취의 대상도 되지 못한다.

일종의 쓰레기로 전락한 대중은 이중적 삶을 요구받는다. 한편으로 실낱같은 보상이라도 받겠다는 일념으로 무한 경쟁을 강요한 체제에 뛰어들어야 하고, 다른 한편으로 무한 경쟁의 패배자로서 주변부로 추방돼 어떤 법적, 정치적, 경제적, 사회적 보호도 받지 못하고 있다. 신자유주의는 대중을 공동체 바깥으로 추방하는 게 아니라, 이것도 저것도 포기하지 못하게 만드는 삶의 한계 지대로 쫓아낸다.

이런 과정을 통해 추방은 권력에 더욱 매달리게 하는 하나의 통치술로 채택되고, 대중을 삶의 한계 지대에 방치함으로써 더 큰 지배력을 확보하게 한다. 대중을 주변화하고 삶의 한계 지대로 내몰 방안이 강구되고 제도화된다. 예를 들어 비정규직 노동자와 이주 노동자를 확대해 비용을 줄이고, 이런 계층의 불평등한 노동 조건을 보호가 아니라 착취의 근거로 활용한다. 더 나아가 권력(특히 국가)은 삶의 한계 지대로 몰린 대중의 생존권 요구에 대화와 타협이 아니라 공권력을 통한 억압과 통제, 곧 치안 정치로 맞선다. 랑시에르J. Rancière에게 치안은 사회와 제도 안으로 대중을 포섭하는 또는 동일화하는 과정으로 설정되는데, 지금 국가의 준엄한 또는 과잉의 공권력 행사는 지배 체제 안으로 또는 한계 지대로 대중을 추방하려는 통치술인 것이다.

그러나 역사적으로 볼 때 이런 암흑 시대를 깨뜨린 주체는 언제나 대중이고, 자신의 가치를 스스로 구현해나간 궤적이야말로 민주주의의 역사가 아니었던가! 대중 연구가 새로운 대중을 규명하는 작업은 현실 사회를 향한 비판에 더해 대안 사회에 관한 모색을 동시에 수반한다는 점에서 하나의 정치적 기획이라고 할 수 있다.

이런 상황에서 대중 연구의 필요성과 의미를 제기하고 연구를 위한 이론과 분석 틀을 모색하는 일은 아주 중요하다. 길거리 응원전과 미국산 쇠고기 수입 반대 촛불 집회를 양대 산맥으로 하고 그 밑으로 뻗어 내린 다양한 대중 행동의 준봉들을 연구하는 일은 사회운동으로서 대중 연구의 의미와 가치를 평가하는 작업인 동시에 새로운 민주주의를 모색하는 시도가 된다. 따라서 대중 연구는 분석 대상인 대중의 다양한 삶을 고찰할 방법론을 개발하는 데 힘써야 한다. 이런 과정을 거쳐 평범하고 일상적인 삶의 이면에 흐르는 창의적 상상력과 대안 사회의 의제가 될 만한 자료들이 발굴될 수 있다.

아울러 대중 연구는 대중 속에서 역능을 가진 능동적이면서도 자율적인 주체를 발견해야 한다. 그렇게 해서 체제의 재생산 과정을 밝히는 수준을 넘어 대중 스스로 자기 가치를 실현할 수 있는 조건과 그런 실천의 방안을 제시할 수 있어야 한다. 마지막으로 대중 연구는 대중 형성의 물적 토대와 정치화 과정, 의미 작용과 소통 체계를 다층으로 분석해야 한다. 대중은 정치, 경제, 사회, 문화로 나뉘어 고찰되는 대상이 아니라 복잡한 중층 결정의 효과를 통해 설명돼야 하는 존재이기 때문이다.

3. 새로운 대중과 대중의 시대

'대중'이라는 용어는 다양하게 사용됐으며, 사회과학의 서로 다른 전통에 따라 개념상의 차이 또한 분명히 존재했다. 먼저 대중사회론(리스먼, 프랑크푸르트학파)에서 대중은 대량 생산과 대량 소비, 대규모 사회 조직의 등장과 이 조직을 통제하기 위한 관료제의 출현, 매스커뮤니케이션의 발달 등을 거치며 규격화되고 획일화된 기계적 개인의 모습으로 설정된다. 장소 귀속성을 가지고 모여 있는 군중crowd이나 특정 이슈에 관한 의사소통을 통해 여론을 형성하는 공중public과 다르게, 대중은 상호 작용 없이 원자화된 개인들의 덩어리를 의미한다.

한편 엘리트주의적 시각이 투사된 군중론(가세트, 르 봉, 카네티)과 대중심리학(라이히, 모스코비치)에서 대중은 소수의 엘리트를 위해 존재하는 수동적 객체로 설정된다. 군중론에서 대중은 문명 파괴의 주범으로, 대중심리학에서 대중은 파시즘 같은 전체주의를 승인한 집단 무의식에 사로잡힌 나약한 인간으로 설정된다. 한편 마르크스주의 시각에서 대중은 혁명적 계급을 의미한다. 따라서 대중은 사회 혁명의 집합적 주체로서 역사의 주체이자 혁명의 담당자가 된다. 또한 이때의 대중은 노동자 계급을 핵심으로 한 반부르주아 범주를 포괄해 지칭하기도 한다.

이런 논의들을 통해 설정된 산업사회의 원자화된 개인은 유연 생산 체제로 전환되고 혁신적 정보통신 기술이 야기한 탈근대 속에서 다중multitude, 전자적 대중electronic mass, 영리한 군중smart mob, 문화 부족cultural tribe, 유목민nomad 같은 능동적 주체로 탈바꿈한다. 예를 들어 비르노P. Virno와 네그리A. Negri는 포스트 포드주의라는 물적 토대의 변화 속에서 출현한 탈근대 주체인 다중을 개념화한다. 라인골드H. Rheingold는 휴대 전화나 인터넷 같은 새로운 정보 매체를 통해 새로운 집단의식과 집합행동을 보이는 영리한 군중에 주목한다. 또한 조대엽은 후기 산업사회의 일반적 축적 방식이라고 할 수 있는 다품종 소량 생산 체제에 적합한 다원화된 욕구를 지닌 전자적 대중을 제시한다.

이 책은 대중에 관한 이런 다양한 접근을 검토하면서, 대중의 탈근대적 변환에 영향을 미친 구조 변동에 연계해 오늘날 새롭게 출현한 대중의 성격과 실천의 동학을 규명하려 한다. 이 대중들이 특정한 국면에서 결집하게 된 가시적 또는 비가시적 과정(상황에 관한 인식, 필요한 지식과 정보의 수집, 사회적 의사소통 방식과 사건의 의미화 과정, 인적 동원과 물적 동원의 기제)을 신자유주의가 초래한 변화 속에서 확인할 것이다.

그럼 이런 목적을 수행하는 데 필요한 연구 과제와 방법을 살펴보자. 첫째, 이 책은 계보학적 문제 설정 속에서 대중에 접근한다. 근대가 다른 시기하고 결정적으로 구별되는 점은 '대중'의 존재 또는 '대중이라는 현상'의 출현에 있다. 이때 대중은 획일적 덩어리가 아니라, 거대하고 다기한 복합적 성격을 갖는다. 대중은 불확정적이고 유동적인 집단으로서 하나의 실체인 동시에 현상으로 존재하기 때문이다. 따라서 대중은 그 자신 속에 서로 다른 지향과 정체성을 지닌 계급, 계층, 세대, 결사체 같은 다양한 구성원을 포함한다. 이런 사실에서 '대중성'이라는 특성이 나타난다. 대중성이란 개인으로 환원될 수 없는 집단만이 갖는 고유의 대중 심리와 집단행동을 말한다. 개인으로 있을 때하고 다르게 대중 속에 합류하면, 사람들은 불굴의 용감함과 사려 깊은 배려심 또는 무모한 영웅 심리와 공격성을 보인다. 따라서 대중은 특정한 계급, 계층이나 세대, 인종하고 동일하게 간주돼서는 안 된다.

또한 대중은 생각하고 행동한다는 의미에서 실체이지만, 하나의 '현상'이기도 하다. 대중이 '유동하는 흐름'이라는 특성을 갖는 이유도 이 점 때문이다. 따라서 대중을 '특정한 사람들'로 간주하고 정의하는 방식은 대중을 이해하는 과정에서 한계를 드러낸다. 이런 접근은 대중을 일정한 정체성을 가진 사람들로 대상화하기 때문이다. 따라서 현상으로서 대중에 주목할 필요가 있다. 이때 현상으로서 대중은 하나의 '사건'이다. 관심을 끌게 만들고 집단행동으로 나서게 한 일 자체가 흔하지 않기 때문이다. 현상으로서 대중이 하나의 사건이 될 수 있는 이유는 그 안에 포함된 요소들의 개별성이 아니라, 그것들 사이에 발생하는 의미의 교환과 전환 때문이다. 분명 현상으로서 대중의 이면에는 대중의 삶에 관한 태도와 분출의 욕망이 투영돼 있다.

이 책이 주목하는 대상은 사건이 되게 한 대중의 의식과 실천상의 전환인 만큼, 대중을 사전식으로 정의하고 높은 추상성 속에서 분석하는 방식에는 거리를 두려 한다. 대중은 '흐름'과 '현상'으로 출현하고 이동하며 소멸되기 때문이다. 따라서 이 책은 '대중적인 것' 또는 '현상' 속에서 대중을 '발견'하는 접근 방식을 취한다. 사전식 정의에 맞는 대중을 선별해 분석하는 게 아니라, 대중을 대중이 되게 한 요인이나 현상 또는 대중을 구성하는 다양한 사람들에 주목할 생각이다.

둘째, 대중 형성에 영향을 미친 구조 변동을 고찰하려 한다. 대중 자체가 근대의 역사적 산물인 동시에 특정한 국면에서 다양하게 출현하기 때문이다. 이런 특이성은 역사적 전환기 또는 사회 구조 변동기에 동시대 사람들이 삶의 안전(생존)을 위해 서로 소통하고 뭉치며 때로는 집단행동을 해야 하던 상황에 기인한다. 따라서 신자유주의 재구조화에 따른 한국 사회의 구조 변동을 물적 생산 방식의 변화, 정치적 지배 방식의 변화, 사회적 소통 방식의 변화를 통해 살펴볼 것이다. 또한 이런 논의에 관련해 한국 사회에서 대중 형성에 영향을 미친 구조 변동의 지형도를 그려볼 것이다.

물적 생산 방식의 변화에서는 신자유주의가 추진되기 시작한 1980년대 이후부터 외환 위기를 지나면서 본격화된 축적 체제의 변화와 그 결과인 사회 양극화를 다룬다. 정치적 지배 방식의 변화에서는 시장에 관한 국가 개입의 변화와 신자유주의를 '상식'으로 내면화하기 위한 정치의 특성을 살펴볼 것이다. 사회적 소통 방식의 변화에서는 인터넷과 모바일 미디어가 가져온 커뮤니케이션 상황의 변화를 다룬다.

셋째, 한국 사회에서 대중의 탈근대적 형성을 고찰할 분석의 틀을 마련하고 형성 과정의 동학을 규명하겠다. 지금 한국 사회에서 새롭게 등장하고 있는 대중은 스스로 지성화하고 대중을 결집하기 위한 인적 또는 물적 자원을 자율적으로 동원한다는 점에서 매우 특징적이다. 이런 능동성은 삶능력bio-power 때문인데, 삶능력은 결핍된 무엇을 채우기 위한 활동이 아니라 그것 자체로 충만함을 극대화하려는 적극적 활동이다.

그렇다면 한국 사회에서 대중의 탈근대적 형성을 확인할 수 있는 사건은 무엇일까? 오노 사건, 노사모 활동, 길거리 응원전, 미선이 효순이 촛불 집회, 이라크전 반대와 파병 반대 촛불 집회, 대통령 탄핵 반대 촛불 집회, 미국산 쇠고기 수입 반대 촛불 집회 등이 있다. 이 사건들의 새로움은 참여자들이 이미 존재하는 운동 조직과 동원 기제에 의존하지 않고 스스로 사태를 진단하고 집단행동에 필요한 집합 의식을 공유하고 실천으로 옮기는 과정을 자발성에 기초해 진행한 데 있다. 특히 2008년 미국산 쇠고기 수입 반대 촛불 집회는 참여 규모, 지속성, 실천 양식의 창발성과 다양성 측면에서 여러 사건을 통해 드러난 특이성들의 압축이자 정점이라고 보고 좀더 집중해 분석할 것이다.

또한 참여적 군중의 구성과 집단 의식의 형성, 대중 실천의 전개 과정을 분석하려고 한다. 먼저 참여적 군중이란 누구이며 어떻게 구성돼 있는지를 분석할 것이다. 참여자 중에는 사건을 주도적으로 이끄는 핵심 주체가 있는가 하면 심정적 동조만 하는 소극적 지지자도 있다. 또한 실제 공간에서 조직적 틀을 갖춘 집단일 수도 있고, 온라인에서 개별 활동하는 개인이나 커뮤니티일 수 있다. 이런 참여자들이 벌이는 다양한 활동은 공통된 정체감과 집합행동의 통합을 달성하는 데 중요한 요소가 된다. 곧 참여자들은 주어진 상황 조건이나 사건에 관한 해석을 다른 사람하고 공유하면서 지지자를 확보한다.

다음으로 새롭게 형성되는 집단 지성의 성격과 특성을 분석해 대중 결집의 동기로 작용한 상황 인식과 의미화 과정을 규명하려 한다. 대중 행동은 오랫동안 축적된 불만과 문제의식이 새로운 자원에 결합할 때, 곧 사회적 불만의 사회적 구성 속에서 발생한다. 사태에 관한 의미화의 사회적 구성은 대중 결집과 집단행동에 의미를 부여하는 문화적 과정으로서, 집합적 정체성과 집합행동의 이데올로기나 행위 전략을 선택하는 데 결정적인 영향을 미친다. 따라서 대중의 결집을 촉진하고 집단행동을 정당화하는 인지적 신념과 의미가 형성되면 개인들은 대중 행동에 참여하는 게 뜻있는 일이라는 확신을 갖게 한다. 이런 과정을 거쳐 '우리we'와 '그 사람들they'을 구분하는 집합적 정체성이 확립되고, 문제를 발견하고 원인과 책임 소재를 밝혀 해결책을 제시하려는 전략과 전술이 모색된다.

마지막으로 대중 실천이 갖는 문화정치의 다양한 형태를 분석하려 한다. 대중 실천은 합리적이며, 그 목표는 권력 관계에서 나타나는 이익과 자원 분배상의 갈등에 따라 규정된다. 그러므로 대중의 결집과 결집한 대중의 행동은 사회 해체의 결과라기보다는 구성원의 합리적 활동이다. 무엇보다 대중 실천은 동원할 수 있는 일정한 수준의 인적 또는 물적 자원의 규모, 실천 주체의 조직화 정도, 행동 목표와 신념의 공유 방식, 정치적 기회 구조의 개방성 정도에 따라 결정된다. 따라서 대중 실천은 공동의 목적을 달성하기 위한 집단행동 참여, 다양한 주체들의 이해를 공유하고 조정하는 소통 체계의 마련, 대중 행동의 문화적 상징과 의례의 구성을 통해 다양하게 전개된다.

넷째, 한국 사회에서 대중의 탈근대적 변환과 참여적 군중을 고찰하기 위한 전사前史로서 대중 형성의 역사를 살펴보려고 한다. 대중 형성은 대중 사회라고 불리는 새로운 역사 발전의 궤적에 조응한다. 대중 사회는 대중이 형성되고 대중이 역사의 무대로 뛰쳐나올 수 있게 한 조건을 제공한 것이다. 따라서 개화기와 일제 강점기, 개발독재 시기, 민주화와 세계화 시기를 통해 형성된 대중과 대중의 특성을 고찰하려고 한다.

이런 연구 과제는 여러 세부 주제를 통해 확대될 것이다. 먼저 소비사회의 형성과 도래에 따른 소비 대중의 일상을 살펴보면서 대중의 정서와 감정 구조를 살펴보려 한다. 다음으로 동원을 통한 대중의 형성 과정을 살펴볼 것이다. 부국강병이라는 근대화 프로젝트는 대중을 국민과 민족 같은 집합적 주체로 호명하며 전개됐지만, 신자유주의 체제에서도 여전히 유효한 대중 동원의 레퍼토리로 활용되고 있다. 마지막으로 저항적 대중의 형성 과정을 살펴볼 것이다. 프랑스 혁명이 근대의 태동을 알렸듯 새로운 대중의 출현은 사회변동의 산물인 동시에 그 변화의 촉진제였다.

4. 감사의 글

오노 사건을 시작으로 노사모 활동, 길거리 응원전, 미선이 효순이 촛불 집회와 노무현 대통령 당선, 이라크전 반대와 파병 반대 운동, 대통령 탄핵 반대 촛불 집회, 미국산 쇠고기 수입 반대 촛불 집회는 대중의 규명이라는 과제와 대중 연구에 관한 관심을 촉발했다. 이런 지적 관심과 연구는 이미 6~7년 전부터 시작됐다. 그러나 길거리 응원전에 관한 지식 사회의 관심은 그다지 크지 않을뿐더러 그나마 부정적 평가가 많았다. 여전히 길거리 응원전은 3S 정책의 하나로, 하루빨리 청산해야 할 불온한 대중 행동으로 여겨졌다.

그렇다고 오노 사건, 미선이 효순이 촛불 집회, 이라크전 반대와 파병 반대 운동, 대통령 탄핵 반대 촛불 집회, 미국산 쇠고기 수입 반대 촛불 집회가 대중에 관한 연구의 주제로 진지하게 고찰된 것도 아니다. 최근 대중 연구에 관한 관심이 증폭되는 현상은 2008년 미국산 쇠고기 수입 반대 촛불 집회 때문이지, 2002년부터 이어져온 다양한 대중의 실천을 살펴보려는 시도는 아니었다. 더욱이 개화기나 일제 강점기 이후 근대 사회로 이행하는 과정 속에서 형성된 대중을 추적하는 과정을 통해 대중 형성의 계보학을 구상하려는 기획은 전무하다.

따라서 이 책은 두 가지 의미를 지닌다. 첫째, 대중 형성의 역사적 과정을 고찰하는 과정에서 계보학적 연구의 필요성을 강조한다. 대중은 근대 사회가 출현하면서 등장한 역사적 집단이므로 대중 연구에는 대중이 출현하게 된 궤적을 추적하는 작업이 당연히 필요하다. 그러나 이전의 대중 연구는 동시대의 특정한 사건에 집중한 나머지 대중 형성의 계보학에 관한 연구를 거의 진행하지 못했다.

둘째, 대중 연구가 새로운 대안 사회를 기획하는 정치적 프로젝트가 돼야 한다는 점을 보여준다. 대중 연구는 대중의 생활사가 아니라 권력과 민주주의 문제를 제기하는 이론적 실천이어야 한다. 이전의 연구는 주로 미국산 쇠고기 수입 반대 촛불 집회를 중심으로 하지만, 그 직접적 원류는 2002년의 오노 사건과 길거리 응원전, 미선이 효순이 촛불 집회에 있다. 따라서 이 사건들 사이의 연관성을 규명해야만 현재적 대중의 삶이 맞닥뜨린 위기와 대중의 저항이 함의하는 대안적 사회의 청사진을 그릴 수 있다.

이 책은 필자의 박사 학위 논문을 단행본 형식에 맞게 다시 정리한 결과물이다. 논문의 이론적 배경을 다룬 부분만 빼고 본문 전체를 단행본 형식에 맞게 고쳐 재구성했다. 수정을 많이 했지만 논문 형식이 주는 딱딱함이 군데군데 보일 것이다. 모두 필자의 책임이다.

논문에서 사례로 삼은 미국산 쇠고기 수입 반대 촛불 집회가 일어난 2008년과 논문을 쓴 2009년이 훌쩍 지난 지금, 시의성 측면에서 이 책에 담긴 논의가 조금 뒤늦은 감이 있다. 대중은 하나의 '흐름'으로 존재하므로 2014년의 시점에서 보면 4~5년 사이에 많은 사건들이 일어나기도 했다. 특히 스마트폰의 대중화가 이끈 정보 소통 방식의 혁신은 대중의 결집을 더 다층화했다. 소소한 일상의 공유에서 선거 참여에 이르기까지, 정치 개혁을 요구하는 거친 함성에서 더욱 적나라해진 사이버 마녀사냥까지 신출귀몰한 대중의 행보는 더욱 빨라지고 넓어졌다. 이런 다양한 사건까지 체계적으로 정리하지는 못했지만, 이 책이 그 속에 담긴 함의는 충분히 다루고 있다고 생각한다.

또다시 총선과 대선을 지나 지방선거를 거친 뒤 권력 재편이 급속히 전개되리라고 예상되는 지금, 그 변화의 키를 움켜진 주체가 제도 정치권이 아니라 대중이라는 점은 분명한 사실이다. 다시 한 번 '민심이 천심'이라는 역사의 진실이 현실로 드러날 상황이다. 그런 변화에 이 책이 조금이라도 기여하기를 기대한다.

책을 내는 데 도움을 준 출판사 이매진의 정철수 대표와 편집진, 박사 학위 논문을 완성하는 과정에서 성심껏 지도하신 김철규 지도 교수님과 조대엽, 정일준, 주은우, 이동연 교수님께 늦은 감사의 마음을 전하고 싶다.
끝으로 언제나 말없이 지켜보시고 응원하신 부모님께 이 책을 드린다.

1부

대중의 탄생

근대적 대중과 탈근대적 대중의 마주침과 엇갈림

익명의 다수
— 근대적 대중의 형성

인류가 출현한 이래 익명의 수많은 사람들이 특정한 공간에서 공통의 생활감각을 공유하고 유사한 행동 양식을 보이며 살아가는 모습은 '근대'라는 역사적 전환기에서 유래한다. 오늘날 인파로 넘쳐나는 길거리의 풍경이 익숙하다 못해 특별한 관심을 끌지 못하지만, 그때는 하나의 '사건'이었다. 사건이란 일상의 연쇄에서 연유하지만 사람들이 새로운 의미를 부여하는 특정한 상황을 말한다. 또한 구성원이 기존의 사회적 조건에 관한 인식 체계를 재구성하고 더 나아가 현재적 조건의 변화를 추동하게 만든다. 따라서 사건은 신념, 가치 체계 같은 인지적, 상징적, 문화적 요소와 의식, 감정, 헌신, 충성, 연대성, 정체성 같은 사회심리적 요소의 변화를 수반한다.

이런 맥락에서 근대의 출현은 당대 사람들에게 하나의 사건으로 인식됐다. 근대의 이미지가 선동과 혼란, 심리적 현기증과 무절제, 가능한 경험의 확장, 윤리적 한계, 자아 확대, 거리의 허상 등으로 채색된 것은 근대가 야기한 '빅뱅'의 충격이 너무도 컸기 때문이다. 근대가 던진 충격과 혼란이 새로운 진보로 다가오든 야만을 향한 퇴행으로 비춰지든 간에, 모든 사람들이 근대를 하나의 충격으로 경험한 점에 관해서는 이견이 없다. 근대적 공간과 시간의 재구성이 제공한 생활 경험과 의식의 집단적 공유는 대중을 하나의 통합된 유기체로 보게 만들었다. 바야흐로 견고한 모든 것(중세)이 근대라는 용광로에서 녹아버리면서, 새로운 주물을 넣기 위한 거푸집(사회적 조건)이 만들어지고 있었다.

근대의 충격은 '아케이드 프로젝트'를 기획한 벤야민W. Benjamin에게서 확인된다.* 아케이드 프로젝트를 통해 벤야민은 파리에 관한 인상학적 분석을 넘어 근대라는 역사적 시간 속에서 모더니티**의 형성에 주목한다. 아케이드를 19세기 부르주아 사회의 알레고리로 파악한 벤야민의 시각은 보들레르C. Baudelaire가 노래한 파리의 무상성과 일맥상통한다.*** 벤야민에게 '알레고리'란 사물의 무상성에 관한 통찰이면서 이것을 영원으로 구원하려는 욕망이다. 19세기 부르주아 시대의 기념비인 아케이드는 벤야민에게 20세기 현대적 파리에서 유행과 소비의 중심지로 비춰지지 않았다.

아케이드는 최신의 시설을 자랑하는 소비의 중심지였다. 희귀한 사치품이 진열장에 채워지고, 이 물건들을 더 빛내는 수단으로 예술이 동원됐다.**** 벤야민은 스스로 산책자가 돼 아케이드를 힘차게 돌아다니며 아케이드가

---

* 벤야민의 《아케이드 프로젝트》는 파리에 관한 인상기의 모음이면서, 근대의 역동성과 무상성을 통찰한 모더니티에 관한 연구서다. 벤야민은 파리를 19세기의 세계 수도로 규정하면서 파리의 아케이드를 19세기의 부르주아 사회의 알레고리로 파악하려 했다. 이때 파리의 아케이드는 모더니티의 발생 장소이자 역사철학의 현장이 된다.

** 벤야민에게 모더니티에 관한 이해는 총체적 경험이 아니라 단편의 경험 속에서 수행됐다. 이런 시도는 고도의 추상화를 통해 얻을 수 있는 총체성으로 사회를 인식하려 한 루카치에 대비된다.

*** 파리를 노래한 보들레르의 시구는 알레고리로서 파리를 독해하는 벤야민에 연결된다. "파리는 변해요! 한데 울적한 내 마음속에서는 움직인 게 하나도 없군요!" "인간은 일찍이 본 일이 없는/ 그 엄청난 풍경의/ 어렴풋하고 먼 이미지가/ 오늘 아침에도 나를 매혹시킨다."

**** 아케이드의 지붕은 유리로 덮였고, 대리석 벽으로 된 통로들은 건물의 모든 구역까지 이어졌다. 천장에서 빛을 받는 아케이드 양쪽에는 호화로운 가게들이 들어섰는데, 이 모든 조형물들의 거대 집적은 하나의 도시 또는 축소된 세계였다.

뿜어내는 근대의 에너지를 온몸으로 느꼈다. 이때 아케이드를 가득 메운 셀 수 없이 많은 사람들은 벤야민이 산책자로 이름 붙인 대중들이다. 아케이드 속에서 산책자들은 마치 꿈의 궁전을 걷듯 황홀감에 사로잡히는데, 이렇게 해서 아케이드는 초현실주의적 꿈으로 산책자를 이끄는 시각적 공간으로 변모한다. 곧 아케이드는 하나의 환각으로 경험되면서 이미지의 공간이 된다.

근대의 충격이 그대로 전해지고 그 충격을 극대화한 과정은 근대의 발명품이라 할 '대중'을 통해 진행됐다. 그런 의미에서 대중은 특별한 위치를 차지한다. 왜냐하면 근대가 낳은 유산이면서 근대를 가속시키고 근대를 내파한 강력한 동력원이기 때문이다. 대도시로 옮겨온 많은 사람들(앞으로 곧 산업 노동자가 될 사람들)의 노동력은 증기 기관을 움직이는 석탄 같았고, 화려한 아케이드에 진열된 상품을 구매할 '보이는 손'이었다. 또한 공통된 경제적 이해관계에 따라 집단행동을 펼칠 계급 투쟁의 주체였고, 절대 왕정을 폐지하고 근대 민주주의를 구축할 시민사회의 세포들이었다. 이렇듯 대중은 근대를 확장하는 에너지이자 근대를 파괴할 폭탄이었기 때문에, 대중에 관한 관심과 연구는 근대 사회에 관한 이해하고 함께 진행돼야 한다.

그렇다면 근대의 대중은 대중 사회 속에서 어떤 과정을 통해 형성됐을까? 첫째, 새로운 사회관계를 통해 형성됐다. 중세 사회는 영주와 농노라는 신분제를 기본으로 했지만, 근대의 대중 사회는 자본가와 노동자 사이의 계약 관계에 기초했다. 노동자와 자본가의 관계는 권력 관계에서는 불평등했지만, 명목상 노동력의 판매와 구매는 계약 관계 아래 평등했다. 노동자와 자본가의 관계가 경제적 관계로 묶이기 때문에 중세 사회에서 볼 수 있는 온정주의에 기초한 경제 외적 강제는 소멸됐다. 칼 마르크스는 '이중의 자유'라는 말로 이런 계약 관계의 특징을 설명했다. 토지의 속박에서 벗어났지만 노동력 말고는 어떤 것도 소유한 게 없어 자신의 노동력을 자발적으로 판매해야 하는 노동자를 분석한 것이다.

둘째, 익명성이라는 사회관계의 특성을 통해 형성됐다. 중세 사회는 소규모 농촌 공동체이자 종교 공동체였기 때문에 구성원 사이의 관계가 무척 가까웠다. 이런 촌락 단위의 자급자족 형태는 헌신과 의무, 배려와 보살핌이라는 생활 윤리를 통해 정적인 사회관계를 형성시킨다. 그러나 근대의 대중 사회는 이농을 통해 빠르게 팽창한 대도시를 기반으로 형성된 탓에 구성원 사이의 관계가 형식적이고 계약적이며 익명적이었다. 주목할 점은 세분화된 분업 체계와 명확한 역할 체계를 통해 형성된 고도의 유기적 관계가 역설적으로 익명성에 기초하고 있다는 사실이다.

셋째, 대중 사회에서 새롭게 변화된 시공간 감각을 통해 형성됐다. 중세 사회에서 시공간 감각은 농경 생활에 맞춰졌다. 계절 변화에 따른 경작 형태의 변화 속에서 농번기와 농한기가 나뉘었다. 또한 영주의 성을 중심으로 분포된 자급자족적 촌락은 왕래를 제한했다. 그러나 대중 사회에서 시공간 감각은 근본적으로 바뀐다. 시간이 교환 가치를 측정하는 기본 단위로 설정되면서 노동의 질적 차이가 소멸하고 균질해졌다. 또한 이농을 통해 형성된 도시가 발달하고 도시 간의 교역이 늘어나면서 소규모 공동체가 빠르게 해체됐다. 이 과정에서 도시는 거주 기능을 넘어 정치권력이 행사되고 경제적 부가 분배되며 사회적 위신이 규정되는 다층적이고 복합적인 사회 공간으로 변모했다(Harvey 1995, 277~178).

넷째, 공통의 생활 감각과 집합 의식을 대중적으로 공유하는 과정을 통해 대중은 형성됐다. 중세 사회는 촌락 공동체여서 유대 관계가 매우 깊었지만 규모는 언제나 작았다. 공동체 내부에서 공통의 생활 감각과 집합 의식은 동질적이었지만, 공동체 사이에서는 이질적이었다. 반면 이농으로 형성된 도시를 기반으로 한 탓에 서로 생면부지의 관계이던 대중 사회에서 구성원들은 도시라는 공간이 제공하는 동일한 생활 조건 아래 공통의 생활 감각과 집합 의식을 공유했다. 동일한 경제적, 정치적 이해관계를 공유하는 대중은 하나의 '계급'으로서 세계관과 감성 구조의 집합적 형성을 통해 '계급 의식'을 형성해갔다(Thompson 2000, 7~10).

다섯째, 새로운 세계관의 변화를 통해 형성됐다. 신 중심의 신학적 질서가 지배한 사회인 중세 사회에서 진리란 곧 신의 말씀이었다. 당연히 신의 계시를 따르는 신성한 사회의 건설이 핵심 가치로 설정된다. 예를 들어 아우구스티누스A. Augustinus는 플라톤Platon과 기독교의 교리를 결합해 믿음과 이성을 종합했는데, 플라톤의 이데아 자리에 신을 놓고 플라톤의 철학을 따라 기독교의 교리를 설파했다.* 그렇지만 대중 사회는 기술과 자연과학의 비약적 발전에 힘입어 인간 중심의 세계를 구축한다. 세계의 중심이라 여겨지던 신은 권좌에서 내려올 수밖에 없었고, 그 자리에 인간이 올라섰다. 특히 진화론을 계기로 형성된 진보 사상은 사회에 관한 인간의 적극적 개입과 개조의 정당성을 제공해 '혁명의 시대'를 추동했다. '오늘보다 나은 내일'이 있다는 것이 확실하게 받아들여졌고, 그런 미래를 위해 오늘을 바꾸려는 의식이 대중 사이에 확산됐다.

근대의 대중 사회에서 이런 과정을 통해 형성된 대중은 이전 사회하고 완전히 다른 모습으로 진화한다. 도시를 기반으로 모인 익명의 다수는 혈연과 지연이라는 사회적 유대 관계를 해체했을 뿐 아니라, 고도의 유기적 관계와 익명성 속에서 정체성을 드러내며 존재감을 과시했다. 그 뒤 이 대중은 일자리를 찾아 도시를 배회하는 구직자로, 대규모 출근행렬을 이루는 노동자로, 파업의 깃발을 높이 들고 시내를 행진하는 혁명군으로, 고된 노동을 잊으려고 선술집에서 호탕하게 술을 마시는 소비자로, 불결한 공동주택에서 살아가는 빈민층으로 자신을 드러낸다(김성일 2007, 15~16).

대중은 근대의 산물로 등장한 역사적 실체이므로, 개인을 집단으로 결

---

* 아우구스티누스는 모두 인정하는 확실한 지식으로서 진리를 보증하기 위해 인간을 넘어선 존재, 곧 신을 도입한다. 코기토, 수학적 진리, 도덕적 지혜 같은 확실한 판단은 초인간적인 존재에 기초하며, 인간의 내면적 교사인 그리스도를 통해 인식할 수 있다는 것이다.

집한 요인들, 곧 물적 토대와 시공간의 재구조화, 공통의 생활 감각과 의식의 공유를 추동한 사회변동과 함께 이해돼야 한다. 따라서 특정한 역사적 국면에서 출현한 대중은 세계를 인식하는 특유의 방식과 그것에서 형성된 정체성, 새로운 사회관계의 형성, 생활양식의 특이성을 구성한다. 이런 과정을 통해 대중은 특정한 유형으로 주체화되는데, 이것은 사회의 발전이나 존속이 어떻게 가능할 수 있느냐 하는 '재생산 문제'에 결부된다. 이때 재생산 문제는 물질적 생산력의 증대뿐 아니라 사회적 생산관계의 성공적 갱신으로 해결된다. 과학기술의 비약적 발전을 통해 물질적 생산력이 증대된다면, 사회적 생산관계는 지배 체제에 순응하도록 대중을 체제 친화적으로 구성하면서 갱신에 성공할 수 있다.

근대 사회가 자본주의를 물적 생산방식으로 삼은 탓에, 재생산 문제는 자본의 이윤을 확대할 수 있게 하는 사회적 구성, 그중에서도 대중을 노동자로 주체화하는 문제를 이런 과정을 통해 해결했다. 먼저 새로운 생산양식으로 등장한 자본주의는 중세의 토지와 신분제에 속박된 농노를 해방시켜 자유로운 임노동자로 만들었다. 왜냐하면 대공장에서 기계(생산수단)를 작동해 상품을 생산할 인력인 노동자가 필요했기 때문이다. 그런데 토지와 인격적 속박에서 해방된 대중은 그 자체 노동자가 되기에는 불충분했다. 자본의 회전 속도에 맞춰 자신의 삶을 변화시킬 훈련이 필요했다. 특히 임금이 노동시간을 통해 측정되는 이상 단위 시간당 잉여가치를 극대화할 노동강도의 강화는 핵심적 사안이 됐다.

대중을 노동자로 바꾸려면 특별한 전략이 필요했다. 노동자라는 '근대인'이 될 수 있는 특별한 교육과 훈련이 요구된 것이다. 이런 요구는 근대사회를 유지하고 발전시키기 위한 체제의 생존권이 달린 문제이면서, 신이 지니고 있다고 여겨지던 초월적 전지전능함을 인간에게 부여한 근대 철학의 한계에서 비롯된 문제였다. 무엇보다도 신은 세상을 창조할 능력을 존재론적으로 부여받았지만 인간 이성의 능력은 처음부터 완전한 것이 될 수 없었기 때문에, 훈련되거나 훈육되고 계발돼야만 했다.

이런 상황에서 계몽주의와 교육의 중요성이 새롭게 대두됐다. 인간을 교화하고 훈육해 인성 체계를 특정한 방식으로 틀 짓는 '인간 개조 프로젝트'가 제기된 것이다. 루소J. Rousseau의 교육론과 벤담J. Bentham의 교정론, 푸코M. Foucault의 훈육 담론은 근대 교육과 훈육 체계의 사회적 필요성을 반영한다. 교육과 훈육 체계를 통해 특정한 인성 체계가 형성될 수 있다는 사실은 인간 능력의 무한한 잠재력에 보내는 또 다른 신뢰라고 볼 수 있다. 왜냐하면 인간 능력이 선험적으로 제한된 게 아니어서, 무엇인가를 자극하고 투입하면 거기에 상응하는 결과가 산출될 것이라고 인식했기 때문이다.

따라서 인구학, 정책, 교육, 문화 영역에서 진행된 근대의 다양한 인간 개조 프로젝트는 대중의 주체 형성에 밀접히 연관된다. 특히 근대인의 주체 형성을 이해할 중요한 통찰을 제공하는 푸코는 이성이라는 관념뿐 아니라 육체를 동시에 사고함으로써 근대적 주체 형성 과정을 입체적으로 규명했다. 푸코의 일차적 관심은 근대적 주체가 근대의 권력 장치들을 통해 구성되는 과정이었다. 푸코에게 있어 주체는 담론(지식)과 권력의 공모 속에서 구성된 산물로 설정된다. 이때 '담론'이란 세계를 인식하고 의미를 부여하며 사물을 특정한 가치 체계에 따라 분류하는 사고 체계와 발화 또는 실천의 무의식적 기초를 말한다. 한편 담론이 행사되는 과정에 개입해 그 실효성을 증대시키는 권력은 지식 체계의 형태 또는 담론 구성체의 형태로 존재하면서 주체의 인식 체계를 지배한다.

담론을 통한 주체 구성에서 주목해야 할 점은 담론적 실천을 특정화하는 관계 구성이다. 담론이 언어를 통해 개인에게 제공되는 의미 구조가 아니라, 담론이 개인들을 특정한 방식으로 실천하게 만들고 그 실천을 강제하는 규칙이 문제가 된다는 말이다. 이때 특정한 형태의 실천은 담론적인 것뿐 아니라 비담론적인 것하고 관련된 연관 속에서 전개된다. 이데올로기의 물질성을 이데올로기적 국가 장치^{ideological state apparatus}*를 통해 논의한 알튀세르^{L. Althusser}와 비슷하게 푸코는 담론의 공간적 구현을 통해 담론의 물질성을 규명했다.

반면 푸코의 고고학을 담론적인 것과 비담론적인 것으로 이해한 들뢰즈의 논의는 큰 함의를 지닌다. 들뢰즈는 푸코가 분석한 18세기 말의 임상의학을 담론하고 연결하는 동시에 그 실효성을 제도와 정치적 사건, 경제적 실천 같은 비담론적 환경에 연결했다(Deleuze 1988, 31). 예를 들어 정신병리학은 근대 초기에 유럽 전역에 나타난 역사적 사건에 무관하지 않으며, 이런 사건의 효과 아래 성립했다는 것이다. 그런 의미에서 정신병리학은 치료의 대상을 정의하고 그 대상을 낭사자의 뜻하고 무관하게 환자로 구성하며, 그 안에 포섭된 개개인에게 강력한 영향력과 강제력을 특정 장소(병원)를 통해 수행하도록 강제했다.

따라서 푸코의 권력 개념은 억압과 배제가 아니라 적극적인 주체 구성의 촉매제로 볼 수 있다. 이런 특성은 권력 행사의 목표가 신체적 형벌에서 윤리적 교정으로 바뀐 형벌 체제 속에서도 확인된다. 예를 들어 신체를 물리적으로 억압하고 때로는 생명을 빼앗은 전제 군주 시대의 권력**은 근대의 감옥을 통해 재소자들을 사회로 복귀시킬 수 있게 전환됐다. 근대 권력은 죄수를 과학적으로 운영되는 제도적 공간에 배치하고 신체뿐 아니라 정신까지 감시하고 통제하려 했다. 이런 권력의 행사는 파놉티콘^{panopticon}이라 불리는 원형 감옥을 통해 진행되는데, 중앙 감시탑에서 끊임없이 죄수를 감시함으로써 죄수 스스로 자신을 감시하고 통제하게 만들었다.

푸코의 논의에서는 성적 주체 역시 담론과 권력의 공모 속에서 적극적

---

* 이데올로기적 국가 장치들은 서로 구별되고 전문화된 제도들로 구성되는데, 여기에는 종교, 교육, 법, 정치, 문화, 커뮤니케이션 등이 포괄된다.
** 군주제 시대에 시행된 가장 심한 처벌인 화형, 폭행, 수족 절단 등의 의식은 통치자의 권위를 상징적으로 드러내기 위해 대중 앞에서 진행됐다.

으로 생산된다. 푸코는 현대 사회에서 성sexuality이 억압되기보다는 오히려 전례 없이 확산됐다고 본다. 이때 성은 성 자체라기보다는 성에 관한 담론인데, 푸코는 성에 관한 담론을 분석하면서 담론적 실천이 성적 주체의 구성과 관리에 미친 영향을 규명했다. 이 문제에 관련해 푸코는 성에 관한 담론적 실천의 주요 대상으로 '성과학sexual science'의 구실에 주목한다. 성과학이란 주체의 육체와 정신의 미세한 부분까지 지식이라는 감시의 그물망으로 남김없이 포착해 사회 통제에 이용하려는 생체 권력biopower을 말한다.

그렇다면 근대 권력이 주체 형성에 맞춰진 정치적 이유는 무엇인가? 해답은 근대 초기의 급속한 도시화에서 찾을 수 있다. 대공장이 들어선 도시는 이제 막 농노라는 신분에서 벗어난 대중들에게 새로운 삶의 터전이 됐다. 그러나 도시에 인구가 집중하는 현상은 지배 권력에게 화약고 같은 일이었다. 공통의 생활 감각과 경제적 이해관계를 공유한 대중(노동자 계급)이 폭발적으로 결집하면 거대한 정치 세력을 형성해 강력한 물리력을 행사할 가능성이 높기 때문이다. 따라서 근대 권력은 대중들의 폭발적 에너지를 산업 생산의 원동력으로 안전하게 순화할 방안을 마련해야 했다. 그 방안은 군주제하고는 다른 방식으로, 곧 억압을 통한 통제가 아니라 욕망을 자극함으로써 자발적 복종이 가능하게 한 인간 개조 프로젝트를 통해 모색됐다.

이렇게 해서 인구 정책은 권력 행사의 주요 목표가 됐고, 국가는 개인을 통제하는 것에서 전체 인구를 관리하고 규제하는 방식으로 지배 방식을 전환했다. 예를 들어 근대의 감옥 체계를 통해 규율화된 '사회적 몸'에 관심을 갖기 시작했고, 파놉티콘이 제공한 통제 모델을 학교, 군대, 병원 등 다른 제도까지 확장하려 했다. 폭넓은 사회 영역에서 세세한 통제가 작동하기 시작했고, 정책의 입안과 결정에 필요한 인구에 관련된 지식이 체계화됐다. 예를 들어 전체 인구를 관리하기 위해 개발된 각종 표식, 상징, 통계는 개인을 식별하고 분류하는 기초 자료로 사용됐다. 이렇게 대중은 질적 차이가 아니라 양적 차이를 통해 규정되기 시작했다. 그 결과 국가는 개인을 통제할 힘(권력)을 그 어느 때보다 크게 확장했으며, 이렇게 축적된 막강한 권력은 국가를 초월적 존재로 신비화했다.

2장

노마드와 다중 사이에서
— 탈근대적 대중의 형성

근대적 대중의 형성과 그 균열, 곧 탈근대적 대중의 형성은 대중문화 중에서도 영화 속에서 자주 확인된다. 영화 〈모던 타임즈〉에 나오는 찰리는 볼트를 조이는 단순 반복 작업이 몸에 배어 동그란 것만 보면 자동으로 팔이 움직이고 스패너로 조이는 동작을 한다. 산업화 이래 기술 문명이 초래한 인간의 기계화 또는 인간이 도구적 존재로 전락하는 현실을 상징적으로 보여준다. 반면 영화 〈블레이드 러너〉는 복제 인간을 통해 인간의 물신성과 탐욕을 비판하면서 새로운 인간 정체성에 관한 문제를 제기한다. 인간보다 더 인간다운 감성을 소유한 복제 인간과 기계 인간이 근대적 시공간이라는 한계에 갇힌 인간을 대체할 새로운 종種으로 제시된 것이다.

한편 영화 〈매트릭스〉는 사이버 공간에서 인간 정체성과 주체 형성의 문제에 관한 더욱 극명한 모습을 보여준다. 인공지능AI을 통해 양육되고 훈육된 사람들은 자기 인식의 홀로그램(인공지능이 제공하는 가상현실인 매트릭스)을 가지고 세상을 살아간다. 그렇지만 인공지능 체계에 일어난 순간적 에러(정보 접속 불량) 때문에 깨어난 몇몇 사람들은 매트릭스에서 벗어나 실제 공간에서 자신의 존재를 확인한다. 전화선이라는 인터페이스 통로를 통해 가상공간과 실제 공간을 자유롭게 넘나드는 장면은 가상과 현실의 경계가 얼마나 쉽게 해체되고 깨질 수 있는지 보여준다. 여기에서 '나는 누구인가?'라는 존재론적 질문이 근본적으로 다른 차원에서 제기된다.*

기계(기술)와 인간의 관계 속에서 새롭게 제기된 정체성 문제는 점점 더 현실화되고 있다. 정보기술의 발달은 사회를 점차 네트워크로 연결해 커뮤니케이션을 확장할 수 있게 했지만, 인간과 기계의 인터페이스^{interface}**에서 생겨날 심각한 문제를 제기했다. 인터페이스는 점차 기계의 기능을 인간화해 단순한 모방을 넘어 인간보다 더 인간적인 방식으로 작동하게 만들었다. 기계는 인간의 편의나 작업을 보조하는 수단이 아니라, 인간의 사고 영역까지 영향력을 높여 인간을 대체하는 존재로 발전한다.

이렇게 SF 영화를 통해 제기된 인간 본질에 관한 질문의 전환은 탈근대적 주체에 맞닿아 있다. 고정된 시공간을 축으로 하는 좌표 평면 위의 한 점으로 존재한 근대적 주체가 새로운 시공간의 재구성을 통해 탈근대적 주체로 전환되기 때문이다. 〈매트릭스〉에서 나오듯 새로운 시공간의 재구성이란, 가상공간과 실제 공간의 경계가 허물어지고 과거-현재-미래라는 선형적 시간 개념이 붕괴되며 벌어지는 인간의 새로운 존재 조건을 말한다. 이 속에서 근대적 사고 체계와 그 체계에 기반해 정의되던 인간은 근본부

---

* SF 장르가 대중의 인기를 얻는 이유는 그 내용과 주제들이 미래가 아니라 현재에 기초해 구성되기 때문이다. 먼저 인간과 기술의 관계가 더욱 강화되는 지금 SF 장르가 다루는 과학기술 문제는 그 자체로 대중의 정서에 친화성이 있다. 또한 기술에 관한 희망과 공포가 만나는 곳이 개인의 삶이라고 할 때, SF 장르의 모티브 역시 대중이 일상에서 경험하는 친근한 대상들이다. 이런 상황에서 SF의 주제와 소재들은 현실 비판과 개입을 시도한다. 예를 들어 〈블레이드 러너〉의 미래 사회에서 묘사되는 일본 기업의 지배력은 오늘날 미국인들의 경제적 헤게모니에 맞서 새로운 도전자로 부상하는 일본을 향한 두려움을 반영한다.

** 인터페이스는 인간과 디지털 기계 사이의 연결점을 지시하는데, 예를 들어 인간은 컴퓨터의 작동에 변화를 주고 결과적으로 컴퓨터를 통해 조절되는 세계를 변경시킨다.

터 흔들리게 된다.

SF 영화가 제기하는 탈근대 주체는 근대가 설정한 이원적 위계 구조에 맞선 반발을 통해 형상화됐다. SF 영화는 휴머니즘과 과학을 병치하고, 인간과 기계를 대립시키며, 이성과 감정 사이의 매개물을 허용하지 않는 동시에 인간과 기계의 구분을 모호하게 하는 사이보그를 등장시키면서 이성과 감정 사이의 구분에 집요하게 질문을 던졌다. 또한 남성과 여성의 성역할에 관련된 현실을 반영하면서도 가부장 질서에 맞서는 사이버 여전사를 제시하는가 하면, 정보 단위인 바이트[bite]를 통한 육체의 변신을 거쳐 새로운 주체를 만들어낸다.

따라서 기술은 (근대적 대중의 형성 못지않게) 탈근대적 대중의 형성을 규명하는 과정에서 핵심 대상이 된다. 정보양식론[The Mode of Information]을 주장한 포스터[M. Poster]와 더불어 카스텔[M. Castells]은 지식과 정보가 직접적 생산력으로 기능하는 '정보적 발전양식[The informational mode of development]'을 통해 탈근대적 대중 형성에 관한 새로운 통찰을 제공한다. 정보화 사회로 나아가는 이행에서 나타난 자본주의 재구조화 과정을 탐색한 정보적 발전양식론은 물질적 생산력의 발전과 함께할 기술, 사회, 문화 측면을 고려하면서 새로운 주체 형성의 메커니즘을 규명한다.*

이런 맥락에서 지식과 정보는 탈근대적 대중 형성에 중대한 영향을 미치는 정보 관련 이데올로기와 권력 관계를 제시한다. 이 문제에 관련해 헨우드[D. Henwood]는 자본처럼 막강한 구실을 하게 된 지식과 정보의 부상을 '정보 물신주의'라는 개념으로 분석하면서 정보화 사회 속에서 구성된 주체 형성

---

* 발전양식은 생산 과정과 운영 과정 속에서 일어나는 과학적 발견과 기술적 발견, 그리고 이것에 관련된 조직적 통합의 상호 작용에서 나타난다. 이 과정은 전체적인 사회의 조직 과정과 생산양식의 동학에 의존하기 때문에 발전양식과 생산양식 사이에는 밀접한 관계가 있다(Castells 1989, 7~32).

의 쟁점을 제기했다.* 또한 모스M. Morse와 해러웨이D. Haraway, 미첼W. Mitchell은 사이보그에 관한 분석을 통해 최첨단 테크놀로지 장치와 인간 신체의 결합을 논의한다.

대중의 탈근대적 변환이라는 소재는 SF 영화에만 나타나는 것은 아니다. 탈근대적 대중은 한국에서 새로운 대중 시대를 연 2002년에 발생한 일련의 사건들, 곧 오노 사건, 노사모 활동, 길거리 응원전, 미선이 효순이 촛불 집회 같은 현실 공간에서도 발견된다. 또한 이라크전 파병 반대 운동, 대통령 탄핵 반대 운동, 미국산 쇠고기 수입 반대 운동에서 펼쳐진 촛불 집회에서도 발견된다. 그런데 탈근대 대중은 이런 대규모 사회운동뿐 아니라 노동, 교육, 소비, 대중문화 같은 일상 공간에서도 발견된다. 기호 가치를 소비하는 현대인들의 소비 취향은 탈근대적이며, 영상 미디어를 주요 교육 교재로 활용하는 교육 환경의 변화도 탈근대적이다. 이미지 광고의 부상은 기능성 위주의 상품 서사를 파괴하며, 시청각 교재가 활발히 사용되는 상황은 문자 중심의 정보 전달 방식을 해체하기 때문이다.

이런 변화를 이끄는 탈근대적 실천에서 유목민 또는 다중이라는 탈근대 주체가 설정된다. 무엇보다도 이 주체는 일시적이거나 무매개적으로 형성된 폭력적 군중이 아니며, 여론과 분위기에 휩쓸려 다니는 수동적 대중은 더더욱 아니다. 근대인이 인간 개조 프로젝트를 통해 사후적으로 만들어진 존재라면, 탈근대인은 자기 자신을 주체화한다. 그런 의미에서 탈근대적 주체는 '영리한 대중'이라고 할 수 있다. 이때 '영리하다'는 말은 많이 알고 있다는 뜻이 아니라, 자신을 지성화할 능력을 갖춘 자율적 주체라는 의미다. 물론 이런 집단 지성이 사회정의를 향하느냐 아니면 인터넷 마녀사냥 같은 집단 히스테리로 발현될 것이냐 하는 쟁점은 다른 차원의 문제다. 따

---

* 헨우드는 정보에 관련된 다양한 논의가 장밋빛 미래를 약속하기보다는 정보 물신숭배라는 원시적이고 퇴행적인 종교 의례의 부활에 관련된 점을 논의하고 있다. 정보란 자본의 또 다른 이름이기 때문이다(D. Henwood 1995, 169~171).

라서 유목민 또는 다중으로 일컬어지는 탈근대적 대중에 관한 규명은 또 다른 측면, 곧 의식과 사고방식, 지식의 형성 과정, 사회적 소통 방식, 실천의 양태 속에서 면밀히 고찰돼야 한다.

역사적으로 볼 때 근대적 대중의 해체는 '68 혁명'에 관련이 깊다. 68 혁명에서 제기된 문제의식과 의제와 실천들이 근대가 설정한 위계적 이분법 아래 정의된 인간을 부정했기 때문이다. 68 혁명은 개인의 삶을 왜곡한 체제를 비판하고 좌파의 자기 변신으로서 새로운 인간 중심주의를 지향했다 (Ferry and Renault 1995, 22). 그 결과 정치적 측면에서는 민주주의의 주체성 문제가, 인식론적 측면에서는 타자와 맺는 관계 속에서 이성 중심주의가 비판의 대상이 됐다.

이런 상황에서 근대적 사고 체계와 주체에 관한 근본적 비판이 진행됐다. 예를 들어 푸코는 근대적 이성이 타자로 간주된 모든 것을 부정하고 배제하는 억압적 기능을 수행한 점을 비판했고, 알튀세르는 근대적 휴머니즘이 세계를 인식하는 과정에서 유효하지 못하다고 고발했다. 근대 사상의 인간 중심적 발상이 억압의 원인이라고 비판한 이들은 계보학적 문제 설정을 통해 주체성에 관한 급진적 비판으로 나아간다. 예를 들어 어떤 사람이 이야기하고 있는 내용을 아는 것보다는 그 사람이 말하는 위치와 논리의 근거를 아는 게 중요하다는 것이다. 이런 주체를 향한 '소송'은 이성에 관련해 반反이성 또는 비非이성에 관한 환기를 통해 주변화돼 있던 타자를 새롭게 사고하게 했다.

탈근대적 대중을 모색하게 된 또 다른 사회적 배경은 현대 사회에서 발견되는 특이성이다. 따라서 우리는 탈근대적 대중 형성을 규명하는 과제는 현대 사회의 변동하고 함께 진행돼야 한다는 사실을 알 수 있다. 이런 접근 방식은 탈근대적 대중이 결코 사유 속의 구성물이거나 화려한 수사의 산물이 아니라는 의미를 지닌다. 탈근대적 대중은 철저하게 역사적으로 규정된 생산양식과 재생산의 문제를 해결하기 위해 형성된 사회적 실재인 것이다. 그렇다면 탈근대적 대중 형성을 가능하게 하고 거기에 특이성을 부여한 현대 사회의 주요 변동은 무엇인가? 탈근대를 향한 이행을 가능하게 한 물적 토대의 변화를 이끈 포스트 포드주의의 구축에서 그 해답을 찾을 수 있다.

포스트 포드주의는 1970년대 초 발생한 세계 대공황에 대응하기 위해 고안된 자본의 새로운 축적 체제다. '경직성의 한계'로 불리던 포드주의적 축적 위기에 대응한 자본의 위기 관리는 '유연 생산 체제'를 특징으로 한 포스트 포드주의의 구축이었다. 포스트 포드주의는 사회 발전의 핵심 요소로 부각된 주체의 화용론적 실천이라 할 정보, 상징, 이미지에 관한 이해와 활용의 증대를 통해, 그리고 네트워크로 구성된 사회관계와 조직 형태의 혁신을 통해 '탈근대'적 성격을 갖는다. 주목할 점은 포스트 포드주의가 경제적 의미에만 국한된 게 아니라, 탈근대적 대중의 주체 형성에 물적 기초를 제공하는 사회 구성적 축적 체제였다는 점이다. 탈근대적 대중 형성은 포스트 포드주의로 대별되는 경제의 탈근대화에 밀접히 연관돼 있다.

'경제의 탈근대화'란 굴뚝 산업이라 불리던 생산방식이 지식, 정보, 서비스, 소통, 감성, 체험이 중요시되는 방식으로 바뀌는 과정을 말한다. 이 요소들은 별개의 산업 영역으로 구축되지 않고 상호 융합되면서 일반적인 경제 활동으로 구조화된다. 지식 정보 산업 또는 서비스 산업 같은 산업별 분류가 아니라, 다차원적이고 비동시적이며 불균형한 융합을 통해 새로운 효과를 만들어낸다. 따라서 경제의 탈근대화는 1차 산업과 2차 산업을 대체하는 게 아니라, 1차 산업과 2차 산업을 포함해 모든 생산과 활동을 지식, 정보, 서비스, 소통, 감성, 체험에 융합시킨다(김성일 2007, 125).

지식, 정보, 서비스, 소통, 감성, 체험, 정동은 물리적이고 내구적이지 않아 '비물질 노동'으로 정의할 수 있다. 비물질 노동이란 상품의 정보적 또는 문화적 내용을 생산하는 노동을 말한다. 이때 '정보적 내용'은 사이버네틱스와 컴퓨터 통제를 포함한 숙련 기술의 내용을, '문화적 내용'은 노동으로 인식되지 않던 여러 활동(문화, 예술, 규범과 가치 체계, 취향, 유행, 소비)을 의미한다(Virno 2005, 181~183). 노동이 비물질적 성격으로 변하면서 비물질 노동은 작업장을 넘어 탈근대적 대중의 형성을 위한 사회적 삶을 생산하는 데 직접 활용된다.

우리는 이런 요소들이 언어 실천과 무의식적 작동을 통해 전개되고 있다는 사실에 주목해야 한다. 이때 언어 실천과 무의식적 작동은 언어 활동과 행동의 심리적 동기를 넘어, 대중이 세계를 이해하고 의미화하며 공통의 생활 감각을 공유하게 만드는 사회적 실천의 기제다. 언어 실천은 표상과 이데올로기, 담론으로 이어지는 의미화 과정을 포괄하며, 무의식적 작동은 신체를 둘러싼 욕망 형성에 직결된다. 이때 경제의 탈근대 과정은 대중을 언어와 무의식에 더 옭아매도록 강제한다. 비물질 노동의 부상과 그 효과는 언어 실천과 무의식적 작동이 가속할 조건으로 작동하기 때문이다.

따라서 탈근대적 대중 형성은 탈근대적 방식으로 전개되는 언어 실천과 무의식적 과정을 통해 살펴보아야 한다. 먼저 언어 실천의 탈근대적 변화와 그 변화가 탈근대적 대중 형성에서 어떻게 작동하는지 살펴보자. 언어 체계의 자율성과 가치를 인정한 소쉬르F. Saussure의 접근은 말과 사물, 언어와 지시 대상, 개념과 실재 사이의 관계를 새롭게 인식하게 했다. 특히 근대적 주체의 해체와 탈근대적 주체의 형성에서 언어 실천이 하는 구실을 새롭게 조망하게 했다.

그러나 소쉬르는 여전히 근대적 사고에 머물러 있었다. 예를 들어 기의에 대응하는 기표가 일정하게 결합된다(일대일 함수 관계)고 봤다. 그러나 기의란 선험적으로 주어질 수 없으며, 기표와 기의의 관계는 일대일 함수 관계로 한정되지 않는다. 이런 비판은 기의보다 기표를 우위에 두고 기표의 연쇄와 여기에서 발생하는 의미론적 차이가 기의에 도달할 수 없다고 본 포스트 구조주의에 연결된다. 특히 포스트 구조주의는 주체의 발화(파롤)가 생득적으로 주어지는 게 아니라 사회적으로 한정된다는 주장을 제기했다. 주체의 사고와 발화의 목록은 특정 정세나 국면에 영향을 받으며, 이 안에서 주체는 할 수 있는 말과 할 수 없는 말을 선별한다는 것이다.

이때 특정한 발화의 목록을 강제하는 것은 이데올로기와 담론이다. 이데올로기와 담론은 발화의 주체와 목록을 특정한 방식으로 분류하고 할당하게 한다. 알튀세르는 호명interpellation 테제를 통해 발화 주체와 목록이 권력 관계 속에서 설정되고 배치되는 과정을 규명한다. 푸코 역시 담론 분석을 통해 사회 제도에 배속된 권력 장치들이 사물을 인식하고 분류하는 방식을 주체에게 부여하는 과정을 검토한다.

그러나 언어와 그 실천은 대중의 형성에서 체제 순응적 기능과 함께 저항적 기능을 동시에 수반한다. 예를 들어 알튀세르의 호명 테제와 푸코의 담론 분석은 지배 체제의 재생산이 가능한가 하는 문제뿐 아니라, 재생산 문제를 위해 언어 실천이 관리의 대상이 될 수밖에 없는 이유를 제시한다. 여기에서 언어 실천은 체제 순응적 주체와 더불어 저항적 주체의 형성을 동시에 포괄한다. 호명은 실패할 수 있으며, 담론은 동일한 언어를 서로 다르게 사용하도록 만들어진다. 이런 상황은 언어 실천이 일정한 체계에 따른 동일화의 의미 체계뿐 아니라 사회변혁과 계급투쟁 같은 갈등의 의미 체계도 만들어낸다는 점을 상기시킨다. 순응과 저항은 권력의 일방적 작동을 통해 고착화될 수 없으며, 양자 사이를 횡단하는 대중의 집단행동 역시 불확정적이라는 의미에서 대중의 탈근대적 형성의 한 측면을 형성한다.

한편 무의식적 과정을 통해 형성되는 탈근대적 대중 형성의 메커니즘은 어떻게 작동하는가? 이 문제는 무의식 개념을 통해 인간의 심리 상태와 사회(문명)을 규명하려 한 프로이트와 프로이트가 남긴 유산 속에서 고찰된다. 프로이트는 저항resistence, 억압repression, 성sexuality, 콤플렉스oedipal complex 같은 기제를 통해 모든 인간 행위의 근저에 있는 본질적 욕망의 구조를 규명하려 했다. 이런 프로이트의 논의는 라캉과 알튀세르를 통해 임상학의 범주를 넘어서는데, 그 결과 정신분석학은 권력, 지배, 포섭, 저항 같은 사회과학적 문제의식 속으로 용해된다. 정신분석학은 개인 차원의 본능에 기초한 욕구 분석을 넘어, 도덕적이고 윤리적이며 때로는 이념적인 동기들 속에 위장되고 합리화된 권력 관계와 지배 체제를 규명하게 해준다.

이제 무의식적 작동은 욕망을 통한 개인의 주체화를 넘어 집단의 형성으로 확장된다. 이때 욕망은 억압된 대상으로 인식하느냐 생산적 힘으로 인식하느냐에 따라 인간을 달리 구성하게 한다. 프로이트, 라이히[W. Reich], 마르쿠제[H. Marcuse]는 성 억압 가설에 기초해 인간과 사회를 고찰했다. 라이히는 권위주의적 부르주아가 자본 축적에만 강박적으로 집착하고 대중의 모든 에너지를 근면과 축적에 바치게 강제하면서 성 억압을 전례 없이 강화했다고 봤다. 프로이트는 여러 사회 장치들이 대중의 성적 에너지를 승화해 문명 발전의 원동력으로 삼았다고 봤고, 마르쿠제도 후기 산업사회에서 증대된 성적 에너지의 과잉을 관리하기 위해 대중에게 허구적 욕구를 만족시켜줌으로써 성적 에너지의 창조적 승화가 억압되고 있다고 밝혔다.

그러나 푸코와 들뢰즈는 욕망을 그것 자체로 넘쳐나는 하나의 생산력으로 설정한다. 푸코는 성에 관한 담론을 분석해 성적 주체가 구성되는 과정에 주목한다. 푸코가 보기에 욕망은 감시, 억압, 배제되기는커녕 사회의 요청에 따라 관리되고 육성된다. 들뢰즈에게 욕망은 '욕망하는 생산', 곧 어떤 부정적 계기도 필요하지 않는 긍정적 힘이다. 욕망이 언제나 무엇인가를 생산한다는 점에서 욕망의 주체들은 무엇인가를 하려는 의지, 곧 권력 의지를 갖는다(Deleuze and Guattari 1994, 22~24). 따라서 욕망은 충만으로서 인식되며, 라캉이 주장한 결핍된 욕망은 사회적 생산이 만들어낸 것, 곧 원래 생산적인 욕망의 억압된 결과로 규정된다.

따라서 들뢰즈에게 욕망은 무엇인가를 계속 퍼 담아야만 하는 바닥을 드러낸 우물이 아니라, 자신을 여러 지류에서 채울 수 있는 '샘이 깊은 우물'하고 같다. 욕망은 외재적 기표 체계에 따라 격자가 된 주름진 무늬가 일방적으로 새겨지는 대상이 아니라, 그것 자체로 생산의 주체인 '욕망하는 생산^{desiring production}'이 된다. 들뢰즈에게 욕망하는 생산은 자아에 선행하고 욕망 대상과 신체의 부분들(가슴, 얼굴, 입, 항문)로 복수화되기에, 욕망은 일차적으로 신체에 작용해서 물질적 흐름과 절단을 생산한다.

여기에서 신체는 힘과 흐름의 뒤엉킴과 관계들의 총체로 이해되는데, 들뢰즈는 고정된 질서에서 벗어나 무한한 변이와 생성을 만들어내는 신체를 '기관 없는 신체^{body without organs}'(Deleuze and Guattari 1994, 22~24)라고 불렀다. 기관 없는 신체란 새로운 인식과 감성을 위해 고착된 층위에서 벗어나 자유로운 변이를 시도하는 신체를 말한다. 이 개념을 통해 들뢰즈는 경직된 사고, 체제, 조직에서 벗어나려면 경직된 층위를 해체하면서 기관이 없는 것과 같은 미정형 상태가 돼야 한다고 주장했다.

들뢰즈는 기존의 관계를 유지하는 권력의 선분을 가로지르고 새로운 배치를 생산하고 구성하려는 긍정적이고 창조적인 욕망(욕망하는 생산)을 통해 유목민적 주체를 제시한다. 리좀^{rhizome}의 형태*로 존재하는 유목민적 주체는 자신을 소수화하면서 소수 문화로 존재한다. 여기서 '소수화'란 탈주하되 지배를 목적으로 하지 않고 지배 체제를 파괴하면서 복수화하는 리좀적 실천을 말한다. 리좀적 실천은 강고한 지배 문화 체제의 내부를 소수 문화로 바꾸어 내부적으로 움트는 수목화의 지배 경로를 없앤다(고길섶 2000, 105~112). 이런 변화는 변이와 생성의 흐름을 극대화할 욕망의 탈주선^{lines of flight}을 따를 때만 가능한데, 들뢰즈는 신체적 이미지와 감각적 이미지들의 무의식적 변이 과정에 존재하는 탈주의 선에 주목했다. 의식적인 저항을 넘어 공간 구성, 지각 방식, 감수성, 행동 양식 같은 일상생활 전체를 해체하는 탈영토화의 탈주에 눈길을 돌린다.

이런 들뢰즈의 논의는 탈근대적 대중, 특히 호명을 통한 재생산 기제가

---

* 리좀은 뿌리줄기를 말하는데, 들뢰즈는 지하철 노선도처럼 수평으로 얽혀 있는 관계나 조직 원리를 설명하는 개념으로 사용했다. 단선적 인과 관계나 상하 위계가 분명한 조직 체계는 근대적이며 권위적이라는 이유로 비판받는다.

대중에게 일방적으로 행사되지 못한다는 점을 이해하게 해준다. "왜 대중은 전적으로 지배될 수 없는가"라는 문제를 해결하는 데 중요한 아이디어를 제공하는 것이다. 이런 논의는 곧 '억압이 있으니 저항이 있다'는 단선적 인과론이 성립될 수 없다는 것을 뜻한다. 들뢰즈의 관점에서 대중은 내재적 삶의 의지의 소유자 또는 자신을 외부 세계에 관계하게 하고 변화하려는 충만한 역능의 담지자다.

이런 시각은 소수 문화론, 노마드론, 다중론에서 확인된다. 이 이론들은 스피노자의 물티투도multitudo 개념, 곧 공적 무대와 공동체로 수렴되거나 포섭되지 않는 존재에 관한 정의에 기초한다. 권력의 지배 장치에 전적으로 포획되지 않는 물티투도 개념은 마르크스, 니체, 들뢰즈, 네그리의 사상으로 이어졌다. 마르크스는 죽은 노동과 구별되는 노동력의 능력, 재능, 가능태dynamis 속에서(柄谷行人 2006, 408~421), 니체는 힘을 향한 의지와 영원 회귀의 개념을 결합해 생성적 실재의 가능성을 제시한 것이다.* 이런 역능과 생기론이 철학적으로 급진화된 논리가 들뢰즈의 노마드론이고, 정치적으로 급진화된 논리가 네그리와 비르노의 다중론이다.

---

* 니체가 보기에 데카르트의 주체는 전통 형이상학의 존재론에 지나지 않기 때문에 인간의 현실적 삶을 부정하는 것으로 비판된다. 니체는 실체적 존재로서 자기 동일성을 유지하고 변화와 생성이 없는 자존적인 존재 개념을 거부한다. 따라서 인간은 '돼가는 것(becoming)', 곧 생성과 존재가 일치되는 존재다(백승영 2005, 287~293).

3장

마주침과 엇갈림
— 근대적 대중과 탈근대적 대중의 대면

대중은 물적 생산 방식과 정치적 지배 방식, 사회적 소통 방식의 변화 속에서 다양하게 형성된다. 앞에서 살펴봤듯이 물적 생산 방식의 변화인 포드주의에서 포스트 포드주의로 나아가는 이행과 그 결과인 비물질 노동 또는 정동석 노동의 부상은 근대적 대중 형성과 탈근대적 대중 형성에 커다란 영향을 미쳤다. 정치적 지배 방식의 변화, 곧 법을 통한 외적 구속에서 벗어나 내면 세계를 감시하는 실질적 포섭 과정이 확대되는 변화 역시 근대적 대중 형성과 탈근대적 대중 형성에 큰 영향을 미쳤다. 사회적 소통 방식의 변화인 정보통신 기술의 발전에 따른 커뮤니케이션 방식의 급격한 변화도 이런 변화를 이끌었다.

그렇다면 근대적 대중 형성과 탈근대적 대중 형성의 차이를 드러내는 메커니즘은 무엇인가? 첫째, 대중 형성의 계기다. 근대적 대중 형성은 국가 권력 같은 하향식 호명이 주요 기제가 되지만, 탈근대적 대중 형성은 자기 구성적 권능에 기초한다. 대표 사례로는 근대국가가 형성되는 과정에서 펼

처진 국민과 민족이라는 집합적 주체의 호명, 그리고 노동자 평의회를 통한 노동과정의 자율적 관리다.

국민은 사전적 의미에서 국가의 구성원을 뜻하지만, 서구 사회에서 국민국가가 확립되던 시기인 근대 사회에 이르러서야 출현한다. 따라서 국민은 국민국가로 대표되는 근대국가의 구축 과정과 이 과정을 이론적으로 뒷받침한 자유주의 정치사상을 통해 구성됐다. 이때 근대국가는 산업혁명으로 대표되는 과학기술의 급속한 발전과 자본주의로 나아가는 급속한 이행, 프랑스 혁명 이후 등장한 근대 민주주의 체제의 복합 효과를 거쳐 나타난 역사적 사회 집단이다. 특히 조직적이면서도 경쟁적인 자본주의 체제는 인적 또는 물적 자원을 효과적으로 동원하고 배치하기 위한 체계적 사회 조직인 국가의 성립을 촉진했다. 또한 근대국가의 출현을 규명하기 위한 지적 작업, 곧 독일에서 체계화된 국가 이론과 사회계약설로 대표되는 홉스의 정치사상은 국민의 지위와 성격을 이해하는 데 커다란 영향을 미쳤다.[*]

민족 역시 국민처럼 근대 유럽의 식민지 개척 과정과 프랑스 혁명을 계기로 국가와 국민 사이의 계약에 따른 국가관이 제도로 자리 잡는 과정에서 생겨났다.[**] 국가의 형성에 밀접히 관련되는 민족 개념은 국가의 성립과 함께 국민 문화와 국민성이라는 동일한 정체성이 요구되면서 만들어졌다. 예를 들어 학교, 종교, 매스미디어, 대중문화 같은 현대 사회의 체계화된 강력한 이데올로기적 국가 장치들은 민족을 매개로 내중의 의식과 감성을 지배 체제에 맞게 교정함으로써 강력한 동질성을 구축했다.

---

[*] 홉스에게 국가와 국민은 사회 계약으로 맺어진 결사체로 설정된다. 이때 개인은 자연권이라고 할 자기 보존의 욕구를 지닌 존재가 되는데, 만인의 만인에 맞선 투쟁 속에서 개인의 자기 보존은 위기에 놓이게 된다. 이때 자기 보존을 위한 이성의 계율이라 할 자연법이 조정자 구실을 하게 되는데, 개인의 권리 일부를 모두 자진해서 포기하고 양도하는 사회 계약이 체결된 뒤 마침내 '리바이어던(leviathan)'이라는 근대국가가 탄생한다.
[**] 서구 사회에서 사용하는 'nation'이라는 개념은 국가, 국민, 민족 등으로 다양하게 번역된다. 또한 서구인들에게 이 용어는 특별한 경우가 아니라면 따로 분리해 해석할 필요가 없다. 민족(nation)은 서양에서 '국민'에 더 가깝지만, 동양에서는 '인종'(혈연 중심)으로 해석하는 경향이 많다.

한편 노동자 평의회는 한계를 가진 부르주아 의회를 대체하는 노동자 권력으로 등장했다. 러시아에서 '소비에트'라 불리던 노동자 평의회는 자본에 대항하는 투쟁을 끊임없이 만들어가는 대중적 투쟁 기구다. 노동자 평의회 속에서 노동자들은 공장 단위로 동료들 중에서 대표를 선출하며 대표자와 대중의 거리를 좁혔고, 비교적 짧은 임기를 통해 관료화를 견제했으며, 언제든 가능한 소환을 수단으로 대표자의 독선을 막았다. 여기에서 발견되는 노동자의 자율성은 자기 조직화를 강조한 아우토노미아autonomia 운동으로 발전한다. 생산의 강제성, 제도적 위계화, 정치 대의제의 한계를 딛고 정치적 자주성을 추구한 이 운동은 노동 운동을 넘어 정체성의 새로운 확립과 거대한 획일화에 저항한 소수자 운동으로 발전했다.

이때 다중은 아우토노미아 운동을 펼치는 주체로 설정된다. 다중은 스피노자가 규정한 물티투도에서 연원하는데, 스피노자는 물티투도를 공적 무대와 집단행동에서 공동체의 문제를 처리할 때 하나로 수렴되지 않으며 그것 자체로 존속하는 다원성(복수성)으로 규정했다. 물티투도는 홉스의 정의하고 비교하면 특성이 더 명확해진다. 홉스는 근대국가를 구축하는 도중에 민중people의 주권을 양도하는 과정에서 물티투도를 위험한 존재로 봤다. 민중이 국가라는 제도 안으로 전환된 대중이라면, 물티투도는 하나의 종합적 통일로 수렴되지 않은 자연 상태의 대중이라는 것이다. 그 뒤 자연 상태의 물티투도는 경제의 탈근대화 속에서 호명을 거부하는 새로운 대중인 다중으로 재발견된다.

둘째, 집단행동의 표출 방식이다. 근대 정치는 대의제를 통해 펼쳐지지만, 탈근대 정치는 자발적 참여를 통한 직접 행동을 통해 펼쳐진다. 근대적 방식의 대중 결집은 대의 정치의 기능이 제대로 작동하지 않을 때 발생하지만, 탈근대적 방식의 대중 결집은 대의 정치의 작동하고는 무관하게 문제의식을 지닌 개인들이 직접 집단을 형성하며 시작된다. 따라서 사태를 관조하는 태도, 곧 "누군가 해결해주겠지"라는 거리 두기가 근대적 대중 형성에서 목격된다면, 문제를 직접 해결하려고 자발적으로 움직이고 높은 참여율을 보이는 광경은 탈근대적 대중 형성에서 발견된다.

탈근대적 대중 형성에서 발견되는 자발적 참여는 슐츠^{G. Schulze}의 '체험 사회' 개념을 통해서도 설명된다. 슐츠는 독일 같은 고도 산업화 사회에서 대중의 행복 추구는 물질적 부의 축적에서 체험 프로젝트로 바뀌었다고 주장한다. 예를 들어 소비 결정은 상품의 필요성, 유용성, 내구성이 아니라 체험, 안락, 취향을 통해 내려진다는 것이다. 이런 일상생활의 심미화는 구성원 각자의 미적 취향을 계발하는 체험 시장의 구축으로 이어진다. 문제는 체험의 증대와 취향의 추구가 고립된 개인주의가 아니라 새로운 형식의 사회적 관계의 형성으로 나아간다는 점이다. 사람들은 스타일, 나이, 교육에 관한 관점의 유사성에 따라 자신의 교제 상대를 찾고 최종적으로 특정 집단에 편입할지 말지 결정한다.

이런 참여의 증대는 직접 행동을 유도한다. 카터^{A. Carter}는 '직접 행동'을 정치적 영향력을 끼치기 위해 펼치는 비폭력적 의사 표현 행위로 정의했다. 직접 행동에는 촛불을 켜고 행진하는 것부터 파업, 도로 점거, 피켓 시위, 단식 등에 이르기까지 다양하다. 특히 노동 운동에서 직접 행동은 노동조합 관료들의 매개 없이 전개되는 노동자 자신들의 행동을 의미한다. 이때 직접 행동의 정당성은 참여자들의 권력 관계와 도덕성에 기초한다. 소수자로서 자신의 이해와 요구를 대변하는 제도가 갖춰지지 않은 상태에서 벌이는 행위나 공동선을 추구하는 실천은 그것 자체로 정당화된다.

셋째, 집단행동의 성격이다. 포드주의에서 노동 과정이 구획화된 고도의 분업 체계를 통해 진행된다면, 포스트 포드주의에서 노동 과정은 직무 구분이 해체되는 상황 속에서 하나의 흐름으로 나타난다. 포드주의처럼 명확한 구분 짓기는 집단행동의 성격을 정치 투쟁이나 경제 투쟁으로 한정하게 한다. 그러나 포스트 포드주의처럼 경계를 허무는 작업 방식은 집단행동의 성격을 복합적으로 만들고 문화적 요소가 강화되면서 집단행동을 하나의 축제로 둔갑시킨다. 집단행동을 영역별 성격에 맞게 한정하려는 방식이 근대적이라면, 탈근대 방식의 집단행동은 정치, 경제, 사회, 문화가 융합된 축제의 광장 문화로 전환된다.

따라서 탈근대적 대중 형성이 일어나는 곳은 어디든 축제가 되고 광장이 된다. 바로 이런 사물의 전유 능력이 탈근대적 대중에게서 보이는 특이성 중 하나다. 이때 광장은 열린 공간으로, 자유로움과 평등함을 바탕으로 한 집단성이 구현된 공간이 된다. 따라서 광장은 '광화문광장'처럼 광장이라는 팻말을 붙인 물리적 공간에 한정되지 않는다. 여러 사람이 지나가면서 길이 만들어지듯, 광장 역시 참여자들의 능동성에 따라 어디서든 만들어진다.

넷째, 대중 조직의 형식이다. 명확한 지위 계통을 밟아야 하는 수직적 조직 형식을 수목형이라 부르고, 지하철 노선도처럼 많은 경로가 수평으로 연결된 수평적 조직 형식을 리좀형이라 부른다. 수목형 조직 형식은 단선적 논리 체계가 중심인 근대적 대중 조직의 모습을, 리좀적 조직 형식은 분열적 논리 체계가 우세한 탈근대적 대중 조직의 모습을 띤다. 탈근대적 대중 조직은 성원의 충원과 행동에서 좀더 개방적이며 다층적으로 구성된다.

리좀이란 원래 뿌리줄기를 말하는데, 우발적이고 자유로운 과정을 상징한다. 들뢰즈와 가타리를 통해 사유의 형식으로 발전한 리좀은 비체계가 아닌 비중심화된 체계로 제시됐다. 각각의 부분들이 중심으로 귀속되는 상위의 이웃을 통하지 않고 직접 이웃을 만나고 접속하는 체계로서, 그것 자체로 유의미한 다양한 집결지를 만드는 열린 체계를 상징한다. 리좀적 조직 형식은 중심이 제거된 비위계적 조직, 곧 비중심적 그물형 네트워크로 설정된다.

리좀적 조직 형식이 발전된 사회를 마인츠[R. Mayntz]는 '다이내믹 사회'로 개념화하기도 한다. 다이내믹 사회란 사회가 점점 더 여러 갈래로 나뉘면서 다양한 사회 부문이 형성되고 상대적 자율성이 증대되는 사회를 말한다.

한편 마인츠는 더 많은 자치권을 갖고 자기 규제를 하는 사회 부문들과 영역들이 위계적 사회 구조와 국가의 사회 조정 능력을 무력하게 한다고 봤다. 유일한 조정자라는 독점적 지위를 유지할 수 없게 되자 국가는 다양한 사회 부문들의 관계를 조율하는 조정자로 자신에게 새로운 위상을 부여한다. 이때 마인츠는 사회적 역동성의 근본 원인을 현대의 기술과 그 기술 덕분에 일어난 커뮤니케이션 체계의 변화에서 찾는다.

다섯째, 집단 의식의 성격이다. 근대 사회는 인간 이성을 향한 무한한 신뢰를 바탕으로 한 로고스 중심주의 사회였다. 따라서 육체와 욕망은 이성의 통제를 통해 순화되고 관리돼야 했다. 근대적 집단의식이 형성되는 과정에서 이성이 핵심적 구실을 했다면, 반反이성주의가 주창되는 탈근대 사회에서 집단의식은 감성과 욕망으로 채워진다. 탈근대 사회에서는 경제적 부의 획득과 아울러 개개인의 삶의 질 향상에 더 많은 관심이 쏟아진다.

여기에서 잉글하트R. Inglehart는 물질적 가치에서 탈물질적 가치로 중요한 가치가 변화하는 과정을 '포스트 모던 사회' 속에서 규명한다. 여전히 실존적 안정과 경제성장이 중요하지만, 점점 더 많은 사람들이 주관적 행복감과 자아실현 같은 탈물질적 가치를 지향하고 있다고 잉글하트는 주장한다. 탈물질적 가치 선호가 높아진 이유는 안정된 경제적 기반 때문이기도 하지만, 정치, 노동, 종교, 가족, 성의 가치에서 일어난 변화가 주된 원인으로 제기된다. 정당에 관한 지지와 구속력이 줄어들고 능동적으로 사안에 따라 정치에 참여하려는 의식과 실천이 확대된 것을 이런 변화의 사례로 들 수 있다.

여섯째, 대중의 성향이다. 근대적 대중이 스테레오타입으로 규정되는 평면적 성향을 갖는다면, 탈근대 대중은 이중적이고 모순적이며 다층적인 성향을 보인다. 이런 차이는 개인이 떠맡아야 할 역할 체계의 분화와 대중 소비사회가 주입한 개인별 욕망 추구에 기인한다. 스타벅스 커피를 마시며 오노 사건을 비판하거나 촛불 집회에 참여하면서도 부동산 투기에 집착하는 사람들은 대중의 탈근대적 성향에 밀접히 연결된다.

이런 모순적 행동은 개인이 선택해야 할 삶의 선택지가 너무나 많고 복잡한 상황에서 기인한다. 그로스P. Gross는 생활을 제한하고 가차 없이 내모는 무제동의 성장 역학이 개인에게 강제하는 선택의 압력을 '다중 선택 사회'라는 개념으로 제시했다. 가능성과 현실성 사이의 거리(주어진 시간 안에 최대의 성과를 거두기)를 되도록 서둘러 극복하려는 강박증이 생활의 다양한 선택지 속에서 길을 잃게 만들었다는 것이다. 이때 선택의 과잉 산출은 다양한 삶의 공존보다는 '더욱 빠르게, 더욱 지속적으로, 더욱 많이'를 추구하는 자본주의의 무정부적 성장(발전) 욕구에 연결된다.

이런 상황 속에서 현대 사회는 개인의 구실(성찰의 주체, 선택의 주체, 책임의 주체, 참여의 주체)이 증대되는 자율적 주체의 특성을 더 많이 보여준다. 이런 변화는 지금 한국 사회에서 새롭게 등장하고 있는 대중의 탈근대적 형성을 이해하는 데 핵심이 된다. 왜냐하면 한국 사회가 세계화의 물결 속에 깊숙이 편입된 이상 현대 사회의 특징들은 예외적 경험으로 치부할 수 없기 때문이다. '다이내믹 코리아'라는 말이 있듯, 지금 한국 사회에서 대중의 형성은 매우 입체적이라는 점에서 탈근대적 형성 요인을 더 많이 갖고 있다. 사회 정의를 외치는 직접 민주주의의 실험을 한 축으로 하고 맹목적 애국심과 배타적 민족주의, 왜곡된 포퓰리즘을 한 축으로 하는 스펙트럼 위에서 다양한 모습으로 존재한다는 것이다.

이 속에서 사회 모순에 관한 감시와 처벌은 더는 경찰과 사법 기관 같은 국가 기구로 한정되지 않는다. 인터넷 신문, 블로그, 미니홈피, 사용자 제작 콘텐츠UCC, 아고라, 게시판, 댓글 같은 정보 기반 소통 문화는 대중이 민중의 지팡이를 자임하게 하는 상황을 만들면서 대중이 스스로 '흑기사'로 나서게 만들었다. 그러나 지식과 권력의 탈집중화에 기여한 이런 소통 문화는 인터넷 마녀사냥이라고 불리는 사이버 홀로코스트를 자행하게 만들고 있다. 대중의 이런 이중적이고 모순적 행태를 올바로 진단하고 알맞은 대책을 마련하는 것이 대중 연구의 핵심 과제가 된다. 특히 탈근대적 대중 형성의 핵심 기제인 자율성과 능동성이 문제의 원인인 이상, 더 근본적인 방안을 모색해야 한다(김성일 2007, 120).

2부

탄생, 성숙, 변이

대중 형성의 계보학

대중은 일정한 자격을 갖춘 구성원, 소비의 담당자, 여론 조성의 기반, 사회운동의 정당성을 논의할 때 중요하게 다뤄지는 대상이다. 대중의 일원이 된다는 말은 원만한 사회관계가 형성된 것으로 이해되며, 상품 소비의 주체가 될 때 멋스러운 취향의 소유자로 인정된다. 또한 "대중이 원한다면" 같은 말처럼 여론 조성과 진실성의 기초가 되고, "대중적 참여"라는 말처럼 사회운동의 성격과 정당성을 부여하는 실질적 기반이 된다. 따라서 대중 연구는 소비사회의 성격과 발전, 매스미디어와 이데올로기, 시민사회와 사회운동을 아우르는 구성적 성격을 갖게 된다.

그러나 대중은 획일적 덩어리가 아닐뿐더러 거대하고 다양한 복합성을 갖기 때문에 언제나 논쟁의 대상이 된다. 대중의 실체와 현상의 구분은 뚜렷하게 나타나지 않기 때문이다. 대중은 그 안에 서로 다른 지향과 정체성을 지닌 계급과 계층을 포함한다. 대중 안에는 자본가와 노동자, 여성과 남성, 어린이와 청소년, 도시민과 지역민이 모두 포괄된다. 이 사람들이 대중의 구성원이 되고 대중으로 행동할 때, 계급, 성性, 세대, 공간은 뒤섞이며 하나의 커다란 군무群舞를 만들어낸다(천정환 2008, 105).

그런데 대중이 이런 다양한 상황과 맥락을 통해 논의된 때는 근대 사회로 이행한 뒤다. 대중은 역사적 개념이자 현상이 되고, 그것 자체로 문명 전환하고 맞물린다. 문명의 형성과 교류의 확산 속에서 대중은 형성되고 변화했다. 대중은 현재적 쟁점을 구성하고 미래의 전망을 가늠하게 해준다. 따라서 한국 사회에서 대중의 형성은 근대의 여명이 밝아오기 시작한 개항기부터 기원을 고찰해야 한다.

1장

탄생
— '모던이씀'과 문명 병자들의 개화

1. 모던 보이와 모던 걸 — 근대의 외양 또는 외양의 근대

소비 주체로서 대중을 논의하려면 서구 문물의 유입과 개방이 가져다준 '근대의 경험'부터 살펴봐야 한다. 왜냐하면 소비는 근대의 경험에 관한 대중의 반응에서 형태가 주조되기 때문이다. 개항을 통해 들어온 서구 문물과 외국인의 급증은 예외적인 낯선 볼거리가 아니라 역사의 새로운 전환점을 알리는 신호탄이었다. 개항이 근대의 시작을 알리는 역사적 사건이었지만, 더 깊숙한 곳에서 분출되고 있던 새로운 삶을 향한 열망은 조선 왕조의 근간을 뿌리째 침식하고 있었다. 이런 지각 변동은 봉건제라는 경제적이고 사회적인 토대에 서서히 위협을 가하며 해체라는 변화를 예고했다(김진송 1999, 21~22).

서구 사회가 겪은 근대성 경험처럼 이 시기 한국 사회의 근대성 경험 역시 강렬함과 충격, 반발과 호기심, 혼란과 불안, 서양에 관한 혐오와 동경,

열등한 현실에 관한 한탄이 극적으로 표출됐다. 그런 움직임은 강력하고 위협적인 타자에 맞서는 방법이었고, 낡은 주체하고 결별하려는 몸부림이었다. 그러나 위협적인 타자의 음험한 본성을 파악하기도 전에 개화와 계몽에 더 큰 힘을 실어야 할 무엇으로 바뀌어갔다(김진송 1999, 13).

이런 상황이 벌어진 원인은 개항과 더불어 들어온 서구 문명의 외적 충격에 국한되지 않았다. 삼정의 문란과 토호 세력의 착취는 절정에 이르고 있었고, 백성들의 봉기는 반상班常의 신분 제도를 뒤엎는 방향으로 바뀌고 있었다. 누가 봐도 '빅뱅'을 짐작하게 하게 상황이었다. "폭발적인 혁명의 기운은 충분히 잠재되어 있었고 봉건적 질서가 해체의 움직임을 보이고 있을 무렵부터 근대는 몇몇 선지자들의 인식에서뿐 아니라 보편적 위기의 정서로 그 조짐을 보이기 시작했다"(김진송 1999, 22).

그러나 기성 지배 체제와 가치 체제에 대별되는 근대의 경험이 명확한 분기점을 거쳐 다가오지는 않았다. 김진송은 "개화, 문명, 서구 등이 상징하던 말의 언저리에 막연히 현대가 묻어 있을 따름이었다"고 말한다(김진송 1999, 23). 근대성의 경험이 신미양요, 갑오경장, 동학혁명 같은 굵직한 사건뿐 아니라 대중의 일상과 함께 다뤄져야 한다는 것이다. 한 가지 주의할 점은 대중이라는 근대 주체가 미리 형성돼 근대를 경험하지는 않았다는 사실이다. 대중은 근대성이라고 부를 다양한 경험들과 공진화 과정을 밟으며 사후적으로 드러난다. 따라서 사회운동 같은 거시사와 일상 같은 미시사의 다층적 결합은 근대성과 대중 형성에 특정한 방식으로 방향을 부여하고 이 둘의 모순성을 매우 복잡하게 만든다.

'근대'라는 말이 처음 쓰인 때는 1910년대로 거슬러 올라가는데, 지금 쓰이듯이 '동시대'라는 뜻과 함께 '바깥쪽'의 의미를 담고 있었다. 따라서 근대라는 말은 시간적로는 존재하지만 조선에서 공간적으로 부재한 모순적 성격이 있다. 근대라는 말보다 더 현대적인 상황을 표현한 용어는 개항 이후 모든 언어 앞에 붙여 쓴 '신新'이었다. 신사고, 신문물, 신학문, 신여성, 신생활 등 '새롭다'는 말 속에는 이제까지 존재하지 않은, 그리하여 알지 못한 무엇, 그래서 반드시 지향해야 할 그 무엇이라는 의미가 복합적으로 담겨 있었다(김진송 1999, 25~26).

한편 근대를 가리키는 또 다른 용어인 '모던'이라는 말도 1920년대 이전부터 쓰이기 시작하는데, 익숙한 유행어로 정착한 때는 1920~30년대다. 모던은 그 자체로 모던풍, 곧 현대적 스타일을 지칭하는 유행어로 널리 쓰였고, '껄'이나 '뽀이', '룸펜', '인테리', '빠' 같은 서양말의 다발을 묶을 수 있는, 어떤 경향성을 가리키는 용어로 회자됐다. 더 정확히 말하면, 모던은 서구적 패턴을 지향하려는 의식적 태도이자 행동 방식을 가리켰다(김진송 1999, 24).

따라서 모던이라는 말은 단순한 유행어를 넘어 이 시기의 도시 문화적 현상을 의미한다. 사회의 일면에서 반영된 근대화의 현상 자체를 지시한다는 것이다. 이런 상황은 거꾸로 이 시기가 서구화와 모던이 등가를 형성하며 일상까지 깊이 침투한 시기라는 점을 보여준다. 계몽적 프로젝트로 주창된 근대성은 식민지 현실에서 좌절되기는 했지만, 삶과 의식 속에서 진행된 근대화 과정은 모던을 하나의 조류로서 유행처럼 등장시켰다(김진송 1999, 44).

근대라는 거대한 문명적 전환이 보편적 현상으로 등장한 이 시기부터 모던 보이나 모던 걸 같은 근대적 대중의 다양한 형태가 나타나기 시작했다. 모던은 지향해야 할 절실한 미래가 아니라 경박하고 자유분방하며 천박한 유행을 의미했다.* 중요한 점은 근대를 주의나 주장이 아니라 모든 사람들이 일상으로 받아들이는 현재의 삶으로 보기 시작하고, 거기에 자신을 밀착시키려 한 사실이었다.

근대적 대중의 시초 격인 모던 보이와 모던 걸이 누비던 도시의 풍경은

---

* 〈모-던어 사전〉(《신민》, 1930)에서 모던은 이렇게 정의된다. "새로운 혹은 근대적이란 말이다. 그래서 '모던 걸'이라면 새로운 여자 혹은 근대 여자, 모던 보이라면 같은 의미의 남자인 경우에 해당한다. 의미로 보면 결코 낫분 말이 아니다. '모던보이'니 '모던 걸'이니 하면 경멸과 조소의 의미가 다분으로 포함되어 있다"(김진송 2002, 43).

어땠을까? 이승원은 '소리'를 통해 근대의 풍경을 이렇게 묘사한다. "도시의 밤거리는 현란한 네온사인과 음악 소리, 자동차 소리, 인력거 소리, 신여성들의 하이힐 소리로 뒤덮였다. 대낮에는 자동차와 전차, 버스, 오토바이, 인력거가 서로 경쟁하듯 아우성쳤고, 밤이 되면 모던보이와 모던걸이 쾌락을 찾아 도심의 밤거리를 배회하였다"(이승원 2005, 27~28). 또한 "우후죽순처럼 생겨난 다방과 카페는 모더니스트들의 결집장소이자 유성기 문화가 그 힘을 격렬하게 발산하는 공간이었다. …… 지식인들이 다방과 끽다점喫茶店으로 향했다면 모던보이와 모던걸들은 카페와 바bar로 발길을 옮겼다"(이승원 2005, 56~57).

모던 보이는 대개 자본가의 아들이자 부르주아의 후예였다. 소비 대중으로서 모던 보이의 욕망과 실상을 신명직은 이렇게 설명한다. "일찍부터 근대문화의 세례를 받은 가난한 인텔리들도 모던보이 대형에 합류하기 위해 부단히 노력했다. 당시 유행하던 '뼈스터 키-톤'의 모자나 '하롤드 로이드'의 뿔테 안경은 걸치지 못해도 양복 정도는 걸쳐야 했기에, 그들은 고물상 양복점을 찾았다. 학생 때엔 부모에게 거짓 편지를 하여 학비를 받고 카페의 입술 달콤한 꿈을 꾸기도 했지만 그 역시 다시 오지 못할 아름답고도 부끄러운 꿈에 불과했다. 실업자가 되면 고물상 양복도 그나마 그림의 떡이었다. 인텔리 실업자가 할 수 있는 유일한 모던보이 행세는 찻집에 들러 커피 한 잔으로 시간을 보내는 것이었다"(신명직 2003, 86~87).

유행의 첨단을 뒤쫓던 모던 보이들에게 '에로 그로 넌센스*'는 모던의 본질로 인식됐고, 이것을 향유해야만 모던 보이로 행세할 수 있었다. 에로 그로 넌센스는 소비 대중이 갖는 독특한 정서라고 할 수 있는데, 외국의 에로틱하고 그로테스크한 풍습이나 사건, 조선에서 일어난 우스운 이야기들

* '에로 그로 넌센스'란 현대적 시각에서 '가볍게 웃어넘길 만한 각종의 성적 혹은 엽기적 텍스트와 관련된 정서 일반'을 의미한다. 인터넷에 떠도는 각종 유머, 엽기 사진이나 동영상이 대표적이다.

에 보이는 반응은 매우 뜨거웠다. 도색 잡지에 나올 법한 만화나 음담패설로 구전된 야한 이야기들, 각종 '걸'들(남자의 지팡이 구실을 하는 '스틱걸', 남자의 다리를 주무르거나 발을 씻겨주는 '핸드걸', 박람회 때 오십 전에 키스를 팔다가 쫓겨난 '키스걸')은 새로운 근대적 감각의 일부가 됐다(소래섭 2005, 8~14).

흥미로운 사실은 1930년대 중반이 되면 만문만화에 등장한 마르크스주의자들조차 뜻을 접고 평범한 모던 보이로 변신한 점이다.《인생 스켓취》 연작 〈양화공과 그 청공〉, 〈병실에서 병실에〉의 등장인물을 분석한 신명직은 주인공 남성들이 젊은 유부녀를 사랑하면서 모던 보이로 변모하는 과정을 이렇게 묘사한다. "양복을 맞추고 최신 맥고모자와 와이셔츠와 넥타이를 사고 수영복을 사면서 그는 말쑥한 청년 신사 곧 모던보이로 다시 태어난다"(신명직 2003, 90~91).

모던 보이와 모던 걸을 통해 본 소비 주체인 대중은 한편으로 '근대의 외양'이지만, 다른 한편으로 '외양의 근대'이기도 했다. 전통 사회에서 개인의 정체성이 신체 특징이 아니라 의상과 태도, 곧 신분과 관련된 예법에 따라 규정된 만큼 근대의 경험에서 외양이 차지하는 비중은 매우 컸다. 근대 이후 신체를 인식하는 태도에 커다란 변화가 일어나 이제 성별 같은 개인의 정체성이 예법이 아닌 신체 자체를 통해 인식되기 시작했다. 차츰 남성복과 여성복에 성별의 특징을 반영하는 흐름이 나타났는데, 여성복은 화려해지고 남성복은 엄격해졌다(김주리 2005, 6~7).

그럼 모던 보이와 모던 걸의 외양(패션)을 살펴보자. 먼저 모던 보이의 패션은 코트, 넥타이, 셔츠의 모양, 칼라, 바지통, 멜빵, 모자, 구두, 지팡이, 커프스를 포함한 '양복'으로 설명된다. 대표적인 사례로 1913년《매일신보》에 연재된《장한몽》의 김중배가 입고 나온 인버네스를 들 수 있는데, 인버네스는 그때 막 수입되기 시작한 영국 스타일의 최첨단 패션이다(김주리 2005, 16~17).

모던걸의 패션인 '양장'은 개화기에 윤고려가 처음 입은 뒤 여성의 전위 패션이 되지만, 대부분의 여성은 양장 유행에 편승하지 않았다. 양장은 특수한 직업 여성, 곧 카페 여급이나 기생 등의 전유물로 여겨졌기 때문이다. 그렇지만 대중적인 여성 패션인 치마와 저고리에서도 차츰 새로운 변화가 일기 시작한다. 치마와 저고리 길이, 모양, 깃과 끝동의 색깔, 무늬, 천의 종류 등에 유행이 나타났으며, 특히 치마와 저고리는 길고 짧은 유행이 반복됐다(김주리 2005, 23~25). 양장과 관련해 모던 걸의 패션은 "그 몸둥이 그 얼굴에는 임이 봄 화장을 하엿다. 느슨히 둘은 털 목도리 미테 홍분을 바른 시체 여자의 목덜미가 벌서 봄빗을 방사하고 잇다"거나 "겨울이 왔다. 도회의 녀성이 털보가 되는 때다. 여호털, 개털, 쇠털, 털이면 조타고 목에다 두르고 길로 나온다" 같은 글에서 확인할 수 있다(신명직 2003, 98~99).

바야흐로 여성들은 근대화 속에서 변화의 중심에 서서 사회적 이목을 끌기 시작했다. 특히 신여성으로 불리던 초기 인텔리 계층 여성들이 여성 해방을 주창하기에 이르렀고, 사회적으로도 여성에 관한 배려가 조금씩 확산되기 시작했다. 여성의 부상은 여성 교육에서 출발한다. 1886년 여성 교육 기관으로 이화학당이 설립된 뒤 정신여학교, 배화학당, 숭의학교, 호수돈학교, 성보여학교, 숙명여학교, 덕성여학교, 신명여학교, 동덕여자의숙 등이 설립되면서 교육받은 여성인 '신여성'이 등장했다(김진송 2002, 204~206).

그러나 신여성은 봉건적 가치관하고 충돌했을 뿐 아니라 사회 밑바닥에 잠재돼 있던 근대의 충격과 새로움이 가져온 불안을 해소할 '만만한' 대상이었다. 그런 점에서 "여성의 사회적 진출에 대한 불안감은 다른 어떤 사회적 요인과 마찬가지로 극도의 문화적 이질감에서 오는 가치의 혼란이었다"(김진송 2002, 204)는 말은 주목할 만하다. 이제 여성은 애정 관계, 결혼 제도, 사회 진출에서 계몽과 반봉건의 중심에 서게 됐다. 특히 신여성들의 행보는 여성이라는 이유만으로 모던 보이 같은 남성들보다 훨씬 많이 주목받았다.

문제는 여성 해방이나 남녀평등 같은 근대적 가치를 내건 신여성을 향한 사회적 관심이 강력한 비난과 반발의 어조로 표현된 사실이다. 신여성은 "문명국의 유행어를 직수입하야 가지고 입으로만 여성해방이나 남녀평등을 주창하는 무자격적 여자"로 매도됐다. 특히 대부분의 여학교를 서구인들이 세운 탓에 신여성을 향한 비난은 서구인으로 상징되는 서구 문물을 향한 반발에 연결되기도 했다. 이런 상황은 "서양인이 조선에 들어와 여자교육기관을 각처에 설립하고 전심사계에 종사한 지 수 십년에 그들의 적축한 사업을 일언으로 다하자면 조선여자를 원료로 삼아 서양여자의 미숙품을 만들엇다 할 것이다"(김진송 2002, 207~208) 같은 글에서도 확인할 수 있다.

다른 한편 신여성은 근대가 베푼 새로운 상품의 포로로 그려지기도 했다. "목도리가 걸어가는 것 같아서 마치 어두운 밤에 도깨비를 만난 듯이 몸서리가 난다", "폭과 길이가 너무 엄청나게 육척스러워 어깨가 무거울까 걱정된다"(김미지 2005, 56~57), "황금 팔뚝시계-보석반지-현대 녀성은 이 두 가지가 구비치 못하면 무엇보담도 수치인 것이다. 그리하야 데일 시위운동에 적당한 곳은 던차 안이니……" 등에 나타난 여성 이미지에 관해 신명직은 "행색이 미혹적이며 그 의장이 감각적으로 꾸미여진 나어린" '유녀'에 가깝다고 설명한다(신명직 2003, 81~82). 전차 좌석은 텅 비어 있는데도 앉지 않고 손잡이를 향해 손을 뻗어 손목시계를 자랑한다는 것이다.

유녀의 이미지는 신여성 안에서 계급적 분화가 있다는 것을 의미한다. 모든 신여성이 부유하지는 않았고, 여학교를 졸업해도 취업이 되지 않는 사회적 장벽도 높았다. 따라서 신여성 중에는 생계를 위해 유녀로서 모던걸이 되는 사람도 있었다. 처지를 한탄한 어느 신여성의 말에서 이런 사실을 확인할 수 있다. "저는 퍽 호사스런 여자인 것 가티 보섯겟지요? 그러나 매인 몸이예요. 남의 첩이예요. 조혼 나희에 다만 집에 희생된 사람입니다. 저의 어머니와 동생들 때문예요"(신명직 2003, 83~84).

한편 여성 잡지는 신여성의 정체성을 구성하는 지식이 생산되고 소비되는 과정을 보여준다. 여성 잡지는 주요 독자층 대부분이 여학생 또는 여학교 출신이라는 점에서 '여학생 잡지'라고 해도 크게 틀리지 않다. 그러나 언문을 깨우친 가정주부와 인텔리 남성들도 이 잡지의 고객이었다. 한편 여성 잡지는 패션, 미용, 섹스 등 실용 정보와 연예인 가십 기사로 채워진 오늘날의 여성 잡지하고 다르게 교육과 계몽의 성격이 강했다.

《신여성》은 1920년대 초에서 1930년대 초까지 발행된 가장 대표적인 여성 잡지다. 이 잡지에는 생활 관련 기사 말고도 여성 운동과 사상 경향을 반영하는 글이 많았고, 1920년대 중반에는 시대를 풍미하던 사회주의 사상의 논조를 띠기도 했다. 예를 들어 〈결혼이라는 미명 아래 노예로 복귀하려 한다〉는 글은 연애가 계급성을 떠나서 논의될 수 없다고 말한다(김미지 2005, 68~69). 이런 잡지가 다룬 특집은 해당 이슈에 관련된 여성계나 교육계의 목소리를 반영한 수준이지만, 때로는 훈계, 설교, 충고, 당부 같은 형태의 캠페인 성격을 갖기도 했다. 방학을 맞아 고향에 내려가더라도 시골의 부녀자들에게 글을 가르치거나 일을 돕는 등 계몽 활동을 하라고 장려하기도 했다(김미지 2005, 70~71).

결국 개화기 이래 1930년대까지 신여성은 유행을 선도하며 주변의 온갖 사람들에게 일정한 삶의 패턴을 전파한 문화 전도사였다. 신여성들이 도입해 자리를 잡은 유행은 대중문화의 하나가 돼 사회 곳곳으로 퍼졌다. 초기에 신여성들은 자기 신체에 관한 주체적 자각을 복장이나 외양으로 드러내려 했다. 그러나 1930년대에 이르면서 신여성들은 새로운 정신의 선각자로서 유행 선도자가 아니라, 돈만 있으면 살 수 있는 사치품과 장식품을 걸친 상품으로 인식됐다(강심호 2005, 34~35).

요컨대 정치적 프로젝트로서 근대화는 일제의 식민 통치를 거치며 좌절되지만, 모던 보이와 모던 걸에서 볼 수 있듯이 근대적 경험은 '모던'이라는 이름으로 대중의 일상에 안착했다. 모던 보이와 모던 걸의 소비 문화는 그 무렵 대중이 겪던 근대성 경험의 일부이지만, 유행, 허세, 과시 같은 풍조는 그 뒤 소비 사회로 본격 진입하기 시작하는 1960~70년대 소비 대중이 보인 소비 행태와 정서의 밑거름이 됐다.

2. 개조와 동원 — 근대화 프로젝트와 학교의 탄생

근대의 경험은 조선이라는 국가 자체의 존립까지 위협할 정도로 불안감과 공포감을 불러일으켰다. 해결책으로 제시된 방안의 하나가 근대 교육 기관인 학교를 세워 학생들을 교육하는 일이었다. 부국강병의 국가 체계를 정비하려는 근대화 프로젝트의 하나로 학생이라는 근대적 주체를 동원한 것이다. 따라서 근대 교육 체제의 성립 과정을 보면 한국 사회에서 펼쳐진 대중 동원의 동학을 알 수 있다.

그러나 학교를 통해 개화된 조선을 앞당기려 한 열망은 기나긴 진통을 겪어야 했다. 근대 교육 기관을 세우려는 고종의 의지는 구한말의 불안정한 정국을 반영하며 제한적으로 실현됐다. 조선 사회는 서구 문물이 들어오면서 근대의 경험이 넓어질수록 좌절과 열등감을 깊이 맛봐야 했다. 조선 사회가 나아가야 할 방향을 서구의 근대 문명에서 발견한 이들은 동시대인으로서 조선과 서구의 간극이 너무 크다는 사실에 불안해하고 좌절했다. 이런 고뇌는 다음 같은 글에서도 확인된다. "이 문명진보한 세계에 아등我等은 엇더하뇨. 아등의 세계는 아즉 사막세계니라, 아등의 세계는 아즉 암흑세계니라. 아등은 아즉 문명진보의 세계에서 낙오되니라. 그럼으로 정신계로나 물질계로나 퇴보한 인물이요, 정신계로나 물질계로나 진보하여야 될 인민이니라"(김진송 2002, 31).

개조와 개발, 개혁과 혁신, 문명과 진보는 개항 이후 지식인 사회에서 일상 용어가 됐고, 개화된 세계가 만들어낸 문화 속에서 살고 싶어하는 문화주의와 문화 생활이 삶의 새로운 가치로 떠오르기 시작했다. 당대 지식인들은 사회의 개조, 가족의 개조, 교육의 개조, 여자의 개조, 인간의 개조, 민족의 개조를 지상 과제로 삼고서 봉건적 유습이 남아 있는 모든 제도와 가치를 '개조'해 바꾸려 했다. 그러나 일제의 식민 통치 속에서 자체적인 근대화의 길이 좌절하자 '개조'의 열망은 거세될 수밖에 없었다. 일본은 문명 개화를 표방하며 효과적인 지배를 하기 위해 산업 개발과 문명 교육에 힘썼는데, 이런 흐름은 봉건적 풍속과 관습을 개량한다는 명목으로 부르주아 사회 관념을 주입하려는 식민지 개량화 정책에 지나지 않았다. 따라서 일제의 근대화 정책은 식민 통치를 원활히 하려는 제국주의적 시도의 하나일 뿐 진정으로 조선을 근대화하려는 정책은 아니었다.

그런데 봉건 잔재의 청산은 일제에만 해당되는 문제는 아니었다. 빼앗긴 조국을 되찾고 근대화를 거쳐 강성한 국가를 만들려는 조선 내부의 강력한 열망이기도 했다. 이때부터 등장한 민족주의는 서구 중심의 근대적 프로젝트에 맞서는 대안이자 근대 사회로 빠르게 진입할 수 있게 해줄 이데올로기로 작용했다. 계몽 운동가인 박은식, 안창호, 신채호 등은 개신 유학에 바탕을 두면서도 독립협회 활동을 통해 봉건에 맞선 자기 혁명을 주창한 대표적 인물이다.

문제는 근대화의 기표인 '개조'가 어느새 정상 궤도를 벗어나기 시작한 점이다. 개조 사상은 서구에서 유행한 새로운 사상적 흐름에 밀접하게 연관돼 있었다. 1차 대전이 끝난 뒤 서구 사회에서는 이른바 근대화 프로젝트의 부정적 결과로 나타난 제국주의에 맞선, 전쟁에 관한 근본적 비판이 제기되고 있었다.* 또한 봉건적 전제주의가 몰락하고 민주주의가 대두하면서 자본주의 모순의 심화를 비판하는 사회주의 국가가 새로이 등장했다.

국가 사회적 재건에 관한 사상이 유행하면서 '세계 개조'나 '사회 개조'

---

* 쇼펜하우어 같은 생철학자, 하이데거와 사르트르 같은 실존주의자, 아도르노와 마르쿠제 같은 비판이론가들은 모두 서구의 근대성 속에 은폐된 야만성을 폭로했다.

같은 용어가 빠르게 퍼졌다. 이런 정세 속에서 근대화 프로젝트와 문명 비판론이 개조론하고 뒤섞여 등장한 상황은 그것 자체로 모순적이다. 여러 계몽주의적 프로젝트가 좌절된 조선에서 산업화에 맞선 비판론은 애초부터 왜곡될 수밖에 없기 때문이다. 이렇게 근대화 프로젝트는 엉뚱하게 정신적이고 관념적인 개조의 논리로 빠져들었다. 근대 문명이라는 물질적 토대가 구축되지 않은 상황에서, 그리고 그 토대를 뒷받침할 경제 프로젝트가 실현되기 시작할 무렵에 물질문명에 회의적인 정신적 개조론을 내세우는 논리는 허망한 관념론에 지나지 않는다.

개조론의 왜곡은 문화주의로 불리는 일제의 식민지 정책에서도 발견된다. 문화주의*에서 비롯된 문화는 1920년대를 풍미하면서 식민지 정책하고 결합했고, 그 뒤 교육, 행정, 예술 등 모든 영역에 걸쳐 막강한 이데올로기로 떠올랐다. 일제는 1920년대에 들어서면서 본격적으로 문화주의를 통한 식민 통치를 실시했다. 이 정책은 주로 개량적 민족주의자들에게 흡수됐고, 특히 주권주의나 자강주의가 결여된 문화 개념만 흡수한 일본 유학파 지식인들에게는 일제의 강권을 부정할 수 있는 시각을 빼앗아가는 결과를 가져왔다.

문화주의 시각에서 보면 문화는 자아의 자유로운 향상과 발전을 의미하며, 문화의 절대적 가치인 진선미는 자아가 자아답게 된 인격의 발현 형식이 된다. 따라서 문화는 교화, 계몽, 인격 완성의 의미로 이해됐고, 이런 인식은 조선의 지식인에게 큰 영향을 미쳐 문화 운동에서 인격 완성과 정신 개조를 크게 중시하게 했다. 문화주의적 태도는 다음 같은 글에서도 확인할 수 있다. "문화주의는 인본주의, 인격주의로 각 개인의 자아를 확충하고 순화하여 자발 창조의 경지에 입하야 인격 가치의 실현에 노력함은 드

---

* 문화주의는 19세기 말 부르주아 이데올로기가 사회주의의 비판에 직면해 새로 등장한 신칸트학파의 철학으로, 1910년대 일본에 들어와 1920년대 초에 유행했다.

대여 문화가치의 생산 창조를 득하여 문화가치의 향상 발전을 수반하게 하는 것이다"(김진송 2002, 31).

이렇게 개인의 신체적이고 정신적인 계발은 국가의 문화를 고양하는 가장 알맞은 수단이 됐고, 사회 제도에서 가족 관계와 일상을 개조하려는 조선의 근대화 프로젝트에 좀더 정교한 근거를 제공했다. 문화와 인격, 교양에 관한 이런 인식은 오늘날까지 문화를 정신적이고 개인적인 정서의 일부분으로 인식하게 만들었는데, 인격 함양을 교육의 근본 원리로 삼는다든지 예술을 개인적인 정서 함양의 도구로 인식하는 태도 모두 이 시기에 형성된 것으로 볼 수 있다. 이 문제에 관련해 "실상 사회, 국가적 모순이나 계급적 갈등까지 개인적인 품성이나 인격의 범주에서 그 해결점을 찾으려 함으로써 사회에 대한 객관적 인식을 차단하는 결과를 가져온다"는 언급은 주목할 만하다(김진송 2002, 38).

인간 개조의 한 방편으로 근대적 교육 제도를 구성하려는 제도 개편이 진행되는 상황에서, 근대화 프로젝트의 실현을 담당할 주체로서 학생이 등장했다. 1876년 일본과 맺은 강화도 조약에 따라 1880년 원산항이 개항됐다. 덕원과 원산에 사는 사람들은 새로운 인재를 양성할 근대식 학교를 세우자고 원산감리에게 건의했고, 1883년 한국 최초의 근대 학교이자 최초의 민립 학교인 '원산학사'가 문을 열었다.

그러나 새로운 인간형, 곧 서구 문명 제국의 제도와 규율이 만들어낸 학생을 양성하는 데 2년의 시간이 더 걸렸다. 책걸상이 딸린 교실을 새로 만들고 서양인이 교사로 부임했다. 아펜젤러H. G. Appenzeller가 세운 '배재학당'은 서양인이 세운, 서양 문명 제국의 이데올로기가 이식된 한국의 근대 학교였다. 고종 황제는 친히 학교 이름을 하사하고 "교육은 실로 국가를 보존하는 근본"이라고 선언한 〈교육 조서〉(1895)를 발표하는데, 근대적 주체를 만들기 위한 열망이 얼마나 절실했는지 짐작하게 한다. 이 조서에는 근대적 과학기술과 서구의 물질문명을 어서 받아들여 풍전등화의 위기에 놓인 조선을 구하려는 의지가 응축돼 있었다.

학교는 근대 사회의 핵심 상징이 됐고, 이런 변화는 근대 문물이 일상적으로 유통되는 시공간의 중심에 학교가 자리 잡게 된 것을 의미했다. 이제 정치, 경제, 법, 군사 등 모든 분야가 근대적 학교 교육의 관문을 통과해야 했다. 바야흐로 근대적 학교 교육의 그물을 통과한 모든 분야가 문명의 이름으로 새롭게 만들어졌고, 이런 과정을 통해 근대적 학교 교육은 문명개화하고 봉건적 구습을 타파할 핵심 동력으로 떠올랐다.

신식 교육을 받는 단발한 학생들이 새롭게 등장하고 점차 숫자도 늘어났다. 근대적 대중의 한 형태이자 근대적 국가 체제를 정비하는 데 투입된 대중 동원의 1세대인 이 학생들이 사회적으로 어떤 주목을 받았는지 알려주는 기록은 다양하다.

고종은 교육을 부국강병의 주요 요인으로 봤고, 학생들도 조선의 위기를 구할 미래의 주체로 인식했다. 신학문의 교육 효과를 궁금해하던 고종은 자기 앞에서 줄 맞춰 근대식 체조를 선보인 학생들에게 깊은 감명을 받았다. 아관파천의 치욕에 몸서리치던 고종에게 우렁찬 구령과 함께 시연된 집단 체조는 조선을 열강의 침탈에서 지켜낼 '무기'로 보였다. 상무 정신尙武情神으로 압축된 근대 교육, 곧 "건강한 신체에 건정한 정신이 깃든다"는 생각이 외세에 맞설 전사를 키워낼 교육 목표로 설정됐다(이승원 2005, 25~28).

학교에서 진행된 훈육 과정은 어땠을까?(이승원 2005, 97~118) 첫째, 신체를 교정해 바른 학습 자세를 가르쳤다. 학교는 학생들의 정신 건강뿐 아니라 신체의 건강도 책임질 의무가 있었기 때문에 근대식 학교에 입학한 학생들은 자세 교정부터 지도받았다. 바른 자세는 학습 능력을 좌우하는 지표이자 건강한 신체를 유지하는 기술로 이해됐고, 학생들은 세밀하게 짜인 수업 시간표와 군인처럼 절제된 자세를 통해 근대인으로 길러졌다.

둘째, 교사와 학생의 분리가 확연해졌다. 칠판과 교탁, 책상과 의자는 구들장과 좌탁을 대체했다. 더 높은 위치의 강단에서 수업하는 교사를 중심으로 앉은 학생들의 시선은 모두 정면을 바라보게 됐다. 꼿꼿한 자세로 의자에 앉은 학생들은 교사가 서 있는 정면만을 바라봐야 했다. 학생들의 시선은 분산될 수 없었고, 교사의 권위는 더욱 높아졌다. 교실은 가르치는 자와 배우는 자로 명확히 구분됐다. 학생들은 보통 8시에 등교해 오후 3시 정도에 수업을 마쳤다. 수업 시간은 40분에서 50분 단위로 진행됐고, 중간에 10분에서 20분 정도 휴식 시간이 있었다.

셋째, 근대 교육 체계에 맞게 교과 내용이 크게 바뀌었다. 여전히 유교 문화의 영향이 큰 탓에 처음에는 구舊학문과 신新학문을 함께 가르쳤다. 수업은 수신修身, 작문, 독서, 문법, 역사, 산술, 지리, 과학, 체조를 중심으로 편성됐다. 독서와 문법, 작문에는 한글과 한문이 모두 포함됐고, 체조에는 보통 체조와 병식 체조가 있었다. 보통 체조는 일명 '국민체조'였고 병식 체조는 '교련'인데, 둘 다 엄격한 규율 속에서 진행됐다. 을사조약(1905)이 체결된 뒤 1년이 지난 1906년에 '보통학교령'이 공포되면서 한국어와 한문이 통합됐고, 교육 과정에 없던 일본어가 주당 6시간으로 늘어났다.

한편 여학생은 학생 중에서도 특별한 위치에 있었고 남학생하고 다른 사회적 관심의 대상이 됐다. 배재학당이 설립된 지 1년 만에 최초의 여성 대상 학교가 설립됐는데, 바로 선교사 스크랜턴 부인Mary Scranton이 1886년에 세운 이화학당이다. 그 뒤 1908년 조선교육령과 함께 여자교육령(관립고등여학교령)이 선포되면서 여성이 교육받을 기회가 늘어났다. 여성이 근대적 교육을 받기 시작한 출발선은 남성하고 시차가 그리 크게 나지 않았지만, 남성이 교육의 주체이자 수혜자로 중심에 선 반면 여성은 공적 교육의 장에서 아주 더딘 속도로 편입됐다.[*]

---

[*] 1920년대 초 여학생은 전체 여성 인구 860만 명 중 5만 명 정도라는 기록이 있다. 전체 여성 인구 중 취학 가능한 연령대를 최소한 4분의 1로 잡아도 그 비율은 2퍼센트 안팎이다. 1920년대 중반 보통학교의 여자 입학생 수는 6만여 명, 여자고등보통학교의 경우 2000여 명을 헤아릴 정도였지만, 교육 기관은 서울이나 평양 같은 대도시를 빼면 전무한 실정이었다(김미지 2005, 8).

여학생은 '배우는 여성'의 탄생을 의미한다. 새로 탄생한 신인류는 사회적 관심의 대상이 되기는 했지만, 그 시선은 '문제아'를 바라보는 방식을 띠고 있었다. 따라서 여학생은 단순히 남학생의 대칭이 아니었다. 여학생이라는 기표에는 '배움'과 '앎'의 역사에 관한 시대정신이 담겨 있었다. 그 결과 여학생은 여성 운동의 주역이자 근대 문명의 향유자로 인식되면서도, 로맨스의 주인공, 첨단 패션의 리더 같은 문화적 이미지로 규정되는 입체적 얼굴을 지니게 됐다(김미지 2005, 5).

여학생들의 교육 목적은 현모양처의 덕목을 배우는 것으로 한정됐다. 1908년 조선교육령에서 밝힌 여자고등보통학교의 교육 목적은 "여생도의 신체발달과 부덕 함양에 유의하되 덕육을 베풀고 생활에 유용한 보통지식과 기능을 가르치며 국민 된 성격을 양성하고 국어에 숙달케 하는 것"이었다. 그러나 식민지로 전락한 조선에서 근대 교육이란 국민 교육의 틀을 빌려온 식민 교육이었으며, 여성 교육의 경우 근대적 주체보다는 현모양처를 만드는 데 초점이 맞춰져 있었다. 국가가 없는 상태에서 민족이 국가라는 허울 아래 제2국민의 양성을 교육의 목적으로 삼은 점은 아이러니하다(김미지 2005, 10~11).

서양식 양장 교복이 도입되기 전에 여학생은 하얀 저고리와 까만 치마를 입었는데, 여학생이 아닌 일반 여성도 마찬가지였다. 이런 현실은 뜻하지 않은 논란을 불러일으켰다. "지금 우리 조선여자교육계에는 남의 민족에게서는 별로 볼 수 없는 우스운 저주거리가 있다. 탕녀와 여학생을 구별하는 경계선이 무너지게 된 것이 그것이다. 기생의 거동이 여학생의 거동을 밟으며, 매소부의 정장이 여학생의 행색을 좇는 폐단으로 인하여 은연중에 생기는 저주이다"(김미지 2005, 52~53). 이런 문제 제기는 여학생 고유의 표식으로 교복과 교표가 필요하다는 주장으로 이어졌지만, 1930년대 들어 각 학교마다 양장 형태의 교복이 지정된 뒤 이런 논란은 수그러들었다.

여학생들의 의복 변화뿐 아니라 전반적인 학생 문화는 근대의 경험을 빠르게 수용하는 쪽으로 형성돼갔다. 예를 들어 단발은 문명의 대열에 적극 동참하고 문명개화된 자의 상징으로 학생들에게 빠르게 퍼졌다. 이제 단발은 야만인에서 문명인이 되는 계기이며 변화된 신체를 통해 새로운 존재로 거듭나는 설렘과 매혹과 공포가 동시에 일어나는 의식儀式이 됐다(이승원 2005, 133~134). 그렇다고 단발한 학생이 무조건 서구 문명을 좋다고 좇아가는 생각 없는 사람은 아니었다. 청년 세대로서 지니고 있는 정의감과 책임감 또한 학생 문화에서 빼놓을 수 없는 요소였다. 최초의 근대적 민권운동인 만민공동회에서 '황국협회'가 주도한 폭력 사태가 일어나자 학생들은 동맹 휴학에 돌입하는 동시에 곧바로 행사장에 몰려갔다. 또한 '단지 동맹'을 통해 독립운동에 앞장서기도 했다.

요컨대 학교는 외세의 간섭을 물리치고 문명화를 앞당겨야 할 필요를 느낀 국가(고종)와 지식인들이 모색한 최상의 근대화 프로젝트였다. 근대적 주체로 양성된 학생들은 정치, 경제, 군사, 외교 등 여러 영역에서 봉건 악습을 타파하고 문명개화한 내용으로 부국강병을 앞당길 주역으로 성장했다. 부국강병이라는 근대화 프로젝트는 개발독재 시대에도 유효한 국가 목표가 됐고, 근대 교육 체제는 새마을운동이나 교련 수업 같은 계몽성 캠페인의 서막이 됐다. 그러나 강력한 저항 운동의 주체가 될 씨앗을 키울 인큐베이터가 되기도 한다.

3. 앎의 주체, 저항하는 대중

근대화를 향한 열망이 높을수록 근대화에 맞선 경계와 비판의 수위 역시 높아졌다. 이런 균열은 근대와 모던이 가져온 균열과 틈새를 의미한다는 점에서 주목할 만하다. 이 균열의 틈새를 비집고 저항의 주체로서 대중이 등장하는데, 대중은 스스로 지식과 앎의 주체가 돼 근대와 모던이 제기한 문제를 해결하려 했다. 프랑스 혁명을 주도한 시민 계급이 등장한 뒤 비판과 견제를 주된 구실로 하는 시민사회의 자율성이 한국 사회에서도 원초적 형태를 띠고 만들어지고 있었다. 그런 의미에서 저항적 주체로서 대중이 근대의 경험을 어떻게 받아들이고 있었는지를 고찰하려는 시도는 가치를 지니게 된다. 이 과제는 다음 두 측면, 곧 민권 향상을 외친 주요 대중 운동과 지식의 민주화를 통해 앎의 주체로 변화하는 과정에서 해결의 실마리를 찾을 수 있다.

동학농민전쟁, 만민공동회, 3·1운동, 사회주의 운동, 형평 운동 등은 민권에 대한 열망과 앎의 주체로서 등장한 대중이 벌인 사건이다. 한편 근대 교육에 따른 학생 수의 증가 및 문맹률 저하, 출판문화를 비롯한 대중문화의 발전을 통한 독자 대중의 형성은 일상에서 지식을 습득해 가는 근대의 또 다른 대중이다. 바야흐로 일자무식에서 '깨어 있는' 대중이 출현하기 시작한 것이다. '깨어 있다'는 말은 지식의 민주화를 의미하며, 이는 대중적 의식의 형성과 집단행동에 큰 영향을 미친다는 점에서 저항적 주체의 또 다른 모습이다.

앞서 살펴본 대로 모던이 일상 용어가 되자 현실감이 부족한 지식인들 사이에서 거부감이 생겨나기 시작했다. 지식인들은 근대에 관한 이론을 논의할 때 시기적 구분인 모던과 유행인 모던을 명확히 구분하려 했다. 특히 새로운 삶의 패턴을 가리키는 모던한 대중이 출현하는 현상에 지식인들이 드러낸 경계심은 더욱 놀라웠다. 모던을 단지 하나의 유행으로 보려는 시각은 다음 같은 글에서도 확인된다. "유행현상처럼 그 유래성이 막연하면서도 그 현현성이 선명한 것은 업다 ― 그것은 시대생활과 시대정신이 비저내는 분위기이고 향기이다. 소위 모더니즘은 현대의 정조 이상으로 이즘화하엿다"(김진송 2002, 46).

그러나 모던을 한낱 유행으로 치부하며 경계한 지식인하고는 다르게 모던을 자본주의의 폐해로 보는 시각이 사회주의의 영향 속에서 형성돼갔다. 이런 관점에서 모던한 사람들은 노동에 무관한 유산자 계급이나 유한자 계급이나 프티부르주아로, 또는 소비 중심의 생활자로 규정됐다. 마르크스주의적 모던 비판을 그대로 보여주는 대목이 있다. "모더니즘의 문화는 과도기의 것이다. 그 향락자들은 대체로 정신병자이며 변태성욕자인 문명병자들이다. 그들 대부분이 게을음뱅이요, 낭비성이 만코 무기력하다"(김진송 2002, 47).

지식인이 쏟아낸 비판하고 별도로, 근대의 가치와 성과를 공유하려는 움직임 또한 집단행동으로 나타나기 시작한다. 곧 더 많은 사람이 자유와 평등, 신분제 철폐 같은 가치의 수혜자가 될 수 있는 방향으로 나아가려는 대중적 움직임들이 일어난 것이다. 이런 가치를 실현하려면 제도만이 아니라 사고와 의식이 근본적으로 전환돼야 한다. 이런 전환은 "아래로부터의 해방을 필수적으로 요청한다"(천정환 2008, 158)는 논의를 상기시킨다. 아래에서 시작된 해방이 지배 체제와 상징 질서까지 뒤흔들 수 있는 상황을 가져올 때, 계몽기의 여명은 분명 새로운 역사적 전환을 앞당길 것이었다.

그 징후는 1849년 갑오개혁에서 신분제의 폐절이 선언되면서 나타났다. 문벌과 반상의 구별 폐지, 인재의 공정한 등용, 적서 차별 폐지, 공노비와 사노비에 관한 법을 혁파하겠다는 내용은 그것 자체로 혁명적이다. 그러나 이런 조치들이 가져올 파괴력은 너무도 미약했다. '위에서 시작한 개혁'은 철저하지 못했고, 오히려 지배 권력이 동학농민전쟁이나 만민공동회 같은 민중(대중)의 투쟁을 더 강경하게 진압하게 만들었기 때문이다.

그러나 동학농민전쟁과 만민공동회는 민권 향상을 목적으로 한, 대중의 민주주의를 향한 요구이자 실험이라는 측면에서 의미가 매우 크다. 동학농민전쟁은 몰락한 양반층을 비롯해 소농과 빈농이 주도했지만, 점차 영세 상인층과 수공업자와 천민이 주력을 담당했다. 반봉건와 반외세의 기치를 내건 동학농민전쟁은 집강소라는 자치 기구를 설치하고 신분 해방과 폐정 개혁에서 요구한 내용을 현실에서 실험했다. 양반을 향한 증오를 징치로서 실행했고, 서로 접장이라 부르면서 백정과 재인(才人) 신분을 지닌 사람들에게도 평민과 사족처럼 평등하게 예를 갖췄다. 한마디로 민중 권력의 자치 능력이 실험되고 있었다.

1898년에 열린 만민공동회는 백성이 중심이 된 대중 집회로 반외세(러시아)와 개혁 정부·수립을 주창한 시민의 운동이었지만, 고종과 지배 세력의 벽에 막혀 좌절됐다. 독립협회에 속한 지식인들이 주도한 만민공동회는 점차 평범한 사람들(대중)이 참여하는 군중 집회로 발전했다. 그런데 과정을 살펴보면 오늘날의 촛불 집회하고 아주 비슷하다. 누구나 자유롭게 자신의 정치적 상상력을 펼쳐내며 참여 민주주의의 장을 만들었기 때문이다. 실제로 만민공동회에는 천시 받던 여성과 승려도 참여했고 초등학생까지 연단에 올라 열변을 토했다. 참여자들은 19일간 자발적으로 돈과 음식, 땔감을 날랐고, 오늘날의 파업이라고 할 수 있는 철시도 감행했다. 1898년 10월 28일에 열린 집회에서는 연단 아래에 정부 고위 관료들이 앉아 있는 상황에서 백정 박성춘이 개막 연설을 했다(천정환 2008, 164~165).

만민공동회의 기반으로 근대 민주주의에 관한 새로운 지식의 형성과 대중적 공유를 든 천정환은 인민 주권과 민주 정치 제도에 관한 앎이 조선-대한제국의 국가 시스템과 인민 대 군주의 관계를 전면적으로 되짚어보게 했다고 주장한다. 또한 《독립신문》에 백성, 인민, 신민, 국민 같은 단어와 민주주의, 공화제, 주권 같은 새로운 개념이 거의 일상적으로 쓰였다고 말한다. 그러나 이런 개념들이 자주 쓰일 만큼 사회 변혁을 향한 대중의 열망이 높은데도 '충군'을 지향하며 대중을 진정한 변혁의 주체로 설정하지 못한 독립협회의 한계를 지적할 필요가 있다.

한편 1919년의 3·1운동과 형평운동은 동학농민전쟁과 만민공동회를 잇는 연속성, 곧 민권을 향한 대중의 요구가 집단행동으로 나타난 또 다른 사건이었다. "문화와 앎의 근대는 그해 3월 이후 전 조선 민중의 것이 되기 시작했다"고 천정환은 평가하지만, 3·1운동이 우연히 벌어진 군중 행동이 아니라 그 전부터 준비된 목적의식적 사회운동의 연장선에 놓여 있다는 점에 주목해야 한다. 예를 들어 1918년에는 무려 50여 건의 동맹 파업이 일어나 연인원 4000여 명이 넘게 참여했고, 그해 8월에는 부산의 부두 노동자들이 동맹 파업을 하고 경성의 전차 노동자들의 파업을 하기도 했다. 학생들의 동맹 휴업도 1910년대 후반 들어 크게 늘어나고 있었다(천정환 2008, 227~228).

3·1운동 이후 대중의 자발적 결사체가 무척 폭넓게 만들어졌다. 1920년 4월 정복 민족과 피정복 민족이 없는 세계, 특권 계급과 노예 계급이 없는 사회를 추구하며 '조선노동공제회'가 발족했다. 노동공제회에는 20여 개의 지회와 1만 5000여 명의 노동자와 농민이 참여하고 있었다. 또한 1921년에는 '경성인쇄직공친목회', '경성전차종업원회', '경성양복기공조합', '이발조합', '대구노동공제회' 등 13개 단체와 2만여 명의 노동자가 참여해 '조선노동연맹회'를 결성했다. 1924년에는 전국 각지의 노동자 단체와 농민 단체들이 통합한 '조선노동총동맹'이 탄생했다.

한편 1910년대부터 독립운동을 하려고 중국과 러시아로 나간 한인들을 거쳐 사회주의 운동이 들어오기 시작한다. 1918년에 만들어진 '한인사회당'은 지도자인 이동휘가 상해 임시정부의 국무총리로 부임하면서 활동 무대를 상해로 옮겼다. '상해파'로 불리던 이들은 1921년 5월 고려공산당을 창당했다. 또한 1920년 1월 러시아 이르쿠츠크에 있던 한인 사회주의자들도 전로全露 한인공산당을 창립하고, 이듬해 5월 코민테른의 지시에 따라 고려공산당으로 이름을 바꿨다. 이 두 고려공산당은 근대 한국 공산주의 운동의 원류가 된다(천정환 2008, 151~152).

형평운동은 1919년 3·1운동과 사회주의의 영향을 받아 1923년부터 시작된 백정들의 해방 운동이다. 1923년 4월 24일 진주에서 70여 명의 백정과 사회운동가들이 '형평사' 발기회를 가지면서 시작된 이 운동은 빠르고도 순조롭게 번져갔다. 형평사 조직에는 백정뿐 아니라 지식인과 운동가도 참여하고 있었다. 이날 발표된 〈형평사 주지主旨〉는 이 무렵 널리 퍼지고 있던 사회주의와 계급에 관한 인식이 명확히 담겨 있다. "공평은 사회의 근본이요 애정은 인류의 본량이라. …… 아등은 계급을 타파하며 모욕적 칭호를 폐지하며 교육을 장려하야 우리도 참사람이 되기를 기약함이 본사의 주리이라"(천정환 2008, 260~262).

형평운동에 관해 천정환은 주목할 만한 평가를 내린다. "형평운동은 일반적인 대중운동이나 민족운동의 의미를 넘어선다. 왜냐하면 형평운동은 소수자 혹은 타자들의 운동으로서의 의미를 지닌 것이기 때문이다." 그런데 소수자 운동으로서 형평사의 특성은 몇몇 대중이 드러낸 반발과 혐오감에서 확인된다. 소수자에 관한 사회적 통념, 곧 '비정상', '변태', '부적응자'라는 오명이 대중의 정서적 혐오감을 강화했기 때문이다. 실제로 형평사 반대 운동은 진주에서 형평사 설립이 선언된 시점부터 바로 시작된다. 1924년 5월 8일 경남 진영에서 일어난 형평사원들과 행상대의 패싸움은 이런 현실을 반영한 가장 전형적인 사건이다.

3·1운동 이후 문화적 변화도 빠르게 진행됐다. 근대적 학교 교육이 확고한 제도로 자리를 잡아갔고 문맹률도 본격적으로 낮아지기 시작했다. 이런 변화는 대중이 앎의 주체로 성장할 기반이 갖추어졌으며, 사회 밑바닥에서 상징 체계와 가치 체계의 변화가 일어나고 있었다는 사실을 알려준다. 만민공동회와 집강소 말고도 학교와 교회, 장터는 대중이 지식을 쌓아 간 대표적인 장소다. 특히 1920~1930년대에 융성한 각종 웅변대회, 강연회, 야학, 독서회, 소인극 무대는 지식의 대중화와 더불어 문자 문화의 전면 확산이라는 새로운 국면을 열었다.

1920년대 이후 출판 산업이 발전하면서 신문과 잡지를 구독하는 모습이 일반적이 됐다. 1920년대 중반이 넘어서면서 책 읽기가 일반적인 취미로 자리 잡았고, 오락으로 소비할 읽을거리도 쏟아져 나왔다. 매스미디어의 발전과 더불어 도시에 기초한 대중문화가 1920년대 이후 크게 확장된 결과를 반영한 변화였다. 특히 신문학이 본격적으로 독자를 확보하기 시작했다. 1910년대까지 신문학은 몇몇 신소설과 최남선, 이광수의 작품에서 크게 벗어나지 못했고 독자 범위도 한정돼 있었다. 물론 독서 대중의 성장이 《무정》이 출간된 뒤 새로운 전기를 맞은 사실은 잘 알려져 있다. 근대적 의미의 독서 대중이라고 할 수 있는, 오락과 지적 자극을 위해 책을 읽고 소비하는 다수의 평균인이 《무정》 이후 등장했다(권보드래 2003, 95~96).

그러나 1920년대에 이르러 《동아일보》와 《조선일보》가 창간하고 《개벽》(1920)과 《조선문단》(1924) 등 신문학 확산에 결정적으로 기여한 잡지가 나타나면서 신문학 독자가 빠르게 늘어났다. 신문학은 그것 자체로 교육의 매개자가 돼 독자층을 재구성하기 시작했다. 그 결과 신문학 작품을 읽는 행위가 고급스럽고 교양 있다는 통념이 일반적이 됐고, 근대 교육을 받은 층이 새롭게 독자로 편입됐다(천정환 2003, 28~30). 이런 정황은 연애 소설의 인기를 통해 확인된다. 왜냐하면 '연애'는 대중에게 이국 취향으로 경험됐기 때문이다. 소설이나 잡지에 간간이 등장하는 외국인 남녀의 모습이 호기심을 발동시켰다면 외국인 사이 또는 외국인과 내국인 사이의 염문은 일대 화제를 불러일으켰고, 본격 유입되기 시작한 번역 소설은 연애를 향한 갈망을 싹트게 했다(권보드래 2003, 99~100).

이런 상황, 곧 문맹률 저하, 새로운 감각의 출현, 신교육을 향한 열망 속에서 독서회는 대중을 앎의 주체로 성장시킨 자율적 조직이다. 책을 미리 읽어 와야 하는 독서회는 '해석의 개인주의'가 전면 등장하는 공간이었고, 청각과 대면이 개입하는 관계적 읽기의 양식이었다. 독서회는 이념적 지향과 주체에 따라 네 유형으로 나뉘었다. 첫째, 각 계층의 비정치적이고 자발적인 독서회다. 이런 독서회에서는 책보다는 읽을거리들, 특히 잡지가 교재로 사용됐다. 둘째, 노동자와 농민 등 기층 청년 조직의 독서회다. 1920년대 청년회가 발흥하면서 생겨난 이런 독서회는 민족주의와 기독교 등 여러 경향의 운동 단체를 통해 진행됐다. 셋째, 중고생 조직에 연결된 독서회다.

1926~1931년에 가장 활발히 만들어진 학생 독서회는 동맹휴학 등 학생운동의 기초 단위가 되기도 했다. 넷째, 사회주의를 지향하는 인텔리겐치아의 독서회다. 이런 독서회는 학생 독서회하고 많은 부분을 공유했지만, 지식의 자율성에 관한 환상, 완결된 지식을 향한 추구, 관념성과 사변성 같은 근대 지식인의 존재론적 특성을 더 강하게 갖고 있었다(천정환 2008, 285~296).

그렇다면 독자 대중의 독서는 구체적으로 어떤 모습을 띠었을까? 민태원의 《무쇠탈》(《철가면》의 번역본)은 1920년대 초 가장 많이 읽힌 소설의 하나였다. 이 작품이 대중적으로 인기를 끌 수 있던 요인은 '절대가인' 같은 어휘에서 보듯 고전 소설에서 이어져온 요소와 프랑스 혁명*이나 '백열적 연애' 같은 완전히 새로운 요소들이 공존했기 때문이다. 1930년대에는 《마의태자》, 《단종애사》, 《이순신》 같은 역사 소설이 많이 읽혔다. 독일과 이탈리아에서 파시스트가 권력을 장악하고 전세계에 전운이 깃든 상황과 민족운동의 급진화에 제동을 걸려는 민족개량주의자의 의도가 맞아떨어진 결과였다(천정환 2003, 304~306).

요컨대 동학농민전쟁은 집강소를 통해 민중 권력의 자치 능력을 가늠하게 했다. 만민공동회는 누구나 자신의 의견을 이야기할 한국판 아고라를 구축했다. 3·1운동은 노동자와 농민이 중심이 되는 여러 단체가 결성되고 실천 활동을 하는 데 교두보 구실을 했다. 특히 3·1운동 뒤 근대식 학교가 늘어나고 출판 산업이 발전한 상황은 지식이 민주화되는 국면을 앞당겨 앎의 주체로서 대중이 깨어나는 계기를 제공했다. 이런 성과들은 민주화 운동과 최근의 촛불 집회까지 이어진다.

---

* 《무쇠탈》은 프랑스 혁명에서 일어난 실제 사건을 다루고 있다고 광고했는데, 젊은 층을 중심으로 사회주의에 관한 관심이 커진 상황을 노린 전략이라고 볼 수 있다(천정환 2003, 286~288).

2장

성숙
— 사랑과 욕망을 국민과 민족에게

1. 코카콜라와 청년 문화 — 소비사회와 소비 대중의 형성

서구 사회가 중세에서 근대로 이행하면서 대중 사회가 형성된 경우라면,[*] 한국 사회에서 본격적인 대중 사회가 형성된 흐름은 압축적 근대화로 불리는 1960년대 이후의 사회변동하고 궤적을 함께한다. 물론 앞에서 살펴본 대로 19세기 말 개화기부터 들어온 서구 열강의 문물과 제도, 일제의 식민화 과정은 한국에서 대중 사회가 출현한 시발점이다. 이때 새롭게 도입되거나 만들어진 신민요, 무성영화, 신문, 대중 소설, 백화점, 살롱, 라디오, 전

---

[*] 근대 대중 사회가 갖는 특징은 모더니즘의 주된 테마로 전용되기도 했다. 모더니즘은 혁신의 가치를 통해 표현되고 재현된 다양한 현상과 관념을 평가하면서 '새로움의 전통'이 갖는 손익계산서를 기술한다. 그리고 근대의 대중 사회를 추동한 에너지와 동력, 공동체의 해체와 급속한 사회 문화가 야기한 혼란과 허무주의를 주된 레퍼토리로 설정한다. 따라서 모더니즘은 근대의 대중 사회를 구체제의 붕괴에 따른 자연스럽고 정태적인 계승으로 진단하지 않았고, 모든 사실과 가치가 선회하고 폭발하며 재결합되는 회오리로 의미화했다.

화기, 전차 등은 대중 사회의 출현을 이해할 중요한 문화적 지표들이다.

그러나 1960년대부터 시작되는 경제 개발과 뒤이은 사회 변화는 서구의 근대성이 한국적 맥락에서 새롭게 출현하는 시발점이 된다. 특히 이촌향도를 통해 급격히 성장한 대도시와 그 속에서 주조되는 대중의 삶은 대중 사회의 특성을 극명하게 보여준다. 익명의 다수가 함께 생활하는 공간인 도시의 발달, 평등한 계약 관계의 출현, 공통의 생활 감각과 집합 의식의 형성, 계급 형성과 계급 갈등이 한국 사회에서도 시작된 것이다.

이때 대중 사회란 대중이 주된 구성원이면서 대중들 사이에 공통의 생활 감각, 의식, 다양한 사회관계, 역할 체계가 형성된 사회를 말한다. 한국 사회는 1960년대부터 시작된 경제개발계획과 국토종합개발계획을 통해 대중 사회의 물적 토대가 구축됐고, 이런 개발 계획과 정책은 대중이 형성되는 기초를 다지게 했다. 한 가지 주의할 점은 경제가 근대화되고 도시가 만들어졌다고 해서 대중 사회가 곧바로 형성되지는 않는다는 사실이다.

이런 사실은 곧 대중 사회를 고찰하려면 물질적 생산에 참여한 주체이면서도 화려한 네온사인 속을 누비는 소비 주체를 함께 고찰해야 한다는 것을 의미한다. 이런 대중의 자기 변신은 '욕망하는 대중'이라고 바꿔 쓸 수 있다. 욕망하는 대중은 한편으로 소시민으로 상징되는 소박하고 안정적 삶을 향한 희구로, 다른 한편으로 부러움으로 가득한 주위의 시선을 한 몸에 받는 폼 나는 삶을 향한 갈망으로 나타난다. 또한 뒷골목으로 상징되는 범죄와 달동네로 대표되는 빈곤 역시 대중 사회의 실핏줄이다. 이런 대상들의 고찰은 대중 형성을 이해하는 중요한 지표가 된다.

그렇다면 개발독재 시기에 형성된 소비 대중은 어떤 모습을 하고 있을까? 세 측면에서 살펴볼 수 있다. 첫째, 미국 대중문화의 유입에 따른 미국화다. 이때 유입된 미국의 대중문화는 소비 대중의 감수성 형성에 막대한 영향을 끼쳤다. 둘째, 대중음악을 중심으로 대중문화를 소비한 방식이다. 대중음악은 당대 대중의 의식과 정서를 압축해 보여주는 대중문화의 핵심 영역인만큼 소비 대중의 특성을 이해하는 데 중요한 요소가 된다. 셋째, 음악 학원, 음악 감상실, 고고 클럽, 다방을 중심으로 한 소비 공간이다. 소비 공간은 단순한 건축물이 아니라 당대의 트렌드와 대중의 정서를 내부에 장식하고 있는 만큼, 소비 대중을 이해할 또 다른 열쇠말이 된다.

미국화된 소비 문화

개화기와 식민지 시기에 경험한 근대는 일본이 재해석하고 변용한 서구의 근대를 수용한 것이었다. 해방과 분단, 한국전쟁 이후 일제를 밀어내고 '해방군'으로 들어온 미군, 곧 미국의 문물과 문화는 새롭게 한국의 근대적 경험을 주조했다. 그런 의미에서 당시에 형성된 소비 대중의 욕망과 감수성을 미국 문화의 수용에 관련지어 고찰하는 일은 매우 중요하다.

해방 직후 들어온 미군의 존재는 일제 강점에서 벗어나 독립을 달성한 한국에 정치와 경제 측면에서 커다란 영향을 미쳤을 뿐 아니라 한국인의 가치 체계를 근본적으로 변화시킨다. 이런 가치 체계의 변화는 주로 미국 대중문화의 유입에 바탕을 두고 있었다. 한국전쟁이 끝난 뒤 1955년에 미8군 사령부가 일본에서 서울 용산으로 이전했는데, 미8군에 소속된 군인과 군무원을 상대로 한 쇼 무대와 기지촌은 미국 대중문화가 직수입되고 유통되는 거점이 됐다. 예를 들어 미국에서 온 USO 공연단이 이곳에서 위문 공연을 벌였는데, 그중에는 냇 킹 콜Nat King Cole, 조니 마티스Johnny Mathis, 진 러셀Gene Russell 등 당대 최고의 가수들, 심지어는 엘비스 프레슬리Elvis Presley와 마릴린 먼로Marilyn Monroe 같은 슈퍼스타도 포함돼 있었다(신현준 2005, 24~25).

그러나 미국 연예인만 가지고는 쇼 무대를 꾸릴 수 없었다. 공개 오디션을 통과한 재능 있는 한국인들이 무대를 채웠는데, 이 사람들은 그 뒤 한국의 대중문화를 이끄는 주역이 된다. 새로운 일자리와 높은 수입이 보장된 탓에,[*] 점차 미8군 무대에 한국 연예인을 공급하고 관리하는 체계화된 연예인 용역 사업(기획사)이 필요해졌다. 1957년 미8군 무대를 전문으로 하는 용역 업체가 탄생했고, 이 기획사들은 정부 부처인 상공부에 등록해 '용역불用役弗 수입업자'라는 자격을 획득해 활동하기 시작했다.

미8군 무대는 단순히 미군을 상대로 한 클럽이 아니다. 미국 대중문화가 '직수입'되는 곳이었기 때문에 미국적 감수성과 스타일이 '선진 문물'과 '최첨단 유행'이라는 이름 아래 한국인의 일상을 바꾸는 문화 전당이었다. 미군의 다양한 취향에 맞추려고 한국 연예인들은 다양한 장르의 미국 대중문화를 연마해야 했다. 음악 장르를 다양하게 하는 데 그치지 않고 노래, 무용, 코미디, 마술 같은 종합 엔터테인먼트를 연출하는 데 힘을 쏟았다. 그 뒤 미8군 쇼의 최소 단위는 악단뿐 아니라 가수, 무용수, 엠시, 코미디언이 모두 포함된 버라이어티 쇼단으로 변모했다(신현준 2005, 28).

이런 쇼단의 다양한 레퍼토리가 한국 대중문화의 발전에 핵심적 자원이 된 것은 주지의 사실이다. 그러나 미군을 상대로 한 무대인 탓에 한국 대중의 정서에 곧바로 수용될 수는 없었다. 대중의 주체적 수용이 가능한 사회적이고 문화적인 기반이 형성되기 전이라 당연히 염려하는 시선도 있었다. "마치 워커힐이나 명동거리의 이름 있는 사교장에서 볼 수 있는 오색찬란한 샨테리아의 불빛이 터지는 구락부에 삼삼오오 모여들어 깡맥주를 떼고, 심한 병사는 죠니 워카 종류의 독한 술을 연거푸 들이키면서 그들대로의 합창에 빠져든다. …… 넘쳐 흐르는 술잔 옆에 GI가 있고 또 그들 무릎 위에는 아름다운 청춘을 자본으로 하는 양공주들이 질식할 정도로 긴 담배를 빨아대는 외인 병사 주변의 성城"(신현준 2005, 32).

미국 대중문화가 유입되는 과정에서 1968년은 의미 있는 해였다. 미국

---

[*] 1950년대 중반 미군 클럽의 수는 264개에 이르렀고, 미군이 한국 연예인들의 쇼 공연단에 지불하는 금액은 연간 120만 달러에 육박했다. 이 금액은 당시 한국의 연간 수출 총액과 맞먹는 액수였다(신현준 2005, 25).

을 대표하는 문화 상징인 코카콜라가 한국 땅에 상륙했기 때문이다. 코카콜라가 국내에서 대량 생산을 시작한 다음 해인 1969년에는 펩시콜라도 한국 시장을 넘보게 됐다. 이때부터 미국 대중문화는 한국의 모든 대중에게 일상화되기 시작했다. 미국 드라마는 인기가 많았고, 라디오에서는 끊임없이 팝송이 흘러나왔으며, 할리우드 영화가 주도권을 잡았다.

코카콜라가 국내에서 대량으로 생산되자 몇몇 소비자 보호 단체에서는 경고 메시지를 보냈다. 사단법인 한국부인회의 기관지 《소비자 보호 뉴스》는 "생필품도 아닌 코카콜라 같은 청량음료까지 외국산을 쓴다면 분수에 넘치는 사치와 소비에 빠진다"고 염려했다. 이런 상황을 김덕호는 "당시의 공적 담론에서 미제美製에 대한 거부감과 그것이 사치와 낭비를 불러올 수 있다는 두려움은 주류를 이루고 있었다"고 분석한다(김덕호 2008, 138~139). 1960년대 지식인들 역시 이상적 모델인 미국에서 좋은 것을 수입하더라도 우선순위가 있다고 강조했다. 추잉검 같은 소비 물품은 되도록 천천히, 미국적 민주주의는 되도록 빨리 수용해야 한다는 태도를 취했다. 미국의 물질문화보다 정신문화를 먼저 수용해야 한다는 것이다(김덕호 2008, 139~140).

한편 1972년 10월에 단행된 유신 헌법은 미국 대중문화의 한국화 과정에서 단절과 암흑기를 불러온 강력한 규제 정책이었다. 왜냐하면 박정희 정권이 주창한 '한국적 민주주의'에는 복종과 충성, 가족의 가치와 효도, 국부國父인 지도자를 전통적 가치로 떠받들어야 한다는 요구가 담겨 있었기 때문이다. 따라서 미국에서 펼쳐지던 베트남전 반대 시위와 저항 문화의 국내 유입은 용납될 수 없었다. 청년 세대의 포크 음악과 춤은 퇴폐적이고 불건전하다는 이유로 재갈이 물렸고, 서구 민주주의를 찬양하는 이는 무분별한 서구 추종자로 낙인찍혔다. 1975년 한 해에 가요 223곡이 금지곡으로 분류됐고, 261곡의 외국 음악이 반전, 불온, 퇴폐 등을 이유로 금지됐다. 게다가 1970년대 후반의 한-미 갈등은 양담배와 양주를 주기적으로 단속하는 상황을 자연스럽게 만들었고, 암시장에서 미제 물건이 유통되게 부채질했다(김덕호 2008, 141~142).

1980년대 들어 미국의 대중문화는 1970년대의 암흑기를 넘어 한국 사회에 좀더 전면적으로 수용되기에 이른다. 전두환 정권이 정치적 탄압의 불법성을 희석할 용해제로 소비문화의 활성화를 선택했기 때문이다. 이렇게 한국의 대중문화가 산업화의 체계를 갖추는 동시에 미국 대중문화도 '라이선스'라는 제도적 창구를 통해 유입됐다. 예를 들어 외식 부문에서 1984년에 버거킹과 KFC가, 1985년에 피자헛과 배스킨라빈스가 들어왔다. 신발 부문에서는 1986년 설립된 한국나이키가 나이키와 합작 투자를 시행했다(김덕호 2008, 149~150).

대중가요의 수용과 대중의 정서

대중가요는 당대의 대중이 공유하는 정서와 취향, 스타일을 이해할 수 있는 대표적 장르다. 여기서 주목할 점은 한국 대중가요의 연대기가 아니라, 대중가요를 매개로 한 대중의 일상이다. 대중가요는 개인적 취향의 차원을 넘어 내중의 집단화된 행위와 의식의 형성에 중요한 구실을 하기 때문이다.

1960년대는 매스미디어 체계가 형성된 원년으로, 대중가요의 형식과 내용이 크게 바뀌었다. 민간 라디오 방송국으로 1961년 문화방송MBC, 1963년 동아방송DBS, 1964년 동양방송TBC이 개국했다. 또한 1961년 한국방송KBS, 1964년 동양방송, 1969년 문화방송 등 텔레비전 방송국이 개국했다. 인기 프로그램을 확보하려는 경쟁이 심해지면서 방송은 좀더 체계화된 산업화의 길을 모색하기 시작했다.

대중음악의 지형이 이렇게 변화함에 따라 소비 대중의 감수성은 어떻게 형성되고 변화했을까? 방송 산업이 확장하면서 연예인을 찾는 새로운 수요가 창출된 동시에 라이브 중심의 음악 문화가 레코드 중심의 음악 문화로 바뀌었다. 이때 미8군 무대 출신들이 방송 무대로 대거 유입됐다. 한명숙, 김성옥, 최희준을 필두로 이춘희, 김상희, 차도균, 현미, 패티 김, 이금희, 윤복희, 위키 리, 박형준 등이 뒤를 이었다. 이 가수들은 전후의 암울함을 딛고 밝고 새로운 분위기의 음악과 도회적인 이미지로 대중적 인기를 얻었다.

미8군 무대 출신 가수들이 등장하면서 대중가요 시장은 도시를 중심으로 한 방송 가요(외래 가요)와 농촌을 중심으로 한 전통 가요로 분리되기 시작했다. 이런 분리는 엄격한 장르 구분은 아니지만, 당대 대중의 취향을 반영한다는 점에서 중요한 의미를 갖는다. 도시민들이 미디어를 통해 미국의 대중문화를 접하면서 '미국적인 것'이 들어간 도회적 감수성을 형성시켜 갔다면, 농민들은 극장 쇼 무대를 중심으로 한 왜색 가요를 중심으로 자신들의 취향을 지속했다. "1960년대 대중음악에 대한 취향의 구도는 양색洋色과 왜색倭色, 업계 용어를 사용한다면 '빠다끼와 뽕끼'의 대립"이었다(신현준 2005, 59~60). 한 가지 흥미로운 점은 음반 시장에서는 여전히 트로트가 강세였다는 사실이다. 이미자는 전체 가요 음반 판매고의 60퍼센트를 차지할 정도로 가요계의 실질적 지존으로 군림하고 있었다.

이런 공간적 분할 말고도 트위스트, 트로트, 포크, 록 같은 장르 역시 소비 대중의 정서를 반영한다. 1950년대에 유행한 스윙과 맘보 등의 사교댄스가 성인들의 사운드 트랙이었다면, 1960년대에 유행한 트위스트는 청년들의 사운드 트랙이었다. 트위스트는 음악적으로 로큰롤의 대용어였고, 문화적으로는 청년 문화하고 접속했다. 텔레비전 쇼 프로그램에서 〈더 트위스트The Twist〉, 〈레츠 트위스트 어게인Let's Twist Again〉 같은 음악에 맞춰 춤을 추는 전속 무용단의 모습은 청년 세대를 강력히 빨아들였다. 설운도가 부른 〈사랑의 트위스트〉(1997) 중 "학창 시절에 함께 추었던 잊지 못할 상하이 트위스트, 나팔바지에 빵집을 누비던 추억 속의 사랑의 트위스트"라는 가사는 트위스트가 이끈 유행의 한 단면을 보여준다(신현준 2005, 78~80).

트로트 역시 분단과 이촌향도의 급격한 변화를 겪은 대중이 가진 망향의 정서에 부응하면서 대중적 인기를 얻었다. 〈동백 아가씨〉, 〈섬마을 선생님〉, 〈기러기 아빠〉 등은 고향을 그리워하는 대중에게 고단한 타향살이의 설움을 잠시나마 잊게 한 진통제였다. 사실 망향의 정서는 일제 강점기까지 거슬러 올라가는데, 조국을 빼앗긴 울분을 제대로 드러낼 수 없던 대중의 정서를 기반으로 하고 있다. 그 뒤 망향의 정서는 트로트뿐 아니라 드라마, 영화, 소설에서 핵심적 레퍼토리로 자리 잡는다.

1973~1974년에는 이장희(〈그건 너〉), 송창식(〈피리 부는 사나이〉), 어니언스(〈편지〉), 김정호(〈이름 모를 소녀〉), 김세환(〈사랑하는 마음〉) 등 포크가 크게 유행했는데, 이런 대중적 인기는 박정희 정권의 억압적인 사회 규율화 통치에 연동된다. 변화의 원인은 퇴폐 문화로 지목된 그룹사운드와 트로트가 몰락하고 대중의 취향이 변화한 데 있다. 퇴폐라는 오명 때문이기도 했지만 대중은 서서히 젊고 '모던'한 새로운 사운드를 갈망했고, 포크는 때맞춰 그 요구에 응답했다. 이때 포크는 구분된 음악 장르가 아니라 미국 대중문화의 영향을 받아 국내에서 생산된 국산 대중음악 일반을 가리킨다.

서양하고 다르게 한국의 록은 포크 같은 반反문화적 분위기를 갖지 않고 처음부터 대중가요의 흐름에 온건하게 타협하면서 인기를 누렸다. 비틀즈와 클리프 리처드 같은 해외 록그룹이나 가수가 청소년들 사이에 큰 인기를 얻었고, 강렬한 비트의 고고춤이 유행을 이끌었다. 그러나 1970년대 청년 문화에서 록은 포크에 견줘 상대적 열세에 있었다. 록이 청년들의 넘쳐흐르는 육체적 에너지를 표현하는 데 알맞은 장르였지만 포크에 견줘 상대적 열세를 보인 이유를 이영미는 이렇게 분석한다. "당시 청년문화를 고학력의 대학생과 고등학생이 주도한 반면, 록은 대학이 아닌 미8군으로부터 출발하고 있었기 때문이다. 즉, 당시 미8군 무대에 섰던 록 뮤지션들은 대학생들과 이질적이었기 때문에 청년문화의 진원지로 들어가지 못했고, 여론 주도층인 지식인들과 가까웠던 대학생 가수들에 비해 여론 주도 능력이 떨어졌던 것이다"(이영미 2006, 264~266).

한편 록은 형식 면에서 파격적이었지만,* 사회적 맥락과 내용에서는 기성 가요에 타협적이었다. 록을 비롯한 대중음악이 국가 권력의 검열과 통제 속에 있었기 때문이다. 2세대 록의 전성기인 1980년대 초반에 이르기까지 록 특유의 세계 인식은 겉으로 드러나지 못했다. 그러나 노래의 골격에서는 일정한 경향성이 드러나고, 그런 흐름이 내용적 정향성에 결합되면서 록이 대중화되기 시작했다. 발라드와 록을 결합해 록의 대중화를 이끈 조용필** 이후 1985년 록그룹 들국화가 펴낸 1집 음반은 30만 장이라는 경이로운 판매고를 기록한다.

분화하는 소비 공간의 분위기

음악 학원, 음악 감상실, 극장, 고고 클럽, 다방 같은 소비 공간을 통해 드러난 소비 대중의 모습을 살펴보자. 첫째, 음악 학원이다. 1960년대의 유명 음악 학원은 종로음악학원, 세기음악학원, 국제예술음악학원, 세광음악학원,*** 아카데미음악학원, 신세대가요음악학원을 비롯해 개인 이름을 붙인 이양일 음악예술학원, 이승준 음악학원, 이인성 음악학원 등이 있었다.

---

* 한국 록의 대부로 불리는 신중현은 양식뿐 아니라 선율, 화성, 가사가 매우 참신했다. 음의 왜곡이 가능한 일렉트릭 기타와 드럼의 배치뿐 아니라 리듬에 맞는 가사의 배치는 이전의 록에 완전히 대별됐다. 그러나 전반적인 선율의 흐름은 트로트의 감수성하고 이미 충분히 융화한 신민요의 5음계였고, 리듬 역시 소울이면서도 트로트로 소화할 수 있게 돼 있었다(이영미 2006, 268~270).

** 조용필 음악의 성향은 단일하지 않다. 조용필은 주류 음악인 트로트, 발라드, 록을 결합해 대중음악의 역사를 다시 썼다. 왜색 짙은 트로트도, 나른한 발라드도, 파격적 록도 아니었다. 세 장르의 장점을 황금 비율로 결합시킨 조용필의 천부적 재능 속에서 한국의 대중음악은 한 단계 성숙한다.

*** 세광학원에서는 작곡, 기타, 트럼펫, 색소폰, 클라리넷, 드럼, 바이올린, 아코디언, 하모니카, 멜로디카 등 악기 교습 말고도 기타보컬반과 합주교실 등을 운영했다. 기타반의 하루 2시간 수강료가 800원이었다(김형찬 2004, 182).

1968년에는 서울에 기타를 배울 수 있는 음악 학원만 40여 개라는 기록이 있을 정도로 일반화됐다(신현준 2005, 91~92). 부산의 세광음악학원, 마산의 도레미기타음악학원, 대구의 세광음악학원 등이 만들어지면서 음악 학원은 전국화됐다(김형찬 2004, 181).

미8군 무대 출연이나 연예인 데뷔를 꿈꾸던 일반인들이 교습에 몰려들어 음악 학원이 융성하게 됐는데, 대규모 악단이 소규모 악단인 캄보밴드*로 바뀌면서 일렉트릭 기타의 비중이 커진 게 계기였다. 이인표, 이인성, 김희갑을 필두로 한국 록의 대부로 칭송받는 신중현이 대중적 인기를 얻었고, 특히 한국 최초의 록그룹인 '애드 포The Add 4'는 연주곡 중심에서 연주와 노래가 함께 진행되는 새로운 스타일을 선보여 주목받았다. 많은 대중들이, 특히 청(소)년 세대가 기타를 배우러 음악 학원을 찾았다.

군이 연예인이 되지 않더라도 취미로 기타를 배우려는 이들이 1970년대에도 이어졌다. 바뀐 게 있다면, 이제는 일렉트릭 기타가 아니라 통기타였다. 1970년대 초 통기타 포크로 불리는 듀엣이나 트리오 형태의 보컬 그룹이 출현한 게 계기였다. 트윈 폴리오, 뚜아 에 무아뿐 아니라 셰그린(이태원, 전언수), 트리플스(장계현, 김세환, 김운호), 에코스(임창제, 이종용) 등이 대학가와 살롱가에서 대중적 인기를 얻었다.

서유석, 양희은, 김민기는 1971년 하반기에 한꺼번에 독집을 발표했는데, 그전의 음악하고 확연히 달랐다. 막강한 영향력을 미치던 사이먼 앤 가펑클Simon & Garfunkel식 분위기에서 벗어나 각국 민요를 변안하고, 세태 풍자와 자기 성찰의 메시지를 담았다. 특히 오르간, 베이스, 플루트, 드럼 등을 사용해 새로운 편곡을 시도하면서 통기타 순수주의를 벗어난 김민기(신현준 2005, 24~25)는 사회적으로는 유신 시대의 어둠에 촛불을 밝힌 저항 음악가로 등장했다. 시대적 어둠과 포크의 선율이 맺은 어색한 만남은 이도저도 하지

---

* 캄보밴드는 기타, 베이스, 드럼, 피아노의 포 리듬에 트럼펫, 트럼본, 색소폰 등 관악기를 한두 개 편성한다.

못하는 청년 세대에게 신선한 자극이 됐다.

한편 음악 감상실은 또 다른 음악의 소비 공간이었다. 이때 '소비'란 단순히 음반 구매 행위가 아니라 포크 가수들과 청중이 음악을 매개로 한데 어울린 소통 문화를 의미한다. 한쪽 구석에 설치된 마이크 몇 개와 보컬 그룹이 가져온 휴대용 앰프가 전부였지만, 가수와 청중은 곧 하나가 됐다. 그런 의미에서 이 공간들은 생산자와 수용자가 만나고 미래의 생산자가 발굴되는 장이었다. 20원 하는 입장권 사서 음료수 한 잔 놓고 하루 종일 죽치고 앉아 있을 수 있으니, 음악 감상실은 오갈 데 없는 젊은이들에게 안성맞춤이었다. 이곳에서 청년들은 고독과 우수를 즐기기도 했고, 친구들과 수다를 떨었으며, 이성을 만나 사랑을 나눴다. 또한 단순한 감상을 넘어 어떤 형태로든 음악을 직업으로 삼겠다는 사람들이 모이는 만남의 장소이기도 했다. 따라서 음악 감상실은 새로운 문화를 갈망한 청년 세대들이 모여 부대끼며 스스로 새로운 문화를 창출했다는 측면에서 오늘날 클럽 문화의 원조인 셈이다(김형찬 2004, 166).

1970년대를 대표하는 공간으로는 YWCA의 청개구리홀, 내쉬빌, 르실랑스가 있었다. 이곳들은 양희은, 김민기, 양병집, 서유석, 방의경, 송창식처럼 대학가 스타로 알려진 가수들의 주된 활동 무대이자 주요 청중인 청년 세대의 문화 공간이었다. 물론 음악 감상실이 1970년대의 문화 아이콘은 아니다. 이미 1962년부터 1965년 사이에 전성기를 맞은 대형 음악 감상실이 명동을 중심으로 종로, 충무로 등 서울 도심에 집중돼 있었다. 오비스 캐빈,* 미도파 살롱, 우미회관, 라스베가스, 포 시즌, 라 데빵스 등에는 미니스커트와 판타롱을 차려입은 세련된 여성들이 드나들었다.

음악 감상실의 대표적 상징의 하나는 도끼빗으로 긴 머리를 쓸어내리며

---

* 오비스 캐빈이 있던 코스모스빌딩은 건물 전체가 커피숍, 카페, 레스토랑, 라이브 홀 등 음악하고 관련된 공간으로 꾸며졌다. 1층에 '무겐'이라는 고급 레스토랑이 있었고, 2층에 '심지다방'을 개조한 곳이 오비스 캐빈이었으며, 3층은 '코스모스홀'로 복합 멀티 공연장이 있었다(선성원 2005, 31~32).

음악을 소개하던 DJ였다. 텔레비전, 라디오, 오디오가 대중적으로 확산되지 않은 시절인 만큼, DJ들이 날리는 멘트 하나하나는 최신 팝 정보를 알려주는 원재료였고, 대중문화의 유행을 가늠하게 해주는 안테나*였다. 여느 연예인 못지않게 인기를 누리던 음악 감상실 DJ 중 디쉐네 출신의 최동욱은 그 뒤 DBS 라디오 〈세시의 다이얼〉을 통해 최초의 스타 DJ가 됐고,** 쎄시봉 지배인이던 조용호는 TBC 텔레비전에서 쇼 피디로 명성을 날렸다(신현준 2005, 122~125).

한편 극장(영화관)에서 행해진 쇼도 대중들이 어떤 생각과 행동을 했는지 보여준다. 1960년대 중반 비틀즈가 나타나면서 4인조 밴드 구성이 유행하기 시작한 현상은 한국도 예외가 아니었다. 이때 키 보이스, 코끼리 브라더스, 바보스, 김치스, 샤우터스, 다크 아이스, 파이브 핑거스 등이 활발히 활동했다. 이 그룹들은 모두 비틀스를 모방하다가 점차 빠른 템포와 복잡한 리듬을 가진 거친 사운드를 선보였다.

밴드 음악은 주류이던 스탠더드 팝이나 이지 리스닝 계열이 아니었을 뿐 아니라, 격렬한 사운드와 퍼포먼스도 대중가요가 갖춰야 할 건전함과 품격에서 한참 거리가 있었다. 당국이 보기에는 뽕짝하고는 다른 차원에서 저속과 퇴폐를 이유로 규제해야 할 대상이었다. 따라서 방송 출연이 애초부터 벽에 부딪칠 수밖에 없던 이 밴드들이 결국 찾은 공연장이 바로 극장 쇼였다. 흔히 변두리 극장이라 불리는 곳, 곧 노벨극장(신설동), 신영극장(신촌), 봉래극장(마포), 화양극장(서대문), 동양극장(광화문)이 주로 극장 쇼 공연장으로 쓰였다.

---

* DJ들은 미군 부대 주변에서 구할 수 있는 전문 잡지 《히트 퍼레이드(Hit Parade)》와 《송 히트(Song Hit)》, 미군을 위한 악보책 《송 폴리오(Song Folio)》 등에서 정보를 얻었고, 새벽 0시부터 5시까지 계속된 AFKN 라디오의 심야 프로 〈이스트 오브 미드나잇(East of Midnight)〉를 교과서로 삼았다(김형찬 2004, 163~164).
** 〈탐툰쇼〉(저녁 6시 40분~7시)는 최동욱이 PD를 맡은 프로그램으로, 전영우, 김인권, 최승일, 원창호 등 베테랑 아나운서를 투입해 단숨에 최고의 인기를 누렸다(선성원 2005, 201~202).

'삼류 쇼'로 불린 극장 쇼의 풍경은 어땠을까. "삼류 쇼를 찾은 관객들, 꼭 그렇다고 규정지어버릴 수는 없지만 대개는 10대의 젊은 층이었다. …… 쇼가 시작되면서 트위스트 노래가 나오면 앞에 앉아 있던 10대들의 몸은 가만 있지 않는다. 일어나서 몸을 비비 틀고 심하면 무대 위로 뛰어 올라가 같이 합세하는 법석을 떤다. 그래서 삼류 쇼에서 노래를 잘 부르건 못 부르건 간에 흥겨운 외국 노래를 부르는 가수는 언제나 환영을 받게 마련이라는 얘기도 있다"(신현준 2005, 152). 삼류 쇼는 곧 'B급 쇼'였고, 이런 요소는 지금의 빈티지 문화에 연결된다는 측면에서 흥미롭다.

한편 이런 극장들은 최고의 극장 무대라 할 수 있는 서울시민회관에 입성하는 전진기지였고, 1970년대에 각종 리사이틀과 경연 대회가 열리는 풀뿌리 공연장이었다. 서울시민회관에서는 1970년을 전후해 그룹사운드의 리사이틀이 자주 열리는데,* 이런 그룹사운드 시대의 도래는 그룹사운드의 음악을 소비하고 향유할 대중 때문에 가능했다. 그 대중은 바로 어릴 때부터 라디오에 심취한 청년들이었다. 더펄머리에 나팔바지나 판탈롱을 입고 섀미 구두를 신은 이 청년들은 오비스 캐빈이나 코스모스 살롱에 모여 난무하는 사이키 조명 아래 그룹사운드의 연주에 맞춰 젊음을 발산했다. 청년들의 모습은 다음 글에서 확인할 수 있다. "젊은이들은 대학 주변에만 칩거하는 것이 아니라 무교동이나 명동의 기성세대의 구역까지 파고들어 '제2의 주촌酒村'을 건설하고 있다. …… 대학 배지를 단 여학생들끼리 그룹으로 몰려와 술잔을 기울이고 담배를 피우기까지 한다. 사이키델릭한 조명 아래 귀를 찢는 듯한 생음악 속에 그저 취하고……"(신현준 2005, 274~275).

---

* 그룹사운드 경연대회는 전국에 유명·무명의 그룹들이 총출연하는 국내 최고의 록밴드 제전으로 발전하여 당시 시민회관에서 하루 네 차례 공연이 있었는데, 하루에 약 1만 2000명이 관람할 정도로 인기가 많았다. 공연은 짧게는 사나흘에서 길게는 일주일이 넘어가는 장기 레이스로 진행되어 1968~1970년은 신중현 그룹이 3연패를 했고 1971년에는 키 보이스가, 1972년에는 히 식스가, 1973년에는 템페스트가 대상을 탔다(선성원 2005, 35~36).

유신 헌법으로 퇴폐풍조 단속이 더욱 강화된 분위기에서 그룹사운드를 위한 공간으로 등장한 '고고 클럽'은 극장 쇼의 분위기를 이어간다. '고고' 란 그 무렵 유행하던 춤인 이른바 '고고춤'을 말하는데, 고고 클럽의 역사 는 회현동 오리엔탈호텔에 닐바나Nirvana가 개장하면서 시작됐다. 그 뒤 풍 전호텔(인현동), 로열호텔(명동), 타워호텔(장충동), 천지호텔(오장동), 대 왕호텔(청량리)에 고고 클럽이 들어섰고, 키 브라더스, 피닉스, 데블스, 드 래곤스, 템페스트가 주요 출연진으로 활동했다. 고고 클럽은 춤이 우선이 라는 점에서 음악 살롱하고 다르고, 청년 중심이라는 점에서 중장년 위주 의 나이트클럽하고 구별됐다. 고고 클럽은 역동적인 라이브 음악과 맥주, 춤이 삼위일체가 된 청년들의 공간이다. 이곳에서는 매일 밤 사이키 조명 아래 그룹사운드의 연주에 맞춘 청년들의 군무群舞가 벌어졌다.

고고 클럽의 등장은 올빼미족이라는 집단 문화를 탄생시켰다. 통행금지 가 있는 상황에서 심야에 파출소가 아닌 곳에서 광란의 시간을 보낼 수 있 는 곳은 고고 클럽 밖에 없었기 때문이다. 고고 클럽에 모인 젊은이들의 모 습은 어땠을까. "당시 고고클럽에는 서울에서 한가락 한다는 멋쟁이 선남 선녀들이 많이 모였습니다. 이때는 매일 새벽에 통행금지가 풀리고 영업이 끝나면 거의가 청진동 등의 해장국집을 거쳐 남산 식물원 근방의 커피점 에 모이는 게 단골 고고족과 여러 밴드들의 일과여서 새벽이면 이곳이 여러 밴드들의 집합소가 되어 서로들 만나 얘기도 나누면서 모두들 한 가족같 이 친하게 지냈습니다"(신현준 2005, 93).

그러나 이런 클럽 씬scene에 국가는 '퇴폐'라는 낙인을 찍었다. 1971년 4 월 대통령 선거에서 야당인 신민당의 김대중 후보를 간신히 누르고 승리한 박정희 정권은 권력 승계의 위기를 직감하고 민심을 쇄신하는 대대적인 사 회 정화 사업에 나섰다. 1975년 6월 문화공보부가 발표한 '공연물 및 가요 정화 대책'은 문화 억압과 탄압의 결정체였다. 이 대책에 기초해 정부(예술 문화윤리위원회)는 '퇴폐풍조 단속'을 단행했고, 이런 조치는 청년 문화를 향한 대대적인 공격을 의미했다.

문제는 '퇴폐'나 '염세'라는 검열의 잣대가 대단히 추상적이라는 사실이었다. 이 기준들은 생각에 따라 다양한 해석의 여지를 갖기 때문이다. 따라서 모든 사람들이 동의할 만한 객관적 척도가 제시돼야 했는데, 정부는 이런 상황을 무시하고 일방적 시행 방침을 관철했다. 이렇게 해서 건전 가요처럼 '좋은 문화'와 청년 문화 같은 '나쁜 문화'가 갈리게 된 뒤, 두 목록 중하나는 배제(금지곡)되고 다른 하나는 동원(건전 가요)됐다. 퇴폐나 염세같은 정서가 그것 자체로 거부되거나 인정받지 못하게 되면서, 대중의 정서로 마땅히 기입돼야 할 목록은 그만큼 획일화됐다.

음악 학원, 음악 감상실, 극장, 고고 클럽처럼 음악을 매개로 한 소비 공간 말고 다방도 소비 대중을 이해하는 중요한 공간이 된다. 다방의 변천사는 다방을 찾아온 손님(대중)들의 생활과 의식의 변화를 반영하기 때문이다. 다방에는 어떤 사람들이 드나들었을까? 1960년대부터 보면 다방은 곳곳에 널려 있었다. "우리나라에서 세계 수준에 오를 만한 것을 뽑는다면 두말 할 것도 없이 다방이 으뜸일 것이다"(윤영춘 1960, 167) 같은 말에서 이 점을확인할 수 있다. 또한 다방은 실업자뿐 아니라 사기꾼의 아지트였다. "다방에 한참 앉아 있어 보면 무슨 사장 무슨 전무라고 불리우는 족속들이 왜그리게 많은지?"(《조선일보》 1961년 4월 9일)

그런데 대중의 일상에 자리 잡은 다방은 5·16 쿠데타를 일으킨 혁명 정부의 눈에는 불온한 공간이었다. 혁명 정신을 이어받아 혼·분식 실천, 교통질서 확립, 가정의례 간소화, 국산품 애용, 재건복 착용 같은 국민운동을 펼쳐야 하는데, 다방이 허세를 부리고 시간과 외화(양담배와 수입 커피)를 낭비하는 곳으로 지목됐기 때문이다. 다방이 이른바 문화인이라는 허세를 부리는 장소라는 인식은 최신식 문화를 대표하는 커피의 상징성에 기인했다. "서울서넌 커피 맛을 알아야 문화인 축에 들고, 커피 맛을 알아야 인생을 아는 것으로 친담스로?"(조정래 2002, 185) 그래서 생활이 넉넉지 못한 서민 가정도 커피가 생기면 저녁 먹고 난 뒤 집안 식구들이 모두 빙 둘러앉아 이 쓴 음료를 나눠 마셨다(강준만 2005, 106).

다방은 커피만 파는 곳이 아니었다. 다방은 (지금 용어로 말하면) 복합 문화 공간이었다. 첫째, 메뉴에 달걀 반숙을 포함시켜 아침을 못 먹은 손님들에게 줬다. 달걀을 끓는 물에 수란처럼 익혀낸 달걀 반숙은 1970년대까지 모든 다방의 고정 메뉴였다(이문구 2004, 136). 또한 다방은 메신저 구실을 했다. 다방 전화는 연락 장소이자 섭외 기관이었고, 레지는 손님들이 쓴 메모를 챙겨주는 비서였다. 마지막으로 다방은 청춘 남녀가 밀애를 나누는 장소였다. 특히 펄시스터즈의 〈커피 한 잔〉(1968)이 내중석 인기를 끈 뒤, 장년층과 청년층 고객이 나뉘는 세대 공간이 됐다.

1970년대 들어 다방은 점점 규모가 커지고 전문화된다. 다방의 차별화는 '미인계' 중심으로 진행되는데, 이른바 '마담'의 전문성이 매상을 좌우했다. 마담은 매상을 올리려고 좋아하는 커피 스타일과 개인적인 대소사까지 기억하며 단골손님 곁에 달라붙어 비위를 맞췄다. 특별한 볼일 없이 다방을 찾아 마담하고 수다를 떠는 사람들이 많아졌다. 다방 레지는 대개 25세 미만의 미혼 여성이었는데, 손님의 말동무를 하려면 적어도 중학교는 나와야 한다는 불문율이 있었다. 손님들은 말동무를 얻는 대신 레지에게 커피나 쌍화차를 한 잔 사주는 매너를 갖춰야 했다(강준만 2005, 127~128).

1980년대는 자동판매기 전성시대였다. 1982년 야간 통행금지가 해제되면서 무인 판매의 편리함이 부각된 것이다. 매상이 크게 준 다방이 급기야 손해 배상을 청구하는 촌극까지 벌어졌다.* 생존 경쟁에 내몰린 다방들은 저마다 특색 있는 아이템을 내세워야 했다. 방학이면 여자 대학생들이 차를 나르는 다방이 명동, 충무로, 종로, 광화문을 중심으로 부쩍 늘어났다.

---

* 재판부는 다방 영업은 객석을 갖춰 손님에게 휴식과 대화의 공간을 제공하며 커피 등을 판매하는 행위이므로 단순히 커피 자판기를 설치하고 운영하는 행위하고는 경영 관계에 있다고 보기 어렵기 때문에 원고의 다방 영업 수입 상실에 관한 손해 배상 청구는 이유 없다고 판결했다(강준만 2005, 164~165).

부산의 남포동, 광복동, 서면 일대에는 남자 종업원을 고용하는 '청바지 다방'이 80여 곳이나 생겨났다. 청바지 차림에 장발, 화려한 티셔츠, 목걸이, 팔찌까지 낀 남자 종업원을 고용했는데, 고객의 80퍼센트 이상이 젊은 여성일 정도로 호황을 누렸다.

국산 오디오 제품이 대량 보급되고 음악 계층이 세분화되면서 음악다방도 특성화되기 시작한다. 종로 1가의 르네상스와 명동의 필하모닉은 젊은이들 사이에서 가장 널리 알려진 음악다방이었고, 관철동과 종로 2가 일대의 소노라마, 아그레망, 그로리아를 비롯해 이화여대 입구의 올리버, 아울로스, 심포니, 에로이카, 에바, 빠리, 그린하우스, 고려대 앞의 안암, 서강대 앞의 레떼, 한국외대 앞의 고전주의, 경희대 앞의 클래식음악 같은 고전음악 다방이 생겨났다. 고전 음악다방은 가정집 응접실 같은 인테리어를 갖추고 영화음악과 세미클래식을 더해 고객의 변화된 입맛에 부응했다.

경제 근대화를 통해 본격화한 소비사회 속에서 소비 대중은 미국 대중문화를 수용하며 최신식 감수성을 형성해갔고, 대중음악을 통해 자기들만의 강력한 정서 공동체를 만들었다. 또한 음악학원, 음악 감상실, 고고 클럽, 극장, 다방 같은 소비 공간을 드나들면서 시대의 유행을 소비했다. 이세 측면을 통해 드러나는 다양한 소비 대중과 감수성은 한국 대중 사회의 단면을 보여주는 동시에 근대적 대중의 형성을 이해할 중요한 지표가 된다는 점에서 주목해야 한다.

2. 국가라는 공동체 ― 국민과 민족으로 호명되는 대중

대중의 국민화

현대사의 굴곡진 주름만큼이나 한국 사회에서 대중은 많은 시련과 질곡을 거쳐 형성됐다. 특히 국가 주도의 경제개발이 추진되고 반공 이데올로기를 기반으로 하는 병영사회가 구축된 개발독재 시대에는 근대화 과정이 왜곡되면서 대중의 자율적 형성과 활동이 크게 위축됐다. 이 시기의 대중은 국가가 주도한 하향식 호명이 중심이 돼 형성된 측면이 많다. 따라서 호명의 주체로서 강력한 동원 체제를 구축한 국가권력의 중앙 집중화를 규명하고, 산업 역군과 반공주의자로 호명된 대중이 어떤 과정(새마을운동, 교련, 군대 등)을 통해 '국민'과 '민족'이라는 집합체로 통합됐는지 살펴보는 일은 매우 중요하다.

국민과 민족은 국가의 호명을 통해 형성된 근대적 주체들이다. '호명 interpellation'이란 호명 주체가 호명 대상을 부름으로써, 곧 이데올로기를 통한 특정 형태의 주체성을 부여함으로써 지배 체제의 재생산을 보증하는 과정을 말한다. 알튀세르는 "이데올로기는 거울 구조 속에서 호명이라는 작동 기제를 통해 주체를 형성한다"고 말했다. 알튀세르에게 이데올로기 구조는 나르시시즘적 동일시의 구조인데, 여기에서 동일시와 의식적 정체감이 형성된다.* 이때 이데올로기는 개인들이 자신의 실재 존재 조건하고 맺는 상상적 관계를 표상한다.**

근대 사회가 근대적 대중 형성의 조건이라 할 때, 1960년대부터 추진된 경제 근대화와 도시화는 한국 사회에서 근대적 대중이 출현할 물적 기반을 제공한다. 이때 국민을 호명한 주체는 국가다. 왜냐하면 부르주아 혁명을

---

* 이데올로기를 거울 구조를 통한 상상적 관계로 설명한 알튀세르의 논의는 라캉의 실재계, 상상계, 상징계 논의하고는 다른 측면이 있다. 라캉에게 실재계는 분명히 존재하지만, 경험을 통해 알 수는 없고, 상상계를 통해 그 일부를 알게 되는 영역이다. 라캉에게 그런 경험의 방식은 일단 상징계로 진입하면 무의식에 맡겨지는데, 알튀세르에게 이런 상징계는 구체적으로 거론되지 않는다. 라캉의 실재계, 상상계, 상징계는 알튀세르의 이데올로기론에서 상징계가 빠진 채 상상계와 실재계만으로 구성된다.

** 거울 구조를 통해 일어나는 '호명-동일시-주체성 형성'의 과정을 알튀세르는 '경관의 예'를 들어 설명한다. 거리에서 경찰이 "어이, 거기 당신"이라고 소리치면 누군가 뒤돌아보게 되는데, 뒤돌아본 사람은 '당신'이라고 불린 사람이 자기라고 생각한다. 곧 호명에 답하면서 특정한 동일시가 발생하는 순간 이데올로기적 주체가 탄생한다. 이렇게 이데올로기는 주체의 동일시뿐 아니라 자명성, 곧 "나는 ○○이다"라는 확고한 정체성을 확립시킨다.

겪은 서구 사회하고 다르게 한국 사회는 시민사회의 저발전 때문에 근대화의 주축 세력으로서 대중이 형성하거나 성장하지 못했기 때문이다. 오히려 국가권력을 장악한 박정희 정권의 군부 엘리트가 근대화의 주체 세력을 자임하면서 대중의 동참을 자극하고 강력한 동원을 추진했다.

이렇게 해서 한국의 근대화는 권위주의적 국가와 재벌이 주도하는 발전 모델로 귀착되는데, 이런 집중화의 원인을 역사적 맥락에서 살펴보자. 조선의 유교적 관료 국가와 문화는 이미 전통 사회에서 중앙 집중화의 구조와 문화를 탄탄히 구축했다. 일제 강점기의 지배 체제도 여기에 못지않은 중앙 집중화를 강화해 식민 통치의 효율성을 높였다. 마지막으로 해방 이후 집중화의 추동력은 냉전에 뒤이은 좌우 이데올로기 투쟁과 남북한 대결 구도 속에서 유지됐다. 1960~1970년대의 군사 권위주의와 이것을 바탕으로 하는 국가 주도형 산업화는 이런 역사적 과정의 연장선상에 있다(최장집 2004, 49).

또한 대중의 의심과 저항을 무마하고 지배 체제를 재생산할 수 있게 할 정책(경제 근대화와 반공 이데올로기를 통한 병영사회의 구축)을 가로막을 세력이 존재하지 않은 덕분에 호명 주체로서 국가가 명확히 설정될 수 있었다. 박정희 정권은 여러 라틴아메리카 국가들처럼 근대화 프로젝트에 저항할 강력한 지주 세력을 마주하지 않았다.* 구舊지주계급을 해체해 한민당의 물적 기반을 무너뜨린 토지개혁이 실시됐기 때문이다.

또한 박정희 정권은 어떤 형태의 강력한 부르주아지도 대면하지 않았다. 경제 상황이 너무 나빠 강력한 부를 축적한 경제 주체가 출현할 수 없었기 때문이다. 오히려 (나중에 재벌로 성장하는) 이런 경제 주체는 국가가 관장하는 생산적 자원에 배타적으로 접근하면서 성장할 수 있었다. 박정희 정권은 고도성장을 위해 재벌에 재정 투자와 융자를 비롯한 모든 사회적

---

* 그 뒤 이 계급이 근대화 과정에서 아무런 중심적 구실을 하지 못하게 되자 신흥 산업 엘리트가 그 몫을 대신하게 만든다.

자원과 경제적 자원을 일방적이고 집중적으로 지원했다. 이렇게 국가를 상위 파트너로 하고 재벌을 하위 파트너로 하는 국가-재벌 동맹이 형성되면서 한국형 발전 모델이 구축돼갔다(최장집 2004, 82~83).

국가 주도 경제개발은 괄목할 만한 성장을 이룩한다. 경제 근대화에 필요한 재원을 마련하려고 박정희 정권은 국민들의 반대를 무릅쓰고 한-일 국교 정상화를 추진해 일본에서 대규모 차관을 도입했고, 급기야 베트남전 파병으로 전쟁 수익까지 챙기면서 경제개발에 광적으로 매달렸다. 제1차 경제개발오개년계획의 목적은 한국전쟁 이후 이어진 산업 파괴와 저개발에서 벗어나 전근대적이고 대외 의존적인 산업 구조를 바꾸는 것이었다. 또한 국토건설종합개발계획법(1963)이 제정돼 국토 자원을 효율적으로 이용하고 산업과 인구를 적절히 분산하는 정책이 시도됐다.

과정과 절차상의 문제가 있었지만 경제 상황은 점차 나아졌다. 제1차 경제개발오개년 기간(1962~1966) 동안 국민총생산은 연평균 8.5퍼센트 성장했고, 수출은 연평균 43.7퍼센트 증가했으며, 1966년에는 목표액을 거의 2배나 초과했다. 제2차 경제개발오개년 기간(1967~1971)에도 연평균 9.7퍼센트의 경제성장률을 기록하고 수출은 1971년 11억 3200만 달러로 늘어났다. 그 결과 1인당 국민총생산은 1962년의 239달러에서 1971년 437달러로 높아졌다. 평균 15퍼센트의 경제성장률을 기록한 제4차 경제개발오개년계획 기간(1977~1981)만 보더라도, 공산품 수출이 연평균 25.7퍼센트 늘어나고 국민총생산이 연평균 10.3퍼센트 성장했다(김성환 외 1984, 278~285).

한편 제1차 국토종합개발계획(1972~1981)이 수립돼 공업화와 경제개발에 필요한 산업 기반 시설을 중심으로 투자가 진행됐다. 전반적으로 1960년대는 경공업 중심의 수출 주도 산업화 시기여서 서울이나 부산 등 노동력 밀집 지역이 개발되고, 1970년대 와서는 철강, 비철금속, 조선, 기계·전자, 화학 등 중화학공업 중심의 발전 정책이 수립돼 시행되면서 동남 해안 공업단지가 새로운 거점이 됐다. 이때 공업단지로 선정된 곳은 울산 미포,

반월, 창원, 여천 등이며, 1970년대 말에는 아산만권의 경기도와 충청남도 지역에서 개발 사업이 진행되면서 서해안 개발의 효시가 됐다.[*]

1960년대를 필두로 1970년대에 이어지는 시기에 진행된 산업화와 도시화는 대중 사회의 물적 토대를 마련했다. 그러나 정부 주도형 성장 위주 경제 정책은 자원 배분을 왜곡하고 지역 간 불균형을 초래했다. 산업화와 도시화가 진행된 1960년대의 양적 성장은 한국 사회에 그만큼의 그림자를 짙게 드리웠다. 특정 지역에 대단위 공장 입지를 개발하고 도로와 항만 등 기반 시설을 집중시켜 공장을 유치한 결과 지역 간 불균형이 확대되고, 나아가 인구와 산업이 수도권과 대도시로 몰려들었다. 이런 현상은 도농 격차의 심화, 무질서한 토지 이용, 부동산 투기, 원칙 없는 도시 정비, 농경지의 지나친 잠식과 자연 자원의 훼손으로 이어졌다.

이런 문제들은 그 뒤 한국 사회의 만성적 공간 문제를 양산하는 씨앗이 된다. 압축적 경제성장에 발맞춰 도시화가 기록적인 속도로 진행된 것이다. 1970년대에 이르러 한국 사회는 전체 인구의 50퍼센트가 도시에 거주하는 도시형 국가로 탈바꿈한다. 1960년대에 도시화율은 28.3퍼센트에서 43.1퍼센트로 급변했다.[**] 같은 기간 아시아가 21.2퍼센트에서 24.2퍼센트로, 개발도상국이 21.85퍼센트에서 25.82퍼센트로 증가한 데 견주면, 한국 도시화율의 속도는 가히 LTE급이라 할 만하다(조명래 2002, 34~35).

특히 서울은 1960년과 1970년 사이에 제조업이 25.4퍼센트에서 44.3퍼

[*] 이 시기 건설된 주요 사회간접자본으로는 1960년대 경인고속도로와 경부고속도로, 문경선과 경전선 철도, 1970년대 호남고속도로와 남해고속도로, 부산항, 소양댐과 안동댐이 있다. 또한 1962년 울산미포국가공업단지가 특정 공업지구로 지정된 것을 시작으로 경인 지역에 한국수출산업단지가 지정됐고, 1973년 포항종합제철소가 완공됐으며, 구미공업단지와 창원공업단지를 건설하는 등 주요 산업 단지가 건설됐다. 그밖에 관광, 영농, 지하자원 등 자원 개발을 위해 제주도, 태백산, 아산과 서산 등 특정 지역을 지정해 개발하고, 대구성서산업단지와 춘천산업단지가 지정됐다(김효정 2007, 15~16).
[**] 1960년대 도시의 발전은 서울을 중심으로 한 수도권에서 집중적으로 나타난 반면, 지방 중소 도시의 성장률은 서울에 견줘 미약했다. 이런 현상은 서울 중심의 도시 발달이 가져온 양극화 현상이 이 시기부터 시작된 것을 의미하는데, 서울과 부산의 양대 축이 전체 도시 인구의 70퍼센트를 차지하는 도시 발달의 분극화로 이어졌다.

센트로 증가했고, 금융과 무역 분야에서 독점적 지위를 획득했다. 그러나 고도성장 시기의 한국을 기념하듯 서울 이곳저곳에 세워진 여러 건축물은 그 뒤 지역 불균형을 상징하는 지표가 됐다.* 제2한강교(1962)와 제3한강교(1966), 3·1고가도로(청계고가도로, 1969) 같은 교량과 도로, 세운상가(1967), 낙원상가(1967), 파고다아케이드(1967) 같은 도심 공간의 재구성, 한국상업은행 본점(12층, 1965), 한국일보사(13층, 1966), 3·1빌딩(31층, 1970) 같은 고층빌딩 등은 압축적 근대화의 명암으로 상징화된다.

강력한 국가주의를 표방한 정치 영역의 권력 집중화는 다른 사회 영역에서도 집중화를 가져왔다. 한국 사회의 중앙 집중화는 정치권력의 서울 집중에 그치지 않고 경제, 사회, 교육, 문화 등 사회의 모든 영역에서 진행됐다. 그 결과 한국 사회는 정치, 경제, 사회 등 각 영역의 엘리트 집중이 서로 중첩되는 동심원 구조에 가깝게 구조화됐다. 이런 구조는 한편으로 엘리트 집단에 안정성을 가져다주지만, 다른 한편으로 엘리트로 상승하려는 치열한 경쟁을 초래했다(최장집 2004, 48~49).

결과적으로 권력과 자원의 중앙 집중화는 '1등만 기억하는 사회'를 만들었다. 결과가 좋으면 그 과정도 좋다는 식의 결과주의가 사회 통념으로 자리 잡았다. 여기에 '직은 비용 최대 효과'를 내세운 성과주의가 결합하면서 사회적 기회는 줄어들고 계층 이동의 가능성은 더욱 축소됐다. 정경유착에 따른 권력과 자원의 독점은 소수의 엘리트와 그 주변 집단에 지원이 집중되고 있는 상황을 반영했다.

---

* 근대 도시를 향한 서울의 탈바꿈은 실로 극적인 드라마를 보는 듯하다. 파리가 조르주 오스망을 통해 근대 도시로 바뀌었듯, 서울은 김현옥 시장(1966년 4월 부임)을 통해 근대 도시로 옷을 갈아입는다. 부임한 해인 1966년에 김현옥은 교통난 해소에 주력했는데, 세종로와 명동의 2개 지하도 공사를 비롯해 많은 지하도와 육교를 건설하고 불광동길과 미아리길, 광나루길이 크게 확장됐다. 1967년에는 세운상가, 파고다아케이드, 낙원상가 등 이른바 도심부 재개발 사업을 민자 유치 방식으로 진행했고, 1968년에는 여의도 윤중제 공사가 중심이 된 한강개발사업이 본격 추진됐다. 부임 4년째인 1969년에는 이른바 서울 요새화 계획을 내걸고 남산 1호 터널과 2호 터널을 뚫었고, 400여 동에 이르는 시민아파트를 건설했다.

한편 국가는 근대화 프로젝트를 위해 자신의 몸이라 할 행정 체제를 혁신했다. 경제기획원 설립을 비롯해 관료 체제를 재정비하고 중앙정보부를 신설해 권위주의적 안보 기구를 강화했다. 안보 정책과 경제 정책이 기능상 통합되면서 국가는 경제를 주도할 뿐 아니라 시장을 창출하고 개입할 수 있는 강력한 능력을 갖게 됐다. 정권의 정당성을 정부의 수행 능력과 효율성으로 본 군부 엘리트의 기본 인식에서 이런 사실을 확인할 수 있다.

이렇게 해서 한국의 국가주의는 대중 또는 민중의 정치 참여 채널을 협소하게 만든 엘리트 중심의 지배 체제로 공고화된다. 좌우 이념 갈등에 뒤이어 확립된 냉전 반공주의는 이념적 획일주의에 더불어 사회의 모든 자원을 독점 분배하는 국가 체제의 강화로 귀결됐다. 이런 중앙 집중화된 관료 국가 체제 속에서 강력한 대중 동원 체제가 형성됐다.

대중의 국민화는 이런 국가의 강력한 대중 동원 체제가 만들어낸 '국민 만들기 프로젝트'의 결과물이다. 한편으로 1960~1970년대는 근대국가 체제가 구축된 시기이면서, 국민이라는 이데올로기적 주체가 하향식으로 호명된 시기이기도 하다. 다른 한편 1960~1970년대는 한국 사회가 근대적 의미에서 대중 사회로 나아가는 기초를 닦은 시기다. 따라서 국민이라는 근대적 주체는 근대 사회로 진입할 수 있게 한 경제 근대화 이데올로기와 반공 이데올로기를 통해 병영사회를 구축하는 과정하고 궤적을 함께한다.

박정희 정권이 취약한 권력의 정당성을 확보하려고 경제 근대화와 반공 이데올로기를 지배 전략으로 내세운 이유는 한국 사회의 특수성에 기인한다. 분단 국가가 형성된 뒤 많은 혼란과 불안정을 경험하면서 생겨난 민주화와 자립 경제를 향한 열망은 대중과 국가의 공동 목표였다. 이 두 열망이 학생과 군인이라는 결코 화해할 수 없는 집단의 과제로 설정되면서 민주화와 자립 경제의 균형 발전을 처음부터 불가능하게 됐다. 4·19혁명의 주역이라 할 학생들은 민주화를, 5·16 군사 쿠데타의 주역인 군부 엘리트들은 빈곤 탈출이라는 의제를 정치의 전면에 내걸었다.

군부 엘리트들이 내건 자립 경제의 달성과 부패 척결은 적어도 그때는 민중적인 성격을 지녔다. 절대 빈곤의 늪에서 헤어나기를 간절히 바란 집단이 바로 대중이었기 때문이다. 문제는 산업화와 민주화가 대립적인 관계에 서게 됐다는 점이다. 그 뒤 군부 엘리트들은 경제성장을 위한 모든 사회적 자원을 동원하는 한편, 민주주의를 가져올 잠재적 자원의 동원 가능성을 원천적으로 봉쇄하려 했다.

이런 상황에서 추진된 경제 근대화와 반공 이데올로기를 매개로 한 병영사회의 구축은 두 가지 과정을 거쳐 진행됐다(김성일 2007, 80~82). 첫째, 경제 근대화를 추진할 주체의 형성이다. 이 과제는 마르크스가 말한 자본의 본원적 축적 과정이 한국에서 시작돼야 한다는 것을 의미했다. 한국 사회는 농촌 경제를 기반으로 하고 있었기 때문에 산업화에 필요한 노동자를 육성하고 자본주의 체제에 맞는 노동 규율을 확립해야 했다. 대중을 노동자로 주체화해야 한다는 시대적 요청 속에서 '국민 만들기 프로젝트'는 국가의 전폭적 지원과 관리 아래 폭넓게 진행됐다.

둘째, 근대국가 체계를 빨리 구축하는 것이다. 반공 이데올로기는 공산국가나 공산 집단을 적으로 여기고 악마화함으로써 내부의 사회 결속을 강화하는 정치 전략이다. 외부의 적은 내부의 경계와 성격을 명확히 인식하게 만드는 하나의 상징적 기표로서, 자유 민주주의 체제의 수호 주체로 강력한 국가를 구축해달라고 요구하게 대중을 이끈다. 강력한 국가란 근대화한 국가를 의미했기 때문에, 오랜 식민 통치와 전쟁으로 폐허가 된 상황에서 근대국가 체계를 재빨리 재정비하는 과제는 박정희 정권과 대중의 공통 관심사였다.

결국 이 두 과정은 하향식 호명을 통한 동원 체제의 구축과 상향식 동의와 지원을 통해 추진되기 시작했다. 이때 '하향식 호명'이란 국가가 호명 주체가 돼 국가 시책에 동원할 대중을 '국민'이라는 이름으로 부르는 과정을 말한다. 국가가 호명 주체가 되고 대중이 호명 대상이 되는 상황에서,

호명의 기표인 '국민'은 철저하게 국가적 욕망이 투사된 주체로 형상화된다. 이 주체는 곧 조국 근대화에 앞장서는 '산업 역군'이자 빨갱이를 색출하는 '반공주의자'로 제시된다.

근대화된 국가와 국민이라는 근대 주체의 유기적 결합은 박정희 정권의 정당성을 강화하고 근대국가를 향한 체제 정비를 가능하게 한 실질적 동력이 됐다. 국민이라는 호명은 '국민의 의무'로 구체화됐다. 곧 납세, 국방, 교육, 노동의 의무는 경제 근대화를 통한 근대국가의 건설에 앞장설 대국민 행동 규약이 됐다. 이제 국가와 국민은 운명 공동체로서 단단히 묶이게 됐고, 국가의 위기는 곧 국민의 위기에 겹쳐졌다. 위기가 아닌 현재가 없었듯, 위기 상황을 지속적으로 연출하고 주입하는 방식은 국민의 의식과 행동을 검열하고 국가 시책에 동원하는 최상의 통치술로 자리 잡았다.

특히 산업 역군이라는 호명은 새마을운동을 통해 널리 퍼졌다. 국민의 의무를 성실히 수행하는 정체성을 확립하려면 대중을 국민으로 호명하는 정도로는 부족했기 때문이다. 대중 동원을 위한 가시적 볼거리가 제공되고 구체적 실행이 뒤따라야 했다. 새마을운동은 '잘살아 보세'라는 모토 아래 사회 전체를 대상으로 근대화 정책을 추진한 국가 정책이자 지배 이데올로기이며 생활양식이자 인간 개조 프로젝트였다. 따라서 새마을운동은 초가지붕을 기와로 바꾼 농촌뿐 아니라 도시, 공장, 학교, 직장, 가정 등 모든 영역과 분야에서 폭넓게 진행됐다.

이제 새마을운동은 산업 역군이라는 호명이 직업 범주인 농민이나 노동자를 넘어 모든 대중을 겨냥해 '국민'국가의 초석을 다지는 과업으로 확대됐다. 따라서 새마을운동은 철저히 민중적이어야 했다. 빈곤한 대중의 정서를 자극하고, 성공을 향한 열망에 부응하며, 자발적 참여를 독려해야 했다. 박정희는 스스로 '빈농의 아들'이라는 점을 강조했고, 대중은 주변화 된 삶에서 오는 소외감을 박정희에게 투사하며 성공 신화를 꿈꿨다.

실제로 국가는 1973년에 213억 원으로 시작한 사업을 1979년에 4252

억 원으로 크게 확대하는 등 적극적 지원을 아끼지 않았고(전재호 2000, 82), 농협의 농업자금 대출 규모도 1961년 167억 원에서 1970년 1054억 원, 1979년 8764억 원으로 확대했다(임수환 1997, 114). 농민들이 보인 반응은 "강제적으로 시킨 점도 있지만 결과적으로 좋았다"는 평가에서 보듯, 사뭇 긍정적이었다. 이런 상황은 최초의 동원이 시간의 흐름 속에서 내면화 과정을 통해 자발적 행동으로 나아간 것을 의미한다(임지현 2004, 493~494).

이렇게 해서 농민들은 박정희 정권의 가장 강력한 지지자가 돼갔다. 고도성장과 경제 근대화가 끼친 가장 직접적인 효과가 다른 어느 곳보다 농촌에서 두드러졌기 때문이다. 한 가지 주의할 점은 새마을운동이 전적으로 박정희 정권의 창작물은 아니라는 사실이다. 농촌에서 생활을 개선하고 마을 자조를 추진하려는 움직임은 1950년대부터 시작됐다. 정미조합 결성 등을 통한 자율적 마을 공동체가 조금씩 만들어지는 중이었다는 지적도 있다(김영미 2009, 138~140). 문제는 이런 자조적 활동이 불확실성 속에서 시작한 새마을운동에 박정희 정권에 확신을 심어주는 자원이 됐다는 점이다. 농촌에 존재하던 자율적 자조 활동은 정략적 이용의 대상이 돼 새마을운동의 정당성을 확보하는 실질적 근거로 활용됐다.

한편 '새마을 지도자'라는 호명은 좀더 위세를 뽐낼 특권화된 주체였다. 새마을 지도자로 선정된 사람에게는 국가 차원의 재정 지원과 교육 지원, 사회적 차원의 위신과 명예의 상승이 뒤따랐기 때문이다. 대한뉴스는 이런 보도를 하고 있다. "박정희 대통령은 월간 경제동향 보고를 받는 자리에서 새마을운동에 공이 많은 경기도 이천군 농업협동조합 장호원지소 이재영 씨에게 국민훈장을 달아주었습니다. 이재영 씨는 지난 1963년 농협개척원으로 농촌에 투신한 이래 자립농가 육성에 정열을 불태웠습니다"(김영미 2009, 243). 이재영 같은 인물은 대부분 청장년으로, 군대 경험에 더해 고등교육까지 받은 엘리트였다. 이런 사람들은 마을의 리더십을 정권의 수중으로 이동시키는 데 결정적 구실을 했다(임지현 2004, 497~498).

흔히 박정희 정권은 폭압적 독재 정권으로 규정된다. 권력의 취약성 탓에 강압적 국가기구를 통해 국민의 의심과 저항을 억압했기 때문이다. 그런데 1997년 외환 위기 때 어떻게 '박정희 신드롬'이 일어날 수 있었을까? 1987년 6월 항쟁을 기점으로 시민사회가 성숙하고 사회 민주화가 진척된 상황에서 나타난 때 아닌 박정희 신드롬은 대중들 사이에 널리 존재하는 박정희 향수를 기반으로 했다. 물론 몇몇 독일인이 나치즘에 우호적인 태도를 드러내는 모습이 심심찮게 발견되듯이 "그때가 좋았지"라는 향수가 박정희 신드롬에만 나타나는 것은 아니다. 박정희 정권은 강압적 통치를 기본으로 했지만, 새마을운동 같은 대중 동원 체제를 통해 대중의 자발적 참여와 지지를 부분적으로 획득한 체제였다.

박정희 정권이 구사한 호명으로서 반공주의자는 어떻게 구체화됐을까? 제1공화국이 수립되면서 남한 내부의 좌우 갈등은 좌파의 완전한 궤멸로 정리됐고, 냉전 반공 체제가 확립돼 남한 내부의 좌우 갈등은 남북 갈등으로 전이됐다. 남한의 '빨갱이'와 북한의 '미제 간첩'이나 '반동'은 단순히 적을 가리키는 용어를 넘어 사회의 지배 구조와 사고 틀을 이분법적 구조로 고착시키는 담론 기능을 수행했다. 남북의 적대 관계는 이제 각자의 사회 내부에서 재생산됐다(최장집 2004, 63~65). 결국 박정희 정권은 남한에서 공산주의는 아직 끝나지 않았다는 인식 아래 반공 이데올로기에 관한 어떤 문제 제기도 거부하면서 국제적 냉전을 사회 내부의 냉전으로 구조화했다.

일상적 정치 언어가 이데올로기적인 요소로 채색되는 이런 상황에서 인민이나 민중 또는 계급 같은 용어는 일체의 좌파적인 것을 향한 부정적 이미지에 결부되거나 북한 공산주의하고 동일시됐다. 냉전은 한국 사회에서 정치의 틀을 조직하는 수준과 그 틀 안에서 허용되는 정치적 실천과 이념의 범위를 크게 축소시켰다. 더욱이 대중을 조직화하려는 시도가 노동 문제나 계급 불평등 문제에 연계되고 자본주의 경제 체제를 수정하려는 움직임에 결합할 때 이데올로기적 공격의 수위는 매우 높았다.

이런 맥락에서 구축된 병영사회의 모델은 박정희가 청년 시절을 보낸 만주국이었다. 국가가 대중의 일상을 규제하고 훈육하는 병영국가인 만주국의 분위기는 1960년대 후반 한국 사회에서 그대로 재현됐다. 향토예비군(1968)이 창설되고, 현역 복무 기간이 6개월 연장되며, 고등학교와 대학교에서 교련이라는 이름 아래 군사 교육이 실시됐다. 또한 주민등록증 제도를 도입해 18세 이상 국민 전체의 지문을 새긴 새로운 신분증이 발급됐다(이

종구 2006, 239~241).

군대 경험은 근대적 노동 규율에 쉽게 익숙해지게 만든다는 점에서 산업 역군이라는 근대적 경제 주체를 조우하게 하는 계기였다. 3년 동안의 군대 생활을 거치며 엄격한 규율과 상명하복의 분위기를 몸에 익힌 남성들은 군대식으로 통제되고 유지되는 위계적 산업 구조에 더 잘 적응했다. 또한 군대는 문맹 퇴치 등 국민 기초 교육과 기능공 양성 등의 기술 교육, 정훈 교육 등 이데올로기 교육을 통해 반공주의자를 산업 역군에 결합해갔다.

무학력자에 관한 정확한 통계는 없지만, 군 당국은 1950년대 40~50퍼센트 이상, 1960년 30퍼센트, 1966년 20퍼센트, 1970년 15퍼센트로 줄었다고 추산했다. 군은 창군 이래 1970년까지 6주 과정의 한글반, 1954년부터는 초등학교 1~4학년 과정을 교육하는 12주 과정의 국민반, 1955년부터 중학교 1~2학년 수준의 과정을 교육하는 15주 과정의 중등반을 개설해 문맹자와 저학력 병사를 대상으로 다양한 기초 교육을 실시했다. 한편 기능공을 양성하는 공업고등학교의 교육이 수요를 충당하지 못하자 최신 무기와 장비를 보유한 군대는 기능공을 양성하는 기초 교육까지 맡았다. 군이 양성하는 기술 인력은 운전, 건축, 기계 등 산업 발전에 기초가 되는 분야에 집중됐다. 마지막으로 군은 〈공산당의 죄악상〉, 〈참된 민주주의〉, 〈조국의 발전상〉, 〈조상의 빛난 얼〉, 〈우리의 각오〉 등 근대화의 성공적 결과를 홍보하는 콘텐츠를 개발해 대중을 국가 이념에 결속하기 위한 이데올로기 교육에 힘썼다(이종구 2006, 244~252).

정치권력과 대중이, 곧 국가와 국민이 함께 운명 공동체로서 상대방을 필요로 할 때 '국민 만들기 프로젝트'는 완성된다. 정치권력과 대중에게 한국전쟁은 반공으로 무장해야 할 중대한 사건이었고, 절대 빈곤에서 벗어나는 것도 절체절명의 과제였다. 이런 조건은 국가와 국민의 공모를 가능하게 하는 강력한 접착제로 작용했다. 어려운 시절을 어떤 식으로든 견뎌야 하는 대중이 국가를 상대로 생존에 필요한 자원을 얻으려 한 행위를 그것 자체로 비난할 수는 없다. 문제는 그런 대중의 절박함을 정치적으로 이용하려 한 정치권력에 있다.

물론 국가와 국민의 공모는 비대칭적이며, 본질적으로 동상이몽이다. 이 둘의 공모는 일시적 균형 상태일 뿐, 언제나 한쪽으로 기울어질 수밖에 없는 고장 난 천칭에 불과하다. 이런 불완전한 공모는 민주화운동으로, 대중문화를 통한 욕망의 분출로 가시화된다. 전태일의 분신으로 촉발된 민주화운동은 압축적 근대화의 밑바닥에 흐르던 수탈적 자본 축적 방식을 고발했다. 산업 역군과 반공주의자의 결합해 탄생한 국민이라는 언표에 짓눌려 있던 대중은 서서히 민중과 노동자라는 이름으로 자신을 주체화했다.

대중의 민족화

경제 근대화의 명분(일제의 수탈적 식민 통치와 한국전쟁으로 초토화된 민생을 보살피는 국가 차원의 구제)과 반공 이데올로기의 명분(한국전쟁의 원흉에 맞선 타협 없는 대결)은 어느 것도 상향식 합의나 동의를 거치지 않았기 때문에 또 다른 정당화 방안이 강구됐다. 이런 요청에 따라 정권에 적극적으로 동의하고 동참할 수 있는 또 다른 주체를 호명하고 동원해야 했고, 대중은 국민에 더해 '민족'이라는 공동체로 통합됐다. 이때 문화민족주의는 문화정치를 통해 대중이 민족으로 호명되고 동원되는 과정을 고찰할 핵심 이데올로기가 된다. '문화민족주의'란 상징적 지배를 가시화하는 문화정치를 말한다. 세계에 관한 이해가 언어적 과정(상징, 기호, 이미지)을 통한 의미 체계 속에서 일어난다고 할 때, 문화정치는 다양한 상징 조작을 통해 대중을 특정한 방식으로 주체화한다.

박정희 정권은 문화에 관한 근원적 인식이 부재했으면서 문화정치를 통해 의심과 반감을 가진 대중을 포섭했다. 이때 문화정치란 단순히 문화를 매개로 권력을 선전하는 행위가 아니라 새로운 의미 체계와 주체를 형성하는 사회 구성적 실천을 말한다. 따라서 문화정치의 기제와 효과는 허위의식으로서 이데올로기에 국한되지 않는다. 알튀세르는 이데올로기를 주체가 대상 세계와 맺는 상상적 관계와 대상 세계에 관한 오인과 승인으로 정의했다. 이 말은 이데올로기가 단순히 대상 세계를 왜곡하는 데 그치는 게 아니라 사람을 특정한 이데올로기적 주체로 만드는 일반적인 기제라는 뜻이다. 그런 의미에서 문화정치는 단순히 현실을 왜곡하는 데 그치지 않고, 현실을 특정한 방식으로 구성하고 인식하게 만드는 적극적 기제가 된다.

문화정치는 '욕망하는 대중'을 구성한다는 점에서 욕망의 정치학을 구현한다. 욕망하는 대중이란 대중문화의 체험, 소비, 참여를 통해 자신의 욕구를 형성하고 해소하는 문화적 실천의 주체다. 이때 대중문화는 추상적이거나 이념적인 표상이 아니라, 영화, 가요, 음주, 음식, 쇼핑, 춤, 주거 등을 통해 구체적으로 체험된다는 의미에서 신체를 훈육하는 기제가 된다. 박정희 정권은 문화정치를 통해 생활에 관련된 만족, 흥분, 몰입의 경험을 국가라는 깔때기로 합류시켜 하나의 특정한 집단 감정인 애국심과 민족의식을 대중의 신체에 새겨 넣었다.*

---

* 문화민족주의는 국가주의와 민족주의가 문화 영역에서 물질적 힘을 획득하면서 그 영향력을 확대시킨다. 한 가지 주의할 점은 문화민족주의가 지나치게 자민족 중심주의나 전통 찬양론으로 고착될 경우, 또 다른 내부의 식민화가 초래될 수 있다는 사실이다. 대중을 구성하는 다양한 요인인 지역, 연령, 세대, 직업, 인종, 성 등이 위계로 설정돼 중심과 주변으로 나뉘어 불평등을 구조화한다는 것이다.

이런 맥락에서 문화민주주의는 두 측면, 곧 물질성과 역사성 속에서 파악된다. 먼저 문화민족주의는 문화적 재현을 통해 구체적으로 경험된다는 의미에서 물질성을 갖는다. 문화민족주의는 추상적인 이념이 아니라, 대중의 일상을 물리적으로 재배치하고 의미 체계를 재조정하면서 실제 경험 속에서 구체화된다. 다음으로 문화민족주의는 추상적이고 고정된 개념이 아니라, 맥락에 따라 역사적으로 구성된다. 이 말은 곧 문화민족주의의 성격이 시간, 공간, 주체가 놓인 상황과 맥락에 따라 달라질 수 있다는 것을 의미한다.

따라서 문화정치가 작동하면서 만들어낸 산물의 하나가 바로 민족이라는 상상의 공동체이고, 문화민족주의라는 이데올로기다. 민족이라는 언표에 관한 대중의 친화성은 민족을 매개로 구조화된 삶의 경험이 누구에게나 있기 때문에 더욱 강력해진다. 특히 한국이라는 국민국가는 순혈주의에 입각한 민족국가라는 정체성을 이데올로기적으로 활용해왔기 때문에 대중이 느끼는 친화성이 매우 크다. 혈통을 매개로 한 구성원 사이의 유대 관계는 그것 자체로 강력한 동류의식과 공동체를 만들어낸다. 이런 삶의 경험은 1960~1970년대 조국 근대화의 주체로 호명되는 과정뿐 아니라 그 뒤 청년 문화 주체들의 공동체 문화에 관한 모색, 한류 담론과 미선이 효순이 정국에 이르기까지 다양하면서도 역동적인 발자취를 남긴다.

사실상 민족은 근대 이후의 산물이고 실체가 모호한 상상의 공동체이지만, 역사적 사건을 거쳐 드러나면 과거부터 현재까지 늘 존재한 실체가 된다. 민족이라는 근대 주체는 집단적 서사(단군 신화), 공통의 이름(한국인), 전통(같은 풍속, 같은 언어, 같은 역사)의 기반 위에서 만들어진다. 이 문제에 관련해 앤더슨B. Anderson은 "상징, 신화, 전설, 교육 등을 통해 민족이나 국가는 의심할 여지 없는 자연스런 개념으로 만들어지고, 그래서 민족이나 국가는 상상의 공동체다"라고 말한다.

민족이 실체가 아니라 하나의 구성물이라고 할 때, 민족은 왜 발명돼야 했을까? 구성원의 의식과 행동을 관리하고 통제해 확고한 국가 체계를 확립하려 한 지배 권력의 욕망 때문이다. 실제로 지배 권력은 신화, 전설, 전통을 매개로 하거나 의식적으로 발명해서 대중을 민족으로 호명하며 강력한 사회 통합을 달성해왔다. "제도의 작동에 의해 재생산되는 모든 사회적 공동체는 상상의 것이며, 개인을 집단적 서사에 투사시키고 공통으로 가진 이름을 인식시키게 한다"고 발리바르E. Balibar는 말했다. 전통과 의례, 신화와 전설, 서사와 상징을 통해 반복되는 훈육 속에서 어느덧 민족은 운명 공동체가 되고 대중은 민족이라는 주체로 탄생한다.

문화민족주의도 실체가 있는 것이 아니라 어떤 것의 표상이다. 민족 자체가 상상의 공동체인 한 문화민족주의 역시 민족을 소재로 새로운 서사를 구성한다. 새로운 서사는 대중을 '민족'이라는 주체로 호명하고 동원이 가능하도록 현실적으로 짜인다. 이때 문화민족주의는 서양을 타자로 상상함으로써 내부적 결집을 다지게끔 구성된다. 따라서 문화민족주의는 그것 자체로 관계적 개념이다. 문화민족주의는 거울 이론에서 볼 수 있는 자아와 타자의 반영 관계에 기초한다. 시선의 주체인 '나'는 언제나 거울 속에 비친 이미지를 거쳐서만 자신을 인식할 수 있다. 이때 거울 속에 비친 이미지는 '나'라는 주체를 구성하는 타자다. 거울 속의 이미지는 허구이기 때문에 처음부터 이미지의 실재성(존재 여부)은 판단 중지된다. 중요한 것은 거울 속의 이미지가 실재 대상을 지시하고 있는가가 아니라, 그 이미지를 '진짜'라고 믿는 현실 속 '나'(시선의 주체)의 태도다(주은우 2003, 60~74).

한국 사회에서 민족주의가 대두된 시기는 일제 강점기까지 거슬러 올라간다. 일제 식민 통치 아래에서 한국인들은 처음으로 민족이라는 근대적인 집단적 자아를 발견한다. 따라서 기본적으로 반일, 반제국주의 식민 투쟁을 내용으로 한다는 점에서 한국 사회의 민족주의는 일본이나 독일의 경우처럼 제국주의적 성격을 갖지 않는다. 그러나 냉전 시기 최대의 아이러니는 민족의 일체성을 어떤 가치보다 우선시하는 강렬한 민족주의가 민족

분단과 전쟁을 불러온 점이다. 남한과 북한의 민족주의는 상대방을 대상으로 경쟁적으로 통합을 추구하면서도 각자의 사회 내부에서 상대방의 이념을 철저히 배제하는 이데올로기로 활용됐다.

박정희 정권에 민족주의는 지배 이데올로기의 또 다른 핵심 주제였다. 실제로 박정희 정권은 집권 초기부터 '민족주의', '민족의식', '자립 의식'을 강조했다. 〈군사혁명 공약〉에서도 민족정기, 국가 자주 경제의 재건 등 민족주의적 언표가 사용됐다. 1962년 대국민 홍보용으로 발행한 책자도 《우리민족이 나아갈 길》이었는데, 민족사의 전개 과정을 개괄하면서 "전통사회에서 근대 사회로 비약할 때에는 어느 경우에나 민족주의적 열정이 작용했다"며 민족주의의 중요성을 강조했다(홍석률 2004, 191~192). 이렇게 운명 공동체에 기초한 '우리'라는 동류의식이 만들어졌고, 낙후된 경제 현실과 북한에 맞서 일전을 벌여야 할 조국의 운명이 개개인에게 각인됐다. 이렇게 박정희 정권은 대중을 국민으로 호명하는 동시에 민족으로 호명함으로써 '국민국가'와 '민족국가'가 결합된 근대국가 체계를 완성했다.

한편 전후 복구 이후 1960~1970년대의 한국 사회는 도시 과잉의 시기로 접어들었고, 이런 공간 재편에 따라 서구화에 따른 문화적 갈등이 가속화됐다. 문화민족주의는 근대인의 특성인 '무관심성'과 '냉혹한 개인성'에 대항해 대중을 민족으로 호명함으로써 유대 관계를 공고히 다지는 데 활용됐다. 예를 들어 현충사 성역화, 한글날 국경일 제정, 한국정신문화연구원 개원 등을 통한 문화적 주체성 확립의 이념적 근거로 쓰였다.

국가 차원에서 시도된 이런 전통문화의 재발견은 단순한 문화 유적의 복원에 그치는 것이 아니라 민족의 우수성을 발견하고 민족 정체성을 확립해 민족적 사명감을 대중에게 부여하려 한 적극적 정치 과정이었다. 이런 목적에 맞게 국난 극복과 충효 사상을 중심으로 한 전통문화가 선별 복원됐다(권형진 2005, 309~310). 이 사업에는 한-일 회담 추진 과정에서 친일로 비난받은 정권의 추락된 위신을 회복하려는 정치적 의도가 숨겨져 있었다. 또한 복원된 호국 영령들이 대부분 무인武人이라는 점에서 군사정권의 정당성을 확보하는 데도 한몫했다.

민족을 구한 호국 영웅들의 업적을 기념하고 찬양하는 사업이 대대적으로 진행됐다. 1964년 박정희 정권은 5·16을 기념해서 서울 시내 미술대학 학생들을 대거 동원해 광화문에서 남대문에 이르는 거리에 민족사에 이름을 남긴 영웅들의 초상을 전시했다. 1967년에는 화가 55명을 동원해 500호에서 1000호에 이르는 대형 민족기록화를 3개월 만에 완성해서 경복궁 미술관에 전시하게 했다. 또한 현충사 성역화 사업,* 경주 관광 개발 사업, 칠백의총 정화 사업, 낙성대 조성 사업, 광주 충장사 정화 사업, 오죽헌, 추사 고택, 유관순 유적 정화 사업, 제승당 정화 사업, 경주 통일전, 강화 전적지 정화 사업 등이 추진됐다.

또한 '한국적 민주주의'를 구현한다는 미명 아래 서구 사회하고는 다른 사회 통합 원리로서 전통문화를 복원하고 영웅 사관이 만들어져 교육, 텔레비전, 영화, 대중가요를 통해 대대적으로 선전되고 보급됐다. 텔레비전 드라마는 문화민족주의가 반영된 대표 장르였다. 별다른 오락거리가 없던 대중에게 최고의 볼거리를 제공하는 텔레비전은 가장 확실한 정책 선전 수단이었다.** 가계 수준을 측정하는 지표로 쓰이는 한편 경제적 부를 과시하고 이웃 간 소통을 이어주는 중요한 매체였다는 사실은 그 시기 대중의 텔레비전에 관한 인식을 단적으로 보여준다.

대중적 인기를 누린 텔레비전 드라마의 주요 주제는 경제 근대화와 도

---

* 1966년 박정희 정권은 현충사를 중건하기 시작해 1975년까지 기념관을 설립하고 최고급 잔디로 치장하는 사업을 집중적으로 벌였다. 나아가 현충사 관리소장에 예비역 준장을 임명했다. 1968년에는 광화문 네거리에 이순신 동상을 세웠다(정일준 2004, 212~214).

** 텔레비전 드라마는 대중의 생활 세계에 밀접한 소재를 다룬다는 의미에서 문화민족주의를 일상성의 차원에서 구현한다. 특히 1970년대 대량 보급된 텔레비전은 대중의 일상생활을 관리하고 통제하는 가장 효과적인 매체가 됐다. 박정희 정권은 정책을 홍보하려고 미디어 체제 개편에 대대적으로 착수하는데, '농촌으로 텔레비전 보내기 운동' 같은 캠페인을 통해 문화정치를 구사했다.

시화 속에서 강렬하게 피어난 근대적 욕망들(경제적 성공, 풍족한 소비, 주위의 부러운 시선, 자유연애)이었지만, 전통을 재발견해 민족의 우수성을 알리는 내용도 인기를 끌었다. 〈수양대군〉(1966), 〈원효대사〉(1967), 〈사미인곡〉(1976), 〈예성강〉(1976), 〈풍운 100년〉(1976), 〈맥〉(1977) 등은 민족정기를 극화해 민족정신을 고취하고 국난 극복에 기여하려는 의도로 만들어진 '국난 극복 시리즈'였다(정영희 2005, 99~100).

박정희 정권은 '민족적 민주주의', '민족 중흥', '조국 근대화', '자주국방' 등 민족을 지칭하는 기표들을 지배 이데올로기로 배치해 지배 체제를 정당화하는 '하향식 민족주의'를 완성해갔다. 그리고 그 과정에서 문화를 매개로 한 민족주의를 실현하기 위해 문화 정책을 수립했다. 1973년 '문화진흥 5개년 계획'에서 이런 사실을 확인할 수 있는데, 여기에는 올바른 민족 사관을 정립하고 새로운 민족 예술을 강조하며 문화 예술의 국제 교류를 촉진함으로써 한국의 국위를 선양한다는 내용이 담겼다. 이런 목표의 바탕에 유신 이념을 홍보하려는 의도가 숨겨져 있다는 것은 잘 알려진 사실이다.

민족이라는 호명 속에서 점차 '민족의 의무'로 수행해야 할 행동 규약이 만들어졌다. 민족의 의무란 민족적 민주주의를 위해 분단 상황이라는 한국적 특수성을 이해하고, 민족 중흥을 위해 전통을 재발견하며, 조국 근대화의 대열에 기꺼이 동참해야 한다는 정언 명령이다. 또한 민족 주체성을 확립하기 위해 무분별한 외래문화 소비를 억제하고, 자주국방에 필요한 방위산업 육성에 동참해야 한다는 선서다. 이렇게 국민의 의무와 민족의 의무가 중첩되면서 근대국가 체제로 나아가는 행보는 더욱 빨라졌다.

그런데 문화민족주의가 민족이라는 이름을 하향식으로 부여했다고 해도 아무런 갈등과 저항 없이 일방적으로 관철된 것은 아니다. 문화민족주의는 타자인 서구를 향한 동경, 그리고 서구 문물을 향한 충격과 불신을 동시에 포함한다. 따라서 문화민족주의는 내부 공백과 균열의 틈을 내장할 수밖에 없는데, 이런 특징은 문화민족주의의 입체성과 역동성을 드러내며, 민족이라는 근대 주체의 가변성과 불안정성을 보여준다. 이제 민족이라는 기표는 지배 권력과 대중 사이에서 동상이몽의 대표 상징이 된다.

이런 상황은 곧 문화민족주의가 헤게모니의 장이 될 수 있다는 것을 시사한다. 문화민족주의는 안정적 지배 이데올로기 또는 지배 담론으로서 일방적으로 전개되기보다는 지배와 저항이라는 두 갈래의 벡터를 통해 일시적 균형점이 형성되는 문화적 실천의 장이다. 하향식으로 구성된 문화민족주의라 해도 온전하게 대중을 포섭하지 못한다. 또한 상향식으로 구성된 문화민족주의라 해도 온전한 민중성을 담보하지 않는다. 따라서 문화민족주의는 억압, 동원, 갈등, 배제, 합의, 타협, 무관심이라는 지배와 저항의 스펙트럼 위에서 다양한 방식으로 구현된다.

문화민족주의가 헤게모니의 장이라는 점은 여러 사례에서 확인된다. 먼저 위에서 부과된 문화민족주의는 이중성을 갖는다. 경제 근대화를 달성하려는 대중 동원의 문화정치인 문화민족주의는 또한 경제 근대화에 따른 부작용 속에서 일종의 비판 담론으로 활용되기도 했다. 이런 이중성은 미국과 일본이라는 대타자를 향해 동경과 거리두기를 반복한 정권의 태도를 반영한다. 경제 근대화의 모델을 일본을 포함한 서구 사회로 설정한 만큼 서구 문물을 향한 동경과 동일시는 시대의 상식이었다. 그러나 근대화의 역기능이라고 할 수 있는 황금만능주의와 퇴폐 향락주의가 사회 문제로 떠오르자 "주체성을 찾자"는 미명 아래 문화민족주의가 처방으로 제시됐다.

여기서 중요한 것은 미국과 일본의 대중문화 자체가 아니라, 한국이 이 나라들 자체와 이 나라들의 문화를 의미화(동일시 또는 거리두기)하면서 자기 정체성을 확립한 과정이다. 이때 국가권력의 문화정치는 빛을 발한다. 민족문화 뿌리 찾기나 전통문화 복원 같은 민족주의적 호소와 그런 호소를 기반으로 삼아 재현된 다양한 상징을 통해 대중을 체제 친화적 주체로 만들어갔다. 경제 근대화의 폐해를 개인의 일탈과 범죄라는 사회 병폐 탓으로 돌리고 사회 병폐의 원인을 무분별한 외래문화의 수입과 대중의 허영에서 찾는 과정에서 국가의 책임은 유예됐고, 국가는 또다시 사회 정화의 강력한 주체로 설정됐다.

문화민족주의가 적극적으로 국가에 맞선 저항의 에토스로 작용한 사례는 청년 문화를 주도한 청년 세대에서 찾을 수 있다. 청년 세대는 미국의 대중문화를 직접 수용했기 때문에 감수성과 스타일 면에서 부모 문화(기성세대)하고 달랐다. 그런데 이런 서구 지향적인 취향에서 거리가 먼 민족의 이름으로 청년 세대들이 저항적 문화 실천을 하게 만든 사건이 발생한다. 바로 조국 근대화에 필요한 자금을 원조받으려고 국민들의 반일反日 정서를 거스르고 일방적으로 추진한 한-일 국교 정상화였다.

한-일 협정 반대 투쟁은 오랜 식민 통치의 산물인 대중의 반일 감정에 결합하면서 국민적 공감대를 형성했고, 지식인 사회에서도 정권에 반대하는 비판적 인식이 확대되는 계기가 됐다. 그 결과 국가가 선점하고 있던 '민족'이라는 용어가 국가주의의 전횡에 저항하기 위해 차용되기 시작했다. 대학생을 중심으로 펼쳐진 탈춤과 마당극 운동은 문화민족주의가 활용된 대표 사례다. 대학생들은 민요와 탈춤, 마당극에 담긴 공동체 문화와 해학을 통해 일방적인 국가주의 노선을 비판했다. 농경문화에서 배태된 이런 양식들은 청년 세대에게 국가 주도의 압축적 근대화가 초래한 강제성과 경직성을 비판하고 새로운 대안을 모색하는 데 유효한 모델로 인식됐다.

한편 외래문화를 무분별하게 수입하고 동경한다는 비판에 맞서 한국적 대중문화를 고민하고 창작하려는 움직임도 일어났다. 대부분의 청년 문화 주체들은 미국 문화에 매료돼 있었지만, 한편에서는 한국인의 정체성을 지켜야 한다는 의식이 자라고 있었다. 이 흐름은 미국의 모던포크를 한국 상황에 맞게 비판적으로 수용하면서, 개발독재 시대의 폐해와 청년들의 방황을 새로운 창법으로 표현하려 했다. 전통문화를 재발견하려는 흐름에 김지하와 조동일이 있었다면, 미국 문화를 비판적으로 수용하는 흐름에 김민기와 서유석이 있었다.

3. 전태일과 넥타이 부대 — 권위주의적 지배 체제와 대중의 저항

1960~1970년대 대중의 저항

근대적 주체인 국민과 민족은 하향식으로 일방적으로 호명된 주체로 볼 수만은 없다. 특정한 국면과 정세 속에서 포섭과 저항을 양극단으로 하는 실천의 스펙트럼 위의 한 점에 위치하기 때문이다. 예를 들어 문화민족주의는 조국 근대화의 지배 이데올로기로 활용됐지만, 외래문화를 주체적으로 수용하는 측면에서 서구 문물에 거리를 두는 논리로 작동했다. 그런 의미에서 국가권력의 호명에서 생기는 균열 지점은 대중의 저항이 발생할 계기를 마련해준다. 반反동일시와 역逆동일시를 거쳐 언제든 저항의 주체가 될 수 있다는 것이다. 따라서 권위주의적 지배 체제로 불리는 군사정권 아래에서 펼쳐진 대중의 저항을 살펴보는 일은 매우 중요하다. 주의할 점은 이런 작업이 사회운동사의 연대기를 기술하려는 시도는 아닌 만큼 저항 주체로서 대중이 누린 일상에 주목할 수 있어야 한다는 사실이다.

1960년 이승만 정권의 3·15 부정 선거를 계기로 분출된 4·19혁명은 분단 뒤 중단된 민주화운동의 시작을 알렸다. 정당성과 도덕성을 결여한 국가권력을 향한 비판으로서 민주화운동은 1987년 6월 항쟁에 이르러 어느 정도 목적을 달성할 때까지 국가적이고 국민적인 대의를 표방하면서 사회운동의 주된 성격을 규정한다(이시재 1988, 31). 내부의 흐름과 지향은 다양했지만, 4·19혁명은 도덕적 열정과 순수성을 갖추고 지사적 비분과 정의감에 불타던 학생들이 주도했다.

이 과정에서 정한 목표는 부패한 정치권력을 타도하고 서구식 민주주의 국가를 건설하는 것이었다. 4·19혁명이 끝난 뒤 정치 투쟁에서 물러난 학생들은 학교로 돌아가 학원 민주화운동에 전념하는 한편, 국민 신생활운동, 농촌계몽운동, 외래 상품 배격운동, 선거 계몽운동을 전개했다. 같은 해

7·29 총선에서 민주당이 압승하고 혁신 정당이 참패하자 자신의 실천이 지닌 한계를 깨달은 학생들은 대안으로 통일운동을 펼치기 시작했다(박태순 1991, 90~95).

이승만이 하야하면서 민주화의 과제가 달성되는 듯하고 경제개발이 본격 추진되지 않아 계급운동의 전망이 불확실한 상황에서, 통일운동은 가장 적실한 과제로 다가왔다. 학생과 진보적 지식인, 사회운동가들은 '민족자주통일중앙협의회(민자통)', '민족통일연방(민통연)'을 결성했다. 1961년 2월 민통연 학생들은 한-미 경제협정을 불평등한 굴욕 조약이라고 성토했고, 5월에는 혁신 정당과 진보적 사회단체들의 전폭적 지지 아래 남북학생회담을 추진했다(김경일 2003, 283~284).

5·16 군사 쿠데타는 이런 민주화운동의 흐름을 일시 중단시킬 수는 있었지만 궁극적으로 좌절시키지는 못했다. 1970년대 최대의 대중운동이라고 일컬어지는 6·3운동(1964)은 일본의 신식민주의적 침략에 맞선 항거로서, 쿠데타 탓에 좌절된 시민 민주주의로 복귀하고 고도성장에 따른 사회 불평등을 해소하라는 대중적인 항거였다(이종오 1988, 335). 대중의 비참한 실상과 고통에 관한 인식이 민주화의 과제로 직접 반영되지는 못했지만, 6·3운동은 1960년대 초 서구 민주주의 모델에서 출발한 운동 과제를 한국적 차원에서 새롭게 제기한 측면에서 큰 의미를 지닌다.

계엄을 선포해 6·3운동을 진압한 뒤 언론과 학원을 장악해야 권력이 안정된다고 판단한 박정희 정권은 언론 규제와 학원 안정을 명목으로 대대적인 탄압을 자행했다. 학원 탄압이 대학 휴교령과 데모를 저지하려는 위수령 발동으로 확대되는 한편으로 언론의 자유를 지키려는 언론 민주화운동도 탄압의 대상이 됐다. 그러나 이런 국가권력의 독선은 지식인과 학생들의 이반에 속도를 더했을 뿐이다. 1960~1970년대 '재야'로 불린 민주화운동 세력은 이런 배경에서 탄생했다. 대학과 언론을 탄압하는 독재 정권을 향한 중간계급의 비판과 항의였다.

재야 민주화운동은 언론 자유와 학원 자율, 나아가 국민 기본권 수호 차원에서 민주주의를 위한 국민적 대의를 내세우며 입지를 강화했다. 이런 상황에서 1971년 '민주수호국민협의회'가 출범한다. 이 단체는 5·16 군사 쿠데타 뒤에 결성된 최초의 반정부 지식인 연합체로, 민주주의 파괴와 인권 유린, 양심수 억압 철폐를 목표로 활동했다. 그 뒤 가톨릭과 개신교의 운동 세력 등이 결합한 '민주회복국민회의'를 거쳐 민주주의와 통일을 위한 국민연합 형태로 발전했다. 이 조직에는 군부독재의 반민주성에 항의하고 민주주의를 수호한다는 국민적 대의에 공감한 진보적 학생, 지식인, 중간계급, 종교인이 다양하게 결합해 있었다. 이런 형태는 민주화 세력이 결집하고 단일한 행동 대오를 정비하는 데 어느 정도 기여했지만 운동 전략과 전술을 둘러싼 갈등과 대립의 원인이 되기도 했다(김경일 2003, 285~286).

　1960년대의 시작을 알린 4·19혁명, 그리고 그 뒤 1년 남짓의 기간에 학생과 지식인 못지않게 교육받은 도시 하층계급이 폭넓게 운동에 참여했다. 4·19혁명이 일어난 뒤 교원과 금융, 언론 분야에서 이른바 지식인 노조가 결성되는 등 분단 이후 노동조합이 가장 활발히 결성됐다. 문제는 4·19혁명의 주도 세력인 지식인과 학생이 노동운동으로 대표되는 기층 민중하고 연대하지 못했다는 점이다. 학생들은 대학 민주화와 국민 계몽운동에 몰두한 3~4개월 동안의 과도기를 거쳐 곧장 통일운동이라는 정치 투쟁으로 선회했다. 진보적 지식인들도 정치적 차원에 머물 뿐 기층 민중운동하고 활발히 연계하지는 못했다(박현채 1998, 346~347).

　이런 한계는 경제개발이 본격 시작되지 않은 상황에서 노동운동에 관한 사회적 관심이 공론화되지 못한 구조적 측면에 기인한다. 실질적인 시장 영역이 부재한 상황에서 시장을 창출하는 정책이 오히려 진보적 성격을 지닐 수 있었기 때문에, 박정희 정권이 내세운 경제 근대화는 일부 학생층의 환영을 받는 분위기였다(김경일 2008, 289). 박정희 정권은 별다른 저항 없이 시장 영역에 노동력을 편입시킬 수 있었다. 1961년 8월 재건조직위원회가 하향식으로 산업별 노동조합과 '한국노동조합총연맹(한국노총)'을 조직한 사례는 이런 정황을 반영한다.

1963년 정치 활동이 재개되자 전국의 노동자들은 "관제 어용화한 한국노총은 노동자 위에 군림하여 억압하고 있으므로 법의 심판을 받아야 한다"며 법원에 한국노총 결성대회 무효 소송을 제기했다. 이후 300여 명의 발기인들이 모여 '한국노동조합총연합회(한국노련) 결성준비위원회'를 만든 뒤 조직화 사업을 진행했다. 한국노총과 정부 당국은 명예훼손과 구속으로 맞대응하는데, 이런 여러 과정을 거쳐 노동운동은 그 뒤 독자적인 길을 가게 됐다. 특히 1965년 한-일 협정이 체결된 뒤 유입된 일본 자본과 외국 자본의 지배력이 강화되고 국가권력이 강력히 개입하면서 노동운동은 경제 투쟁뿐 아니라 정치 투쟁의 성격을 갖게 됐다. 노총 내부에서 '민주노동당'(가칭)을 창당하려는 운동*도 펼쳐졌다.

이른바 고도성장기로 일컬어지는 이 시기 이후 경제성장이 둔화하고 노동 부문의 저항이 점진적으로 강화되는 흐름에 맞서 국가는 노동 억압을 더욱 강화했다. '선先 성장 후後 분배'는 '기업이 살아야 노동자도 산다'라는 구호로 대체됐고, '공장 일을 내 일처럼, 근로자를 가족처럼' 같은 문구에서 볼 수 있듯 노사 협조가 강조됐다. 국가권력의 대대적인 노동 개입은 대중을 노동자로 주체화한 서구의 근대화 기획하고 상통한다. 자본의 본원적 축적 과정에 따른 노동자의 급속한 증가와 집단행동에 맞선 강력한 통제가 한국의 국가와 자본에 요구됐기 때문이다. 자본의 통제는 작업장에서는 노동 시간과 노동 강도의 조절을 통해, 일상에서는 인구 정책과 공중 위생학, 행정과 치안을 통해 구체화됐다.

---

* 1963년 한국노총 내부에서는 '민주노동당' 파동이 일어나면서 자주성과 민주성의 문제가 제기됐다. 광산노조 위원장 김정원 등 8명의 산별노조 대표들이 노동자정당을 만들어서 의회에 진출하자는 주장을 펴면서 1월 11일자 신문에 '가칭 민주노동당 창당 발기준비위원회' 이름으로 정당 창당 취지문을 발표했다(이원보 2005, 185~186).

급속히 늘어난 노동자의 규모는 통계에서 쉽게 확인된다. 1963년 766만 2000명이던 취업자 수는 1971년 1000만 명을 넘어섰는데, 같은 기간 동안 상시 임노동자는 93만 4000명에서 147만 8000명으로 늘었고, 임시직 노동자와 일용직 노동자를 포함한 전체 노동자 수도 241만 2000명에서 395만 5000명으로 크게 증가했다(이원보 2005, 175). 이렇게 노동자의 수가 급증한 이유는 강하게 몰아친 이촌향도의 물결이었다.

'소시민적 삶'의 주인공이 될 미래를 꿈꾸며 장시간 노동과 저임금의 노동 현실을 견뎌내는 도시의 기층 민중을 구성한 이 노동자들이 바로 경제 근대화의 실질적 주역이며 1960~1970년대 대중을 대표하는 모습이었다. 그런 의미에서 공순이와 공돌이라는 사회적 멸시를 받으며 삶을 이어간 이 노동자들의 일상을 고찰하는 일은 매우 중요하다.

경제성장에 따른 사회적 배분에서 철저히 소외된 노동자들이 직면한 경제적 어려움은 통계에서 쉽게 알 수 있다. 1960~1969년 사이 제조업 노동자의 명목임금은 연평균 17.4퍼센트나 상승하지만 소비자물가도 13.4퍼센트 상승해서 실질임금은 3.4퍼센트 증가에 그쳤다. 1964년의 엥겔지수가 60.5퍼센트라는 사실에서 알 수 있듯이 노동자들은 생존 자체를 위협받을 정도로 저임금에 시달렸다(이원보 2005, 177~178). 이 무렵 신문 기사 한 토막을 보자. "요즘 영등포 공장지대엔 여직공들의 가난을 비관한 자살이 잇따랐다. 그들이 받는 일당 120원의 급료로는 월세 600원짜리 싸구려 다락방에서 자취를 해도 흔해빠진 기성화 한 켤레 살 수 없었다. …… 월 3500원을 받는 H제과의 송모 양(19)의 말을 들어보면 월간 최소한의 숙식비가 약 3000원, 옷가지라도 사 입고 몇 백 원이라도 저축을 하자면 야근 특근을 해야 한다."(《서울신문》 1968년 6월 28일)

1970년대의 노동운동이 이런 상황을 개선하려는 목적으로 시작됐으리라는 것은 쉽게 짐작할 수 있다. 결정적 계기는 1970년 11월 청계피복 노동자 전태일의 분신이었다. 이 사건은 민주화운동을 주도하던 학생과 지식인, 종교인들에게 민주주의 수호의 진정한 본령이 민권 수호에 있다는 사실을 일깨웠고, 민중운동에 관한 관심과 연대를 이끌어냈다. 학생과 진보적 지식인들은 노동 문제 조사와 연구, 노동자 교육, 야학 개설, 팸플릿 제작, 신문 발행에 나섰고, 노동운동을 지원하는 대중 집회를 열었으며, 공장에 들어가 노동자하고 함께 일하는 방식을 모색했다. 이런 모색은 자신들이 직접 노동 현장에 취업하는 '투신'으로 구체화됐다(김경일 2003, 291~292).

그렇다면 1970년대의 노동자들은 누구이고, 일상 속에서 어떤 갈등을 겪고 있었을까? 취업자는 1970년 947만여 명에서 1979년 1366만여 명으로 늘어났고, 실업률은 1979년에 3.8퍼센트로 완전고용에 가까웠다. 임노동자 수도 크게 늘어 1970년 378만 6000명에서 1979년에 648만 5000명이 됐다. 산업별로는 제조업 노동자가 가장 큰 비중을 차지하게 됐고, 중화학공업 노동자의 비중 또한 급격히 증가했다. 연령으로 보면 18~29세 젊은 노동자층이 늘어났고, 성별로 보면 여성 노동자가 절반까지 증가했으며, 대도시 집중 현상이 두드러졌다(이원보 2005, 219~221).

농촌 경제가 피폐해지면서 도시로 몰려든 농촌 출신이 노동자의 대부분을 차지했다. 노동자들은 대개 소득이 낮은데다 주택도 부족해 '닭장집'이나 '벌통집'이라고 부르는 공장 주변의 불량 주택이나 기숙사에서 생활했다. 특히 다락방은 처참한 노동 환경을 적나라하게 보여줬다. 전태일의 분신으로 유명해진 평화시장 노동자들의 고단한 일상이 펼쳐진 작업장이자 여공들의 현실을 반영하는 담론의 중심지가 바로 이 다락방이다. "공장은 다락이 만들어져 다락 아래층이나 위층이나 고개를 똑바로 펼 수 없게 나지막하다. 공간 안은 옷 무더기, 원단 더미 그리고 자욱한 먼지 속에서 사람들이 묻혀서 눈코 뜰 새 없이 바삐 움직이고 있었다"(김원 2006, 223~224) "현대식 3층 건물로서 1층은 점포, 2, 3층은 공장임. 10000명 이상을 수용하는 건물이면서도 환기장치가 하나도 없으며, 더구나 휴식시간 오후 1시부터 2시까지 햇볕을 받을 장소가 없음"(전태일 1988, 182).

'공순이'라는 사회적 편견과 경멸도 어린 여공들을 힘들게 했다. 일상을 지배하는 여공을 무시하는 지배적 담론은 여성 노동자의 정체성을 결정짓는 주요 요인이 됐다. 여공을 대하는 이런 사회적 시선은 국가, 고용주, 지식인이 공모해 만들어졌다. '공순이'는 근대화 프로젝트가 추진되는 과정에서 중심부 담론 생산자인 여성 지도자, 여대생, 중산층 주부에 대별되는 주변부 타자의 재현 대상으로 여공, 식모, 윤락 여성, 농촌 부녀자 등을 자리 잡게 하려는 목적으로 고안됐다(김원 2006, 543).

또 다른 문제는 여성 노동자의 여성성을 제거하는 방식으로 이런 편견이 표출됐다는 사실이다. 여성성을 거세하는 관행적 실천에는 몸수색이 있었는데, 몸수색 관행은 계급 사이의 차별이 일상화되는 현장이기도 했다. 제조업 여성 노동자들은 검신檢身을 거치며 매일 범죄자 취급을 받았다. "퇴근시간. 경비실에서 수위가 몸수색을 한다. 생산현장에서 부품을 몸에 숨겨 바깥으로 빼돌릴까봐 하는 몸수색이다. …… 총무과의 하 계장이 튀어나온다. '도둑이 제 발 저린다더니 몸속에 뭘 숨겼기에 그래!'"(김원 2006, 544~545) 이렇게 여성 노동자들은 잠재적인 범죄자로 여겨졌을 뿐 아니라 공장에서 하는 거친 노동이 여성성을 거세했다는 담론에 지속적으로 시달려야 했다.

여성 노동자들이 이런 나쁜 노동 환경 속에서 장시간 노동과 저임금의 고통을 감내한 이유는 무엇일까? 가족 구성원으로서 감당해야 하는 가족 부양이라는 의무와 사회적 성공이라는 개인적 욕망 때문이었다. 서울로 상경해 공장에 들어가는 것은 '가장'의 구실을 떠맡는다는 의미였다. "일단 도시에서 일을 하기로 결정하면, 가족들로부터의 조언이 반드시 따르는데, 그중 제일 중요한 것은 가족의 재정적 필요를 보충하기 위해 그녀가 일을 해야 한다는 것이다. 비록 보수적인 시각에선 공장 고용은 경멸의 대상이기도 하지만, 농촌에서 아무런 기술도 습득하지 못한 이들에게 이는 한 단계 상승이다"(김원 2006, 223~224).

사회적 성공을 향한 개인적 욕망은 공적 영역을 대상으로 하는 어린 여성들의 강렬한 욕구에서 비롯됐다. 물론 이런 욕망이 빈곤한 가정환경에서 유래한 사실은 잘 알려져 있다. 향학열은 어린 여공들이 품은 대표적 욕망으로 제시된다. 더 공부하고 싶었지만 여자라서 학교를 보내주지 않아 조금이라도 학교에 가까워지려고 도시로, 공장으로 향했다. 이런 다음의 글에서 확인되는 바와 같이 공장에 대한 막연한 동경으로 나타난다. "서울에 올라와서 이제 저는 제가 시골에서 선망하던 그런 서울 생활, 그 다음에 그 회사에 대한 이미지, 이런 것들이 정말 컸던 거 같아요." "저는 공장에 가서 굉장히 좋았어요. 어쨌든 돈을 버니까. 제가 5학년 때 어머니가 돌아가셔서, 굉장히 산동네에서 너무 어렵게 사는데 제 손으로 돈을 벌 수 있다는 기쁨이 사실 있었어요"(김원 2006, 212~213).

공장을 향한 선망은 여대생을 향한 선망으로 이어지기도 했다. 여성 노동자들은 못 배운 티를 내지 않으려고 여대생처럼 옆구리에 책을 끼고 다니기도 했고, 천하다는 이야기가 듣기 싫어 깔끔하게 옷을 입고 화장을 하기도 했다. 모든 여성 노동자들이 그렇지는 않았지만, 몇몇 여성 노동자는 여공이라는 사실을 감추거나 사회에서 요구하는 여성성을 극도로 강화해 자신을 좋은 신붓감으로 포장하려 노력했다. "그 당시는 공장에 다니는 거를 숨기기 위해 거의가 다 예를 들면 대학생처럼 노트와 책 한 권 정도 끼고 다니고 …… 그리고 대학생처럼 꾸미고 다니는 거였어요"(김원 2006, 556~558).

어엿한 가장으로서, 야간학교라도 다니면서 못 다한 공부를 하겠다던 여공들의 꿈은 열악한 노동 환경 속에서 정치적으로 급진화됐다. 바로 민주 노조의 결성이 그 결과다. 민주노조는 1960년대 노동조합하고 다른 유형의 노동조합으로, 1970년대에 새롭게 나타난 조직 형태다. 민주 노조에서 '민주'라는 단어는 어용 노조에 반대되는 반정립의 의미를 지녔지만, 여성 노동자들의 직접적이고 자율적인 참여를 강하게 반영했다. 그런 의미에서 여공들의 노조 만들기에는 전근대적 사고에 사로잡힌 경영주와 폭압적 권력을 휘두른 국가권력 말고도 노동운동 내부의 어용 노조와 남성 중심의 가부장적 노조 운영 관행이 복합적으로 얽혀 있었다. "담임, 계장이 남자예요. 아랫사람을 고향 등 연고 채용 …… 그걸 뿌리치고 자기가 바라는 대의원을 뽑았다는 것은 혁명적인 겁니다. 여자 대의원들, 이것은 자주적 결단이고 자주성을 확보하는 기초적인 조건이었는데"(김원 2006, 383~396).

그러나 여성 노조의 결성은 순탄하지 못했는데, 세 차례에 걸쳐 실패를 겪은 YH무역 노조가 대표 사례다. YH무역은 무리한 사업 확장과 경영 부실로 1974년에 은행 부채가 6억 원으로 늘면서 사세가 기울었다. 게다가 도급제를 기초로 하던 높은 노동 강도와 저임금은 노동자들의 불만을 증폭시켰다. 이런 불만을 기반으로 해 결성된 노조에 맞서 회사는 노조 팔아먹기 같은 노골적인 탄압으로 대응했다. 세 차례에 걸친 실패를 겪은 노동자들은 노조의 당위성을 담은 팸플릿을 뿌리고 맨투맨식 조직화 사업을 펼치며 노조를 결성하려 힘썼다(김원 2006, 399~405).

1960~1970년대 한국은 '정치'의 부재 속에서 강권적 국가가 일방적인 권력을 행사하는 사회였다. '한국적 민주주의'를 내건 박정희 정권은 사회의 기본적 쟁점인 인권, 사회정의, 민주화에 관한 요구를 비판 세력의 전유물로 내어줄 수밖에 없는 비민주성을 만성적으로 내포하고 있었다. 따라서 1979년 10·26 사태는 유신 체제가 종말을 고하고 민주주의가 회복될 가능성을 알리는 신호로 받아들여졌다.

1980년대 대중의 저항

1980년의 '서울의 봄'은 더욱 강화된 권위주의 체제에 떠밀려 좌초했고, 민주화의 봄이 만개의 기쁨을 누리는 날은 나중으로 미뤄졌다. 1979년 10

·26 사태에서 1980년 5·18 광주민중항쟁을 거치는 기간에 형성된 국가 체제는 1980년대의 정치 지형을 결정짓는 주요한 요인으로 작용했다. 이 기간 동안 다양하게 분출한 사회운동과 이런 흐름에 대립해 만들어진 권력 구조는 1960~1970년대 정치 상황의 파생물이자 1980년대의 한국 정치를 대결 구도로 만드는 데 결정적인 구실을 했다. 여기서는 1980년대 내내 이어진 대중의 저항을 노동자, 농민, 시민, 학생으로 나눠 각각 살펴보고, 민중, 계급, 시민 등 담론 수준에서 논쟁이 된 여러 개념을 검토할 것이다. 사회운동이 분출하면서 함께 진행된 사회구성체 논쟁(사구체 논쟁)은 한국 사회의 성격과 변혁 주체의 설정을 둘러싸고 치열하게 진행됐기 때문이다. 이런 운동과 논쟁이 불러온 긴장이 바로 1980년대의 대표적 특성이다.

담론 속의 대중

부르주아 계급이 주도한 서구의 민주화와 노동자 계급이 중심이 된 라틴아메리카의 민주화 경험에 견줘 학생운동이 중심이 돼 민중을 주체로 호명하면서 민주화를 선도한 모습은 한국적 특성이라 할 수 있다. 따라서 한국의 민중은 미국 혁명의 주역인 인민people, 프랑스 혁명을 이끈 인민 또는 시민citoyen, 고대 아테네 민주주의를 만든 보통 사람인 데모스demos에 비견될 만하다. 이렇게 운동의 호명을 받은 한국의 민중은 1980년대 권위주의에 반대하는 민주화 투쟁 과정에서 역사상 최초로 민주주의를 실현하려 한 자각된 행위 주체로 형성되면서 역사의 무대에 등장했다(최장집 2010, 177~178).

사실상 민중이라는 용어는 일제 강점기와 해방 공간까지 거슬러 올라간다. 일제 강점기 시기 지식인층에서 민중은 치자治者의 대응물로 이해됐고, 대중하고 거의 종차가 없는 용어로 사용됐다. 지식인들에게 민중은 현대의 국가적 생활을 정상적으로 영위하기 위해 일정한 수준으로 고양시켜야 할 존재였다. 이런 인식은 총독부의 용례하고도 비슷하다. 총독부 경무국이 발간한 《경무휘보》에는 '민중처우와 경찰정신', '민중의 경찰관警察觀'

등의 용어가 사용됐다. 그러나 때로는 거대한 군중 운동의 주체로 이해되기도 했다. "世人이 다 가티 경탄하고 추억하는 바와 가티 …… 東學亂은 조선 有史以來의 처음 보는 一大 民衆運動으로 그 영향이 조선과 일청 등 동양대국은 무론이고 멀니 세계에까지 밋첫든 것은 여긔서 두 번 말할 필요가 업다"(황병주 2009, 114~115).

해방 이후 갑자기 공백이 된 정치권력을 둘러싼 권력 투쟁 속에서 국민, 인민, 민중이라는 이름이 혼재돼 사용됐다. 그러다가 좌우익의 극렬한 대립과 분단 상황 아래 국민은 남한이, 인민은 북한이 배타적으로 전유했다. 민중이라는 용어는 우파 진영에서 사용됐는데, 그 이유는 두 가지였다. 첫째, 좌익 진영이 쓰는 인민에 대비돼야 했다. 좌익 진영이 일제히 인민을 사용하기 시작하면서 첨예한 정치적 대립 관계에 있던 우익 진영과 미군정은 그런 상황을 따라갈 수밖에 없었다. 둘째, 일제 강점기 이래 민중의 쓰임새다. 앞서 본 대로 총독부는 민중을 자주 사용했고, 이런 지배자의 호명 기호는 새로운 권력으로 등장한 미군정에 계승됐다(황병주 2009, 116~117).

1980년대 들어 민중이라는 용어는 한편으로 사구체 논쟁처럼 민주주의 담론의 차원에서, 다른 한편으로 폭압적 국가에 저항한 다양한 주체들의 실천 속에서 대두됐다. 이때 담론 수준의 민중 개념과 국가권력을 상대로 하는 갈등 관계 속에서 투쟁하는 다양한 주체들은 서로 상대방을 규정하며 겹쳐진다. 그런 의미에서 담론 속의 민중 개념과 실질적 투쟁을 벌이던 저항 주체인 민중은 분석상의 편의를 위한 구분에 불과하다.

먼저 사구체 논쟁을 통해 설정된 민중은 계급론에 겹쳐진다. "한국 사회에 있어서 계급 문제는 민중의 문제로 요약할 수 있다. 경제적 민주주의, 정치적 민주주의 및 사회적 민주주의의 핵심적 문제의 소재는 민중의 참여 문제다"라는 논의에서 이런 점이 확인된다(김진균 1984, 181). 사구체 논쟁이 벌어진 이유는 국가가 선점하던 민주주의 담론, 곧 경제 발전이 민주 정치를 가져온다는 발전주의적 시각이나 분단의 특수성과 사회 질서를 강조한 보수주의 시각에 맞선 반발 때문이었다.

한국 사회의 기본 성격과 사회집단들 사이의 본질적 관계(계급 관계)에 관한 규명, 현 단계에서 합당한 민주 변혁의 과제, 사회변혁의 주체 세력 규명 등을 요지로 하는 사구체 논쟁이 활발히 벌어졌다. 특히 민족 모순과 계급 모순의 우위를 둘러싼 논쟁은 철학의 영역을 넘어 조직과 실천 형태의 문제까지 이어져 첨예한 대립을 낳았다. 이때 한국 사회의 성격을 둘러싸고 제출된 주요 이론에는 주변부자본주의론, 국가독점자본주의론, 신식민지국가독점자본주의론, 국제독점자본주의론 등이 있다.

그런데 이런 민주주의 담론에는 민중 개념이 계급 개념으로 좀더 체계화되고 구체화돼야 한다는 주장이 내포돼 있었다. 감성적 이미지를 풍기는 기층 민중인 피억압 대중에서 과학적 분석이 필요한 계급 개념으로 전환함으로써 변혁 주체를 새롭게 사고해야 한다는 것이다. 이때 제시된 계급 모델은 민중 개념과 계급 개념 사이의 긴장 관계를 보여준다.

계급 또는 계층별 내부 구성과 성격을 둘러싼 논의들이 다양하게 진행됐는데, 적어도 세 가지에 관해서는 어느 정도 의견이 일치했다. 첫째, 한국 사회에서 노동자 계급을 비롯해 꽤 많은 인구(반프롤레타리아트, 도시 빈민, 농업 노동자)가 가장 나쁜 경제 상황에 놓여 있다. 둘째, 한국 사회는 지배 계급인 극소수 자본가 계급에 상당한 권력과 자원이 집중돼 있다. 이런 한국 자본주의의 성격을 보여주는 자본가의 특징으로는 독점자본의 비대화, 산업자본의 상업자본에 관한 우위, 대외 예속화의 심화가 있다. 셋째, 중산층은 계급 위치가 이중적인 만큼 독자적일 수 없고 계급 갈등이 발생할 때 부르주아 계급 또는 프롤레타리아 계급 중 어느 한쪽에 치우친다.[*]

여기서 주목할 점은 넓은 의미의 민중 개념에 중산층이 포함돼 있기는

---

[*] 이상의 논의를 둘러싼 논쟁은 서관모의 《현대 한국사회의 계급구성과 계급분화》(1984), 공제욱의 《한국사회의 계급연구》(1985), 조민의 《국가독점자본주의론》(1986) 등에서 구체적 내용을 찾아볼 수 있다.

민중 개념과 관련시켜 본 계급 모델				
	지배 관계	부분 간 구분		
		기업(조직) 부문	비공식 부문	농업 부문
	지배 계급	자본가 계급		
광의의 민중 개념	중산층	샐러리맨	상층 쁘띠부르주아지	
	피지배 계급	공식 부문 노동자층	하층 쁘띠부르주아지	농촌 쁘띠부르주아지
			(半프롤레타리아트)	(자영농)
			비공식 부문 노동자층	농업 노동자

민중의 주요 구성 부문

출처: 공제욱(1985)

하지만 민중의 주요 구성 부문으로 노동자, 농민, 도시 빈민이 설정돼 있었다는 사실이다. 중산층은 곧 '넥타이 부대'를 통해 6월 항쟁의 주역으로 떠오르지만, 그 이전까지 민중으로 통칭한 범주는 이 세 부류였다. 이렇게 구분된 범주 아래 저항 주체로서 민중이 논의됐다. 한편 민주화 세력이라 부를 때는 이 세 부류에 더해 학생과 재야와 각종 지식인 단체(언론, 문화, 교수 등)가 포괄됐다.

노동자, 도시 빈민, 농민을 비롯한 학생, 교수, 언론인 등의 민주화 요구는 자기 자신을 정치화한다는 의미에서 민중에 더해 '시민'이라는 주체를 역사의 무대 위로 부상시켰다. 1987년 이전까지 일어난 저항 운동이 민중이라는 이름을 내걸었다면, 6월 항쟁은 시민이라는 저항적 주체의 탄생을 이끌어냈다. 그 결과 시민의 성격과 실천을 둘러싼 논의가 활발히 펼쳐지기 시작했다. 시민을 둘러싼 논쟁은 '네오neo'와 '포스트post'라는 이름으로 마르크스주의에 관한 비판과 재구성이 연계되면서 진행된 탓에 상당한 반향을 불러일으켰다. 교조적이고 완고한 전통적 마르크스주의가 비판 담론의 주류를 형성하고 있었기 때문이다.

서구 사회의 시민은 절대 왕정을 타파한 신흥 부르주아를 비롯한 혁명 주체를 총칭하는 말로서, 근대 사회를 향한 이행하고 궤적을 함께한다. 한국 사회에서 시민이라는 용어는 조선 시대에 물물 교환, 무역, 상업 활동이 벌어진 '시市'라는 장소에서 여러 경제 활동을 벌인 사람들을 가리켰다. 그 뒤 1894년 갑오개혁에 따라 시전 체계가 혁파되면서 시민이라는 범주는 특권 집단이 아니라 상업에 종사하는 일반인을 가리키는 말로 변했다(박명규 2009, 180~183).

일제 강점기 시기에 시민은 전통적 의미가 유지되는 한편 행정 구역상의 '시'에 거주하는 주민을 가리키는 말로 사용됐다. 그러나 상업적 이해를 둘러싸고 벌어진 여러 갈등 상황에서는 자신을 시민으로 가리키는 경향이 있었다. 전국에서 벌어진 여러 갈등의 현장에서 '시민대회'나 '시민회' 같은 이름을 내건 대중 집회가 열렸다(박명규 2009, 219~221). 그러나 이런 시민은 이익단체의 구성원(회원)이라는 성격이 강하기 때문에 정치적 주체라고 볼 수는 없었다. 더군다나 민족적 억압과 국가의 소멸이라는 정치적 상황에서 자율성과 다양성, 주체성을 옹호하는 시민이 형성되는 일은 요원할 수밖에 없었다.

해방 이후 과잉 정치화된 조건 속에서도 키워드는 민족과 국민이지 시민은 아니었다. 오히려 우파에게는 "개인적인 이해에 민감한 모리배, 상인, 자기중심적 개인"으로, 좌파에게는 "성장한 처녀, 신사, 숙녀, 모리배, 정기 없는 청년 학생"으로 비판받았다. 한국전쟁이 발발하고 전쟁의 상흔이 대중의 지울 수 없는 외상이 된 1950년대에도 시민의 등장은 쉽지 않았다. 전쟁은 국가 수호라는 미명 아래 국가권력의 절대화를 받아들이게 했고, 민족상잔의 비극을 눈앞에서 목격한 대중은 시민권에 인색했다. 국가와 대중이 전후 복구에 총력전을 펼치는 상황에서, 여러 이익집단이 자기 목소리를 내는 행위는 국가와 민족에 반해 '사익'을 대변하는 사회악으로 낙인찍혔다. 특히 반공이라는 단 하나의 이데올로기로 구축된 전후 남한 사회에서 사회를 비판하는 행위는 바로 '빨갱이'로 내몰렸다.

시민이 각성의 주체이자 정치적 주체로 등장한 시기는 1960년 4·19혁명 이후였다. 이때 '민주 시민'이라는 말이 쓰이지만, 5·16 군사 쿠데타로 권력을 잡은 박정희 정권에 시민은 추상적 행정 개념이거나 '시민의 의무'와 '국가에 대한 충성'을 핵심으로 하는 수동적 범주에 지나지 않았다. 또한 박정희 정권에 시민은 불온한 집단이었다. 서구식 민주주의에 반감을 갖고 있었기 때문이다. 서구식 민주주의의 가치와 제도가 분단 극복과 조국 근대화에 매진해야 할 한국적 상황에 맞지 않다며 '민족적 민주주의'를 주창한 사례에서 이런 반감을 확인할 수 있다. 흥미로운 점은 《사상계》의 지면과 김지하나 신동엽의 시에도 시민이 정치적 주체로 부각되지 않았다는 사실이다. 오히려 국가권력은 '민주시민교육'이라는 취지의 캠페인(자유와 책임의 완수, 사회 문제 해결에서 협동, 규칙과 법률 준수, 자치 생활 증진)을 대대적으로 펼쳤다(박명규 2009, 231~235).

시민이 완전히 복권된 시기는 1987년 6월 항쟁 이후다. 6월 항쟁 이후 한국 사회는 권위주의적 정치 구조에서 민주주의적 정치 구조로 이행하는 중대한 역사적 전환을 맞이했다. 6월 항쟁 속에서 통제와 감시와 배제 중심의 운영 원리는 동의와 참여가 중심이 된 민주주의적 정치 구조로 바뀌었다. 정치 구조의 급격한 이행은 학생운동과 민중운동이라는 조직된 운동 주체 말고도 넥타이 부대로 불리는 일반 시민의 폭넓은 참여 덕분에 가능했다. 바야흐로 '시민'이라는 근대적 주체가 역사의 무대 위로 등장했는데, 그 과정은 서구 시민사회 형성의 역사하고 똑같이 정치권력에 맞선 저항을 통해 진행됐다.

물론 민주화운동의 언표들을 보면 '국민대회'나 '국민 여러분' 등에서 볼 수 있듯이 국민이라는 말이 자주 쓰였다. 그밖에 민중이라는 용어도 자주 쓰이면서 '시민'이라는 주체 형태는 피압박 대중을 가리키는 어휘 중 하나로 인식됐다. 그러나 참여자들이 폭발적으로 늘어나면서 시민사회 안의 '저항적 주체'들을 가리키는 말로 시민 개념이 쓰이기 시작했다.* 그 뒤 시민은 억압적이고 폭압적이며 권위주의적인 국가권력에 대항하는 시민사회 안의 저항적 주체로 규정됐다.

사회운동 속의 대중

민중이라는 저항 주체가 담론의 차원을 넘어 실질적 차원에서 억압적 국가권력에 맞선 여러 주체들로 인식된 것은 5·18 광주민중항쟁과 6월 항쟁을 잇는 고난에 찬 민주화운동에서 자신을 저항적 주체로 드러낸 결과다. 대중은 국가의 동원이나 계몽의 대상이 아니라 자율적인 자기 결정의 주체로서 국가권력의 비민주성을 비판하고 견제하는 저항 주체로 나서기 시작했다. 민주화운동을 거쳐 대중이 변혁 주체로 성장하는 과정은 1980년대에 찾아온 '서울의 봄'에서 시작됐는데, 그 만개의 꿈이 실현된 1987년 6월 항쟁까지 이어진 궤적을 살펴보자.

계엄 사령관인 정승화가 내란방조죄로 연행된 12·12 사태(1979)는 군부 안에서 강경파 소장 장교들이 득세한다는 것을 알리는 첫 신호였다. 학생들의 대규모 가두시위가 절정에 이르자 신군부로 채워진 계엄사령부는 5월 17일 밤 자정에 비상계엄을 전국으로 확대해 사태 수습에 돌입했다. 이 과정에서 많은 학생 대표와 정치인, 재야인사와 노동자들이 체포됐고, 대학에는 휴교령이 내려졌으며, 모든 정치 활동이 금지됐다.

그러나 비상계엄을 확대한 다음 날인 5월 18일 오전, 전남대 학생들과

---

* "민주화를 위한 학생, 시민의 명동성당 투쟁을 적극 지지한다"(민주헌법쟁취 국민운동 문화인 공동위원회, 1987년 6월 13일), "명동성당에서 농성 4일째를 맞이하는 우리 민주시민, 학생은 군부독재 정권의 작태와 음모를 규탄하며, 군부독재의 완전한 종식과 호헌철폐를 위해 끝까지 투쟁할 것을 한 번 더 천명한다"(명동투쟁민주시민·학생일동, 1987년 6월 13일), "우리는 현재 명동성당에서 평화적으로 민주화에 대한 국민의 소리를 대신하고 있는 시민, 학생들의 농성의 정당성을 인정하고 이를 적극 지지한다"(민주통일민중운동연합, 1987년 6월 13일) 같은 발언에서 시민은 시민사회 내부의 저항 주체로 규정된다.

광주 시민들이 벌인 시위를 무력 진압하면서 촉발된 광주민중항쟁은 강압적 권위주의 체제의 비민주성을 극명하게 보여줬다. 5·18 광주민중항쟁은 초기에는 학생운동을 중심으로 한 민주화 요구에 한정돼 있었다. 그러나 신군부가 광주 시민들을 물리적으로 탄압하면서 운동의 형태를 완전히 바꿔놓았다. 사회 민주화 요구가 무장 투쟁을 통한 국가권력의 타도로 전환했다. 내 생존은 물론 가족과 친구를 지키겠다는, 생명체라면 당연히 가지는 원초적 본능은 대중을 시민군 대열로 이끌었다.

광주를 무력으로 진압한 뒤 신군부는 '국가보위비상대책위원회(국보위)'를 설치하고 전두환 국군보안사령관 겸 중앙정보부장 서리를 상임위원장으로 추대했다. 통일주체국민회의를 소집해 대통령에 선출된 전두환 국보위 상임위원장은 10월 22일 대통령 단임제를 명시한 제5공화국 헌법을 통과시키고, 국보위를 '국가보위입법회의'*로 개편해 강압 통치의 기반이 되는 법안을 모두 제정했다.** 이 법령들은 비상 시기가 아닌 평상시에도 국가가 대중을 통제할 근거가 된 사실은 잘 알려져 있다.

5공화국은 기성 정치 세력들을 정치의 영역에서 추방하고 잠재적 도전 세력의 활동을 제도적으로 봉쇄하는 작업을 거쳐 수립됐다. 구舊 정치인들의 활동을 봉쇄한 '정치풍토쇄신을 위한 특별조치법',*** 주로 학생들의 반정부 시위를 겨냥한 '집회와 시위에 관한 법률', 언론의 공적 책임을 강조한 '언론기본법', 노동운동을 효과적으로 통제하려는 '노사협의회법', '사회보호법', '국가보안법'이 제정됐다(이완범 2005, 124~125). 부패한데다 국가를 혼란에 빠뜨린다는 이유로 고발된 3김 등 구 정치인들은 숙청됐고, 중앙정보부와

* 입법회의는 1980년 10월 27일 공포된 새 헌법의 부칙에 따라 제11대 국회가 구성될 1981년 6월까지 국회의 권한을 대행하기 위해 1980년 10월 29일 대통령이 지명한 위원 81명으로 발족했다.
** 1981년 1월, 신군부는 민주정의당을 창당해 실질적인 일당 독재를 실시하지만 형식적으로 복수정당제를 표방해 민주한국당 등 이른바 관제 야당을 들러리로 내세워 압도적 다수를 확보했다. 1월 24일 비상계엄을 해제하고, 2월 25일 대통령 선거인단을 통해 단독 출마 대통령에 당선된 뒤 군사독재를 이어간다.
*** 이 법을 통해 정치인과 재야인사 중 비교적 영향력이 큰 600여 명의 정치 활동을 중단시킨다.

전직 각료를 포함한 정부 고위 관리와 공기업 임원들이 부패 혐의로 면직 됐다(김청석 1986, 54~55).

이런 전면적 정화 사업이 좀더 효과를 얻으려면 중요한 절차가 하나 남아 있었다. 바로 새 정부에 관한 미국의 승인이었다. 이승만 정부 이래 한국 사회의 반공 보수 정권에 보내는 미국 정부의 신임은 권력의 정당성을 확보하는 데 절대적이었다. 특히 폭넓은 대중적 지지 기반을 결여한 전두환 정권은 '혈맹'과 '우방'인 미국의 지원이 매우 중요했다. 전두환 정권은 강력한 반공 보수주의를 표방한 레이건 행정부의 초청을 받아 1981년 2월 미국을 방문함으로써 국내외에서 자신의 지위를 승인받았다(이완범 2005, 87~90). 박정희 정권 말기의 불편하던 한-미 관계는 긴밀한 협력 관계로 바뀌었다.

대외적으로 신임을 얻는 작업을 하는 한편 국내에서는 권위주의 체제의 지지 기반을 확대해갔다. 경제 분야에서 외국 기업의 투자 여건을 개선하는 작업이 법과 제도 두 측면에서 적극 시도됐고, 재벌 기업들을 상대로 정경유착의 흐름도 강화됐다. 또한 매년 많은 군 장교들이 고위 행정 관료로 충원될 수 있는 통로를 마련했고, 의무경찰을 신설하는 등 경찰 인원을 대폭 늘렸다(김청석 1986, 56~57). 한편 폭력적 통제와 교묘한 이데올로기 조작이 뒤섞인 문화정치가 '의도적 육성과 체계적 배제'를 기조로 펼쳐졌다.

문화 영역까지 뻗은 폭력적 지배 양상을 보여주는 대표 사례는 언론 통폐합과 양대 계간지를 포함한 정기간행물 172종의 등록 취소가 있다. 그결과 중앙 일간지는 7개에서 6개로 줄고, 경제지는 4개에서 2개로, 지방지는 14개에서 10개로 줄었다. 또한 통신사 중에서 합동통신과 동양통신이 연합통신에 흡수됐다.* 한편 TBC가 KBS로 강제 통합돼 KBS2가 되고 MBC 주식의 65퍼센트를 KBS가 소유하는 구조로 개편됨으로써 공영 방

---

* 중앙 언론사의 지방 주재 기자와 지방 언론의 중앙 주재 기자가 폐지되면서 다른 지역의 뉴스는 연합통신 사만을 거쳐 공급됐다.

송 체제는 물리적 강제력에 짓밟혀 정부 홍보 기구로 전락했다. 영화, 연극, 대중가요 등 대중 예술 전 영역에 걸쳐 시종일관 수행된 사전 검열과 사후 검열 역시 지배 권력의 폭력적 문화 통제를 보여주는 단면이다. 또한 국가 보안법, 집시법 등 문화 예술에 직접 관련이 없는 법적 장치들도 수시로 문화 활동을 통제하는 수단으로 활용됐다.*

'의도적 육성' 정책에 관련해 1980년대의 특징적 현상은 자주 열린 대규모 문화 행사였다. 1980년 미스유니버스 경연대회를 비롯해, 1981년 '국풍 81', 86 아시안게임과 88 올림픽이 대표 사례들이다. 이런 행사들은 비합법적인 5공화국 출범의 정당성을 대내외적으로 확보하고 국민 의식을 탈정치화하려는 목적을 갖고 있었다. 상징적 볼거리를 제공해 정부를 향한 국민의 불만과 저항을 순화하려 했다.

요컨대 강압적 권위주의 체제라 할 수 있는 전두환 정권은 배제와 감금, 폭력과 처벌을 중심으로 한 지배 관계를 수단으로 유지했다. 더욱이 이런 국가의 성격은 '1인 독재 체제'를 통해 강화된 탓에 기술 관료 체제를 활용한 지배하고도 거리가 멀었다. 개정 헌법에서 대통령에게 비상조치권과 국회해산권 등 초헌법적 특권이 부여된 점, 특히 삼권 분립의 원칙에 따른 대통령의 통상적 의회 통제권을 넘어 국회의원 3분의 1을 전국구로, 그것도 그중 3분의 2를 제1당이 차지하게 한 점이 이런 정황을 반영한다(이완범 2005, 125).

1인 독재에 기반을 둔 강권적 권위주의 체제를 이어가던 5공화국은 곧 위기에 직면했다. 일본의 역사 교과서 왜곡 사건(1982), 대한항공기 피격

---

* 지배 문화에 첨예하게 대립한 대항문화의 지형은 어떠한가? 1980년대의 민중문화운동은 연행 예술 중심이던 1970년대하고 다르게 예술 영역 전 부문에 걸쳐 폭넓게 벌어진 게 특징이다. 1980년 봄의 경험을 통해 노래가 운동의 대중적 기반을 확보하는 데 매우 효과가 크다는 점을 인식한 음악 분야에서는 노래운동과 민중가요가 전성기를 맞는다. 또한 1983년 찾아온 유화 국면에서 다양한 소집단이 만들어진다. 1970년대에 결성돼 활동하던 '한두레'와 '연우무대'를 비롯해, 미술 분야의 '현실과 발언', '두령', '일과 놀이', 놀이 기획실 '신명', 춤패 '신'과 '불림', 연극 분야의 '연희광대패'와 '아리랑', 노래패인 '노래모임 새벽'과 '민요연구회', 영화패인 '서울영화집단' 등 다양한 소집단들이 활동을 벌이면서 민중문화운동의 공간을 넓혀갔다.

사건(1983), 버마 아웅산 폭발 사건(1983) 같은 외부에서 벌어진 위기는 말할 것도 없고, 이철희-장영자 사건(1982)과 정래혁-이정식 사건(1984) 등권력형 비리 사건은 '정의 사회 구현'을 외치던 국가 위신을 크게 훼손시켰다. 현 정권을 불법적이고 부패하며 억압적이라고 규정한 민주화 세력은정권의 정통성에 맞선 도전을 더욱 강하게 밀어붙였다.

또한 세계 경제의 불황 속에서 이제까지 성장과 수출을 지탱한 안팎의경제 여건이 바뀌자 그동안 쌓인 구조적 모순들이 분출하면서 심각한 경제위기에 직면했다. 경상수지가 큰 폭의 적자를 보자 대외 차입이 늘어나고고금리로 대외 채무액이 쌓여갔다.* 불균형 개발이 가져온 부작용을 줄이려는 정책 역시 실질적 성과를 내지 못했다. 여전히 대도시, 수도권, 서울과부산을 잇는 중심축 위에 자원이 집중됐고, 그 결과 지역 갈등은 더욱 심해졌다. 종주성(서울과 수도권 의존도), 국토 불균형, 수도권 과밀, 농촌 인구감소 같은 국토 이용의 비효율은 더욱 커졌다.

이런 정치적 혼란과 경제적 위기 속에서 민주화 세력은 대정부 공세를강화했다. 유신 체제에 맞선 집요한 저항 과정에서 형성된 민주화 세력은1980년 초, 특히 광주를 무력 진압한 국가의 가혹한 탄압에 직면해 초토화됐다. 반격의 기회는 1987년 6월 항쟁을 통해 극적으로 찾아왔다. 이런 일련의 흐름, 곧 6월 항쟁이 일어날 때까지 이어진 민주화운동은 대중이 저항주체로 자리매김하는 과정이었다.

노동자, 농민, 학생, 시민 등 저항적 대중은 어떤 민주화운동을 펼쳤을까? 첫째, 노동운동을 중심으로 한 노동자들의 저항을 살펴보자. 노동운동은 1980년 초의 가혹한 탄압으로 정체기에 들어서지만 서서히 주체와 조직의 역량을 강화해갔다. 이런 발전 과정은 다음 세 단계를 거쳐 진행된다.

---

* 1983년도 경상수지 적자는 16억 1000만 달러였고, 1984년 상반기에만 10억 달러를 넘어섰다(《한국일보》1984년 6월 23일).

먼저 노동운동의 정체기(1980년~1983년 말)다. 전두환 정권은 광주 학살에서 드러낸 잔혹함을 노동운동을 탄압하면서도 여실히 보여줬다. 순화 교육과 노동 악법 개정을 통해 반도상사 노조(1980), 청계피복 노조(1981), 콘트롤데이타 노조(1982), 원풍모방 노조(1982)를 차례로 파괴했다. 노동운동에 관한 인식이 미약한 개별 노조들은 정부의 탄압에 적절히 대응하지 못하고 해체됐다.*

둘째, 대중운동의 토대 구축기(1983년 말~1985년 초)다. 노조 활동이 전면 부정되는 상황에서 가톨릭노동청년회JOC와 산업선교회 등 노동 사목 단체와 기구의 활동을 거쳐 배출된 노동자를 중심으로 블랙리스트 철폐 운동(1983년 7월)이 펼쳐졌다. 해고자 복직과 노동법 개정을 촉구한 이리 지역 노동자들의 단식 투쟁(1983년 7월), 인천 지역의 노동부 지방사무소 점거 농성(1983년 12월), 경인 지구 해고 노동자의 민한당사 농성(1985년 1월)이 이어지면서 처참한 노동 현실에 관련된 공론화가 시작됐다.**

마지막으로 대중운동의 폭발적 고양기(1985년 초~1985년 말)다. 1985년 3월 이후 임금 인상 투쟁의 물결이 각 사업장에서 일어났고, 이 각각의 투쟁이 상승 작용을 일으키면서 경총과 정치권력의 임금 인상 가이드라인이 무력해졌다(김정석 1986, 241~247). 특히 구로 지역 동맹 파업(1985)은 노동조합주의를 극복한 연대 투쟁, 한국전쟁 이후 최초의 대규모 노동자 정치 투쟁, 현장 노동자들의 조직적 투쟁이라는 점에서 노동운동의 전환점이 됐다(한국역사연구회 1998, 119~120).

1980년대 노동운동의 특징은 1960년대 이후 한국 자본주의가 빠르게

---

* 선진 활동가들을 중심으로 학생운동과 노동운동의 결합을 모색하려는 움직임 속에서 결성된 '전국민주노동자연맹'도 1981년에 해체된다.

** 운동 공간을 확대함으로써 노동운동의 활성화를 모색하려는 시도는 유화 조치에 일정하게 조응하면서 1984년 초 '한국노동자복지협의회'를 창립하기에 이른다. 1981년 해산 명령을 받은 청계피복노조는 그 뒤에도 조합원 사이의 지속적인 교류를 유지하며 역량을 보존하다가, 1984년 4월 법외 노조로 복구를 선언하며 활동을 재개한 뒤 학생운동하고 결합해 합법성 쟁취 투쟁을 벌인다.

확장하면서 축적된 자본을 바탕으로 양과 질에서 모두 성장한 노동자들이 1970년대 이후 노동운동을 통해 얻은 권리 의식을 정치의식으로 전환시킨 데 있다. 그 결과 노동운동의 쟁점으로 임금 인상이나 노동 조건 개선 말고도 노동자의 권리나 군부독재 타도 같은 정치 구호가 함께 등장했다(이완범 2005, 131~133).

둘째, 농민운동을 중심으로 한 농민들의 저항을 살펴보자. 전라남도 강진농협 준공식장에서 벌어진 쇠똥 투척 사건(강진농협 군지부 건물 준공식에서 두 명의 농민이 쇠똥을 넣은 달걀을 던지며 '농가부채 탕감하라', '농민은 선진조국의 머슴인가', '농민 혈세로 지은 농협 결사반대' 등의 플래카드를 들고 시위), 영산호 간척지 농민의 서울역 시위(전라남도 무안군과 영암군의 영산호 간척지 경작 농민 700여 명이 상경해 "간척지 경작 금지 중지하라", "농민 생존권 보장하라" 등의 구호를 외치며 시위), 전라남도 강진군 페인트 사건(농민들이 읍내 30여 곳에 '살인농정 철폐하고 민주농정 실현하자', '소값 피해 보상하고 개방농정 철회하라' 등의 구호 적음), 강원도 홍천군 농민들의 부채 탕감 요구(농민들은 장날을 틈타 부채 탕감 시위 대회를 열려고 했지만 당국이 소방차 등을 동원해 시장 일대를 완전히 차단해 저지), 충청북도 제천군의 '외국농축산물 수입반대 및 농가부채 실태조사 보고대회'(가톨릭농민회 제천협의회는 서부동 천주교회에서 농민 300여 명이 참석해 개최) 등은 농민을 저항적 주체로 보게 한 대표적인 사건들이다(서중석 1988, 391~395).

셋째, 학생운동을 중심으로 한 학생들의 저항을 살펴보자. 학생은 대중의 한 구성 인자이면서 1980년대 민주화운동의 핵심 주체다. 학생들이 펼친 헌신적 투쟁의 이면에는 여러 고뇌와 갈등이 있었다. 고등학교 때까지 모범생으로 산 사람들이 대학에 들어와 '문제아'(운동권)가 된 이유는 어렵지 않게 짐작할 수 있다. "어렸을 때 받아 왔던 이데올로기적이고 억압적인 교육을 통해 들어온 민중에 대한 부정적 이미지가 있었는데, 대학에 들어오면 우리 과 같은 경우에는 일상적으로 그런 걸 접할 수 있으니까, ……
뭔가 나도 할 수 있다는 생각을 가지면서 적극적으로 운동을 하게 된 계기
가 됐고, 민중이라는 개념 같은 게 언제부터 형성된 게 아니라 생활 자체로
부터 자연스럽게 형성됐던 거 같고"(김원 1999, 26).

민중에 관한 인식의 전환은 학생들을 운동권으로 이끌었다. 이때 학생
들이 주로 사용한 민중 개념은 능동적 사회 세력으로 이해되는데, 톰슨^{E. P.}
^{Thompson}이 개념화한 능동적 행위자인 노동계급과 민중하고 비슷했다. 그러
나 톰슨이 민중의 집단성에 관한 신뢰와 인민전선형 대중운동을 향한 애착
을 매개로 구좌파가 화석화한 민중성을 혁신하려 한 반면(김원 1999, 93~94), 민
중을 바라보는 학생들의 인식은 '이상적 인간'에 가까운 관념적 구성을 거
쳐 만들어졌다. "되돌아보면 과거에 우리가 상상했던 민중이 현실에 존재
하는 민중이었는지에 대해서는 회의적이다. 치솟는 화염과 최루탄, 지랄탄
앞에서도 노조 깃발을 움켜쥐고 서 있는 노동자 …… 불의와 착취와 결코
타협하지 않고 죽음을 무릅쓰고 투쟁하는 노동자 …… 이러한 이미지들이
당시 우리가 상상했던 노동자, 민중의 모습이었다"(김원 1999, 27~28).

민중에 관한 환상은 곧 자신의 계급적 성향에 관한 성찰과 고민으로 이
어졌다. 운동권 학생들에게 가장 치명적인 말은 "넌 어쩔 수 없어. 쁘띠(부
르주아지)니까"였다. 이 말은 중간계급이 계급투쟁에서 드러내는 기회주의
와 학생운동을 하려는 신념 사이에서 일어난 갈등이 빚어낸 비판이었는데,
이런 갈등 상황은 학생운동가 자신이 놓인 상황을 고스란히 반영하고 있
었다. "노동자, 민중을 지향하는데 지식인은 그것과 항상 대립되는 개념이
었어. 쁘띠적이고 관념적이고 소위 '지식인적이다'라는 비판은 적어도 나에
게는 가장 뼈아픈 비판이었지"(김원 1999, 32~34).

존재론적 한계에 관한 성찰과 비판은 학생운동가들을 민주화운동의 최
선두에 서도록 이끌었다. 이런 선택은 곧 학생운동의 성격과 임무에 관한
자기 규정을 의미했는데, 전위에 서서 선도 투쟁을 이끌어야 할 당위성이

뚜렷해질수록 일반 학생들과 학생운동가의 거리는 멀어졌다. "대부분 패밀리가 인맥 중심으로 구성되어서 시스템에 문제가 많았지. 대중조직이나 투쟁의 장에서는 패밀리들이 공동 행보를 하지만 실제 학회 활동 같은 공간에서는 대중에 대한 지도력이 너무 없다고 논란이 많았지." "점차 학생회의 소수화 경향, 학생회 내 개인과 개인 간의 의사소통 경로가 없어지는 것 같기도 하고. 한마디로 학생회의 권위가 점점 없어지는 거지"(김원 1999, 59~61).

노동자, 농민, 학생을 위시한 저항적 대중이 펼친 민주화운동은 1987년 6월 항쟁을 기점으로 절정에 다다른다. 넥타이 부대로 불린 중산층 도시민들은 '시민'이라는 저항적 주체를 공적 무대 위에 올려놓는 데 결정적 구실을 했다. 그러나 문제는 시민이라는 주체와 이전의 저항 주체인 민중 사이에 긴장 관계에 형성됐다는 점이다.* 6월 항쟁의 진행 과정에서 나타난 이런 긴장 관계가 발생한 과정을 좀더 자세히 살펴보자.

6월 항쟁은 '민주헌법쟁취국민운동본부(국본)' 등 매개 조직에 고리로 해 개헌 의제를 중심으로 진행됐는데, 국본을 중심으로 한 사회 민주화 단체들의 공동 연대가 저항적 시민 공동체를 이끌었다. 저항적 시민 공동체를 구성한 주체들은 학생과 재야 단체와 종교 단체였는데, 특히 넥타이 부대로 상징되는 중산층이 합세하면서 6월 항쟁은 '전민 항쟁'으로 나아갔다.** 6월 13일 이후 출현한 넥타이 부대는, 그동안 국가권력이 자신들을 지지하는 '침묵하는 다수'라고 부른 중산층이었다. 넥타이 부대는 4·13 호헌

---

* 당시 활발하게 진행된 사구체 논쟁에서 볼 수 있듯, 사회변혁을 둘러싼 한국 사회의 성격과 실천주체에 관한 논의는 시민이라는 주체 외에 노동자계급을 전면으로 내세웠다. 오히려 사구체 논쟁에서 시민은 별다른 주목을 받지 못하기도 했다. 왜냐하면 한국 사회의 성격규명을 위한 이론을 제공한 맑스주의에서 시민사회는 상부구조의 하나로 치부될 뿐 별다른 언급이 없었기 때문이다. 이는 곧 시민에 대한 인식의 부재로 이어진다.
** 사실 6월 항쟁이 시작된 6·10대회 직전까지 운동의 성패는 불분명했다. 학생운동은 건대 사태나 구학련 사건 같은 대규모 조직 사건에서 구속자가 속출하면서 엄청난 조직 역량이 손실됐다. 국본 역시 요구 수준과 투쟁 방식을 크게 하향 조정해 국민 행동 지침을 내보냈다. 추모 묵념, 검은 리본 착용, 추도 타종, 9시 땡전 뉴스 거부, 전국민 전화 걸기 등이 제안됐고, 일반 대중을 동참시키기 위해 운동 가요가 아니라 〈애국가〉나 〈우리의 소원은 민주〉 같은 노래가 불렸다. 이런 행동 지침은 비폭력 평화 집회의 성격을 보여준다.

조치로 직선제 개헌이 좌절한 상황에서 박종철과 이한열의 부당한 죽음이 안겨준 죄책감과 분노를 6월 항쟁을 통해 폭발적으로 분출했다.

연일 이어지는 시위 속에서 참가자들은 한 번도 경험하지 못한 집단성, 곧 감정의 고조와 깊은 연대감을 체험하기 시작했다. 이런 감정과 연대감은 그동안 국가권력이 줄기차게 외치던 하향식 운명 공동체가 아니라, 아래에서 자발적으로 형성한 자기 구성적 정치 공동체를 연상시켰다. 또한 박종철과 이한열 장례 투쟁은 희생자 개인을 '열사'로 재구성하는 상징 의례를 통해 죽음을 사회화함으로써 거리의 정치를 폭발적으로 확산시켰다.

시민사회가 본격 발진하고 시민이 등장할 수 있게 한 6월 항쟁의 기적은 한국 민주주의 역사에 길이 남을 이정표다. 그러나 6월 항쟁은 한국 민주주의가 갖는 한계를 씌운 굴레이기도 하다. 6월 항쟁을 거쳐 공적 무대에 등장한 시민이라는 주체는 그 뒤 자기 자신을 무력하게 만들 역사적 경험을 하게 된다. 특히 신자유주의적 재편으로 초래된 사회 양극화와 왜곡된 포퓰리즘은 최소한의 삶의 안전성마저 위협하면서 저항적 주체로서 시민을 위기 상황으로 내몰았다.

6월 항쟁의 한계는 무엇이며, 그 한계는 민중과 시민이라는 정치 주체에 어떤 관련이 있는가? 흔히 6월 항쟁은 '전민 항쟁'으로 불리지만, 항쟁에 참여한 주체들은 항쟁 이후 수혜를 받은 집단과 그렇지 못한 집단으로 나뉜다. 그 분리는 학생과 넥타이 부대를 한편으로 하고, 노동자와 기층 민중을 다른 한편으로 한다. '호헌철폐 독재타도'의 외침은 '임금인상 근로조건 개선'이라는 요구에 결합하지 못한다. 6월 항쟁에서 이 둘은 함께 섞여 있었지만, 충돌하는 이해관계를 조정할 어떤 소통 체계를 만들지 못했다.

6월 항쟁의 성과물인 '6·29 선언'이 발표된 직후 학생과 시민들은 일상으로 복귀했다. 그러나 본격적인 여름이 시작되는 7, 8월의 뜨거운 거리를 메운 사람들은 장시간 노동과 저임금에 시달려온 노동자였다. 물론 6월 항쟁에서도 "노동 기본권과 민중 생존권 보장"이라는 구호가 나왔지만, 그 목소리는 "호헌 철폐와 직선제 쟁취"라는 구호 속에서 사그라졌다. 이런 상황은 시민과 노동자가, 시민운동과 노동운동이 유기적으로 소통하고 연대할 수 없게 만든 권위주의적 정치 체제의 폭압적 사회 통제에 기인한다.

일차적으로 넥타이 부대는 호헌 철폐와 직선제 쟁취라는 제도 정치의 절차적 민주주의에 관심을 가졌고, '양김'으로 불린 김대중과 김영삼이라는 정치인을 통해 자신의 이해를 관철하려 했다. 직선제 실시와 김대중 사면 복권에 열광하면서 6·29 선언 이후 일상으로 돌아간 이 사람들은 그 뒤 7, 8, 9월 노동자 대투쟁에서 침묵과 방관으로 일관했다. 국본 역시 양김을 중심으로 한 후보 단일화 논의 속으로 침잠해버렸다.*

6월 항쟁을 기점으로 등장한 시민은 1990년대에 새로운 변신을 하게 된다. 군부독재의 종식을 이끌어낸 민주화운동은 교육, 보건, 환경, 주택, 문화, 청소년, 여성, 지역 같은 생활권에 관한 요구로 전환되고 분화된다. 국가권력을 상대로 적대 관계를 설정한 민주화운동은 시민의 다양한 권리를 보장하는 시민운동으로 전환됐다. 사회 각 분야에서 일어난 민주화의 물결 속에서 시민사회 역시 발전하며 시민 형성의 조건을 가속화해갔다.**

5·18 광주민중항쟁을 시발로 하고 6월 항쟁에서 절정을 맞은 민주화운동의 역사는 민중이라는 주체 형태가 억압과 착취의 대상에서 시민성을 갖춘 저항적 주체로 진화한 성장사로 기록될 수 있다. 그러나 6월 항쟁은 민중과 시민이라는 두 주체의 자연스런 결합이 한국 사회에서 여전히 머나먼

---

* 6월 항쟁의 주체를 둘러싼 문제는 시민과 노동자의 비대칭성에 국한되지 않는다. 농성단과 항쟁 지도부인 국본과 서울지역대학생대표자협의회(서대협) 사이의 갈등도 심각했다. 농성 첫날인 10일에 국본의 인명진 대변인은 명동성당 농성은 국본하고 무관하다고 발표했고, 서대협 역시 과격한 폭력 투쟁은 대중과 운동 진영을 괴리시킨다는 명분으로 농성 해산에 무게를 실었다. 또한 가톨릭과 농성단 사이의 갈등도 있었다. 농성이 길어지면서 가톨릭교회는 농성단에 해산을 요구했다.

** 시민사회와 시민운동의 비약적 발전은 2000년 '총선시민연대'의 활동으로 절정에 이른다. 87년 체제는 국가와 시장의 민주화와 합리화를 부분적으로나마 이끌어냈지만, 정치사회는 여전히 저발전 상태로 정체돼 있었다. 지역주의, 보스 정치, 부패 정치로 점철된 정치사회의 저발전 상황을 고치려고 시민들이 나선 것이 총선시민연대였다. 총선시민연대는 낙천·낙선운동을 벌이면서 정치사회의 혁신을 촉구했고, 실제로 낙천·낙선 후보로 지목된 인사들을 총선에서 90퍼센트 넘게 떨어뜨리는 성과를 내면서 시민사회의 영향력을 실감하게 했다.

과제라는 사실을 알려줬다. 따라서 저항적 주체로서 민중과 시민이 연대할 수 있는, 또는 실천적 자기 전화의 과정으로 이어질 계보학을 모색하는 일은 한국 민주주의의 발전을 위해 어서 빨리 해결해야 할 과제다.

3장

변이
— 금 모으는 대중과 자기 계발하는 디지털 네이티브

1. 문화 산업 — 시장에 종속된 문화와 문화 소비

문화의 세계화와 산업화

민주화와 세계화 시기의 소비 환경과 소비 행태는 문화의 산업화와 세계화가 본격적으로 추진되는 과정에 연결해 살펴볼 수 있다. 신자유주의 재구조화의 압력은 소비를 포함한 문화 영역 전반에 영향력을 행사하기 때문이다. 세계무역기구[WTO] 체제의 출범과 한-미 FTA 체결은 농산물 말고도 지식 재산권과 서비스 산업의 국제 교류를 인정함으로써 문화의 산업화와 세계화를 가속화했다.

먼저 WTO 체제는 문화가 일반 상품과 다르다는 점을 인식하며 서비스 무역에 관한 일반 협정[GATS]이라는 전문 협정을 따로 두어 문화 교류에 관한 국제 규범을 제시했다. 다음으로 2007년 한-미 FTA 체결은 WTO

GATT와 WTO		
항목	GATT	WTO
국제기구의 성격	국제 협정 성격	법인격을 가짐/분쟁 해결 기구 설치
관세 장벽과 비관세 장벽 완화	관세 인하에만 주력 비관세 장벽은 선언적 규정의 정립 수준	관세 인하는 물론 특정 분야에 관한 일률적 관세 철폐와 하향 평준화 달성 비관세 장벽 철폐 강화
국제무역 규율 범위	상품(공산품)	공산품 이외에 농산물 규율 강화 서비스, 지적 재산권, 투자 포함
새로운 규범 설정	서비스, 지적 재산권, 투자 조치에 관한 규범 없음	서비스 협정 제정 지적 재산권 국제 규범 제정 투자 조치 관련 협정 제정

출처 : 김성준(1997)

체제보다 더 강력하게 문화 산업의 개방과 세계화를 가속화하는 계기가
됐다. WTO 체제는 전세계를 대상으로 하는 다자주의 무역 기구로, 자유
무역의 강화라는 취지에서 보면 무역 개방의 수준이 낮을 수밖에 없었다.
또한 모든 국가의 이해를 조율할 국제 규범이 통일돼 있지 않아 강제력을
행사하는 데도 한계가 있었다. 다자주의 전략이 한계에 부딪치자 미국은
'직접적 확장' 정책으로 FTA를 선택하게 됐고, 한-미 FTA 체결 역시 신자
유주의의 직접적 확장의 일부로 진행됐다.*

문화에 관련해서 보면 한-미 FTA는 미국의 문화 자본과 한국의 문화

---

* 한국은 2003년 8월 'FTA 추진' 로드맵을 발표했다. 이 로드맵은 단기적으로 1~2년에 걸쳐 권역별 교두보
국가(칠레, 싱가포르, 일본)와 FTA를 추진한 뒤, 이 경험을 바탕으로 거대 경제권(미국, 중국, EU)과 3년 이상
의 중장기 FTA를 추진하는 방안을 핵심으로 하고 있다. 이런 정책에 따라 2000년대 이전까지 단 한 건의 FTA
도 체결하지 않은 한국은 2004년 한-칠레 FTA를 시작으로 겨우 4년도 안 되는 기간 동안 한-싱가포르 FTA,
한-EFTA FTA, 한-ASEAN FTA 등 네 건의 FTA를 체결했다.

자본이 아무 장애 없이, 곧 문화 개방에 관한 보호 장치 없이 일대일로 경쟁하고 싸우는 장이 마련된 것을 뜻한다. 이런 경쟁 구도에 앞서 한국은 FTA 체결의 선결 조건으로 미국이 요구한 스크린쿼터 일수의 축소(73일 유지)를 받아들였다.* 한편 방송 부문도 한-미 FTA 체결을 통해 개방의 속도와 수위가 올라간다. 예를 들어 방송 채널 사용 사업자^{PP}의 외국인 간접 투자가 전면 허용되면서 외국 기업은 한국에 법인을 설립한 뒤 그 법인을 통해 국내 PP의 지분을 100퍼센트 살 수 있게 된다.**

문화 개방과 교류를 빠르게 이행하는 행동은 여러 이유로 세계화의 물결에 적극 동참하는 선택으로 여겨졌다. 먼저 생산의 측면에서 볼 때 문화 개방의 폭이 커지고 교류가 활발해지면 세계를 상대로 한 문화 시장이 확대되면서 문화 산업의 급속한 성장이 기대된다는 견해가 있다. 문화 산업이 성장하면서 다양한 문화가 개발될 수 있고, 이런 과정을 거쳐 세계를 상대로 하는 문화 시장에 내놓을 품목이 늘어나리라는 것이다. 다음으로 소비의 측면에서 보면 문화 개방과 교류는 세계 각국의 다양한 문화를 쉽고 간편하게, 또는 값싸게 접할 수 있는 기회가 마련해줄 것이라는 견해도 있다. 무역 장벽을 철폐해서 생기는 문화 상품 구매력의 상승은 고스란히 소비자의 몫으로 돌아간다는 것이다.

점차 '황금알을 낳는 거위'로 불릴 만큼 문화의 지위와 중요성이 새롭게 부각됐고, 각국은 새로운 국가 경쟁력인 문화를 산업으로 육성하려고 다양한 지원 정책을 펴기에 이르렀다. 한국도 1990년대를 기점으로 문화와 문화 산업의 중요성을 인식하고 새로운 국가 발전 전략으로 문화를 설정

---

* 워싱턴에서 열린 한미 재계 회의에서 미국영화협회 보니 리처드슨 부회장은 스크린쿼터를 40퍼센트에서 20퍼센트 정도로 낮추는 게 바람직하다고 밝혔다(《문화일보》 2003년 9월 24일).
** 간접 투자를 전면 허용한 협상 결과는 외국인 직접 투자를 49퍼센트로 제한해 경영권 장악을 막는다는 직접 투자 제한 조항의 효력을 크게 상실하게 만든다. 다채널화로 지상파의 영향력이 점차 줄어드는 상황에서 외국인이 비지상파 채널의 주축인 PP를 사들일 수 있는 길을 열어준 협상 결과는 결국 외국인이 한국의 방송 시장을 잠식할 토대를 마련해준다는 점에서 문제가 있다.

시기별 문화의 성격과 정책 변화			
시기	특징	문화의 성격	문화사적 산물
박정희 유신 정권	통제, 관리, 검열 제도 확립	문화의 배제, 부분적 동원	문예진흥기금 제정, 세종문화회관 건립
전두환, 노태우 군사정권	선택적 통제와 계획적 동원	문화의 본격적인 도구화	컬러 텔레비전 보편화, 프로스포츠 창단, 86아시안게임과 88올림픽 개최, 예술의 전당 건립
문민정부 국민의 정부 참여정부	규제 완화, 육성과 진흥	문화의 세계화, 산업화	문화 정책 정립, 신국가 기간산업 설정, 문화 개방, 한류 현상

해 적극적인 진흥 정책을 펼치고 있다. 1990년대 이후 변화된 문화 예술 환경은 1970~1980년대에 견주면 좀더 분명해진다.

1970~1980년대는 경제개발 논리가 우위를 차지하면서 문화는 변방에 밀려나 정권의 지배 도구가 돼 선택적으로 동원됐다. 그러나 1990년대 들어와 문화가 국가 경쟁력의 새로운 자원으로 인식되면서 문화 산업이 양적으로 팽창할 수 있는 인적 지원과 물적 지원이 활발히 제공됐다. 한편 1970~1980년대는 국가적 측면(법질서 파괴, 대통령 비판), 사회적 측면(미풍양속 저해, 위화감 조성), 문화적 측면(퇴폐, 향락, 염세)에서 엄격한 때로는 폭압적인 사전 검열이 자행됐다. 그러나 1990년대는 이른바 '87년 체제'를 거쳐 확보된 사회 민주화의 공간 속에서 사전 검열이 약화되고 표현의 자유가 확장되는 한편으로 일상 속의 욕망이 새로운 주제로 떠올랐다.

문화의 세계화와 산업화 흐름 속에서 문화의 위상이 높아지고 활발한 문화 교류를 통해 세계 여러 나라의 문화를 누릴 기회가 늘어난 것은 환영할 만한 일이다. 그러나 현재 진행되고 있는 문화 교류의 실태는 이런 기대를 저버리게 만든다. 신자유주의 세계화 속에서 진행된 문화 교류는 문화

생태계를 파괴하고 대중의 문화 향유 기회를 구조적으로 축소하기 때문이다. 먼저 생산의 측면에서 보면 문화 개방과 교류는 자유 경쟁을 통한 시장 논리가 초래한 문화 독점과 문화 자본의 막강한 영향력에 종속될 가능성이 크다. 무한 경쟁의 시장 논리가 문화 영역에 적용되면 차이와 다양성이라는 문화 본연의 성격이 상업화 논리에 종속돼 결국 '돈 되는' 문화만 살아남게 된다.

소비의 측면에서 보면 문화 개방과 교류는 소비자가 선택할 품목이 구조적으로 제한되기 때문에 세계 각국의 문화를 소비하고 체험할 기회는 더 좁아질 수 있다. 문화 생태계 안에서 '돈 되는' 문화만 상품화되다 보니 여기서 배제된 문화는 처음부터 소비자가 접할 수 없게 된다. 따라서 오늘날 문화 개방이란 미국 대중문화(산업)의 비교 우위가 보장될 수 있게 문화 시장이 재구조화되는 과정이라 할 수 있다.[*]

문화의 세계화와 산업화는 문화와 시장의 유기적 결합을 통해 신자유주의를 일상의 차원에서 경험하고 내재화하게 만든 문화정치의 두 계기다. 특히 외환 위기 이후 한국 사회에서 문화는 판타지 소설이나 블록버스터 영화, 컴퓨터 게임의 형태로 시장에서 유통되는 상품이거나, 자동차나 아파트처럼 고가 상품의 부가가치를 높이려는 콘텐츠가 아니면 상품 구매를 촉진하는 광고이고, 개인의 노동력 가치를 높이기 위한 상징 자본이 됐다. 시장의 전면화는 슈퍼마켓, 편의점, 할인점, 백화점, 식당, 커피숍, 술집 등 온갖 재화와 서비스 상품을 파는 소비 장소가 일상 곳곳에 빽빽이 들어선 현실이나, 이런 소비 장소들이 밤늦은 시간까지 불야성이 돼 축제의 스펙터클을 연출하는 모습에서 쉽게 확인된다(강내희 2008, 138).

---

[*] 이런 현상은 '맥도날드화(McDonaldization)'로 불리는 현실에서 확인된다. 맥도날드화란 패스트푸드점의 원리가 미국 사회를 비롯해 세계의 더 많은 부문들을 지배하게 되는 과정을 말한다(Ritzer 2004, 43~54).

문화의 시장 종속

물론 한국 사회에서 문화와 시장이 결합된 때는 개발독재 시기까지 거슬러 올라간다. 전두환 정권이 구사한 통행금지 해제나 교복과 두발의 자율화는 외견상 정치적 자유화 조치로 보일 수 있지만, 시장 확대를 위한 경제적 조치로 해석할 수도 있다. 통행금지 폐지는 노동 시간과 소비 시간을 연장할 수 있게 했고, 교복과 두발의 자율화는 10대 청소년을 자신의 라이프스타일을 추구할 주체, 곧 소비자로 이끌었다. 따라서 컬러 텔레비전 방송의 시작, 프로 스포츠 제도의 도입하고 함께 시행된 이런 조치들은 대중의 욕망을 자유화하되 그 욕망들이 대부분 시장 속에서 소비되고 교환되도록 유도했다.

문화와 시장의 결합은 외환 위기 뒤 전면화된 신자유주의적 재구조화 속에서 문화가 시장에 종속되고 편입되는 상황으로 바뀌기 시작했다. 바로 이런 상황의 변화가 개발독재 시대의 소비 환경하고 근본적으로 다른 점이다. 이미 살펴본 대로 WTO 체제의 출범과 여러 국가를 대상으로 한 FTA의 체결은 이런 변화를 구조적으로 결정짓는다. 문화가 시장으로 편입된다는 것은 문학, 회화, 음악, 무용, 건축 등 근대적 예술 장르나 인문학 등 학문 분야, 대중음악, 영화, 드라마, 컴퓨터 게임 등의 대중문화가 시장에 편입된다는 의미다.

문제는 신자유주의 속에서 다양한 문화의 기능, 곧 가치 체계의 확립과 의미의 생산을 위한 여러 실천들이 모두 경제적 이윤을 추구하는 도구와 계기로 전락한다는 점이다. 부모의 자식 사랑은 평수 넓은 아파트나 고액과외로, 자식의 부모 사랑은 효도 관광으로, 사제 간 유대는 스승의 날에 등장하는 백화점 쇼핑백으로, 연인들의 사랑은 밸런타인데이의 초콜릿으로, 지인들 사이의 정표는 상품권으로 표현된다. 예술의 위대함은 유료 관중 수에서, 인문학의 가치는 부가가치를 증대할 수 있는 콘텐츠 제공 능력으로 평가되기 시작했다(강내희 2008, 159~161).

이런 상황에서 한국은 한류처럼 자국의 문화를 수출하는 행운을 잡기도 했지만, 문화 자본의 노골적인 독점 속에서 문화 다양성이 위협받는 혹독한 대가를 치르고 있다. '한류'란 1990년대 후반부터 중국을 비롯해 일본, 타이완, 홍콩, 베트남의 대중, 특히 청소년 사이에 번진 한국 대중문화의 소비 현상을 말한다(조한혜정 2003, 2~5). 한류는 세계 영화 시장에서 자국 영화를 보는 자국민의 관객 점유율을 50퍼센트 넘게 확보한 한국 영화의 선전으로 상징된다. 한류를 통해 한국은 미국, 일본, 홍콩의 대중문화를 소비하던 국가에서 대중문화를 수출하는 국가로 위상이 급변했다.

한류는 문화 예술을 '할 만한' 환경으로 바꾼 1990년대 이후의 지형 변화에 밀접한 관계가 있다. 시작은 1990년대 후반 주말 드라마와 일일 드라마 등 텔레비전 드라마가 타이완을 비롯한 동아시아 각국에 수출된 일이었다. 그 뒤를 대중가요가 이었는데, 특히 댄스 음악과 아이돌 그룹은 한류의 전도사 구실을 했다. 영화도 곧 동아시아 영화 시장에 진출했다. 1990년 중반까지 한국 영화가 해외에서 상영되거나 흥행에 성공한 경우는 거의 없었지만, 1999년 〈8월의 크리스마스〉가 홍콩에서 주목받은 뒤 2000년 〈쉬리〉가 일본에서 성공을 거두면서 대중적 인기를 얻기 시작했다. 특히 2002년 〈엽기적인 그녀〉가 홍콩, 중국, 타이완, 타이, 싱가포르 등 아시아 전 지역에서 관객 동원에 성공하면서 본격적인 한국 영화 열풍이 불었다.[*]

그러나 한류의 성공을 잠식하기에 충분할 정도로 한국의 대중문화 지형은 빠르게 경직돼갔다. 첫째, 1990년대 말까지 한국 대중문화 산업을 주도

---

[*] 한류의 열풍은 여기에 그치지 않았다. 한국 노래를 듣고 한국 드라마와 영화를 보면서 한국 대중문화에 빠져든 신세대 마니아층이 새롭게 형성됐는데, 이 사람들은 패션과 소비 패턴, 음식과 성형수술에 이르기까지 한국 스타일을 모방하기 시작했다. 이런 팬덤(fandom)의 형성은 한국을 직접 방문해 자신이 동경하던 스타나 작품을 직접 보고 체험하는 모습으로 이어졌다. 한국의 관객이나 시청자를 대상으로 열리는 시사회나 팬 미팅 행사에서 일본이나 중국, 타이완과 홍콩의 한국 대중문화 마니아를 보기는 어렵지 않다.

한 음악 산업은 인터넷과 모바일에 기반을 둔 뉴미디어 시장에 완전히 종속돼, 현재는 경제적 측면뿐 아니라 문화적 정체성까지 심각하게 위협받고 있다. 뉴미디어 환경이 급격히 변화하면서 순식간에 잔여적 매체로 전락한 음악 산업의 종속 현상은 근시안적이고 불투명한 시장 구조에서 벗어나지 못한 국내 음악 산업계의 잘못이기도 하지만, 대중의 문화적 취향과 소통 공간을 장악한 뉴미디어의 흡수와 통합의 논리에 기인한다. 디지털 음원 시장이 좌초 위기에 몰린 음악 산업을 구원할 새로운 탈출구로 기대됐지만, 인터넷 포털과 이동통신 자본의 공격적 콘텐츠 경쟁에 떠밀려 음악 산업은 디지털 뉴미디어 시장에 완전히 투항하고 말았다.

둘째, 영화의 디지털화와 부가 판권 시장의 약화, 멀티플렉스의 스크린 독과점이 강화되면서 영화 산업의 '제작-배급-상영' 체제를 통합한 수직 계열화가 심화됐다. 특히 멀티플렉스는 관객 개발을 매개로 시장 규모가 빠르게 성장했지만, 그런 만큼 영화 제작의 다양성을 이끌어내지는 못했다. 흥행이 보증된 블록버스터를 집중 상영해 극장 수익만 극대화했을 뿐 스크린 수에 비례해 다양한 영화를 상영하고 관람할 기회는 크게 늘어나지 못했다.

셋째, 엔터테인먼트 기획 시스템이 방송 미디어의 공공성을 심각하게 위협할 정도로 프로그램을 제작하는 일에 깊이 개입하고 있다. 한때 방송사의 공채 시스템으로 운영되던 개그 프로그램들이 기획사 체제로 관리되면서 개그맨 독점 출연과 전속 계약 문제로 많은 잡음이 불거진 일이나, 드라마 제작 때 외주 제작사의 영향력이 갈수록 커져 방송사가 배우의 캐스팅과 출연료 문제에서 자율권을 행사하지 못하는 점, 쇼 프로그램과 오락 프로그램의 유명 진행자들이 독자 활동을 하던 방식에서 기획사 체제로 전환해 강력한 카르텔을 형성하고 있는 정황은 기획사의 우월적 지위를 확인해 준다.

대중음악, 영화, 방송 영역에서 발생한 이런 문화 독점 현상은 한국의 문화 산업이 사실상 신자유주의 체제로 재편됐다는 사실을 보여준다. 더 심각한 문제는 대중이 이런 독점화의 논리를 거부하기는커녕 편리함과 새로움에 매혹돼 소비자로서 비판적 거리두기를 하는 데 인색해졌다는 사실이다. 따라서 문화적 자율성과 공공성을 새롭게 구축하기 위해서 문화 산업의 독점화 논리에 관한 인식론적 전환이 필요하며, 독점화에 저항한 새로운 문화 행동도 절실하다.

새로운 소비문화의 형성

문화의 시장 종속이 더 심해지면서 점차 발전주의에서 요구하는 생산적 기능 대신 소비를 조장하는 기능을 중시하기 시작한다(강내희 2008, 149~150). 문화를 상품으로 만들어 가치 생산에 기여하는 수준을 넘어, 과잉 소비를 강제할 수 있는 최신식 라이프스타일과 소비 트렌드를 창출하는 수단으로 문화의 성격이 바뀐 것이다. 물론 이런 변화가 내수 시장을 개척해 자본의 더 많은 가치 실현을 모색하려 한 경제 정책에서 기인한다는 사실은 잘 알려져 있다.

따라서 소비는 단순히 상품을 구매하는 행위에 그칠 수 없다. 이런 소비의 성격 변화에는 대중 소비를 통해 자본의 확대 재생산을 보증하려 한 물적 생산방식의 변화, 그리고 이 속에서 권력 행사에 필요한 자원을 지원받으려는 지배 체제의 정치 과정이 포괄된다. 또한 대중 소비 내부에 강박적으로 포섭되도록 강제하는 사회심리학적 차원과 과시적 소비를 멋들어지게 포장하는 상품 기호들의 과잉 노출이 포함된다. 따라서 소비는 일상생활 전반까지 지배력을 넓힌 자본의 포섭 전략이 변화하는 과정 속에서 고찰돼야 한다.

이런 변화 속에서 생산 영역의 노동력 판매뿐 아니라 소비 영역의 강박적 소비를 통해서만 정상적 사회관계가 유지되는 대중 소비사회의 다양한 특성들이 공고해졌다. 보드리야르^{J. Baudrillard}가 말한 대로 소비사회에서 상품의 교환은 상품이 지니는 사용가치가 아니라 상품에 부과된 의미나 가치 속에서 일어난다. 소비는 결핍의 충족이 아니라 하나의 사회적 위계나 차이를 드러내는 행위로 규정된다. 이렇게 대중을 소비자로 주체화하는 밑바탕에는 소비를 통해 자신의 사회적 지위나 문화적 취향을 과시적으로 드러내려는 소비 규율의 자발적 실천이 있다.

그렇다면 오늘날 소비 대중은 어떤 소비 행태를 보일까? 새로운 트렌드에 맞춰 등장한 라이프스타일의 변화와 소득 양극화가 불러온 소비 양극화를 통해 이런 변화를 살펴볼 수 있다. 먼저 새로운 트렌드에 맞춰 생활하려는 패션 리더들의 소비 환경과 실태를 살펴보자. 첫째, 지구화의 물결 속에서 의료, 교육, 관광 등 해외 서비스 쇼핑이 점차 확산되는 '서비스 투어리즘'이 증가했다. 단순히 '보고 오는' 관광에서 벗어나 해외에서 특별한 체험을 '겪는' 여행의 시대가 열린 것이다. 이미 한국 사회에도 2000년대 이후 서비스 투어리즘의 전조가 보이기 시작했는데, 영어 교육을 위한 단기 유학을 시발로 레저(골프, 스쿠버 다이빙, 패러글라이딩), 예술(공연, 축제), 의료 서비스(임상 치료)를 목적으로 하는 해외여행이 급증하는 모습에서 이런 변화를 확인할 수 있다. 서비스 투어리즘의 발전 속에서 사람들은 자신의 욕구를 충족하려는 맞춤형 소비를 국가적 차원을 넘어 세계로 다변화하고 있다(LG경제연구원 2005, 14~16).

둘째, 빠른 사회 변화에 맞서 삶의 틀과 속도를 느리게 바꿔 생활하고 소비하는 '다운시프트^{downshift}' 추세가 강화됐다. 다운시프트란 자동차 기어를 고단에서 저단으로 바꿔 속도를 줄이는 행위로, 삶에서 다운시프트는 인생의 기어를 낮추는 것을 의미한다. 특히 바쁜 일과에 매달려 살던 사람들이 보수는 적더라도 시간 여유가 있는 일로 직업을 바꾸는 상황을 가리킨다. 다운시프트는 직업을 바꾸거나 대도시를 떠나 농촌으로 이주하

는 등 다양한 형태를 띤다. 청년 세대의 한 특징인 '프리터freeter'도 다운시
프트하고 일맥상통한다. 프리터란 영어의 '프리free'와 독일어의 '아르바이터
arbeiter'를 차용한 일본식 신조어인데, 정규직을 갖는 대신 이 일 저 일 되는
대로 하는 젊은이들을 가리킨다. '빨리빨리' 문화가 지배하는 한국 사회에
도 안빈낙도安貧樂道의 전통이 예전부터 존재한 만큼 다운시프트를 추구하
는 대중이 점차 증가하고 있다(LG경제연구원 2005, 18~22).

셋째, 감성과 합리적 가격을 중시하는 가치 소비가 늘어나고 있다. 브랜
드 감성과 합리적 가격을 중시하는 소비자를 '밸류 컨슈머value consumer'라 부
른다. 밸류 컨슈머들은 세련된 디자인과 고상한 브랜드 가치를 유지하면서
도 가격은 더 저렴한 소비를 추구한다. 이런 소비는 다양한 가격 비교 사이
트가 등장하고 소비자 정보 커뮤니티를 거치며 가격이 투명해진 덕분에 가
능해졌다. 화장품 브랜드 미샤는 이런 소비자의 욕구를 충족시킨 대표 사
례다. 립스틱과 파운데이션 가격이 각각 3300원으로 저렴하고, 화려하고
산뜻한 신세대 감각의 매장과 친절한 서비스에 한류 스타 보아와 원빈을
모델로 내세운 광고까지 더해 큰 인기를 끌었다(LG경제연구원 2005, 25~27).

넷째, 집에서 안전하게 즐기는 '디지털 코쿠닝digital cocooning'이 증가 추세에
있다. 코쿠닝은 미래학자 팝콘F. Popcorn이 처음 소개한 개념인데, 사람들이 위
험하고 예측 불가능한 현실에서 도피해 누에고치cocoon 같은 편안한 안식처
를 찾는다는 뜻을 담고 있다. 디지털 코쿠닝은 코쿠닝이 최첨단 디지털 기
술하고 결합한 상황을 가리킨다. 예전의 코쿠닝이 주로 집 안에 틀어박혀
있는 양상이라면, 지금은 '즐기는' 코쿠닝이라는 점이 특이하다. 특히 디지
털 코쿠닝은 디지털 세대인 1020세대가 적극 호응하고 있다. 1020세대들
은 인터넷에 접속해 음악, 게임, 영화, 쇼핑, 강의 등을 값싼 비용으로 즐긴
다. 여기서 새로운 라이프스타일로 실내에서 즐기는 여가 활동을 선호하는
인스피어리언스insperience(indoor+experience)가 등장했다. 집 안에 최첨단 홈시어터
나 운동 시설, 가정용 고급 커피 제조기와 와인 진열장을 갖춘 홈바를 갖

춘 사람들이 늘어났다(LG경제연구원 2005, 30~31).

다섯째, 문화 자체를 파는 '컬덕cult-duct' 추세가 증가하고 있다. 컬덕이란 상품에 문화적 요소를 융합한 것을 뜻한다. 예를 들어 할리데이비슨이나 베네통 같은 브랜드에는 제품 자체에서 풍기는 문화적 상징성, 좀더 구체적으로 컬트cult로 표현될 수 있는 독특한 아우라가 있다. 이런 아우라에 기대어 할리데이비슨 오토바이를 산 사람들은 반항적이면서도 시대를 앞서가는 독특한 이미지를 공유하고 자기들만의 커뮤니티를 형성한다. 커피 전문점 스타벅스도 문화 자체를 판매한다. 스타벅스 고객들은 커피를 사면서 도회적인 우아함과 고급 취향 같은 문화적 상징성을 함께 구매한다. 풀무원 역시 웰빙이라는 문화 배경을 바탕으로 성장한 대표 문화 융합형 브랜드다. 그런데 이런 문화 융합형 상품들은 결코 소수의 컬트적 마니아만을 겨냥하지 않는다는 점에 주목해야 한다. 처음에는 소수 소비자의 취향에 맞췄지만 점차 대중적 인지도를 확보하면서 어느덧 대중의 소비문화로 자리 잡았다(LG경제연구원 2005, 33~35).

이런 트렌드가 소비 대중의 다양한 욕구를 충족시키면서 소비 행위도 다양해졌다. 다만 소비 행위의 다변화가 소득 격차에 따른 소비의 양극화를 매개로 진행되고 있다는 점에 주의해야 한다. 바로 이런 특성이 신자유주의적 재구조화가 불러온 소비 행태의 변화다. 소비 양극화는 강남과 강북이라는 지역적 분할, 그리고 명품과 짝퉁 신드롬에서 확인된다. 하비 D. Harvey가 지적한 대로 공간이란 구획된 물리적 영역을 넘어 당대의 정치적 권력과 경제적 부가 분배되는 계급 구별의 장이다. 또한 보드리야르가 말한 대로 소비 행위는 특정 상품을 구매할 수 있는 경제적 지위와 미적 취향의 고급스러움을 과시하는 사회적 구별 짓기의 주요 전략이다.

한국 사회에서 '강남'은 단순한 행정 구역이 아니라 부동산 시장과 교육 환경이 남다른 특권화된 공간으로 인식된다. 따라서 강남은 지리적 실체로 존재하는 개념이 아니라 이데올로기적으로 상상된 기표다(이동연 2005, 183~184).

강남은 학원이 밀집한 사교육 일번지이자 '대치동 증후군'의 진원지가 됐고, 도곡동 삼성 타워팰리스나 청담동 현대 아이파크 같은 최고급 주거 공간이 들어선 '특별구'가 됐다. 강남이 특별구인 까닭은 강남구와 서초구의 재정력 지수, 아파트 평당 가격, 부동산 자산 규모, 거주민의 학력과 직업 등 여러 통계를 비교해보면 뚜렷이 확인된다. 강남구와 서초구의 거주민은 100만 명이지만, 관내 5개 세무서가 2000년에 거둔 소득세 2조 369억 원은 전체 소득세의 11.6퍼센트를 차지하는 액수다(강준만 2006, 321). 또한 베엠베BMW 자동차 한국 판매분의 약 40퍼센트가 강남에서 판매되는 등 자동차 소비에서도 강남의 소비 수준은 다른 지역에 뚜렷이 대비된다(김상헌 2004, 24).

이런 지표들을 반영한 '강남 문화'는 강남을 더욱 특별하게 만들었다. 물론 강남 문화는 사회적으로 공인된 어휘가 아니다. 만약 강남 문화라는 것이 있다면, 그 문화는 강남 또는 강남 계급만큼이나 유동적으로 구성될 수 있으며 계급 문제로 환원되지 않는 독특한 특성도 가질 수 있다. 또한 성차와 세대 등 비계급적 사회적 분할 요인에 따른 취향과 특성도 있고, 더 나아가 패러디, 혼성 모방, 키치 등 다양한 형태를 통한 탈계급화, 탈성차화, 탈세대화의 경향도 발견될 수 있다(강내희 2008, 166). 그러나 하비가 말한 대로 강남이라는 공간은 거주민의 계급 분포에 밀접한 상관관계를 갖는 만큼 특징적인 문화 행태나 소비 행태를 갖고 있다.

경제적 능력과 문화적 차이의 상관관계는 강북 주민과 강남 주민의 옷차림에서도 분명하게 확인된다. "하이힐에 로맨틱 스타일의 장식성 강한 옷을 입었다면 강북, 반대로 굽 낮은 단화에 장식성이 별로 없는 미니멀 스타일이라면 강남 주민이라는 패션 전문가들의 진단이다"(《한국일보》 2003년 6월 16일). 패션에서 미니멀리즘은 최소의 옷으로 훌륭한 옷차림을 연출하는 방식이다. 강남 주민이 미니멀리즘을 선호하는 이유는 명품을 선택해 최소의 아이템으로 가장 확실하게 자기의 부유함을 증명할 수 있기 때문이다.

강남 문화를 주도한 주체들은 1990년대 오렌지족과 야타족에 이어 캥

거루족, 청담족, 연어족, 황금족, 대치족 등으로 불린다. 캥거루족은 부모의 풍족한 지원을 받으며 아무 어려움 없이 생활하는 부유층 자녀를, 연어족은 조기 유학한 학생들이 한국으로 돌아와서 패션 리더로 주목받는 상황을, 청담족은 청담동의 고급 카페와 의상실과 뷰티숍을 근거지로 삼고 소비하는 부유층 자녀를, 황금족은 외환 위기 때 고금리로 호황을 누린 현금 보유 특권 계층을, 대치족은 학군과 학원을 보고 이사 온 사람들을 의미한다. 또한 정신적 뿌리는 히피족을, 생활 방식은 여피족을 닮은 자유분방한 한국형 보보스족, 강남 명품점의 고급 상품 구입을 취미로 삼는 명품족, 나이트클럽의 '물'을 좋게 만드는 강남 미시족 등이 있다(강내희 2008, 178~179).

강남 문화를 모방하고 동일시하려는 대중의 소비 행태는 명품과 짝퉁 신드롬을 만들어냈다. 이런 의식적 노력은 부르디외P. Bourdieu의 아비투스habitus 개념으로 분석할 수 있다. 사회적으로 합당한 재화를 소유한 사실이 개인의 사회적 신분을 보장할 경우, 그리고 이 합당함이 여전히 상층 계급에 따라 규정될 경우 위계상의 하층 계급은 최대한 상층 계급의 소비 유형을 모방하려 시도한다. 특히 한국 사회처럼 외모 지상주의가 강한 상황에서는 계급을 드러내주는 지표가 재화뿐이기 때문에 부의 과시는 명품과 짝퉁 신드롬을 통해 강박적으로 진행된다.

명품과 짝퉁 신드롬은 상품에 부여된 차별적 가치의 소비, 다시 말해 기호의 소비다. 여기서 소비의 논리는 기호의 조작으로 정의되는데, 상품의 가치는 객관적 기능성과 효용성을 상실하고 여러 상품이 발산하는 기호들의 폭넓은 조합을 통해 결정된다. 소비가 기호의 수준에서 행해진다는 말은 더는 현실이 문제가 되지 않는다는 사실을 의미한다. 상품의 물리적 내구성이나 구매자의 생물학적 욕구를 충족하는 일은 소비의 일차 목적이 되지 못한다. 기호의 연쇄 자체가 지시 대상에 상관없이 끊임없는 의미를 산출하고 고정시키는 상황에서 소비는 현실적 필요를 넘어 끊임없이 추구될 뿐이다.

이런 과정 속에서 명품과 짝퉁이 뒤섞이게 되며, 짝퉁은 얼마나 완벽하게 명품을 모방하고 복제할 수 있느냐 하는 수준을 넘어 자신을 명품으로 선언하기에 이른다. 키치kitsch가 갖는 문화적 생산성의 잠재력은 대중문화에서 쉽게 발견된다. 텔레비전 드라마는 시청자들의 심금을 울리는 수준을 넘어 주인공의 헤어스타일, 복장, 액세서리, 화장 기법, 대사 등을 유행시킨다. 시에프CF는 상품이 가지는 기호 가치를 최대한 부각시킨다. 이때 광고에서 문제 삼아야 할 것은 상품의 물리적 내구성의 재현 가능성이 아니라 시뮬레이션이며, 이런 시뮬레이션은 실제하고 상관없는 가짜를 끊임없이 재생산한다.

'멋진 삶을 향한 동경'에서 나온 명품과 짝퉁 신드롬 속에서 신자유주의는 개인주의를 끊임없이 예찬하며 대중을 소비자로 주체화한다. 신자유주의는 욕망이란 타인하고 맺는 관계 안에서 충족되는 게 아니라 혼자 힘으로 성취될 수 있다는 생각을 심어주며 대중을 개별화한다. 욕망은 이제 고립된 주체의 고유한 성질로 각인된다. 그러나 소비를 통한 욕망 충족이란 생산 질서의 내적이고 궁극적인 목적, 곧 생산성의 사회적이고 정치적인 목적을 은폐하는 수단에 불과하다. 따라서 소비를 통한 개성 표현과 자기 연출은 자신이 갖고 있는 내재적 아름다움의 재발견이 아니라 집단성, 곧 대중의 굴절된 모습이 된다. 여기서 자신을 보는 준거 기준은 타인의 시선, 곧 자본과 권력을 통해 만들어진 가치 체계다.

2. 포섭된 대중 — 금 모으는 국민과 자기 계발하는 주체

국민 — 경제 위기를 해결하는 주체

한국 사회의 신자유주의적 재구조화가 본격 시작된 시기는 1997년에 터진 외환 위기 이후다. 1996년 정리 해고를 법제화하려던 정부의 시도가 대규모 총파업에 부딪혀 좌절된 뒤, 신자유주의 물결에 맞선 사회적 반발은 거셌다. 그러나 외환 위기는 1996년에 불가능하던 신자유주의적 재편을 가능하게 만들었다. 오히려 신자유주의를 향한 문제 제기가 사회적 반발을 사는 상황이 됐다. IMF 관리 체제가 국가 부도의 위기를 구제할 '흑기사'로 인식된 탓에 IMF 비판은 곧 나라를 망하게 하는 매국 행위로 받아들여졌다.

신자유주의적 재구조화가 진행된 지 20년이 다 돼가는 지금, 'IMF 조기 졸업'을 외치던 정부의 허울 좋은 선언이 가져온 결과는 사회 양극화와 노골화된 국가 폭력이다. 예를 들어 노사정위원회에서 합의한 노동 유연화에 따른 사후 보장은 지켜지지 않았다. 기업이 원상 회복되면 구조 조정으로 실직한 노동자들을 복직시킨다는 약속은 깨졌다. 권력과 자본에 외환 위기는 87년 체제 이후 발생한 손실 비용을 보상받는 절호의 기회였다.

대중의 삶은 어느 때보다 피폐해졌다. 만성적인 고용 불안에 기인하기도 했지만, 기회의 불평등이 심화되면서 확산된 "노력해도 안 된다"는 좌절감이 큰 영향을 미쳤다. 현재가 보장될 수 없기 때문에 미래는 더더욱 예측할 수 없는 상황은 대중의 삶을 더욱 불안하게 만들었다. 불안의 만성화는 지배 체제를 거부하기보다는 체제에 의존할 필요성을 더욱 강하게 했다. 현실에 부대끼며 견디면 보상받을 수 있다는 실낱 같은 희망이 현 체제를 거부하면 완전히 사라진다고 믿게 됐기 때문이다. 오히려 기사회생할 수 있다는 작디작은 한 줄기 희망의 빛을 향한 기대는 무한 경쟁의 삶에 자신을 내던지게 했다.

신자유주의의 전횡 속에서 드러난 대중의 질곡은 개발독재 시대에나 볼 수 있는 '동원 체제'를 연상시킨다. 1960~1970년대의 동원이 국민과 민족이라는 집합적 주체를 호명하면서 진행됐다면, 신자유주의 시대의 동원은 집단과 개인적 차원을 아우르며 전방위로 펼쳐지고 있다. 한편으로 국민 같은 근대 주체를 새로운 상황에 맞게 호명하면서, 다른 한편으로 자기 계발과 성과주의를 내세워 개인의 능력과 자질을 문제 삼는 이중의 포섭 전략이 작동하고 있다. 따라서 오늘날 대중에게 부과된 능력주의 신화의 본질과 그 신화가 집단과 개인의 정체성에 영향을 미치고 주체화하는 과정을 규명하는 일은 매우 시급한 과제다.

사실 "누구나 노력하면 성공할 수 있다"는 능력주의의 요구는 자본주의가 탄생하면서 내세운 자유방임주의의 일부분이다. 따라서 능력주의의 기원을 찾아 올라가면 자본주의 역사를 탐구하는 작업에 연결될 수밖에 없다. 그러나 이윤 확대와 시장 확장을 위한 자본주의의 역사적 발전 과정은 새로운 주체성의 체제를 형성하는 과정이었다는 점이 중요하다. 자본의 성격 변화하고 떼려야 뗄 수 없는 상호 구성적 과정으로서 새로운 주체화 과정이 만들어졌다.

능력주의의 요구는 따라서 신자유주의 세계화라는 국면 속에서 새롭게 갱신되며 개인과 집단의 정체성을 구성하고 있다. 한국 사회에 세계화의 열풍이 불어닥치기 시작한 1990년대로 거슬러 올라가면 물적 생산방식의 변화에 따른 새로운 주체 구성의 논리가 발견된다. 그 논리는 김영삼 정부 시절 축적 위기에서 벗어나려고 도입한 '신경제' 담론 속에 응축돼 있다. 그 뒤 신경제 담론, 곧 '참여와 창의로 새로운 도약' 같은 모토는 지배적이고 강력한 영향력을 갖추면서 대중을 전방위로 포섭하고 동원한다.

새로운 주체 구성의 논리는 교육, 경제, 행정, 치안, 보건, 복지 등 다양한 영역에 관철됐다. 복지 영역에서 노동 연계 복지를 향한 전환, 교육 영역에서 자기 주도형 학습의 도입, 행정 영역에서 신공공관리의 실행, 치안 영역에서 사설 보안 업체의 급증, 일상 영역에서 다이어리의 상용화가 진행됐다. 사회의 모든 영역에서 벌어진 전환의 바탕에 신자유주의 세계화가 추구한 축적 논리가 있다는 것은 잘 알려진 사실이다. 그런데 이런 혁신의 중심에 삶의 리엔지니어링을 추구하는 새로운 주체를 구성하는 정치학이 자리한다. 이 '자기 계발하는 주체'self-empowering subject'는 신자유주의적 구조 조정의 논리가 대중을 구성하는 과정을 규명하는 핵심어가 된다(서동진 2009).

그렇다면 국민 같은 근대 주체가 새롭게 불리게 되고 능력 본위의 자기 계발하는 주체가 만들어지는 과정은 어떻게 진행됐을까? 출발은 외환 위기가 시작된 1997년으로 거슬러 올라가는데, 위기의 여파는 경제 분야에 한정될 수는 없었다. 외환 위기가 초래한 재구조화의 강제력은 정치, 경제, 사회, 문화를 막론하고 사회 전 영역에 걸쳐 관철됐기 때문이다.* 일차적으로 외환 위기는 한국 사회의 집단 무의식으로 자리 잡고 있던 발전주의 패러다임을 근본적으로 부정하게 만들었다. 압축적 근대화 속에서 살아온 대중에게는 공통된 신념이 하나 있었는데, 바로 한국 경제는 언제나 발전해 왔고 앞으로도 발전할 것이라는 성장주의에 기초한 낙관론이다. 자본가와 노동자, 일반 시민과 지식인, 선생님과 학생도 이런 발전주의 패러다임의 전제 위에서 사고하고 생활했다.

외환 위기는 대중의 삶과 상식을 근본적으로 뒤흔든 강력한 외상이었다. 부자는 망해도 삼대를 간다는 속담을 무색하게 한 재벌의 몰락, 든든하던 가장의 갑작스런 실직, 생계형 범죄와 가족 동반 자살의 급증, 결식아동의 증가, 이혼과 가정 파탄, 갑자기 주목받게 된 노숙자들, 청년 세대의 실업률 증가, 지식인 사회의 무능력을 향한 비판 등은 한국 사회와 대중이 드러낸 가치 붕괴를 상징하는 현상이었다.

흥미로운 사실은 경제 활동에 직접적인 관계가 없던 어린이와 청소년도 외환 위기의 충격에 온전히 노출됐다는 점이다. 아버지의 실직과 형제자

---

* 한국 경제는 이미 안팎으로 다양한 위기의 징조를 보이고 있었다. 1997년 상반기에는 한보철강, 삼미, 진로, 기아 같은 대기업이 부도 사태를 맞았다. 중반기에는 타이의 바트화, 인도네시아의 루피아화가 폭락했고, 홍콩 증시도 폭락했다. 이런 상황에서 10월 30일 외환시장 개장 8분 만에 대미 달러 환율이 1일 변동폭 상한선까지 폭등하면서 사실상 거래가 중단되기에 이르렀다. 급기야 정부는 1997년 11월 21일 IMF 구제 금융을 공식 발표했고, 외환 위기의 한파가 한국 사회의 전 영역으로 퍼지게 된다.

매의 미취업은 어린 나이에도 걱정스런 가정 문제로 인식됐다. 경제 위기의 외상을 세대 경험으로 안고 성장한 지금의 20대는 철저한 시장주의자가 됐다. 취업과 경제적 성공을 최우선의 가치로 삼고, 이 목표를 실현하기 위해 '스펙 쌓기'에 집중했다. 청년 세대의 이런 안전 지향은 보수화로 이어진다. 이때 보수화란 제도 정치 영역에서 새누리당 같은 보수 정당을 지지하는 성향이 아니라, 주어진 현실을 하나의 상수로 보고 그 현실에 적응하려고 몰입하는 삶의 태도를 가리킨다.

외환 위기를 벗어날 방법은 IMF가 권고한 경제 회생 프로그램을 충실히 이행하는 것뿐이었다. 이때 경제 회생은 신자유주의 세계화의 논리로 한국 사회가 전면적으로 재구조화되고, 세계 경제 속으로 빠르게 편입된다는 의미였다. 이제 신자유주의는 외환 위기를 빨리 극복할 수 있는 '만병통치약'으로, 무한 경쟁의 세계화 속에서 국가 경쟁력을 확보할 '웰빙 식단'으로, 천민자본주의에 물든 경제를 합리화하는 '진보의 이름'으로 의미화돼 하나의 시대정신이 돼갔다. 1997년 대통령 선거에서 모든 후보가 IMF의 구조 조정 프로그램을 주요 공약으로 내세운 사실이 이런 정황을 반영한다.

IMF가 제시한 처방전을 성실히 수행하기 위해 경제 주체인 노동자, 자본가, 국가가 한 테이블에 모였다. 고통 분담의 몫을 조정하는 자리였다. 노동자 배제와 정경유착을 발판으로 성장한 한국 경제의 역사에서 이때 노동자가 경제 주체로 호명된 사실은 이중의 의미를 지닌다. 한편으로 경세 개발에 관련된 공적 담론에서 배제되던 노동자가 노사정위원회를 통해 하나의 경제 주체로서 인정받은 사실은 그것 자체로 의미가 있다. 그러나 왜 이 시점에 노동자가 경제 주체로 호명됐는지 묻는다면 그다지 좋아할 만한 일은 아니다. 오히려 노사정위원회에 참여한 결과 노동자는 감당할 수 없는 고통을 떠안게 된다.[*]

결국 노사정위원회라는 배에 오른 노동자의 극적인 신분 상승은 고통 분담의 부담을 줄이거나 떠넘기려는 기업과 국가의 교묘한 결탁에 기인했다. 노사정위원회를 통해 각 경제 주체가 부담해야 할 고통이 공평하게 분배되지 않았기 때문이다. 짊어져야 할 고통의 무게는 권력관계 속에서 결정됐다. 고통 분담의 준칙이 노동자에게 일방적으로 강요된 현실에서 빈곤의 심화와 대물림은 가속화됐다.

먼저 비정규직이 전체 노동자 중 50퍼센트를 웃돌 정도로 빠르게 증가했다. 또한 노동자들 사이에 경쟁이 심해지고 서열화가 진행되면서 노동 조건도 매우 나빠졌다. 소득 불균형은 더 큰 문제가 됐다. IMF 관리 체제 아래 있던 1998년을 기준으로 소득 위계의 상위 20퍼센트에 속하는 계층은 외환 위기 뒤에 소득이 증가한 반면, 하위 소득 계층은 크게 감소했다. 특히 상위 10퍼센트의 소득은 3.2퍼센트나 증가했지만 하위 10퍼센트의 소득은 무려 20.2퍼센트나 감소했다(김철규 2003, 233~234).

노동자에게 외환 위기가 초래한 고통을 떠넘긴 지배 분파는 국가 부도의 원인도 노동자들에게 덮어씌우기 시작했다. 이 시점에서 문화정치가 위력을 발휘했다. 미디어는 대중의 피폐해진 삶을 매일 보도하면서 경제 위기의 이미지와 담론이 대중에게 집중되도록 유도했다. 한편으로 무분별한 과소비의 주범으로 대중을 지목하면서, 다른 한편으로 실직한 가장과 노숙자를 다루는 온정주의적 보도를 쏟아냈다. 정작 책임을 물어야 할 기업과 정부는 공적 담론에서 빠져나가기 시작했다.

이제 대중이 외환 위기를 해결할 주체가 됐다. 외환 위기의 주범이 속죄하는 게 당연했기 때문이다. 속죄는 바로 '금 모으기 운동'이었다. 안방 장

---

* 노동자가 공적 담론의 주체로 호명된 시점이 왜 문제가 될까? 경제 위기의 책임을 사회적 약자인 노동자에게 덮어씌우고 위기를 해결하는 데 드는 비용을 전가하려고 했기 때문이다. 원래 노사정위원회의 활동 목적은 국가 위기를 맞아 경제 주체들이 고통을 분담하고 실질적인 해결 방안을 모색하는 과정에서 각 주체들이 할 일을 배분하는 것이었다. 국가라는 운명 공동체의 존립이 위태로운 상태에서 각 구성원들에게는 위기 극복을 위한 '대타협'이 필요하다는 무언의 사회적 압력이 가해졌다. 이런 분위기에서 대타협을 성사시키지 못하거나 그 틀을 깨는 쪽이 있다면 나라를 망치는 반국가적이고 반사회적인 집단으로 내몰릴 것은 불을 보듯 뻔했다.

롱 깊숙이 보관하고 있던 금반지와 금가락지가 공물의 대상이 됐는데, 장롱 문이 열리는 사건은 개개인의 내밀한 사적 공간이 열린다는 것을 의미했다. 어느 나라에서도 찾아볼 수 없는 '한국적' 사건이었다.

이 캠페인은 장롱 안에 사장돼 있던 개인 소유의 금을 모아 활용함으로써 연간 600톤, 60억 달러에 이르는 금 수입을 대체하고 금 수출을 통해 외화를 획득하게 유도해 외환 고갈을 해소하자는 취지로 벌어졌다. 금 모으기 운동은 1998년 1월 12일부터 2월 21일까지 106개 시민단체와 MBC, KBS, 《동아일보》, 《한국일보》 등 언론이 홍보를 맡고, 농협과 롯데백화점이 금을 접수하면, 삼성물산이 수집한 금을 처리하는 방식으로 진행됐다. 금 모으기 운동에도 경쟁이 붙어서 비슷한 시기에 외환은행과 현대가 가세하고, 국민은행, SBS, LG상사가 참여하기 시작했다. 운동을 시작한 지 3일 만에 참가자는 100만 명이 넘어섰고(전체 참가자는 351만 명으로 추산), 모인 금은 100톤을 넘겼다(문강형준 2008, 139~140).

이 운동은 국민이라는 근대 주체의 새로운 부활을 알리는 사건으로 볼 수 있다. 금 모으기 운동은 계급, 성별, 나이, 직업, 학력, 지역에 상관없이 모든 사람이 '국민의 이름'으로 참여해야 할 신성한 의무가 됐고, 김대중 정부조차 스스로 '국민의 정부'라 칭할 정도였다. '한국인', '건국', '태극기' 등의 기표가 더해지면서 가슴을 적시는 정서적 동일시까지 진행되기 시작했다. 이렇게 형성된 국민이라는 주체의 특징은 자발성에 근거한 폭발적 결집력이었다. 이런 힘은 금 모으기 운동하고 함께 펼쳐진 〈타이타닉〉 보지 않기 운동'에서도 확인된다(강준만 2006, 177). 이 운동은 금 모으기 운동으로 번 달러가 헐리우드 영화 〈타이타닉〉을 보면 다시 해외로 유출된다는 주장에 대중이 집단적으로 호응한 결과였다.

이미 국민이라는 근대 주체는 1960~1970년대에 진행된 '국민 만들기 프로젝트'를 거쳐 형성된 적이 있다. 이때의 국민이 하향식으로 만들어졌다면, 금 모으기 운동 속의 국민은 상향식으로 만들어졌다. 국민 만들기 시기의 국민이 계몽의 대상이었다면, 금 모으기 운동 속의 국민은 운동에 동참할 필요성을 스스로 구성했다. 앞의 국민이 동원의 대상이었다면, 뒤의 국민은 참여하는 주체의 성격이 강했다.

그러나 신자유주의의 전횡 속에서 국민이라는 주체는 구성원 사이의 유대 관계에 기초한 집단이 아니다. 표면적으로 국민은 운명 공동체지만, 구성 인자는 경쟁적 관계에 놓인 기업이나 개인으로 대체되기 때문이다. 국민이라는 언표는 가상의 공동체일 뿐, 실제적 구성 단위는 기업이나 개인인 것이다. 신자유주의 속에서 시장 논리가 전면에 나서고 무한 경쟁의 압력이 노골화하자 기업 간 경쟁과 개인 간 경쟁이 격화됐다. 남을 눌러야 내가 살 수 있는 정글의 법칙이 관철되는 곳에서 사랑과 신뢰라는 윤리는 고답적이다 못해 처량하기까지 하다.

더 심각한 문제는 경쟁에서 탈락한 기업이나 개인이 더는 국민이라는 범주 안에 들어가지 못한다는 사실이다. 경쟁에서 밀려난 낙오자는 국가적 지원이나 사회적 배려의 대상이 되지 못한다. 무한 경쟁에서 당한 패배는 국가나 사회의 책임이 아니라 기업이나 개인 당사자의 몫이기 때문이다. 기업의 경영 실패 또는 개인의 능력 부족이 무한 경쟁에서 탈락하는 요인으로 지목됐다. 문제는 이렇게 한 번 탈락한 기업과 개인은 다시 일어서기 힘들다는 점이다. 신자유주의 속에서 국민은 공동체 또는 하나로 존재하지 않는다.

그런데 국가와 국민의 공생 관계가 긴밀하게 연계되는 이런 상황은 역설을 내포한다. 신자유주의가 '작은 정부'를 내세우며 시도한 국가 기능의 축소가 국민이라는 대규모 집단의 포섭을 여전히 필요로 한다는 점이 바로 그것이다. 신자유주의는 포디즘이 불러온 경직성의 한계를 비판하면서 등장한 포스트포드주의의 생산 논리이자 사회 규약이다. 대량 생산과 대량 소비에 기반을 둔 축적체제 속에서 이윤을 창출해온 포드주의는 규모의 경제를 실현하는 과정에서 방대한 초기 설비투자 비용을 감당해야 했다.

특히 시장의 변덕은 과잉 생산의 문제를 해결하는 데 결정적 장애가 됐다. 사회 전 부문에 걸쳐 구조 조정이 진행됐고, 방만한 국정 운영을 대상으로 강도 높은 체질 개선이 시도되면서 국가도 '작은 정부'로서 성격과 기능을 새롭게 부여받았다. 문제는 국가 기능의 축소가 인구 정책(국가 구성원의 관리)에서 이중적으로 진행됐다는 점이다. 한편으로 국가 정책의 실패를 개인화하며 탈락자들을 배제하는 동시에 다른 한편으로 '국민' 같은 가상의 공동체를 설파하며 그 사람들을 체제에 묶어뒀다. 따라서 외환 위기 때 호명된 '국민'이라는 집합적 주체는 경제 위기의 원인과 해결을 고스란히 대중에게 전가하려는 지배 전략에 다름 아니었다.

자기 계발하는 주체 ― 인적 자원

외환 위기의 해결책으로 제시된 신자유주의적 재구조화 속에서 시장 논리가 전면화되면서 자유 경쟁이 삶의 문법이 됐다. 모든 사회 조직과 그 조직의 구성원들은 극심한 경쟁에 내몰리며 소수의 승자와 다수의 패자가 갈리는 사회 양극화가 구조화됐다. 경기 순환 또는 정책의 성패에 상관없이 체제의 운영 과정에서 발생한 구조화된 사회 양극화는 경제 영역을 넘어 사회 각 분야로 확대됐다. 산업 부문, 기업 규모, 업종, 고용 형태 사이에 이윤과 소득의 격차가 벌어지는 상황에서, 교육, 의료, 주거, 문화 등 생활 영역에서도 심각한 양극화가 진행됐다.* 양극화의 속도도 더 빨라져 피해자의 규모가 급증했다. 사회 양극화의 근본 원인은 신자유주의의 전횡이 초

---

* 산업과 기업의 양극화를 보면 수출과 내수, 정보기술 산업과 전통 산업의 격차가 큰 폭으로 확대됐다. 수출도 반도체, 무선통신, 자동차, 컴퓨터, 선박 등 몇몇 품목이 이끌고 있으며, 산업간 연계 효과가 크게 약해져 수출이나 정보기술 쪽 성과가 다른 산업 부문으로 확산되지 못했다. 몇몇 재벌 기업과 다른 기업들의 경상이익도 큰 격차를 보였는데, 2003년 매출액 기준 5대 재벌의 경상이익이 제조업 전체의 41퍼센트를 차지했다.

래한 시장 논리의 무분별한 확대, 국가의 복지 축소에 따른 사회 안전망의 해체, 자본의 고도 금융화에 따른 실물 경제의 위축에 있다.[*]

구조 조정에 따른 비용 절감이 노동자의 대량 해고로 이어지자 노동자들이 거세게 반발했고, 기업은 자기 힘만으로 이런 저항에 대처할 수 없다는 사실을 알게 된다. 노동자들의 불만을 억누르고 집단행동을 처벌할 강력한 물리력이 요청되는 상황에서 국가의 공권력은 새로운 임무를 부여받았다. 국가로서는 시장 권력에 빼앗긴 입지와 권위를 회복할 호기이기도 했다. 공권력을 앞세운 국가는 시장이 아니라 사회에 대대적으로 개입하기 시작했다.

해고에 반발하는 노동자에 맞선 국가의 개입은 한편으로는 경찰을 동원한 체포와 구금의 형태로, 다른 한편으로는 노동자를 사회 발전을 가로막는 불순 집단으로 낙인을 찍으며 진행됐다. 국가 경쟁력 향상을 위해, 국가 브랜드 가치의 상승을 위해, 사회 안전을 위해 이 노동자들은 어서 빨리 처벌되고 배제돼야 했다. 그 임무가 국가에 주어졌고, 국가는 이 노동자들을 대중하고 분리하기 위해 국가와 사회 발전에 공헌하는 국민의 이미지를 재활용했다. 이때 내건 '사회 발전과 안전 수호'라는 명분에서 '사회'는 국가의 관리와 통제 아래 있는 규율화된 영역을 말한다.

점차 국민이라는 주체는 세계화의 무한 경쟁에서 살아남을 수 있도록 국가 경쟁력을 키워야 하는 '인적 자원'으로 불리게 됐다. 국가 경쟁력을 증진하려면 국민의 능력을 배양해야 한다며 국가는 국민들에게 자신의 브랜드 가치를 높이라고 요구했다. 이렇게 해서 무한 경쟁을 해야 하는 상황이 국가 위기로 설정됐고, 생존의 해법으로 '자기 계발하는 주체'라는 새로운 유형의 대중이 만들어지기 시작했다.

---

[*] 특히 금융자본주의의 출현은 청년 실업의 주요 원인이 되고 있다. 자본이 산업 현장에 투자하지 않고, 투기와 이자 놀이로 이윤을 추구하는 방식은 기업의 고용 의지를 심각하게 떨어뜨린다.

그렇다면 자기 계발하는 개인적 차원의 주체는 어떻게 만들어지는가? 신지식인, 전략 경영 담론, 스펙 쌓기, 다이어리 열풍을 통해 이 과정을 살펴볼 수 있다. 한국 자본주의의 구조 조정 과정에서 등장한 여러 주체 형성의 기획, 그중에서 1990년대 후반 이후 정부 차원에서 진행된 일들 중 '신지식인 운동'은 자기 계발하는 주체가 형성되는 데 중요한 기초를 제공했다. 신지식인 운동 관련 담론이 그 뒤 자기 계발 주체의 요건들을 정형화하는 기초가 됐기 때문이다.

화폐로 전환할 수 있는 지식이 '좋은 지식'이라는 통념이 만들어지면서 이런 지식을 생산할 수 있는 사람은 '신지식인'으로 불렸다. 곧 신지식인이란 "21세기 지식 기반 경제 환경에서 가치를 창조하고 자신이 가진 지식을 고도화시키는 노력을 끊임없이 계속해가는 21세기의 인재상"이다. 마치 새마을운동의 지도자처럼 신지식인은 국가의 미래를 짊어지고 갈 진보적이고 혁신적 인물로 묘사됐다. 따라서 신지식인은 공부만 하는 사람에 그치지 않고 지식을 상품화하고 판매하는 경영인이 돼야 했다.

신지식인 운동이 기반하고 있던 지식 기반 경제의 핵심적 담론 구성 부분인 자기 주도성, 자율과 책임의 주체, 선택과 책무성 등은 새로운 시민적 주체성의 에토스라 할 수 있다. 그러나 관료적 국가기구의 국민 동원 캠페인은 지식 기반 경제가 설정한 이상, 곧 자기 책임과 자율적 선택이 가능한 개인이라는 규범에 모순될 수밖에 없다. 그 결과 신지식인 운동은 낡은 형태의 국민 동원 캠페인이고, 지식인 집단의 상징적 지위를 모욕하며, 시장 논리로 기초 학문을 파괴한다는 비판에 직면했다.

이데올로기적 동원의 측면에서는 실패했지만, 신지식인 운동은 지식 기반 경제의 주체성을 표상한 담론 공간이 만들어지고 자기 계발하는 주체를 구성하는 터전이 마련된 점은 어느 정도 성과로 볼 수 있다. 곧 새로운 주체성 모델이 가정하는 주체화 서사의 작인으로서 '자기■리'를 제시하고 일반화하는 데 기여했고, 이 모델을 다양한 영역에 종사하는 사람들에게 적용할 근거가 마련됐다.

특히 신지식인 운동이 '자기'의 담론으로서 특성을 분명히 한 점에 주목할 필요가 있다. 신지식인 운동은 사회적 정체성을 통해 규정된 상징적인 '나'(학생, 직장인, 주부인 나)하고는 다른 '나', 자신이 의식적으로 또는 무의식적으로 상상하는 '나'를 향해 직접 말을 건넨다. 좋은 지식인, 능률적인 직장인, 순종적인 학생이라는 규범적 이상하고 다르게, 신지식인은 자기가 어디에 속한 누구이냐에 상관없이 '자기와 맺는 관계'를 중심으로 새로운 주체성을 생산한다. 타인의 인정 욕망에서 벗어나 스스로 '자기 담론'을 만들어내게 한 것이다(서동진 2009, 76~84).

경제 영역에서는 어떻게 자기 계발하는 주체가 만들어졌을까? 1990년대를 전후해 경영 담론이 비약적으로 확산됐다. 노동 주체를 관리하고 지배하는 경영 담론은 일에 관한 표상을 변화시키며 노동 주체의 주체성을 재구성했다. 이 과정을 통해 불확정적인 경제 행위는 지배하고 관리할 대상으로 가시화되고 객체화되는 동시에 노동 주체가 관리 가능한 대상으로 설정된다. 그 결과 관리 행위는 어떻게 진행돼야 하고, 거기에 필요한 자질은 무엇이며, 평가와 보상은 어떠해야 하는지에 관한 많은 처방들이 '경영 컨설팅' 같은 과학적 지식의 이름으로 생산되고 소비됐다.

이제 전략 경영의 기치 아래 노동 능력을 지닌 행위자로서 노동력이 아니라 기업화된 노동 주체를 구성하고 경영 전략에 따라 노동 주체의 고용은 물론 능력, 태도, 일터에서 맺는 관계 자체를 규정하고 관리하는 고도의 테크놀로지가 고안되기 시작했다. 이런 테크놀로지는 노동 주체의 자아를 직접 겨냥하고 동원하는데, 균형성과표와 목표관리제에 그 과정이 압축적으로 드러나 있다. 균형성과표는 단순히 재무 활동으로 기업의 경영 행위를 측정하고 평가하는 데 머물지 않고, 비재무적인 요소, 곧 고객 관계, 일터 내부의 학습과 혁신, 기업 내부의 경제 행위 일체를 측정과 평가의 대상으로 삼는다(서동진 2009, 191~202). 목표관리제는 노동 주체가 기업의 목표에 부합하는 자신의 목표를 설정한 뒤 이 과정을 통해 일터에서 자신의 삶을 스스로 관리하게 하고, 자기 자신에게 도전적 목표를 설정한 뒤 스스로 능력을 배양하게 만든다(서동진 2009, 208~216).

이런 과정을 통해 균형성과표와 목표관리제는 노동 주체의 자아와 내면까지 경영 대상으로 설정해 자기 계발하는 주체를 적극적으로 구성했다. 이제 작업장 안에서 노동 주체의 다양한 사회적 행위인 감정적 상호 작용, 몰입과 헌신, 지식과 학습까지 자산으로 측정, 관리, 평가됐다. 이런 과정은 외적인 규칙과 규범을 부과해 훈육하는 식이 아니어서 노동 주체는 자신을 스스로 주체화하는 방식을 관리함으로써 노동 주체 자신을 '경영자'로 만든다.

취업을 앞둔 예비 노동 주체인 청년 세대 역시 전략 경영의 핵심적 대상이 된다. 청년들은 이미 취업도 하기 전에 기업의 비전에 맞도록 자신의 역량을 쌓는다. 당연히 역량도 객관화되고 측정할 수 있어야 하는데, '스펙'이 바로 역량의 객관적 척도가 된다. 외환 위기 뒤 단행된 신자유주의 재구조화가 초래한 만성적 삶의 불안정과 위기는 더 나은 경제적 안정을 위해 스펙 쌓기 경쟁에 뛰어들도록 청년 세대를 강제했다.

스펙 쌓기에는 높은 점수의 학점과 토익은 물론 인턴, 자격증, 아르바이트, 공모전, 봉사 활동이라는 '취업 5종 세트'가 더해진다. 학점과 토익 점수의 객관성을 의심하는 기업이 더 많은 것을 요구하기 때문이다. 그런데 대학생들의 스펙 쌓기는 청년 세대만의 소유물은 아니다. 스펙 쌓기는 무한 경쟁에서 삶의 주변부로 추방되지 않으려는 (모든 세대) 대중의 생존권이 달린 자원이요 아이템이 되고 있다.

어린 학생들에게 스펙 쌓기는 진학에 직결된다. 초등학생과 중학생은 국제중과 특목고 진학에 필요한 자격을 얻으려고 토익과 수학은 물론 예체능과 한자까지 공부해야 한다. 고등학생은 대학 입시용 스펙을 쌓아야 하는데, 국어, 영어, 수학은 기본이고 수시에 필요한 다양한 자격(외국어,

봉사 활동, 예체능 특기)까지 갖추려 노력한다. 물론 이런 스펙 쌓기는 사교육을 통해 진행된다.

스펙 쌓기 열풍은 학생 시절로 끝나지 않는다. '직딩'이라 불리는 직장인들은 '루저'가 되지 않으려고 오늘도 자발적 연장 근무에 돌입하며, 외국어뿐 아니라 각종 트렌드를 수집하고 업무에 필요한 정보를 갈무리한다. 한국 미혼 여성이 원하는 배우자 연봉인 4579만 원을 달성해야 결혼할 자격도 주어진다는 속설까지 나온다. '사오정'에 속한 40대도 명예퇴직 뒤 경제 생활을 영위할 창업 설계에 게을러서는 안 된다. 퇴직금으로 근근히 연명하기에 너무도 많은 생애가 남아 있기 때문이다(《한겨레》 2009년 12월 22일).

스펙은 제품 설명서를 뜻하는 영어 단어 'specification'에서 따온 말이다. 지금은 진학 또는 취업 준비생의 학점, 토익, 자격증, 교내외 활동, 경력 사항 등을 합한 총체적 노동 능력을 인증하는 지표를 가리키는 말로 쓰이고 있다. 다양한 분야에 걸친 해박한 지식을 습득하는 노력이 나쁜 일은 아니지만, 스펙 쌓기 열풍은 노동력을 획일화하고 표준화하며 언제든지 교체할 수 있게 만든다는 점에서 문제가 된다. 노동력이 획일화되고 표준화되면 자신의 능력과 재능을 스스로 계발하지 못하게 되며, 상시적 교체 가능성은 만성적인 고용 불안으로 이어지기 때문이다.

작업장을 벗어나 자기 계발하는 주체가 구성되는 사례는 청년 세대들의 스펙 쌓기에 머무르지 않고 다이어리 열풍 등 일상적 대중문화 안에서도 발견된다. 다이어리 열풍의 중심에는 '플랭클린 플래너'가 있다. 플랭클린 플래너는 단순히 다이어리만을 가리키지 않는다. 스스로 자신의 삶을 계획하고 조직하며 경영하는 CEO를 표상한다. 이제 자기 계발은 끊임없이 자기 삶을 관찰하고 기록하며 점검하는 행위라고 할 수 있을 정도로 세부적인 글쓰기의 테크닉에 연결된다.

"다이어리가 아닙니다. 플래너입니다." 이런 광고 카피가 상징하듯, 플랭클린 플래너는 일반 다이어리에서 찾아볼 수 없는 특징들이 있다. 먼저 기록자 스스로 바인더, 속지, 액세서리를 선택하고 채우게 해 다이어리 자체를 구성할 편집권을 소비자에게 부여한다. 따라서 바인더(천연 가죽, 인조 가죽, 브랜드)와 속지(리필할 수 있는 분실 방지 스티커, 일간 계획표, 월간 계획표, 연간 계획표, 미래 계획표, 업무 리스트, 노트)에 관련된 다양한 사양의 제품을 이용자 편의에 따라 선택해 꾸밀 수 있다.

이런 구성은 여러 효과를 가져온다. 첫째, 생활에 신선한 자극을 줘 의욕적인 삶의 동기를 불러일으킨다. 플랭클린 플래너는 신변잡기뿐 아니라 모든 생활을 기록하면서 머릿속에 정리하는 습관을 갖게 만든다. 둘째, 장기 계획을 세워 목표와 성과를 관리할 수 있다. 플랭클린 플래너는 자연스럽게 미래의 청사진을 제시하고 자신의 목표와 성과를 효과적으로 관리할 수 있게 도와준다. 셋째, 자기 기록의 성취감을 느낄 수 있다. 버스나 지하철에서 잠을 자거나 중요하지 않은 신문 기사 등을 보면서 흘려보내는 시간, 약속을 기다리며 의미 없이 앉아 두리번거리던 시간이 빽빽이 메모가 적힌 플랭클린 플래너를 보는 순간 의미 있는 시간으로 전환된다.

결국 플랭클린 플래너는 '시時테크'로 부가가치를 창출하는 대상을 자기 자신에게 향하게 만들었다. 시간 관리 테크닉은 자기 계발 테크놀로지의 한 항목이기에 앞서 자기 계발 테크놀로지를 가능하게 만든 조건이라는 점에서 특별하다. 시테크 속에서 시간은 자신에게 주어진다. 노동을 위해 회사에 저당 잡힌 시간이 아니라 자신을 성찰하고 욕망을 실현하는 시간이 된다(서동진 2009, 336~344). 이런 자유 의지의 소중함이 플랭클린 플래너에 담겨 있다. 문제는 자유 의지를 강조하는 논리가 신자유주의가 강제하는 자기 계발 주체의 요건에 연결돼 있다는 점이다.

이런 상황 속에서 능동적 주체라고 할 수 있는 다양한 대중이 만들어지고 있다. 능동적 주체는 무한 경쟁의 국제 사회에서 국가 경쟁력을 높이고 경제성장을 통해 살아남을 능력을 스스로 배양하라는 자본의 요구에 부합하는 인물이다. 국민 같은 집합적 주체가 국가 차원에서 호명되기도 하지만, 결국 무한 경쟁에서 스스로 삶을 개척해야 할 개인으로 파편화된다. 바야흐로 삶의 지속을 위해 생활의 모든 부문에서 개인이 수행 주체가 돼야 하는 상황이 도래했다.

이제 체제의 모순과 정책의 실패 또는 시장의 폭력성은 고스란히 개인에게 돌아간다. 바로 이 지점에서 대중의 역능은 질곡에 빠진다. 자율적 삶을 능동적으로 구성할 능력이 모든 부문에서 수행 주체가 돼야 한다는 신자유주의의 요청에 결합될 수 있기 때문이다. 우리는 "자기 삶의 주체가 돼야 한다"는 자기 계발 담론을 비판적으로 살펴봐야 한다.

3. 인터넷 혁명과 디지털 네이티브 — 직접 행동하고 자율적으로 실천하라

디지털 신인류의 등장

1990년대 중반 이후 빠르게 대중화된 개인용 컴퓨터PC와 인터넷 혁명은 대중의 사고방식과 행동 양식을 근본적으로 바꿔놓았다. 누구나 필요한 정보에 접근할 수 있고, 자기 의견을 자유롭게 표현하며, 뜻을 같이하는 사람들하고 사이버 공간에서 폭넓게 소통할 수 있다는 사실은 대중을 앎과 실천의 주체로 변화시켰다. 여러 민권운동이 대중을 저항적 주체로 만든 역사적 계기였듯이, 인터넷 혁명을 통한 소통 방식의 혁신은 대중을 좀더 능동적이고 자율적인 주체로 만드는 기폭제가 됐다.

따라서 디지털 테크놀로지는 기술 변화만을 의미하지 않는다. 일상의 편리함을 넘어 이용자의 몸에 전해지는 느낌과 감수성, 사고방식과 의사소통 방식을 빠르게 바꾼 문화 변동의 한 계기이기도 하다(이동연 2005, 40). 또한 '디지털 문화'라는 새로운 현상, 곧 디지털 미디어를 매개로 한 사회적 소통 방식의 변화와 의미 구성의 새로운 방식이 생겨났다. 디지털 문화는 소통의 쌍방향성, 개인성의 증대, 손쉬운 휴대, 종합적 (멀티) 방식의 활용을 특징으로 한다. 게시판을 달구는 많은 댓글의 연쇄는 쌍방향 소통을, 창작에서 유통에 이르는 전 과정이 가능한 기술적 혁신은 개인의 수행성 증대를, 더욱 작아지는 신제품 출시 경쟁은 휴대성의 극대화를, 'One Source Multi Use'라는 캐치플레이즈는 종합적 활용의 대표 사례들이다.

포스터M. Poster는 디지털 미디어를 수단으로 출현한 새로운 소통 방식과 그런 방식으로 구성되는 주체의 탈근대성을 '정보양식The Mode of Information'이라는 개념으로 규명했다. 특히 포스터는 전자적으로 매개된 커뮤니케이션Computer Mediated Communication, CMC*이 새로운 주체를 구성한 제2의 미디어 시대의 폭넓은 문화적 재조직에 주목한다. 포스터는 포스트 구조주의를 비판적으로 수용하고 비판이론**의 유효성을 재검토한 뒤 그 내용을 사회 변화와 전자 커뮤니케이션 테크놀로지에 관련지어 지배양식의 역사성으로 개념화했다.***

한편 래쉬S. Lash는 '정보사회' 개념을 통해 정보가 산술적으로 증가하는 현상 말고도 주변 환경이 정보적 성격을 갖게 되고 어떤 정보를 전달하느냐에 따라 그 가치가 결정되는 과정을 규명하려 했다. 래쉬에 따르면, 생산되는 정보들은 상징적 문화들의 토대가 되며 지배는 이제 더는 문자, 문장, 텍스트, 토론, 이데올로기를 거쳐 행사되지 않는다. 대신 오늘날의 권력은 정보 속에서 표현되고, 정보는 끊임없이 이어지는 연관성의 흐름을 통해 영

---

* CMC는 컴퓨터를 매개로 하는 커뮤니케이션 현상 또는 과정을 말한다. 또한 가상 공간에서 텍스트화된 메시지가 교환, 저장, 편집, 발송, 복사돼 거리에 구애받지 않고 송수신되는 커뮤니케이션 상황을 가리킨다.
** 비판이론은 계몽주의에서 시작해 마르크스를 거쳐 지속된 지배에 관한 비판을 이론적으로 추구함으로써 해방의 기획을 장려하는 흐름이다(Poster 1994, 296).
*** 포스터는 포스트 구조주의가 새로운 커뮤니케이션 테크놀로지의 언어적 특질을 이해할 수 있게 하고, 이런 특질을 주체 구성이라는 문화적 문제에 연결해줄 수 있다고 본다. 포스터의 비판이론이 포스트 구조주의를 수용할 수 있는 이유는 현대 사회에서 발견되는 언어의 의미 작용에 관련된다. 마르크스주의가 상정하는 노동 패러다임이 형이상학적인 도식이며 현실을 제대로 설명할 수 없다고 비판하는 포스터는 포스트 구조주의에서 바라보는 언어 패러다임 속에서 현대 사회의 특질이 제대로 이해될 수 있다고 봤다.

향력을 행사하는 하나의 네트워크를 구성한다. 이 네트워크는 정보가 전달 되면서 거쳐야 하는 많은 연결 지점들로 짜인다. 정보의 성격과 소통이 새 로운 문화와 권력을 창출한다는 래쉬의 분석은 집단 지성이 형성되고 행사 되는 과정을 이해할 기초 이론을 제공한 데 의의가 있다.

이런 과정을 거쳐 형성된 새로운 주체가 바로 디지털 네이티브^{digital native}다. 디지털 신인류들은 한국 사회에서 네 단계를 거치며 성장했다. 먼저 1990년을 전후한 진입기다. 디지털이라는 말이 아직 기술적 영역에 머물 러 있었지만, 점점 PC가 생활의 도구로 정착하고 PC통신이 얼리어답터^{early adopter}나 트렌드 리더들 사이에서 확산됐다. 이렇게 해서 1세대 디지털 네이 티브가 태동하는데, 주로 90학번을 전후한 학생들이 주축이었다. 이 세대 는 PC통신 문화를 처음 받아들이고 PC를 생활과 학업에서 본격 활용했다.

둘째, 1990년대 중반과 후반의 과도기다. 진입기 때 머리로 디지털을 받 아들인 디지털 네이티브가 태동했다면, 과도기에는 몸으로 디지털을 받아 들인 본격 디지털 네이티브가 생겨났다. 또한 아날로그 세대들이 디지털 세대로 거듭나는 적응기였기 때문에, 적응에 성공한 사람들은 디지털 이 주민이 된 반면 실패한 사람들은 디지털 지체자가 됐다. 한편 디지털이 새 로운 기회의 땅으로 인식된 이 시기에는, '과도기'라는 말에서 알 수 있듯 이 이비즈니스 같은 신종 산업이 출현하는가 하면 급작스런 디지털화에 따 른 사회적 폐해가 급증했다. 한편 1999년 전화선을 이용하는 비대칭 디지 털 가입자망^{ADSL} 서비스가 상용화돼 본격적인 초고속 인터넷 시대가 열리 며 인터넷이 새로운 '블루칩'으로 각광받기 시작했다.

셋째 단계는 2000년부터 2009년까지 이르는 성장기다. 디지털 시대가 낳은 디지털 네이티브들이 본격적으로 사회 활동을 펼친 이 시기에 정치, 사회, 문화 같은 모든 분야로 디지털 세대가 진입하기 시작했다. 디지털 신 인류의 유형이 가장 세분화되고 진화했으며, 사회 문제나 새로운 현상에 매우 높은 관심을 보이고 참여했다. 《오마이뉴스》 같은 인터넷 미디어가

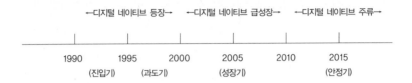

←디지털 네이티브 등장→ ←디지털 네이티브 급성장→ ←디지털 네이티브 주류→

1990	1995	2000	2005	2010	2015
(진입기)	(과도기)		(성장기)		(안정기)

등장해 미디어 권력이 재편됐고, 네티즌이 촉발한 촛불 집회는 하나의 시위 문화이자 여론 표현의 도구로 정착했다. 그 힘은 2002년 16대 대통령 선거, 2004년 탄핵 정국과 17대 총선에서 강력하게 발휘됐고, 2008년 미국산 쇠고기 수입 반대 촛불 집회에서 절정을 맞았다. 각 정당은 디지털 전담 부서까지 만들어 네티즌을 비롯한 디지털 세대의 표심 잡기에 힘썼다.

마지막 단계인 2010년 이후는 안정기다. 안정기는 디지털 네이티브가 사회적 주도권을 갖는 시기로, 사회, 문화, 정치, 경제 등 모든 분야에서 디지털화가 안정기에 접어든다. 안정기 때 드러나는 트렌드는 성장기 때 드러나는 이슈나 현상들의 연장선에 있다. 따라서 안정기를 제대로 예측하려면 지금 벌어지고 있는 일들을 면밀히 검토해야 한다(김용섭 2005, 27~35).

디지털 환경의 급속한 변화에 관련해 탭스콧D. Tapscott은 베이비 붐 세대 (1946~1964년생)가 텔레비전이라는 미디어를 중심으로 로큰롤, 장발, 저항 운동을 주도했다면, 베이비 붐 세대의 자녀인 디지털 네이티브(1977~1997 년생)는 인터넷을 통해 새로운 변화를 주도할 것이라고 봤다. 디지털 네이티브들에게 인터넷은 삶의 공간이자 일터요 놀이터다. 디지털 네이티브는 새로운 것을 받아들이고 즐기고 탐닉하지만, 고립된 외톨이는 아니다. 정보적 소통을 통해 다양한 커뮤니티를 구성하고 자율적으로 활동하기 때문이다. 또한 세상을 움직이고 바꾸려 한다. 문자 메시지와 인터넷을 통해 정치, 종교, 문화, 산업 등 다방면에 걸쳐 의견을 개진하고 뜻을 공유한 사람들하고 함께 직접 행동에 나선다.

한국 사회에서도 이런 디지털 네이티브는 빠르게 늘어나고 있다. 10대에서 30대까지 이르는 디지털 네이티브는 언제 어디서든 인터넷을 사용할 수 있으며, 원하는 상품은 주저 없이 소비할 정도로 자신의 선호를 중시한다. PC가 널리 보급되는 시기에 유소년기를 보내고 청소년기에는 인터넷을 자유자재로 사용하면서 사회화를 경험한 이 세대는 스마트폰과 넷북이 등장한 시기에 또다시 새로운 진화의 궤적을 밟고 있다. 스마트폰과 넷북이 새로운 소통 도구가 되면서 MP3와 디지털카메라는 이미 구식이 됐다《매일경제》 2010년 1월 9일).

디지털 신인류에게 인터넷 사용은 데스크톱 컴퓨터를 넘어 모바일 미디어로 확대된다. '모바일 미디어'란 휴대할 수 있고 네트워크에 접속할 수 있는 무선통신 형태의 디지털 멀티미디어 기기를 말한다. 모바일 미디어의 대표적 특징은 개인 중심성, 즉시성, 직접성이다. 모바일 미디어는 1인 사용자가 전용으로 휴대하는 미디어이므로 소유권이 이용자 개인에게 귀속돼 있고, 이 기기를 바탕으로 1인 맞춤 서비스가 제공된다는 점에서 개인 중심성이 극대화돼 나타난다. 그리고 언제나 어디서나 이용할 수 있다는 점에서 즉시성이 구현된다. 직접성은 메시지의 송신자와 수신자 사이에 다른 매개체가 들어 있지 않고 서로 직접 메시지를 주고받을 수 있다는 의미다(성동규 2007, 29~31). 이런 직접성이 바로 디지털 신인류들의 폭발적 결집을 가능하게 한 동력이 됐다는 사실은 잘 알려져 있다.

인터넷을 장착한 모바일 미디어로 무장한 디지털 신인류가 펼친 직접 행동은 2000년대 들어 매우 활발해졌다. 특히 2002년을 시발로 한 여러 촛불 집회, 곧 미선이 효순이 촛불 집회, 이라크전 반대와 파병 반대 촛불 집회, 대통령 탄핵 반대 촛불 집회, 미국산 쇠고기 수입 반대 촛불 집회의 중심에는 언제나 디지털 신인류들이 있었다. 정치와 문화가 결합한 광장 문화와 정보적 소통을 통한 자발적 참여는 시민운동의 패러다임을 전환하라고 촉구하는 자극제가 됐다. '아래에서 올라오는 탈제도화 압력'이라고 할 수 있는, 제도화와 고착화의 덫에 빠진 시민운동의 혁신과 성찰을 요구하는 목소리였다.

특히 미국산 쇠고기 수입 반대 촛불 집회에서 확인된 대로 기성 시민운동은 촛불을 이끌 지도부가 부재할 뿐 아니라 의제를 조직할 능력이 없다는 점에서 취약했다. 운동 의제뿐 아니라 소통 방식도 혁신해야 했다. 김대중, 노무현 정부 시기 동안 시민운동은 사회를 움직이는 제도적 구성 요소로 성장했지만, 일반 시민을 상대로 하는 소통은 축소됐다. 이런 상황에서 대중 스스로 주체가 되고 집단 지성을 통해 전개한 네트워크형 집단행동은 시민운동이 새롭게 구축해야 할 소통 체계의 모델을 제공했다. 마지막으로 제도화된 운동 방식을 혁신하라는 강력한 요구가 제기됐다. 입법을 청원하고, 소송을 제기하고, 논평과 성명서를 발표하는 방식은 대국민 소통에 귀를 닫은 정부에게는 효과가 없었다. 대중의 창의적이고 기발한 상상력을 강력한 물리력으로 전환할 수 있게 운동 방식을 혁신해야 한다(홍일표 2009, 89~91).

디지털 신인류의 직접 행동은 촛불 집회 같은 사회운동에 그치지 않는다. 신제품의 과대광고를 고발하는 소비자운동에서 어려운 처지의 이웃을 돕는 모금운동까지 형태가 다양하다. "열세 살 소영이의 다리는 휠체어의 바퀴입니다. 골형성 부전증으로 뼈가 약해서 작은 충격에도 뼈가 쉽게 부러지고 회복이 더디기 때문입니다"라는 사연이 인터넷에 알려진 뒤 네티즌 수백 명이 온라인으로 기부에 동참했다. 또한 2009년 출시된 캐논 EOS 7D 카메라는 뷰파인더 시야율이 100퍼센트라는 홍보하고 다르게 실제 시야율은 97퍼센트라는 사실을 네티즌들이 밝혀내기도 했다. 그 뒤 캐논은 광고 문구를 '100%'가 아닌 '약 100%'로 슬그머니 수정했지만, 온라인 동호회를 중심으로 비판이 거세지자 환불 조치에 들어갔다(《매일경제》 2010년 1월 9일).

디지털 신인류의 유형

인터넷과 모바일 미디어를 통해 출현한 디지털 신인류는 어떤 유형으로 나뉠까?* 첫째, 컨버전스 유형Convergence group이다. 기술의 융합, 문화의 융합, 경제의 융합 등 디지털화는 다양한 형태의 결합과 융합이 일어나는데, 이런 융합 환경이 낳은 신인류가 컨버전스 유형이다. 이 유형에는 생산자와 소비자의 결합에 디지털 코드가 덧붙여 가속화된 디지털 프로슈머Digital Prosumer, 디지털 기기와 디지털 네트워크가 공간 컨버전스를 통해 활동 영역을 넓힌 디지털 노마드Digital Nomad, 디지털 노마드를 직업적 개념으로 적용한 잡노마드Job Nomad, 가상 공간과 현실 공간의 결합으로 인간 중심의 디지털 통합 기능이 강화된 유비쿼터스족Ubiquitous Tribe, 다양한 분야의 결합과 교차를 통해 제3의 신생 분야를 만드는 퓨전족Fusion Tribe, 개인에게 부여된 역할의 수를 확대하면서 활동 영역과 생산성을 높이는 멀티족Multi Tribe, 모바일 기기 의존성이 높은 모바일족Mobile Tribe, 문화의 각 장점을 결합해 조화롭게 디지털 시대를 받아들인 아나디지족Ana-digi Tribe 등이 있다(김용섭 2005, 55~58).

컨버전스 유형 중 현실에서 발견되는 몇 가지 사례를 살펴보자. 먼저 정보와 콘텐츠 분야에서는 디지털 프로슈머가 빠르게 늘어나 전 국민의 디지털 프로슈머화가 진행되고 있다. 1020세대들은 디지털 기기와 그 문화가 세대 경험으로 자리 잡으면서 대표적인 디지털 프로슈머로 등장하고 있고, 깊이와 전문성으로 다져진 3040세대도 그 뒤를 따르고 있다. 한편 경기 불황과 높은 실업률로 평생 직장 개념이 사라지면서, 자기 의지에 따라 자유롭게 직업을 개척하는 잡노마드도 증가하고 있다. 일명 '인생 다모작'이라 불리는 이 유형에는 투잡족처럼 두 가지 이상의 직업을 갖고 있는 사람, 잘 다니던 직장을 나와 홀연히 창업에 뛰어든 1인 기업가, 농촌을 새로운 삶의

---

* 다음의 분류는 김용섭이 《디지털 신인류》(2005)에서 제시한 논의에 기초하여 구성하였다.

터전으로 바꾼 귀농인이 포함된다. 마지막으로 휴대전화를 손 안의 컴퓨터처럼 자유자재로 활용하며 생활하는 모바일족이 증가하고 있다. 모바일족은 휴대전화로 메신저와 미니홈피, 블로그를 즐기고 있을 뿐 아니라, 음치 치료 서비스나 숙취 해소, 모기 쫓기, 콜택시나 대리운전 서비스까지 이용한다(김용섭 2005, 59~60).

둘째, 패스파인더 유형Pathfinder group이다. 이 유형은 디지털화를 좀더 적극적으로 받아들이고 디지털화에 관련된 여러 현상과 기술적 진보를 주도한다. 컴퓨터 기술의 진보에 큰 영향을 미치는 해커hacker, 신문화 창조자인 디지털 이노베이터Digital Innovator, 새로운 디지털 기기의 테스트와 대중화에 큰 구실을 하는 얼리어답터, 인터넷 사업과 이비즈니스 분야를 비롯한 각종 디지털 산업 분야를 초기에 이끈 벤처러Business Venturer, 새로운 트렌드의 변화를 주도하는 트렌드 리더나 트렌드를 읽어내는 트렌드 워처Trend Watcher, 기술적 소양은 물론 안목도 갖추고 있어 전략적 미래 구상과 예견 능력을 지닌 테크노 인텔리전스Techno-intelligence, 디지털을 직접 민주주의와 정치적 환경 속으로 끌어들이며 정치적 의견과 활동을 사이버 공간에서 적극 표출하는 디지털 호모 폴리티쿠스Digital Homo politicus, 디지털을 예술 영역으로 끌어들여 새로운 영역을 개척한 디지털 아티스트 등이 여기에 해당한다(김용섭 2005, 142~145).

패스파인더 유형 중 현실 속에서 찾을 수 있는 몇 가지 사례를 살펴보자. 먼저 한국 사회는 디지털 제품을 빠르게 소비한다는 점에서 얼리어답터의 천국이다. 기업은 얼리어답터들을 테스트베드로, 입소문의 진원지로 바라보기도 한다. 신제품이 나오면 일단 구매를 결정하고 보는 서구의 얼리어답터하고 다르게, 한국의 얼리어답터들은 장기 불황으로 어려워진 소비 여건 때문에 합리적이고 선택적인 구매를 한다. 한편 1990년대 중반부터 인터넷 산업이 빠르게 성장하면서 많은 사람들이 직장을 나와 벤처 비즈니스에 뛰어들었다. 비즈니스 벤처러들은 주로 소수 정예로 기술 개발을

비롯한 지식 집약형 산업에 진출했다. 디지털 폴리티쿠스의 대표 사례는 R
·W세대와 P세대에서 찾아볼 수 있다.* R·W세대는 2002년 길거리 응원
전을 이끈 주역들로, 자발적인 대중적 참여를 통해 새로운 정치적 의제와
사회적 의제를 표출했다. P세대는 길거리 응원전과 촛불 집회를 통해 형성
된 공동체 의식과 N세대의 라이프스타일을 갖고 있으면서도 386세대처럼
사회 여론을 주도하는 사회의식을 지닌 세대를 가리킨다.

셋째, 커뮤니케이터 유형Communicator group이다. 개인을 커뮤니케이션 권력
의 중심으로 삼는 이 유형은, 정보도 직접 생산하면서 수집된 정보를 편집
하고 편성해 개인의 정보 생산성을 확대하며 사회적이고 정치적인 커뮤니
케이션에 능동적으로 나선다. 1인 미디어를 통해 정보 생산과 대중적 커뮤
니케이션을 즐기는 1인 미디어족One Man Media Tribe, 정치적 표현을 비롯한 각종
의견과 담론을 패러디라는 쉽고 가벼운 장르를 통해 접근하면서 자신의
생산 욕구와 커뮤니케이션 욕구를 표출하는 패러디족Parody Tribe, 자신의 온
라인 매체를 통해 손쉽게 접근할 수 있는 콘텐츠를 담아 나르는 펌족Taker,
디지털 카메라로 갖가지 영상을 찍어 올리는 디카족, 인터넷 게시판 이용
자들끼리 주고받는 리플 문화 속에서 커뮤니케이션을 하는 댓글족, 스스로
입소문을 만들어내거나 남이 만든 입소문을 전달하면서 커뮤니케이션 확
대의 경험을 즐기는 입소문 전파자WOM Tribe, 자신이 가진 콘텐츠 생산 능력
과 이야기꾼의 자질을 유감없이 발휘하는 디지털 스토리텔러Digital Storyteller,
상대를 공격하고 반대하기 위한 활동을 펼치는 안티족Anti Tribe 등이 여기에
해당한다(김용섭 2005, 62~64).

케뮤니케이터 유형은 현실 속에서 어떤 모습으로 나타날까? 먼저 미니
홈피와 블로그가 인기를 끌면서 1인 미디어족이 증가했다. '싸이월드'(미니

---

* R·W세대는 붉은 악마와 비더레즈 티셔츠를 의미하는 'red'와 'world cup'의 앞 글자를, P세대는 패러다임
개척자(paradigm shifter), 참여(participation), 열정(passion)의 앞 글자를 따 만든 세대명이다.

홈피)는 홈페이지가 갖고 있던 기술적 한계를 극복해 이미지 중심의 사용하기 간편한 체계를 제공함으로써 '홈피 1000만 시대'를 이끌었고, '네이버' 같은 포털사이트의 블로그는 개인 미디어를 효과적으로 구축하고 운영할 수 있게 해줬다. 한편 패러디족은 1998년 《딴지일보》라는 패러디 매체가 등장한 이래 빠르게 증가했다. 패러디족은 대통령을 비롯한 정치적 이슈뿐 아니라 드라마, 영화, 스포츠 같은 대중문화를 대상으로 기상천외한 패러디의 미학을 선보였다. 마지막으로 특정 이슈나 인물에 관해 자기 의견을 게시하는 댓글족이 등장했다. 댓글족들이 남기는 메시지는 대상을 칭찬하고 우호적으로 표현하는 '선플'과 악의적 비난과 루머를 퍼뜨리는 '악플'로 나뉜다.

넷째, 중독-몰입 유형Holic group이다. 한 가지 일이나 콘텐츠에 빠져 있는 사람들이 이 유형에 속한다. 마니아적 기질이 잘못 표출되거나 인터넷 문화에 지나치게 집착하는 사이버 폐인, 고립된 공간에서 장기간 칩거하는 디지털 히키코모리, 인터넷에 접속하지 않으면 불안해하는 인터넷 중독자Web holic, 성적 충동을 느끼면 온라인에 접속해 요구를 해소하는 사이버섹스 중독자Cyber sexholic, 훔쳐보려는 관음 욕구에 중독된 사이버 관음족Cyber Voyeur Tribe, 무조건 디지털이면 좋게 생각하는 디지털 숭배자Digital admirer, 디지털 기기를 장시간 사용한 탓에 중요한 일이나 시간을 잊는 디지털 치매Digital Dementia, 실제 현실 속의 자기 존재보다 가상 공간에 존재하는 분신을 통해 정체성을 확인하는 아바타족Avatar Tribe, 컴퓨터에 이상이 생기면 바로 리셋 버튼을 누르는 리셋족Reset tribe 등이 이 유형에 해당한다(김용섭 2005, 79~81).

현실 속에서 발견되는 중독-몰입 유형의 사례를 몇 가지 살펴보자. 먼저 디지털 폐인은 일상생활에 지장을 줄 정도로 디지털 콘텐츠에 몰입한 사람들인데, 네티즌 사이에서 '폐인'이라는 말이 처음 사용된 곳은 '디시인사이드'였다. 폐인은 이 사이트에 오른 다양한 사진들에 남다른 관심을 보이고 집중한 사람들을 일컬었다. 한편 인터넷에 접속하지 않으면 금단 현상이 오는 인터넷 중독자들도 급증하고 있다. 현재 국내 10대에서 30대까지 인터넷 사용자 세 명 중 한 명이, 특히 10대의 3분의 2가 인터넷 중독자라고 할 만큼 인터넷 중독자의 규모가 빠르게 늘고 있다. 이메일과 메신저에 느끼는 강박증, 무의식적으로 계속되는 장시간의 웹서핑, 학업과 직장 생활에 영향을 줄 정도로 빠져드는 온라인 게임 등이 대표적인 중독 증상이다(김용섭 2005, 276~288). 마지막으로 현실 공간의 자기 실체와 가상 공간 속 아바타의 존재를 혼동하는 아바타족이 있다. 〈세컨드라이프〉, 〈심즈〉, 〈프린세스메이커〉 같은 시뮬레이션 게임에 등장하는 캐릭터들은 게임을 넘어 사용자의 욕망을 표상하며 현실화되기도 한다.

다섯째, 지식인 유형Knowledgian group이다. 이 유형은 지식 정보라는 문화와 도구를 잘 활용하는 사람들을 가리킨다. 정해진 사고의 틀을 벗어나 새로운 패러다임을 구축하려 하는 호모 날리지언Homo Knowledgian, 두뇌와 정보로 새로운 가치를 창조하는 능력 위주의 전문직 종사자인 골드칼라Gold Collar, 탁월한 지적 능력으로 디지털 혁명을 주도하는 디제라티Digera_ti(디지털과 지식 계급의 합성어), 노하우하고 함께 노웨어를 효과적으로 활용하거나 노하우 없이 검색한 지식만 맹신하는 노웨어족KnowWhere Tribe, 정보 공유에 공조하지만 방식에서는 돈이 매개가 돼야 한다고 생각하는 지식상품족 Knowledge Commodity Tribe 등이 여기에 해당한다(김용섭 2005, 82~83).

지식인 유형의 현실 사례를 몇 가지 살펴보자. 먼저 호모 날리지언은 지식이 곧 돈이고 지식 정보가 산업이 되는 현대 사회의 변화 속에서 등장했다. 특히 1998년 대통령 자문 기구인 '제2건국위원회'가 벌인 신지식인 운동 속에서 구체적인 모습을 드러냈는데, 이때 신지식인으로 선정된 사람에는 인터넷 홈페이지로 농산물 직거래망을 개통해 소득을 두 배로 올린 공학도 출신의 농민, 컴퓨터 정밀 지도를 작성해 집배 시간을 절반으로 줄인 초등학교 졸업 학력의 집배원 등이 있었다. 한편 육체 노동자를 상징하는 블루칼라와 정신 노동자인 화이트칼라하고 다르게 기발한 아이디어와 창조적 사고로 새로운 질서를 주도하는 골드칼라가 등장했다. 골드칼라는 정보통신, 첨단 기술, 금융, 광고, 서비스 같은 분야에 종사하면서 새로운 직장인상을 만들고 있다. 마지막으로 정보를 효율적으로 검색하고 수집하며 분석하는 능력이 뛰어난 노웨어족이 등장했다(김용섭 2005, 310~321). 이 부류는 노하우와 노웨어의 결합을 통해 지식 정보의 극대화에 이를 수 있지만, 노웨어에 지나치게 의존한 나머지 노하우 없는 지식을 맹신하기도 한다. 해피캠퍼스(www.happycampus.com) 같은 리포트 거래 사이트에서 리포트를 구해 단순 편집한 뒤 과제로 내는 대학생들에게서 이런 모습을 발견할 수 있다.

여섯째, 레밍스 유형Lemmings group이다. 레밍스 유형은 맹목적이고 추종하는 성향을 지닌 사람들을 말한다. 한국이 세계적인 디지털 선진국이 돼 디지털 산업과 문화를 선도한 배경에는 강한 레밍스 기질이 놓여 있다. 누가 하면 나도 해야 할 것 같은 심리가 PC와 휴대폰, 초고속 인터넷을 모든 사람들에게 퍼뜨렸다. 이 유형에는 디지털 시대가 양산한 대량 정보화와 직접 참여주의가 가져온 부작용으로 생겨난 디지털 레밍스Digital Lemmings, 인터넷 군중 심리와 집단행동이 만들어낸 사이트 공격 동참자Website Cracker, 약속된 시간에 특정 장소에 모여 각종 퍼포먼스를 연출하고 사라지는 플래시 모버Flash Mobber, 트렌드를 무분별하게 뒤쫓는 트렌드 블라인더Trend Blinder 등이 있다(김용섭 2005, 66~68).

외부의 선동이나 자극에 민감하게 반응하는 디지털 레밍스는 가치관과 정체성이 제대로 확립되지 않은 사람들 사이에서 발견된다. 이런 사람들한테서는 누구나 다 10억 원을 모아야 하고, 얼짱이나 몸짱이 돼야 하며, 웰빙족으로 살아야 한다는 강박증이 나타난다. 한편 이메일이나 휴대전화를 통해 약속 장소에 모여 아주 짧은 시간 동안 통일된 행동을 보이다 사라지는 플래시 모버가 등장하고 있다. 2003년 8월 서울 강남역 횡단보도에서 "행복하세요, 건강하세요"라고 외친 일을 시발로 다양한 공간에서 시체놀이, 마임, 단체 율동을 펼쳤다. 마지막으로 자신만의 스타일이나 방향성을 못 잡고 남이 만들어놓은 트렌드를 무분별하게 추종하는 트렌드 블라인드가 등장했다. 이 부류는 기업의 마케터들에게 일차 공격 대상이 된다. 충동구매에 약한 감성적 소비 집단이기 때문이다(김용섭 2005, 200~212).

요컨대 신자유주의 시대의 문화 지형은 시장 종속이 심화되면서 경제적 관점에서만 문화의 가치를 평가하게 만들어졌다.

문화 산업에서 경제적 가치를 생산하려는 국가적이고 사회적인 강력한 욕구가 문화 영역의 탈규제와 개방으로 이어지면서 문화 자본의 독점화를 초래했다. 결국 문화 자체의 발전보다는 문화를 매개로 한 이윤의 창출이 훨씬 중요해지면서 문화의 다양성이 훼손되는 문제가 발생했다. 그러나 이런 문화 지형의 변화는 대중이 더는 소비자의 지위에 머물지 못하게 만드는 효과를 발휘한다. 정보통신 기술이 발전해 디지털 문화가 보편화되면서 대중을 문화의 생산자로 진화시킨 것이다. 정보적 소통을 통해 지식을 습득하고 습득한 지식을 다양하게 활용하면서 대중은 창작의 즐거움을 체험하기 시작했다. 대중은 사이버 공간뿐 아니라 오프라인에서도 능동적이고 자율적인 주체로서 자신을 드러냈다.

3부

대중의 시대

참여 군중과 집단 지성
그 리 고
새로운 대중 실천

한국 사회에서 대중에 관한 관심이 급증한 계기는 2002년 이후 벌어진, 새로운 대중 실천이라 부를 만한 여러 사건들이다. 연초에 발생한 오노 사건과 6월의 길거리를 뜨겁게 달군 길거리 응원전은 2002년을 '새로운 대중 시대'로 부르게 할 기폭제가 됐다. 김동성 선수 금메달 박탈 사건으로 야기된 대중의 분노와 연인원 2193만여 명이 참가한 길거리 응원전은 대중의 자발적인 대규모 결집, 새로운 양태의 집단성을 만들어냈다.

자발적이고 폭발적인 대중의 결집과 행동은 스포츠 영역에 한정되지 않는다. 올림픽과 월드컵하고 다른 영역에서 대중은 자신의 이해와 욕망을 드러냈다. 바로 노사모를 중심으로 휘몰아친 '노풍'과 6월 지방 선거에서 민주노동당(민노당)이 원내에 진출할 수 있게 한 유권자들의 반란이다. 87년 체제 이후 진행된 형식적(절차적) 민주주의 구축 과정에서 한국 사회는 본격적인 자유화와 민주화의 궤도에 오른다. 그러나 정치사회는 지역주의, 붕당 정치, 보스 정치라는 구습을 탈피하지 못한 채 대중의 무관심과 불신의 대상이 됐다. 제도 정치를 향한 대중의 불신이 확산하던 중 노사모 활동과 민노당에 보낸 적잖은 지지는 제도 정치의 새로운 가능성을 열었다(김성일 2002, 182).

요컨대 오노 사건에 따른 반미 의식의 대중적 확산, 길거리 응원전에서 보인 자발적이고 열정적인 응원, 노사모 활동과 민노당 지지를 통한 젊은 세대의 제도 정치 개입은 대중에 관한 새로운 이해를 요구했다. 이 사건들은 실질적 활동 속에서 다수의 자발적 참여를 통해 진행됐기 때문이다. '실질적 활동'은 관찰자의 시각에서 추상적 개념을 통해 대중 연구를 하지 못하게 만들 정도의 구성적 특성에 주목하게 만든다. '다수'라는 특성은 일부 소수자가 아니라 일반인 또는 생활인의 의식, 욕망, 경험에 주목하게 한다. '자발성'은 엘리트나 운동 집단에게 동원 전략을 수정하라고 촉구한다.

이런 대중 결집에 작용한 여러 요인들은 나름의 역사적 발자취를 남겨 왔는데, 이 요인을 검토하고 재구성하는 작업은 대중 연구를 풍부하게 만든다. 따라서 현재적 대중의 특이성은 그것 자체로 의미가 있지만, 그 특이성이 가시적 형태로 드러날 수 있게 만든 구조 변동을 함께 추적하게 되면 좀더 입체적인 통찰이 가능해진다. 2002년을 기점으로 출현한 새로운 대중 실천에 관한 분석도 그 실천이 형성되는 과정에 영향을 미친 구조 변동을 함께 검토해야 비로소 가능해질 것이다.

구조 변동에 관련해 분석할 대상은 물적 생산 방식의 변화, 정치적 지배 방식의 변화, 사회적 소통 방식의 변화다. 이 세 가지 변화는 새로운 대중 실천에 영향을 끼친 요인들, 곧 대중 형성의 새로운 변화라고 할 수 있는 개인의 수행성 증대, 신자유주의적 재구조화에 따른 사회 양극화와 억압적 지배 방식, 정보통신 기술의 혁신이 가져다준 새로운 커뮤니케이션 환경의 혁신에 결정적 영향을 미쳤다.

온전한 대중 연구는 이런 작업이 새로운 대중 실천의 사례들(오노 사건을 시발로 해 미국산 쇠고기 수입 반대 촛불 집회에서 정점에 다다른 일련의 과정)에 관련해서 몇 가지 사항을 규명하는 문제에 연결될 때 비로소 완성된다. 우리가 규명해야 할 사항은 세 가지다. 첫째, 폭발적 대중 결집을 가능하게 한 주체를 규명해야 한다. 둘째, 상황에 관한 인식과 집단행동에 필요한 참여 동기, 그리고 의식의 집단적 공유 방식에 관해 규명해야 한다. 셋째, 자발적 참여와 자율적 실천을 특징으로 한 실천의 특이성을 규명해야 한다.

1장

변화
─ 탈근대적 구조 변동의 세 차원

1. IMF 위기 ─ 물적 생산 방식의 변화

1980년대에 진행된 개방과 산업 구조의 조정은 1990년대 신경제 정책으로 이어지면서 신자유주의적 축적체제의 기초를 다지게 되는데, 이런 정책 기조는 외환 위기 이후에 전면화된다. 이 흐름에 따라 전개된 '탈공업화' 전략은 대기업과 독점자본의 영향력을 증대시키고 중소기업의 수익성을 압박했다. 그 결과 산업 구조뿐 아니라 기업 규모와 업종에 따라 고용과 임금의 양극화가 나타나 구조적으로 경제 위기가 만성화됐다. 경제 위기를 나타내는 대표적인 지표인 고용 불안은 중산층의 급격한 추락으로 이어지면서 사회의 계급 구조를 양분했다.

문제는 이런 경제적 추락과 공포가 새로운 대중 실천의 주요 동인들, 특히 왜곡된 포퓰리즘populism, 편협한 애국주의, 배타적 민족주의, 쏠림 현상 같은 부정적 대중 심리와 집단행동을 야기했다는 점이다.* 사회의 계급 구조가 양극화되면서 무한 경쟁에서 밀려난 다수의 사람들은 일찍이 르 봉과 가세트가 비판한 집단성의 부정적 측면, 곧 무질서하고 무정형적이며 폭력적이고 분위기에 쉽게 동화되는 특성을 계승하면서도 다른 한편으로는 완전히 다른 행동 양식을 보였다. 쉽게 흥분하고 과격해지며 분위기에 휩싸이는 특성을 보이지만, 엘리트 집단이나 한 사람의 영웅에 선동되지 않고 스스로 행동의 당위성을 찾는다는 것이다.

이 대중들은 왜곡된 포퓰리즘으로 서로 공감대를 형성하고 정보적 소통을 통해 자신의 의견을 표명하며 집단화된 지식을 근거로 집단행동의 정당성을 확보한다. 따라서 왜곡된 포퓰리즘은 가속화되는 사회 양극화 속에서 주변부로 밀린 다수의 무산자들이 만들어낸 담론이자 에토스다. 이 대중들은 무한 경쟁에서 밀린 좌절과 분노를 공유하면서 자기하고 똑같은 처지에 놓인 사람에게는 강력한 유대 의식을, 그렇지 않은 사람에게는 강한 거부감하고 함께 집단 린치를 가한다. 따라서 신자유주의적 축적체제는 사회 양극화와 함께 대중의 폭발적 결집을 가능하게 한 정서적 공유에 커다란 영향을 미쳤다.

그렇다면 새로운 대중 실천을 야기한 물적 생산방식의 변화는 어떻게 전개됐는가? 생산양식의 변화는 1997년 IMF 구제 금융 체제를 통해 전면화된 재구조화에 직접 연결된다. 재구조화의 핵심은 신자유주의 세계화의 코드에 맞게 한국 사회를 대대적으로 구조 조정하는 것이었다. 그런데 신자유주의 세계화의 흐름과 압력이 외환 위기 뒤에 갑자기 나타나지는 않았다. 시작은 이미 1980년대까지 거슬러 올라간다. 1980년대 한국 경제는 대량 생산과 대량 소비를 기반으로 한 산업 구조가 자본 집약적 산업과 기술 기반의 고효율 생산으로 바뀌는 세계 경제의 변화에 직면했다.

개방과 산업구조 조정이라는 대책은 일시적으로 효과를 보는 듯했다. '3 저'라는 일시적 조건에 힘입어 호황을 구가하고 무역수지 흑자도 비약적으로 상승했기 때문이다. 그러나 한국 경제는 곧 축적 위기에 다시 빠져들었고, 이 과정에서 '신경제 정책'이 도입됐다. 구조 조정을 본격화한 이 정책은 수입 자유화와 자본 자유화를 중심으로 추진됐으며, 87년 노동자 대투쟁으로 강화된 노동자의 저항을 막아내려고 더 강압적인 방식으로 진행됐다. 문제는 이런 정책 기조 속에서 진행된 무분별한 탈규제와 개방, 금융 자율화가 1997년 외환 위기를 낳은 주요 원인이 됐다는 사실이다.

IMF 구제 금융 체제는 자본 축적의 구조적 모순을 적나라하게 보여준 사건이었다. 이 모순의 결과 이윤율은 1980년대 말부터 1997년 위기 직전까지 꾸준히 낮아졌다. 그 뒤 시작된 신자유주의적 재구조화의 본질은 이 윤율을 회복하기 위한 자본의 공세였으며, 이 과정에서 노동자 계급을 대상으로 하는 착취가 강화되고 경제적 종속은 더욱 심화됐다. 제조업 부문의 이윤율은 1970년대 초반 평균 16퍼센트에서 1980년대에는 평균 11퍼센트, 1996년에는 평균 5.4퍼센트로 낮아졌다. 이윤율은 1996년에 바닥을 친 뒤, 1997년 위기 뒤에 회복돼 2000년에는 10퍼센트가 됐다. 그러나 그 뒤 다시 하락해 2003년에는 8.3퍼센트가 됐는데, 1970~2003년 사이 최고점인 1972년 19.5퍼센트의 절반도 되지 않은 수치다(정성진 2006, 18~21).

이윤율을 보전하기 위한 신자유주의적 재구조화는 어떻게 진행됐을까? 1990년대 내수 시장의 확대로 축적 위기를 극복한 한국 경제는 외환 위기로 침체한 내수 시장의 위기를 타개하려고 수출 의존도를 다시 높였다. 또한 세계 시장에서 벌어진 무한 경쟁으로 미래가 불투명해지자 기업은 장기적 성장보다는 단기 수익 확보에 집중했다. 투자와 팽창을 통해 장기적 이윤을 확보하기보다는 내부 규모의 축소와 비용 절감으로 단기적 이윤을 극대화하는 방향으로 경영 전략이 바뀌었다.

이제 경영 합리화라는 미명 아래 조직 혁신, 임금 규모 축소, 인원 감축, 정규직 축소와 비정규직 대체 같은 구조 조정이 일반화됐다. 더 나아가 기업은 대자본의 수익 획득 전략을 변화시켰다. 가치 이전(다른 곳에서 생산된 가치를 자신에게 이전하는 전략)이 더 중요해지면서, 연구개발과 노하

직종별 노동자 비중 추이						
구분	직종	2002년	2003년	2004년	2005년	2006년
대기업 (500인 이상)	생산직	36.5	34.3	32.7	30.5	32.9
	사무관리직	22.8	22.1	23.7	23.8	25.5
	(준)전문가	31.7	34.6	33.7	35.6	32.4
	판매 서비스직	3.3	2.9	2.7	3.8	3.4
	단순 노무직	5.7	6.0	7.2	·6.2	5.6
전체	생산직	30.7	30.1	29.1	28.0	29.1
	사무관리자	29.2	29.6	30.1	31.5	32.4
	(준)전문가	25.9	26.3	25.8	24.9	25.2
	판매 서비스직	6.0	6.0	5.6	6.5	5.7
	단순 노무직	8.1	7.9	9.3	9.1	7.5

출처: 노동부, 〈임금구조기본통계조사〉

우를 독점하고 유통망을 장악하는 데 힘쓰기 시작했다. 아예 기업은 생산
과정에서 벗어나 금융시장에서 기업 자체를 상품으로 거래해 수익을 얻기
도 했다.

기업은 가치 생산보다 가치 실현을 최상의 목표로 설정했다. 제품의 기
획, 브랜드, 디자인, 마케팅에 집중하면서 그밖의 생산 기능들은 모두 외부
로 이전했다. 이제 기업은 제품 생산에 관여하는 폭을 줄여 그 책임을 상품
연쇄의 하위 자본에 이전하면서 생산에서 점차 이탈했다. 이런 변화는 기업
내부의 변화, 곧 직접 생산을 담당하는 생산직 비중이 크게 줄고 사무관리
직과 전문가 직종이 증가하는 흐름으로 이어졌다(전국불안정노동철폐연대 2009, 61~68).
직종별 노동자 비중 추이를 정리한 위의 표에 이런 상황이 잘 반영돼 있다.

그런데 생산의 주변화, 생산에서 벗어나는 경향이 나타났는데도 대기업의 생산 기능 통제는 훨씬 강화됐는데, 상품 연쇄의 핵심이라 할 서비스 영역을 장악한 덕분이었다. 대기업은 상품 연쇄 내부의 불균등한 권력 관계를 활용해 하위 기업들에 납품 단가 인하와 물량 조절 등 비용을 낮추라는 압력을 끊임없이 가했다. 분업 구조상 하위 기업들은 비용 절감과 유연성 확보의 수단으로 전락했는데(전국불안정노동철폐연대 2009, 86~87), 최근 문제가 된 원청과 하청 사이의 불공정 거래 관행은 이런 정황을 반영한다.

가치를 이전하라는 일방적인 압력에 기인한 대기업의 비용 절감 요구는 하위 기업의 수익성을 점점 더 압박했고, 하위 기업은 독립 전략, 상향 이동, 비용 재전가 전략을 모색했다. 그러나 대기업 의존도를 줄이려는 독립 전략의 모색과 상품 연쇄상의 상향 이동은 위계화된 분업 구조에서는 실제 효과를 기대할 수 없었다. 따라서 마지막 전략인 비용 재전가 방안이 채택됐다(전국불안정노동철폐연대 2009, 89~90). 중소기업 노동자의 상대적 저임금은 대기업의 높은 이윤율을 보장하는 기반이 됐다. 이런 상황은 거대 자본과 중소 자본 사이에 이윤율 양극화가 존재하지 않는다는 것을 뜻한다. 오히려 양자 사이의 핵심적 차이는 자본의 유기적 구성과 임금의 기업 규모별 격차라는 차별적 축적양식에 있다(주무현 2007, 136~137).

지금까지 살펴본 물적 생산방식의 변화는 노동운동의 변화와 노동자들의 삶 전반이 저하되는 불안정화를 초래한다. 기업 내, 기업 간 노동자 분할이 심화되는 현상(노동시장 분절)은 이런 정황을 반영한다. 원청과 하청 사이의 임금 격차가 확대됐을 뿐 아니라 개별 기업 내부에서도 기존 노동자와 신규 노동자, 정규직 노동자와 비정규직 노동자, 핵심 노동자와 주변 노동자 사이에 다양한 분할이 일어났다. 노동자의 단결과 연대는 심대한 위기에 몰리게 된다. '귀족 노동자'를 향한 사회적 비판과 반감에서 알 수 있듯이 노사 관계는 노노 관계로 변해 새로운 갈등을 야기했다.

노동자의 지위 불안은 곧 사회 전체의 불안정으로 이어졌는데, 사회양극화는 이런 불안정성의 고착화를 의미한다. 삶의 안정성이 파괴된 현실은 도시 근로자 가구의 소득 분배와 고용 실태에서 확인된다. 먼저 도시 근로자의 소득 분배 불평등은 1990년대 중반까지 완화되다가 1997년 이후 다시 악화됐다. 소득 수준 하위 20퍼센트의 소득에 견준 상위 20퍼센트의 소득 비율은 1995년 4.42에서 2005년 5.43으로 크게 높아졌다. 특히 분배를 중시한다는 노무현 정부 시기인 2003~2005년 동안 이 비율은 오히려 높아졌다(정성진 2006, 28~29).

다음으로 고용 실태를 살펴보면 2009년 취업자는 7만여 명 감소했고, 실업률도 3.6퍼센트로 0.4퍼센트 상승하는 데 그쳤다. 실업률만 놓고 보면 2005년(3.7퍼센트)보다 낮았지만, 희망근로나 청년인턴 등 실업 관련 정책들이 낸 효과에 기인한다. 실질적으로 2009년의 취업 인구 비율인 고용률은 58.6퍼센트로 2000년(58.5퍼센트) 이후 가장 나빴다. 이런 차이는 경제활동인구가 취업자와 실업자를 더한 수치인 반면, 고용률은 경제활동인구에 비경제활동인구*까지 합한 전체 15세 인구 대비 취업자 비율이라는 점 때문에 생긴다. 실제 비경제활동인구는 2.9퍼센트나 증가한 1569만 8000명으로 연간 기준 사상 최대였다. 경제 활동에 나서지 않고 비경제활동인구로 빠지는 경우가 급증한 것을 의미했다(《연합뉴스》 2010년 1월 17일).

경제 위기로 구직을 포기한 사람이 늘면서 실업자 규모는 400만 명 안팎에 이르렀다. 만 15세 인구 중 육아, 가사, 교육, 고령 등의 이유로 일할 수 있어도 일하지 않는 비경제활동인구는 1670여만 명이 돼 사상 최고를 기록했다. 기획재정부와 통계청에 따르면, 2009년 주당 18시간 미만 취업자, 비경제활동인구 중 취업 준비자, 특별한 이유 없이 그냥 쉬는 사람에다 통계상의 실업자까지 포함한 사실상의 실업자는 408만여 명에 이른 것으

---

* 비경제활동인구란 만 15세가 넘은 인구 중 일할 능력은 있지만 일할 의사가 없어 경제 활동을 포기한 인구를 가리키는 말이다. 직장을 잃고 육아와 가사를 전담하는 주부, 취업 중인 학생, 휴업 또는 폐업한 자영업자 등이 구직을 아예 포기한 경우 비경제활동 인구로 포함된다.

로 추산된다.*

이렇게 고용 상태가 나빠진 이유, 특히 신규 채용률이 눈에 띄게 확대되지 못한 이유는 자본의 유기적 구성의 고도화보다는 새로운 고용 형태가 창출돼 초착취가 구조화된 데 기인한다. 1996년에 57 대 43이던 정규직과 비정규직 노동자 비율이 2002년에 이르러 44 대 56으로 완전히 역전되는 현상이 나타났다. 이런 변화는 비정규직 노동을 확대해 초과 이윤을 획득하려는 자본 축적 방식을 대기업이 집중 사용한 결과다. 시간이 갈수록 영세 사업장으로 진입할 가능성은 높아지고 대규모 사업장에 진입할 가능성이 낮아진 사실은 노동시장의 구조 변화뿐 아니라 노사 관계의 변화까지 반영하고 있다. 노사 관계가 불안정한 소규모 사업장에 종사하는 노동자일수록 평균 근속 연수가 낮고 이동 가능성이 높아 직업 안정성은 상대적으로 낮게 된다(이종래 2006, 257~258).

이런 상황에서 더 문제가 되는 것은 앞으로 고용 상태가 쉽사리 개선되지 못하리라는 전망이다. 최근의 고용난은 구조적 요인이 강해 경기가 회복되더라도 취업난은 지속될 가능성이 크기 때문이다. 정부의 일자리 늘리기 사업은 2009년 80만 개에서 2010년 58만 개로 감소했다. 또한 경기 회복을 주도하는 쪽도 대기업 위주의 수출 부문인 탓에 경기가 살아나더라도 대규모 고용은 사실상 어렵다. 고용 흡수력이 강한 중소기업과 내수 부문의 활력이 회복돼야 고용 상황이 개선될 수 있다는 말이다.

취업 규모 말고도 '워킹 홈리스working homeless'의 실태도 사회 양극화의 단면을 보여준다. 워킹 홈리스란 일을 하고 있지만 일정한 거처 없이 고시원, 만화방, 다방 등을 떠돌며 사는 사람들이다. 한국도시연구소가 국가인권위

---

* 15세 이상 인구가 4000만 명이라는 점을 고려하면, 전체 인구 10명 중 1명은 사실상 백수인 셈이다. 사실상 백수는 2003년 280만 8000명을 기록했다가 2004년 310만 9000명으로 300만 명을 돌파하더니, 2005년 351만 1000명, 2006년 357만 2000명, 2007년 359만 3000명, 2008년 368만 8000명으로 계속 증가했다(《연합뉴스》 2010년 1월 17일).

연도별 빈곤층 변화				
구분	2006년	2007년	2008년	2009년
가구 수(만 가구)	269.3	285.0	292.3	305.8
비중(%)	16.7	17.4	17.5	18.1

출처: 통계청

원회의 의뢰를 받아 2009년 5월부터 11월까지 워킹 홈리스들이 많이 거주하는 영등포역, 서울역, 대전역, 대구역 등 4개 역 주변의 비주택 시설 거주민을 조사한 결과를 보면 쪽방, 고시원, 여관, 만화방 등에서 잠자리를 해결하는 사람은 지역에 따라 노숙인의 최대 5.5배에 이른다. 연구소가 비주택 거주민 207명을 설문 조사한 결과를 보면 52퍼센트는 건설 일용직이나 공공 근로 등 일을 하고 있었고, 92퍼센트는 과거에 일을 한 적이 있는 사람들이었다.*

　고용 한파가 주로 여성과 저연령층 등 취약 계층에 집중된다는 점도 심각한 문제다. 성별로 나눠 살펴보면 외환 위기 직후인 1998년에 취업자가 전년보다 127만 6000명 감소한 상황에서 남성(-63만 6000명)과 여성(-64만 1000명)이 비슷하게 줄었다. 그러나 2009년에는 남성 취업자가 3만 1000명 증가한 반면, 여성은 오히려 10만 3000명이 감소하는 등 확연한 차이가 나타났다. 연령을 기준으로 하면 외환 위기 때는 전체 연령대에서 취업자가 모두 감소했지만, 2009년에는 50대 이상이 정부의 공공 일자리 정책에 힘입어 증가한 반면 30대(-17만 3000명)와 15~29세(-12만 7000명) 등 저연령층에서는 감소세가 뚜렷했다(《연합뉴스》 2010년 1월 24일).

* 지역별로 보면 영등포역 1329명, 서울역 1508명, 대구역 252명, 대전역 200명 이상으로 추정됐다. 이 수치는 각 지역의 거리 노숙인 243명, 447명, 214명, 63명을 압도한다(《한국일보》 2009년 12월 22일).

이런 사회 양극화 속에서 한국 사회는 중간층이 붕괴하고 빈곤층이 증대하면서 소득 계층 구조가 피라미드형으로 만들어졌다. 통계청이 분석한 빈곤층 추이에 따르면, 2009년 빈곤층 가구는 305만 8000가구를 기록하면서 사상 처음 300만 가구를 넘어섰다. 2009년에만 13만 4725가구가 늘어났는데, 전년 증가분의 2배 가까이 늘어난 이 수치를 보면 빈곤층의 증가 속도가 가파르게 빨라지고 있다는 사실을 알 수 있다. 이때 '빈곤층'이란 중위 소득에 해당하는 가구 소득의 절반에 미치지 못하는 계층으로 월평균 소득이 최저 임금(주당 40시간, 월 80만 원) 수준의 사람들을 말한다. 부양가족까지 포함하면 빈곤층 인구는 약 700만 명으로 추정된다《연합뉴스》 2010년 3월 7일).

빈곤층의 가구별 특징은 세 가지로 정리할 수 있다. 첫째, 고령층의 빈곤화가 심화되고 있다. 전체 빈곤 가구 중 노인 빈곤 가구 비중은 2006년 35.1퍼센트에서 2009년 42.6퍼센트로 7.5퍼센트 상승했는데, 여러 유형의 빈곤 가구 중에서 가장 높은 상승률이다. 둘째, 맞벌이 부부 빈곤층도 증가 추세다. 전체 빈곤 가구 중 맞벌이 빈곤 가구는 2006년 2.6퍼센트에서 2009년 5.4퍼센트로 2.8퍼센트 증가했다. 특히 2인 이상 가구의 빈곤 가구 중에서 맞벌이 빈곤 가구가 차지하는 비중은 2006년 4.3퍼센트에서 2009년 11.5퍼센트로 급증했다. 셋째, 고학력 빈곤층이 빠르게 증가하고 있다. 전체 빈곤층 중에서 가장이 대졸 이상인 고학력 가구 빈곤층은 2009년 11.7퍼센트로 2006년 9.1퍼센트에 견줘 2.6퍼센트 늘었다. 대졸 이상 빈곤 가구 중에서도 가구주가 40대인 가구 비중이 32.7퍼센트로 가장 높았다. 대졸 이상 빈곤 가구를 직종별로 보면, 관리직, 전문직, 사무직 종사자 비중이 29.3퍼센트로 2006년 17.9퍼센트보다 11.4퍼센트 상승했다. 고학력 전문직의 고용 불안이 확대되고 있다는 사실을 알 수 있다《매경이코노미》 2010년 5월 19일).

이런 빈곤 가구의 증가는 중산층의 몰락에 기인한다. 통계청은 1인 가구와 농어촌 가구를 뺀 도시 가구의 중위 소득이 월 302만 2000원이라 밝혔다. 중위 소득은 전체 가구를 소득 순으로 나열할 때 가운데에 있는 가

도시 가구 대상 연도별 중산층 비중				
연도	빈곤층	중산층	상류층	지니계수*
2004	12.3	66.4	21.3	0.301
2005	13.8	64.7	21.4	0.312
2006	14.2	63.3	22.5	0.317
2007	14.4	62.7	22.9	0.325
2008	14.3	63.3	22.4	0.321

출처: 통계청

구의소득을 말한다. 통계청 기준에 따르면 2009년 1인 가구를 뺀 도시 가구 중에서 중산층의 월평균 가처분소득은 151만 1000~453만 3000원이다. 반면 151만 1000원 미만을 버는 가구는 빈곤층, 453만 3000원 이상을 버는 가구는 고소득층으로 분류된다. 조세와 4대 보험료를 포함한 국민 부담률이 26.5퍼센트인 점을 감안하면, 세전 소득이 가구당 월 205만 5782만 ~616만 7347만 원이면 중산층이라는 결과가 나온다. 이 금액을 연봉으로 환산하면 2467만~7401만 원 수준이 대한민국 중산층이 된다(《위클리경향》 2010년 4월 15일). 기획재정부와 통계청에 따르면, 2009년 1인 가구와 농어촌 가구를 뺀 전체 가구 중 중산층이 차지하는 비중은 가처분소득 기준으로 66.7퍼센트로 집계됐다. 전년 66.2퍼센트보다 조금 올랐지만 6년 전인 2003년(70.1퍼센트)에 견줘 3.4퍼센트 하락한 셈이다.

요컨대 외환 위기 이후 진행된 신자유주의적 재구조화에 따라 한국 사회에서는 자유 경쟁이 삶의 문법이 됐고, 모든 사회 조직과 구성원들은 극심한 무한 경쟁 속에서 소수의 승자와 다수의 패자가 갈리는 사회 양극화

---

* 지니계수는 0과 1 사이의 값을 갖는데, 1에 가까울수록 소득분배의 불평등 정도가 높다는 뜻이다.

에 내몰렸다. 이제 개인이 떠안아야 할 사회적 책임과 삶의 무게는 크게 늘어났고, 무한 경쟁 속에서 왜소해진 개인이 겪는 무력감은 같은 처지에 놓인 사람을 동류로 인식하게 만드는 동시에 이런 상황을 초래한 사람(또는 세상)을 감정적으로 거부하게 만들었다.

성공을 향한 실낱같은 희망의 끈을 놓지 못하고 있는 절박한 상황에서, 이런 희망을 비웃듯 빠른 성공을 하는 사람들은 의심의 대상이 되고 다른 삶을 모색하려는 사람들도 철부지로 낙인찍혔다. 이런 사람들의 행동과 목소리는 무한 경쟁의 삶을 묵묵히 견뎌온 자신을 향한 비난으로 느껴졌고, 뒤따른 불쾌감은 그동안 쌓인 스트레스에 결합해 감정적 공격 성향을 더해줬다. 따라서 왜곡된 포퓰리즘과 쏠림 현상에서 발견되는 대중의 폭발적 결집과 행동을 이해하는 문제는 신자유주의적 축적체제가 야기한 결과들을 규명하는 일에서 시작해야 한다.

2. 치안 정치와 민주주의의 퇴행 — 정치적 지배 방식의 변화

구조 조정에 따른 비용 절감이 대량 해고로 이어지는 데 반발한 노동자들의 저항이 거세지자 기업은 자기 힘만으로 대처할 수 없는 난관에 봉착한다. 노동자들의 불만을 없애고 강력한 집단행동을 처벌할 강력한 물리력이 요청되고, 국가에 새로운 구실이 부여된다. 국가도 시장 권력에 빼앗긴 입지와 권위를 회복할 호기이기도 했다. 국가는 공권력을 앞세워 시장이 아닌 사회를 향한 대대적 개입에 나섰다.

실직에 반발하는 노동자에 맞선 국가의 개입은 한편으로 경찰을 동원한 체포와 구금의 형태로, 다른 한편으로 사회 발전을 저해하는 불순 집단이라는 낙인찍기의 형태로 전개됐다. 국가 경쟁력의 향상을 위해, 국가 브랜드 가치의 상승을 위해, 사회의 안전을 위해 노동자들의 집단행동은 어서 빨리 처벌되고 배제돼야 했다. 그런 임무가 국가에 주어졌고, 국가는 노동자들을 대중에게서 분리시키기 위해 국가와 사회 발전에 헌신하는 국민의 이미지를 새롭게 재활용했다.

국가는 노동시장의 유연화를 완성하고 노동 기본권을 침식해 들어갔다. 노동시장 유연화를 도입해 구조 조정 과정에서 고용 유연화(정리 해고, 노동력의 수량적 감축, 임시직화와 일용직화)와 임금 유연화(임금 체계 개편과 임금 총액 감축)를 본격화했다. 또한 노사정위원회라는 새로운 노사 관계 모델을 통해 제한적이나마 노동계 포섭 전략을 시도했다. 노동자의 단결권이 강화되기는 했지만, 직권 중재의 남용, 불법 파업 손해 배상 청구, 임금 가압류를 통해 단체행동권은 훨씬 더 제약받게 됐다(장상환 2006; 100~101).

그런데 외환 위기를 전후해 전개된 국가의 신자유주의적 재구조화(국제 금융자본의 요구와 국내 재벌의 요구가 결합된 규제 완화, 기업과 금융의 구조 조정, 노동시장 유연화, 자본시장 자유화)는 정치적 지배 방식의 변화를 가져왔다. 신자유주의적 재구조화는 포섭과 배제의 정치 논리를 구사하면서 전개됐다. 먼저 포섭 전략은 무한 경쟁에서 살아남을 능력의 배양을 내면화시키며 체제 친화적 주체를 구성했다. 다음으로 배제 전략은 강력한 치안 정치를 통해 무한 경쟁에서 탈락한 '루저loser'들을 삶의 한계 지대로 추방했다.

이때 루저는 자본의 확대 재생산에 불필요한 상대적 과잉 인구다. 자본이 필요한 노동자의 수보다 많은 수의 노동 가능 인구가 존재하는 상황에서, 취업자로 있는 노동자는 자본에 절대적으로 종속돼 언제든 처분당할 처지에 놓이게 된다. 취업자들은 노동시간 말고도 자발적으로 무보수 초과 노동을 감내하면서 고용 불안에 대처했다. 흥미로운 점은 이 모든 과정이 결코 법으로 강요되지 않는다는 사실이다. 사람들을 장시간 일하게 강요하는 요인은 순전히 개인적 차원의 경제적 필요였다(김만수 2004, 174~177).

대중의 포섭과 추방을 양날로 하는 신자유주의적 지배 방식의 특이성은 전지구적 지배 체제로 등장한 '제국'의 권력 행사를 분석한 마이클 하트^{M.} ^{Hardt}와 안토니오 네그리의 논의에서 찾을 수 있다. 하트와 네그리는 파놉티콘을 통해 근대적 권력 행사 방식을 분석한 미셸 푸코의 논의를 발전시켜 통제 사회의 포섭과 배제의 메커니즘을 규명한다. 두 사람은 지배에 적합한 사회적 통합과 배제의 행위들이 점점 더 주체들 내부에 내재적이 되는 과정을 분석하면서(Negri 2001, 52~54), 자기 가치를 실현하려는 대중의 창조적 욕망이 무력화되는 훈육 장치들을 규명했다. 하트와 네그리의 주장에 따르면, 훈육 사회에서는 신체가 물리적 근대 장치를 통해 관리되고 생산되는 반면 통제 사회에서는 유연하고 수시로 변화하는 네트워크를 통한 생체 권력의 행사로 활성화된다.

권력은 이제 개인이 기꺼이 받아들이고 자발적으로 활성화하도록 영향을 미치면서 대중의 삶 전체를 지배하기에 이른다. 이때 생체 권력의 일차적 과제는 제한된 공간에서 행사되는 육체의 훈육을 넘어 삶 자체를 관리하는 데까지 확장된다. 요컨대 훈육 사회에서 생체 정치적 기술의 효과와 훈육이 폐쇄적이고 기하학적인 양적 논리에 따라 전개됐다면, 통제 사회처럼 권력이 생체 정치적으로 전개되는 상황에서는 사회 전체가 심층적이고 질적이며 심지어 정서적인 지배 관계로 구축됐다.

이런 권력 행사를 통해 대중은 '쓰레기'로 비하되기도 하면서 주변화되기 시작한다. 지그문트 바우만은 신자유주의가 초래한 대중의 삶을 '쓰레기가 되는 삶'이라고 불렀다(Bauman 2008, 32~33). 바우만은 '우리'로 불리는 대중의 삶이 사회 속에서 쓸모없어지는 상황을 쓰레기에 빗댄 반면, '그들'로 불리는 소수 권력 집단의 횡포와 인색함을 통렬하게 비판했다. 최근 들어 대중의 생존권 투쟁이 급증하고 시민사회와 민주주의 위기가 자주 논의되는 상황은 신자유주의적 재편 속에서 주변화되고 추방된 대중의 삶을 그대로 반영한다. 자결권과 저항권을 기본으로 하는 민주주의가 근본부터 부정당하고 있는 현실에서, 시민사회의 견제 기능은 약화될 수밖에 없고 시민의 기본권인 자유와 평등과 박애는 원천적으로 침해당할 소지가 크다. 이런 상황에서 시민들의 다양한 요구에 직면한 국가는 조정과 중재 절차를 거쳐 민주적 합의를 모색하는 대신 공권력을 통한 억압과 통제, 곧 치안 정치를 강화한다.

'치안 정치'란 국가권력이 시민사회의 다양한 요구를 민주적 절차(제도)를 통해 조정하거나 관리하지 않고 공권력을 행사해 제압함으로써 지배 체제의 안정화를 꾀하는 독선적 지배 형태를 말한다. 랑시에르에게 '치안'이란 인간을 공동체에 집결시키고, 인간들 사이의 동의를 조직하며, '몫 없는 자들'의 몫이 존재하지 않는다고 주장하는 통치술로 규정된다(Ranciere 2008, 16~19). 이 과정을 통해 노동자 또는 대중들은 남아도는 사람, 곧 과잉 인구로 설정되며, 이 몫 없는 자들의 자율적 역능의 발현이라 할 '정치'는 부정된다. 요컨대 치안 정치란 현존 지배 체제 내부로 구성원을 포섭하고 의식과 활동을 일정하게 코드화하는 동일자의 논리다.

그런데 치안 정치는 현재의 지배와 저항의 방식이 '대의 기구를 통한 합법적 해결'에서 '즉각적 직접 행동'으로 바뀐 이유를 이해하게 해준다. 이런 '직접성'이 통제 사회가 구사하는 권력의 성격에 기인한다는 사실은 잘 알려져 있다. 앞에서도 말한 대로 촘촘히 연결된 통제의 네트워크들은 국가와 의회, NGO 같은 대의 제도의 필요성을 감소시킨다. 오히려 이런 제도들은 통제의 네트워크를 구성하는 하나의 노드node일 뿐이어서, 그동안 누려온 권위와 절대성은 상대화된다. 따라서 신자유주의 체제 안에서 정치를 구성하는 사회적 갈등은 어떤 매개도 없이 직접 서로 대면하게 된다.

여기에서 사태를 해결하기 위한 제도적 중재 절차를 작동시키기보다 감성을 자극하는 감정 대결을 조장하는 것이 중요한 해결책으로 제시된다. 사태에 관해 이성적으로 판단하기보다는 즉자적인 인상에 따라 지배와 저항이 전개된다. 이제 사회적 이슈의 공론화는 대의大義가 아니라 윤리적이고 도덕적 공분에 따라 결정된다. 신보수주의의 출현은 이런 정황을 반영하는 대표 사례가 된다. 또한 이명박 정부의 인적 쇄신 정책과 시민단체 길들이기에서도 이런 정황은 여실히 드러난다.*

도덕성 시비로 쟁점을 끌고가면서 치안 정치는 자신을 '경찰'로 설정하려 한다. 이성적 쟁점화가 아니라 감정적 갈등인 탓에, 민원을 민첩하게 처리하는 경찰의 이미지가 제격이다. 또한 경찰은 현행범일 경우 바로 공권력을 행사할 수 있다. 이런 권력 행사의 직접성은 군대보다 경찰이 훨씬 강력하다. 따라서 치안 정치는 도덕적 결함과 윤리적 타락을 부각시켜 대중의 공분을 사게 만든 다음, 현행범으로 만들어 직접적인 공권력을 행사하는 순서로 전개된다.

대중은 두 가지 국민으로 분류되기 시작한다. 하나는 지배 체제에 순응하는 대가로 국가의 보호를 받는 국민이고, 다른 하나는 완전히 쓰레기가 돼 국민의 자격을 박탈당하는 국민이다. 앞의 국민은 무한 경쟁에서 살아남기 위해 자신을 기획하고 혁신하는 자기 계발의 주체로, 뒤의 국민은 경제적 빈곤과 사회적 주변화에 떠밀려 배제되면서 사회 안전의 파괴자로 설정된다. 특히 후자의 국민으로 분류되면 어떤 법적 보호도 받을 수 없게 되는데, 거꾸로 이런 상황은 국가가 이 사람들을 법적 절차에 따라 대우하지 않아도 된다는 것을 뜻한다. 용산 참사**처럼 공권력의 폭력성과 무자비함이 전혀 문제되지 않는다는 태도로 일관한 이명박 정부가 바로 여기에 해당한다.

---

* 참여정부 시절에 공정한 절차에 따라 임명된 기관장들을 물갈이하고 촛불 집회에 동참한 시민단체들을 길들이는 과정에서 이명박 정부는 정책과 비전보다는 공금 횡령과 뇌물 같은 비리 문제를 집중 거론했다.
** 용산참사는 이명박 정부의 서민 정책을 가늠하게 하는 사건이었다. 2009년 1월 20일 새벽 용산 4구역 철거민과 전국철거민연합회 회원 등 30여 명이 점거 농성을 벌인 용산구 한강로2가 남일당 건물 옥상에 경찰이 진압 병력을 투입하는 과정에서 옥상 망루에 불이 붙어 농성자 5명과 경찰특공대 1명이 사망했다. 검찰은 사건 수사 과정에서 경찰 특공대의 무리한 진압에는 철저히 면죄부를 주고 농성 철거민들만 '공무상 치사상죄' 등으로 기소했다. 사태는 해결의 기미가 보이지 않다가, 2009년 12월 30일 용산참사범국민대책위원회와 용산 4구역재개발조합이 보상 등에 극적으로 합의했다. 양측은 합의안에서 1년 가까이 미뤄진 사망자의 장례식을 2010년 1월 9일 치르기로 합의했다(《연합뉴스》 2009년 12월 30일).

치안 정치는 법적 통치를 중단하고 공권력을 통한 공포 정치를 하겠다는 대국민 선전포고나 다름없다. 국가는 용산 참사 같은 저항을 '예외 상태'로 만든 뒤, 신속한 즉결 심판의 필요성과 정당성을 선전하며 즉각 진압에 나섰다. 예외 상태는 법의 효력을 정지시키는 동시에 폭력적 해결책을 최우선으로 선택하게 만들기 때문이다. 아감벤은 "예외 상태란 심각한 국내 갈등에 대한 국가 권력의 직접적 대응이며 …… 개인들의 법적 지위는 철저하게 말소됨과 동시에 법적으로 명명하거나 분류될 수 없는 존재가 되는 상황"이라 진단한다(Agamben 2009, 15~18).

무한 경쟁에서 밀려나 주변화되고 배제되며 추방되면서 삶의 안정성이 심각하게 위협받자, 대중의 삶은 불안의 영속화 속에서 고착화된다. 예를 들어 구조 조정 과정의 실직과 명퇴가 예외성이 아니라 정상성이 되는 상황, '한 번만'이 '언제나'가 되는 현실이 도래됐다. 바로 이 지점에서 국가권력은 자신의 존재를 새롭게 발견한다. 국가권력은 불안한 삶을 해결하는 게 아니라, 오히려 그 불안을 가속화함으로써 자신의 구실과 건재를 대중에게 알리려 한다. 삶의 불안은 안전을 향한 희구로 이어지기에, 시민사회의 보호 요구는 국가에 관한 의존으로 귀결된다.

여기서 불안이 문제가 되는 이유는 위협의 요소나 요인이 명확히 규정돼 있지 않기 때문이다. 이 점은 공포와 불안을 구분한 하이데거[M. Heidegger]와 비르노, 벡[U. Beck] 논의를 통해서도 확인된다. 하이데거에게 '공포'는 유해함을 알고 또 그 방향을 알고 있는 어떤 것이 다가올 때 느끼는 두려움으로 규정되고, '불안'은 규정되지 않은 두려움, 곧 그 대상이나 장소가 방향을 알 수 없는 사이에 엄습하는 어떤 것으로 규정된다. 위협하는 존재가 규정돼 있는 세계 안에서 느껴지는 감정이 공포라면, 불안은 '테러와의 전쟁'처럼 어디서 오는지, 또 누구인지 알 수 없는 적을 향한 두려움인 것이다(酒井 隆史 2007, 143~147).

비르노도 위협적인 존재가 공동체를 통해 규정돼 있다는 점에서 공포를 공적인 감정이자 공동체 내부에 위치한 감정으로 규정하는 반면, 불안을 공동체의 규정성이 상실된다는 점에서 지극히 내밀한 개인적 감정이자 공동체를 벗어난 때 느끼는 감정으로 규정한다. 한편 벡은 위험 잠재력의 증대를 현대 사회의 가장 두드러진 특징으로 보고 이것을 '위험 사회'로 개념화했다. 위험 사회에서 형성된 위험의 상시화는 언제라도 자신이 위험에 노출돼 피해를 보게 될 것이라는 만연된 공포로 이어지고, 여기에 대응하는 과제는 전적으로 개인에게 돌아간다.

불안의 상시화 속에서 국가는 시민 권리의 보호와 공공선의 추구 같은 본연의 구실을 노골적으로 철회했다. 기성 국가에서 개인의 위험은 사회화됐고, 이런 위험을 줄이기 위해 실시된 정책이 국가의 정당성을 보증했다. 구성원들에게 법 준수를 요구하면서, 국가는 제약 없이 행사되는 시장 권력의 폐해를 줄이고 약자를 보호하면서 권력의 정당성을 확보했다. 그러나 국가가 보증하기로 한 복지 제도가 해체되고 시장 논리가 전면화된 신자유주의에서 대중의 삶은 사회적 보호에 관련된 사안이 아니라 법과 질서의 문제로 분류되기 시작했다. 시장에 참여할 수 없는 무능력은 범죄로 취급되는 동시에 사적인 문제로 치환됐다.

이런 과정을 통해 국가권력은 시장 권력의 부상으로 실추된 권위와 축소된 기능을 치안 정치를 통해 복원하려 했다. 바우만이 말한 대로 정치적 지배란 안전하다는 느낌의 동원과 함께 일탈적 타자를 향한 공격을 통해 완성된다. 국가권력은 '국가와 사회 안전에 가해지는 위협'을 빌미로 불안을 상시화하고, 불안을 이겨낼 처방으로 사회적 소수 집단이나 사소한 문제들을 위협 요인으로 과장한 뒤, 공권력을 통한 강력한 응징을 공론화했다. 이때 치안 정치의 제단에 오를 제물은 강력 범죄, 하층민의 반사회적 행동, 국제 테러리즘부터 연예인 사생활에 이르기까지 다양하다.*

사회적 약자나 사소한 일에 과잉 대응하면서 사회 문제의 본질을 은폐하는 치안 정치 속에서 국가는 이런 결단과 실행력이 없었다면 큰 재앙이 왔을 것이라고 자화자찬한다. 현재의 안전은 국가권력의 치안 정치를 통해 사전에 예방된 결과라는 것이다(Bauman 2008, 98~104). 그러나 안전에 관한 시민사회의 염려는 국가가 제공한 집단 보험(사회복지)이 축소되고 노동시장에 관한 규제가 급속히 철폐된 데 따른 문제들이다. 또한 위기와 불안은 국가권력이 치안 정치를 구사하려고 만든 상상의 구성물이지 실제적인 재앙이 아니다.

이런 과정은 공포를 퍼뜨리는 다수파의 상상적 전도를 통해 강화된다. '다수파'란 사회의 중심부를 구성하는 다양한 지배 분파를 가리키는데, 이 분파는 마치 자신들이 소수자의 압도적인 힘에 포위된 양 심리적으로 전도된 의식을 유포한다. 흑인, 이주 노동자, 노숙자, 동성애자, 빈민 등은 권력의 차원뿐 아니라 규모에서도 소수에 불과하지만, 다수파의 이해를 대변하는 각종 미디어들은 마치 이 집단들이 안전을 위협하는 사회적 바이러스라도 되는 것처럼 비난하고 격리하려 한다. 이런 구조에서 예방을 위한 대항 폭력으로서 국가의 치안 활동은 거스를 수 없는 시대적 요청이 되며, 폭력성도 정당화된다.

우익 단체의 폭력이 드세지는 상황도 이런 맥락이다. '대한민국어버이연합(어버이연합)'과 몇몇 보수 단체들은 2010년 1월 21일 〈PD수첩〉 무죄 판결에 항의하는 집회를 열면서 이용훈 대법원장의 출근 차량에 달걀을 던졌다. 어버이연합 등 4대 단체 관계자 50여 명은 이날 오전 7시께부터 서울 용산구 한남동 대법원장 공관 주변 도로에 모여 "좌파적 판결이 나온 데 대한 책임을 져라"라는 구호를 외치며 대법원장 사퇴를 촉구했다. 또한

---

* 이론적 측면에서 볼 때 폭력 주체로서 국가를 정당화하는 이론은 독일에서 체계화된 국가 이론의 전통과 사회계약설로 대표되는 홉스의 정치사상에 주목해야 한다. 독일에서 발전한 국가 이론의 대표라 할 베버의 권력론에 따르면, '국가'란 권력과 지배가 행사되는 특수한 정치 조직체로서 정당한 물리적 강제를 행사할 권리와 권력을 독점하는 데 성공한 공적 지배 기관으로 정의된다. 한편 홉스의 근대국가론도 폭력 주체로서 국가를 설정하고 그 지위에 절대성을 부여한다. 홉스에게 국가란 개인이 자발적으로 양도한 권리의 총체인 일반의지를 담지하고 있다는 점에서 절대 복종의 대상이기 때문이다.

2009년 10월 시민운동의 정치 참여를 선언한 '희망과 대안' 창립 행사장에 몰려가 "애국가를 먼저 부르고 행사를 하라"며 소동을 벌여 창립 행사를 무산시키기도 했다(오마이뉴스 2010년 1월 22일).

이렇게 개인의 안녕에 관한 대중의 관심은 시장이 유발한 고용 불안정에서 멀어지고, 국가의 놀라운 치안 활동을 향한 경의로 대체된다. 따라서 치안 정치는 신자유주의 세계화가 확산하면서 주권에 기초한 특권의 많은 부분을 박탈당한 국가가 자신이 압도할 수 있는 표적(사회적 약자)을 선택해 수사적 공격을 퍼붓고 힘으로 제압한 뒤 구성원들로 하여금 감사하다는 마음을 갖게 만드는 문화정치의 한 변종이라고 할 수 있다. 원시사회에나 있음직한 희생 제의가 이주 노동자, 피난민, 불법 체류자, 망명자, 유색 인종, 노숙자를 중심으로 행해진다. 삶의 한계 지대로 밀려난 사람들은 법과 제도가 제공하는 보호에서 점차 멀어지고, 국가 폭력은 더욱 노골적으로 전개된다. 법이 적용될 수 없는 곳에 있는 이 사람들은 애초에 불법적 존재였기 때문이다.

이제 대중의 자율적 실천들은 사회 안전을 위협하는 범죄로 둔갑한다. 2008년 미국산 쇠고기 수입 반대 촛불 집회를 거치며 이명박 정부는 무려 1374명을 입건해 구속 기소 71명을 포함해 1184명을 기소했다. 이 중 844명이 정식 재판에 넘겨졌고, 2009년 9월 말 현재 이 중 656명이 평균 148만여 원의 벌금형을 선고받아 벌금 총액이 9억 7630만 원에 이르렀다. 여기에 법원의 약식 명령을 수용한 사람과 아직 판결이 나지 않은 사람들의 벌금까지 합치면 벌금 총액은 15억 원을 넘어선다(홍일표 2009, 84~86).

이런 법적 처벌은 시민사회하고 나누던 소통을 중단하고 시민단체에 연결된 네트워크를 끊겠다는 태도다. 이명박 정부의 이런 행태는 여러 사례에서 확인된다. 국정원을 비롯한 정부 기관들은 기업의 시민단체 후원 활동을 간섭하기 시작했고, 각종 프로젝트의 선정과 운영 과정에 개입했다. 또한 신지호 등 한나라당 의원들은 2008년 정부에 비판적인 시민단체(집시법 위반 단체)의 비영리단체 등록을 취소하고 지원금을 환수하는 것을 골자로 한 비영리민간단체 지원 법률 개정과 보조금 예산 및 관리에 관한 법률 개정을 추진했다. 비영리민간단체 지원법의 사업비 예산은 2008년에 이미 100억 원으로 줄었다가 2009년 50억 원까지 축소됐다(홍일표 2009, 84~87).

이 와중에 촛불 집회 참여를 이유로 보조금 지급을 거절한 조치는 적법하다는 판결까지 나왔다. 2010년 1월 10일 법원은 (사)한국여성노동자회가 행정안전부 장관을 상대로 낸 보조금 지급 중지 결정 취소 청구소송에서 원고 패소 판결을 내렸다.* 또한 정운천 전 농림수산식품부 장관과 미국산 쇠고기 수입 판매업자들은 미국산 쇠고기의 광우병 위험을 왜곡하고 과장 보도해 농림수산식품부 장관과 민동석 전 정책관의 명예를 훼손하고 업무를 방해한 혐의로 〈PD수첩〉 제작진을 법원에 고소하기도 했다.**

이런 국가권력의 일방통행에 국내외를 막론하고 각계 각층에서 염려와 함께 비난이 거세게 터져나왔다. 촛불 집회에 관한 편파 수사와 재판, 용산 참사, KBS와 YTN 사장의 비정상적 교체, MBC PD수첩팀 수사, 미네르바 사건, 아고라 주요 논객 압수 수색, 미디어 악법 강행 처리, 일제고사 강행 반대 교사의 파면과 해임 등 일련의 사태를 해결하라고 요구한 전국 대학 교수, 교사, 변호사들의 시국선언문이 발표됐다. 또한 프랭크 라뤼F. L. Rue 유엔 의사·표현의 자유 특별보고관도 한국의 인권 상황이 역주행하고 있다며 염려했다. 보고서에서 라뤼는 "1987년 이래 인권 분야에서 상당한 진전을 보인 한국에서 지난 2년 동안 전반적인 인권과 특히 표현의 자유에 관련된 권리가 축소된 점을 염려한다"며 집회와 시위의 자유, 공영 방송의 독

---

* 재판부는 "행안부가 비영리 민간단체를 선정해 지원하는 것은 재량 행위이므로 공익상 필요가 있으면 신청을 받아들이지 않을 수 있다"며 "불법폭력집회·시위 참여가 형사 범죄이고 이들 집회 등에 참여한 단체에 세금으로 보조금을 지급하는 것은 국민의 법 감정에 배치된다는 점 등을 고려하면 행안부가 불법폭력집회·시위 참여를 보조금 제한 사유로 든 것은 정당하다"고 밝혔다(《연합뉴스》 2010년 1월 10일).

** 2010년 1월 20일 법원은 조능희 피디 등 MBC 〈PD수첩〉 제작진 5명 전원에게 무죄를 선고했다.

립성, 한국 공무원들의 의사 표현, 선거와 인터넷상의 의사 표현, 국가의 개인에 관한 명예 훼손 소송 등에 관련해 한국 정부의 개선 조치를 권고했다 (《뉴시스》 2010년 5월 30일).

따라서 신자유주의적 지배 체제는 국가 사이의 경계를 넘어 세계적 규모의 자본 축적을 가능하게 한 경쟁의 민주주의일 뿐 평등의 민주주의는 아니었다(정일준 2009, 102). 평등의 민주주의가 아니기 때문에 대중의 삶은 기업의 경영 정상화를 위해, 쾌적한 거리 환경을 조성하기 위해, 곧 "대를 위해 소가 희생돼야 한다"는 논리 속에서 배제되고 추방됐다. 이렇게 주변화되고 배제되는 대중의 삶은 한국 사회의 단면과 정치적 지배 방식의 변화를 읽는 핵심적 지표가 된다. 그만큼 곳곳에서 시시때때로 예외 없이 대중의 삶이 추락하고 있는 것이다.

이런 상황에서 촛불 집회의 주체인 대중이 보인 진보성은 크게 훼손되고 있다. 단적으로 1970년대에나 나올 법한 '생존권 요구'를 대중들이 외치고 있다. 마치 절대왕정의 폭압에 맞서 "빵이 아니면 죽음을 달라"고 외치던 근대 초창기 민중의 처절함이 21세기의 한국 사회에서 공명하고 있는 것이다. '억압받고 착취당한 민중'이라는 이미지가 현재의 대중이 살고 있는 삶에 겹쳐진다. 이런 현상을 최장집은 '탈민주화' 또는 '민주주의의 다운사이징downsizing democracy'이라고 불렀다. 민주주의 제도와 가치, 법 앞의 평등, 인권, 노동 보호, 환경 보존처럼 결코 경제 논리나 성장의 가치로 치환될 수 없는 규범과 가치, 제도들이 경제 성장이라는 지상 목표의 하위 수단으로 폄하되고 있다(최장집 2010, 140~142).

3. 디지털 혁명 — 사회적 소통 방식의 변화

2002년 이후 일어난 새로운 대중 실천의 핵심 특징 중 하나는 인터넷과 휴대폰을 통한 집단 지성의 구축이다. 미국산 쇠고기 수입 반대 촛불 집회에서 볼 수 있는 시위 장소의 전국화와 기성 언론보다 빠른 현장 중계는 정보기술 혁명의 절정이라 할 수 있다. 참여자들이 보인 정보적 소통 문화는 '디지털 유목민'이라는 말을 탄생시키기도 했다. 디지털 유목민이란 인터넷 공간에서 쌍방향 커뮤니케이션을 통해 자의식과 사회의식을 스스로 형성하고 집단행동을 조직해 문제를 직접 해결해가는 주체를 말한다.

디지털 유목민의 대표 사례는 '2.0세대'라 불리는 디지털 키즈와 파워 블로거다. 2.0세대는 웹 2.0의 참여, 개방, 공유의 문화를 놀이 문화에 접목해 자신의 정체성을 형성한 세대를 가리키며, 파워블로거는 정보와 라이프 스타일의 결합을 통해 삶의 만족을 느끼며 살아가는 사람을 말한다. 특히 파워블로거가 제공하는 각종 정보는 시장에 직접 영향을 줄 정도로 막강한 힘을 행사하고 있다. 요리, 다이어트, 여행, 종교, 영화, 만화, 레포츠 등에 관한 해박하고 풍부한 정보는 네티즌들에게 중요한 정보 수집 통로이자 판단의 근거로 작용한다. 파워블로거의 영향력이 큰 이유는 정보 수준이 전문적이고 대중성(간편성, 친밀성, 유용성)을 갖췄기 때문이다.

따라서 새로운 대중 실천을 규명하는 작업은 새로운 소통 문화로 등장한 디지털 혁명의 놀라운 변화에 주목하는 일에서 시작해야 한다. 이런 작업은 디지털 혁명의 전개 과정과 디지털 유목민의 등장을 이해하는 데 도움이 된다. 변화의 주요 내용은 다음과 같다.

첫째, 인터넷 이용률과 이용자 수다. 2009년 현재 만 3세 이상 인구의 인터넷 이용률(최근 1개월 이내 인터넷 이용자 비율)은 77.2퍼센트로 전년 대비 0.7퍼센트 증가했다. 또한 인터넷 이용자 수는 3658만 명으로 전년 대비 39만 명 증가했다.

둘째, 연령별 인터넷 이용률(2009년 기준)을 보면 10대는 99.9퍼센트, 20대는 99.7퍼센트, 30대는 98.8퍼센트, 40대는 84.3퍼센트, 50대는 52.3퍼센트, 60세 이상은 20.1퍼센트다. 이용자는 대부분 청(소)년 세대다.

인터넷 이용률과 이용자 수 변화 추이 — 만 3세 이상 인구					
구분	2005년	2006년	2007년	2008년	2009년
이용자(1000명)	33,880	34,910	35,590	36,190	36,580
이용률(%)	71.9	74.1	75.5	76.5	77.2

출처: 방송통신위원회·한국인터넷진흥원(2009), 〈2009 인터넷 이용실태조사〉

연령별 인터넷 이용률 및 이용자 수 변화 추이								
구분		3~9세	10대	20대	30대	40대	50대	60세 이상
2008년	이용률 (%)	82.2	99.9	99.7	98.6	82.0	48.9	19.0
2009년		85.4	99.9	99.7	98.8	84.3	52.3	20.1
2008년	이용자 (1000명)	3,090	6,630	7,170	8,170	6,850	2,950	1,330
2009년		3,060	6,610	6,990	8,080	7,060	3,320	1,460

출처: 방송통신위원회·한국인터넷진흥원(2009), 〈2009 인터넷 이용실태조사〉

직업별 인터넷 이용률						
구분	전문/ 관리직	사무직	서비스/ 판매직	생산 관련직	학생	주부
2008년	98.7	99.6	75.6	52.3	99.9	63.4
2009년	99.8	99.7	80.4	53.9	99.9	65.8

출처: 방송통신위원회·한국인터넷진흥원(2009), 〈2009 인터넷 이용실태조사〉

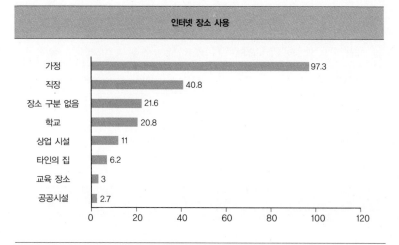

인터넷 장소 사용

가정	97.3
직장	40.8
장소 구분 없음	21.6
학교	20.8
상업 시설	11
타인의 집	6.2
교육 장소	3
공공시설	2.7

출차: 방송통신위원회·한국인터넷진흥원(2009), 〈2009 인터넷 이용실태조사〉

셋째, 직업별 인터넷 이용률(2009년 기준)을 보면 학생이 99.9퍼센트, 전문/관리직이 99.8퍼센트, 사무직이 99.7퍼센트, 서비스/판매직이 80.4퍼센트, 생산 관련직이 53.9퍼센트다. 2008년 대비 서비스/판매직의 인터넷 이용률은 4.8퍼센트 상승했고, 다음으로 주부가 2.4퍼센트, 생산 관련직이 1.6퍼센트 순으로 상승했다. 생산직보다 전문직 종사자일수록 인터넷 이용률이 높다.

넷째, 인터넷 이용 장소(2009년 기준)다. 인터넷 이용 장소로 가장 많이 꼽은 곳은 가정으로 97.3퍼센트였고, 직장이 40.8퍼센트, 장소 구분 없음이 21.6퍼센트, 학교가 20.8퍼센트, 상업 시설이 11.0퍼센트, 타인의 집이 6.2퍼센트, 교육 장소가 3.0퍼센트, 공공시설이 2.7퍼센트였다. 집에서 인터넷을 많이 사용한다는 말은 인터넷이 일상을 구성하는 삶의 요소로 정착했다는 의미다.

다섯째, 블로그 운영률(2009년 기준)을 보면, 20대가 74.8퍼센트, 6~19세가 56.4퍼센트, 30대가 42.7퍼센트, 40대가 20.5퍼센트, 50대가 19.9퍼센

블로그 운영률						
구분	6~19세	20대	30대	40대	50대	60세 이상
2008년	44.8	74.4	42.5	21.3	16.9	10.6
2009년	56.4	74.8	42.7	20.5	19.9	12.7

출처: 방송통신위원회·한국인터넷진흥원(2009), 〈2009 인터넷 이용실태조사〉

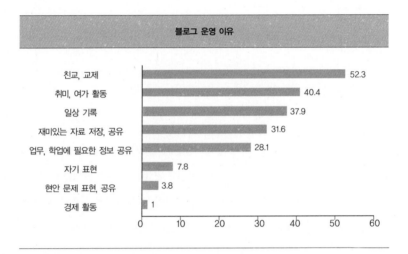

출처: 방송통신위원회·한국인터넷진흥원(2009), 〈2009 인터넷 이용실태조사〉

트, 60세 이상이 12.7퍼센트였다. 블로그를 운영하는 사례가 청(소)년 세대에서 많다는 사실은 이 세대가 갖는 특징, 곧 다른 세대보다 높은 자기 표현과 인정 욕망을 반영한다.

여섯째, 블로그의 운영 목적(2009년 기준)이다. 친교와 교제가 52.3퍼센트, 여가와 취미 활동이 40.4퍼센트, 일상 기록이 37.9퍼센트, 재미있는 자료의 저장과 공유가 31.6퍼센트, 업무와 학업에 필요한 정보 공유가 28.1퍼센트, 자기 표현이 7.8퍼센트, 현안 문제 표현과 공유가 3.8퍼센트, 경제 활

		세계의 유비쿼터스 환경 추이		
구분	2010년 변화 모습	현황과 전망		
		주요 통계 지표	2005년	2010년
인프라	스마트 인터넷으로 전화	세계 초고속 인터넷 가입자 수	1.9억 명	4.4억 명
		국내 BcN 가입자 수	200만 명	2000만 명
디바이스	차세대 PC의 확산	국내 노트북 PC 판매 비중	24.4%(2004)	36.3%(2008)
		세계 차세대 PC 시장 전망	213억 달러	778억 달러
서비스	모바일 통신 서비스의 보편화	세계 이동전화 가입자 수	20억 명	30억 명
		국내 와이브로 가입자 수	70만 명(2006)	885만 명
	디지털 컨버전스 서비스의 보편화	국내 지상파 DMB 가입자 수	21만 명	431만 명
		세계 텔레마틱스 장착 차량 비율	4%(2002)	35%
		세계 홈 네트워크 기기 시장	488억 달러	978억 달러
		세계 RFID 시장 전망	159억 달러	542억 달러
		국내 지능형 로봇 시장 전망	1.8억 달러	43.9억 달러

출처: 한국전산원(2006)

동이 1.0퍼센트였다. 대체로 블로그는 타인을 상대로 커뮤니케이션하는 창구로 활용된다고 볼 수 있다.

최근 모바일 미디어를 비롯한 새로운 정보통신 기술이 등장하고 또 폭넓게 보급되거나 이용되면서 한국 사회는 '유비쿼터스 사회'로 빠르게 나아가고 있다. 유비쿼터스 사회란 아날로그 시대와 디지털 시대에 뒤이은 디지털 컨버전스 시대의 사회를 말한다. 곧 광대역 통합망[BcN]이라는 새로운 유·무선 통합 네트워크에 기초해 차세대 PC를 주요 디바이스로 하면서 휴대 인터넷[WiBro]과 차세대 이동통신[4G] 서비스를 주로 이용할 뿐 아니라

DMB, 텔레마틱스, 홈 네트워크, 지능형 로봇URC 서비스가 본격화되는 환경이다(강상현 2006, 18~19). 이런 전환은 세계적 수준에서 벌어지고 있다.

유비쿼터스 사회를 이끌고 있는 모바일 미디어는 네 가지 매체로 구성된다. 첫째, 무선인터넷으로, 휴대폰, PDA, 스마트폰을 통해 오락, 위치 정보, MMS 등의 서비스가 제공된다. 둘째, 위성방송으로 텔레비전 채널과 라디오를 통해 영화, 오락, 드라마, 스포츠, 취미, 교육 등의 서비스가 제공된다. 셋째, 위성 DMB로 위성 DMB폰, PDA, 차량 단말기를 통해 비디오, 오디오, 각종 정보 서비스가 제공된다. 넷째, 지상파 DMB로 지상파 DMB폰 PDA, 차량 단말기를 통해 동영상, 라디오 방송의 디지털 전환 등의 서비스가 제공된다.

그럼 현재 한국의 무선 인터넷 현황의 전체적 윤곽을 그려보자. 먼저 무선 인터넷 단말기 이용 현황을 살펴보면, 만 12~59세 인구의 99.0퍼센트가 무선 인터넷에 접속할 수 있는 이동전화(PDA폰, 스마트폰 포함)를 이용하고 있으며, 이어서 노트북(UMPC, 넷북, MID 포함)이 17.4퍼센트, 게임기가 11.6퍼센트, 네비게이션이 5.6퍼센트, MP3플레이어가 3.7퍼센트, PMP가 3.4퍼센트, 전자사전이 2.6퍼센트, PDA가 1.3퍼센트 순이었다. 이런 결과는 이동전화가 즉각적인 커뮤니케이션에서 가장 효율적이고 필요한 미디어라는 점을 보여준다.

다음으로 연령별 무선 인터넷 이용률을 살펴보면, 20대가 86.7퍼센트, 12~19세가 82.1퍼센트, 30대가 58.9퍼센트, 40대가 35.9퍼센트, 50대가 16.6퍼센트 순이다. 무선 인터넷은 1020세대가 압도적으로 이용하고 있는데, 이 세대가 디지털 문화를 세대 경험으로 접하면서 성장했기 때문이다.

그럼 이동전화를 통한 무선 인터넷 이용 빈도와 이용 시간을 살펴보자. 먼저 일주일 평균 이용 빈도는 2.1회다. 구체적으로 1회 미만이 57.2퍼센트, 1~2회가 17.7퍼센트, 2~5회가 15.5퍼센트, 5~10회가 4.4퍼센트, 10회 이상이 5.2퍼센트로 나왔다. 한편 이용 시간은 1회 접속 때 평균 5.7분으로 나

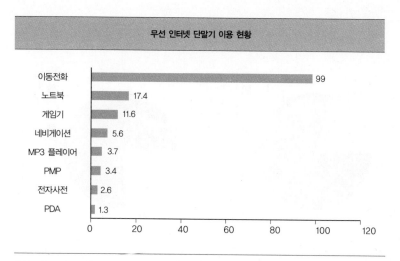

무선 인터넷 단말기 이용 현황

단말기	값
이동전화	99
노트북	17.4
게임기	11.6
네비게이션	5.6
MP3 플레이어	3.7
PMP	3.4
전자사전	2.6
PDA	1.3

출처 : 한국인터넷진흥원(2009), 〈2009 무선인터넷 이용실태조사〉

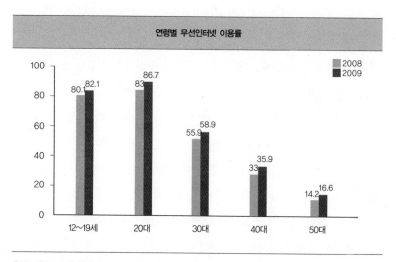

연령별 무선인터넷 이용률

연령	2008	2009
12~19세	80.1	82.1
20대	83	86.7
30대	55.9	58.9
40대	33	35.9
50대	14.2	16.6

출처 : 한국인터넷진흥원(2009), 〈2009 무선인터넷 이용실태조사〉

왔다. 구체적으로 3분 미만이 29.0퍼센트, 5~10분이 25.7퍼센트, 3~5분이 23.2퍼센트, 10~20분이 17.3퍼센트, 20분 이상이 4.8퍼센트로 나왔다.

마지막으로 이동전화 무선 인터넷의 이용 목적을 보면 '폰 꾸미기(벨 소

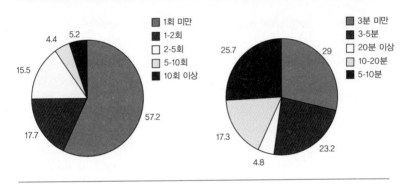

출처 : 한국인터넷진흥원(2009), 〈2009 무선인터넷 이용실태조사〉

리 , 배경 화면 등 다운로드)'가 80.5퍼센트로 가장 많은 응답을 기록했다. 다음으로 'MMS'가 76.0퍼센트, '음악 듣기 또는 다운로드'가 38.0퍼센트, '정보 검색'이 30.9퍼센트, '게임 다운로드 또는 실시간 게임'이 24.9퍼센트, '모바일 뱅킹'이 13.4퍼센트, '뉴스'가 11.2퍼센트 순이다.

　　인터넷과 모바일 미디어의 확산을 바탕으로 하워드 라인골드는 이전에는 결코 가능하지 않던 유형의 인간 행동이 출현한 배경과 파장을 검토한다. 통신과 연산 기능을 모두 갖춘 장비를 통해 서로 알지 못하더라도 조화롭게 행동하고 알맞은 때와 곳에서 조직적으로 의견을 교환하는 새로운 방식이 출현하는 데 주목하는 것이다. 라인골드는 이동네트, 곧 이동통신을 매개로 구축된 사회적 네트워크가 새로운 대중 실천의 주역인 영리한 군중을 탄생시킨 숙주라고 본다. 이동성, 다중 매체, 위치 감지 등의 특성이 촘촘한 정보 네트워크에서 각자의 유용성을 배가시킨다고 주장하고, 무어의 법칙(컴퓨터 칩은 더 강해질수록 값싸짐), 메트칼프의 법칙(네트워크의 유용한 힘은 네트워크의 접속점이 증가하는 데 따라 빠르게 배가), 리드의 법칙(네트워크의 힘, 특히 사회적 네트워크를 강화하는 힘은 그 네트워크

이동전화 무선 인터넷 이용 목적		
범주	세부 항목	비율
폰 꾸미기(80.5%)	벨 소리, 배경 화면 등 다운로드	80.5
자료와 정보 습득 (40.6%)	정보 검색	30.9
	뉴스	11.2
	생활 정보	9.1
	연예, 스포츠 정보	7.2
	금융, 재테크 정보	4.5
커뮤니케이션 (78.9%)	MMS	76.0
	이메일	10.7
	블로그, 미니홈피	7.1
	채팅, 메신저	5.0
	커뮤니티	1.5
여가 활동 (45.4%)	음악(MP3) 듣기 또는 다운로드	38.0
	게임 다운로드 또는 실시간 게임	24.9
	동영상 보기 또는 다운로드	8.4
	전자책 읽기 또는 다운로드	2.7
경제 활동 (17.3%)	모바일 뱅킹	13.4
	모바일 쇼핑	4.1
	모바일 쿠폰	3.7
	모바일 증권	2.5
	모바일 티켓	1.4
위치 기반 서비스 (8.6%)	길 안내	5.5
	친구 찾기	3.2
	위치 확인	2.0
	버스 도착 확인	2.1
	안심 서비스(자녀 위치 확인, 구조 요청 등)	1.8

출처 : 한국인터넷진흥원(2009), 〈2009년 무선인터넷 이용실태조사〉

를 사용할 각기 다른 인간 집단의 수가 증가함에 따라 훨씬 더 빠르게 배가)을 제시한다(Rheingold 2003, 17~18).

그렇다면 영리한 군중이 만들어낸 사회적 소통 문화는 어떻게 변화했을까? 첫째, 이동성의 문화다. 인터넷과 모바일 미디어는 인간의 감각 기관이 수행하는 기능을 시공간으로 무한히 확장했는데, 그 결과 새로운 비율과 균형의 지각 양식과 인지 양식이 형성됐다. 커뮤니케이션의 시공간 제약을 극복함으로써 일상을 조직하고 정보를 수집하거나 처리하면서 상호 작용을 수행하는 기능이 확장될 수 있었다. 약속의 재조정과 즉각적인 상호 작용, 개인의 자율성이 크게 확대됐다. 이런 변화에 관련해 플랜트S. Plant는 이동전화가 가져온 새로운 현상에 주목하면서 '이동하는 정신mobile minds'이라는 개념을 제시했다. 이동전화는 개인과 도시 대중들 사이의 관계를 새롭게 형성시킴으로써 사회적 삶을 새로운 속도와 상호 작용으로 이끈다(성동규 2007, 157~158).

둘째, 개인성의 문화다. 인터넷과 모바일 미디어는 커뮤니케이션의 시공간과 참여 행위를 통제할 수 있게 해주면서 개인의 자유를 확장시켰고, 개인성의 심화와 사유화의 강화를 가져왔다. 이 결과 공공장소가 사유화되고 사적 영역이 확장됐는데, 지하철, 공원, 거리 같은 공공장소에서 이동전로 밀담을 나누거나 DMB로 안방에서나 볼 수 있던 드라마를 시청할 수 있게 됐다. 질서와 규범 또는 권위의 상징이던 공공장소가 새로운 의미를 갖게 됐고, 자기 확장의 욕구를 자유롭게 표출하면서 자아가 빠르게 확장될 수 있었다. 인터넷과 모바일 미디어는 단순한 소통 도구를 넘어 삶의 일부가 돼 자신을 표현하거나 투사하는 대상으로서 자아의 정체성을 적극적으로 구성하고 있다. 물론 이런 현상은 사적 영역의 공적 확장으로 이어져 공공성을 해치는 결과를 초래하기도 한다(성동규 2007, 159~163).

셋째, 친밀성과 관계성의 문화다. 인터넷과 모바일미디어는 언어, 몸짓 등으로 매개되는 모든 친밀한 형식들에 관계된다. 라센Amparo Lasen은 기술이 감정의 표현과 교환을 매개하고 있다고 강조하면서 '정서적 테크놀로지 affective technology'라는 개념을 제시했다. 여기서 '정서'란 개인이 인터넷과 모바일 미디어를 통해 타인하고 맺는 관계에서 경험하는 친밀성과 모바일 미디어 자체에 관한 개인의 애착을 모두 포함한다. 사람들은 인터넷과 모바일 미디어를 통해 시공간 제약으로 발생한 일체의 분리와 부재에 맞서 정서적 안정을 찾는다. 사회적 활동의 분리와 도시적 아노미가 분산시켜 놓은 곳에서 전화를 거는 행위는 연속성과 연대성을 일깨워준다(김성동 2008, 134~135). 특히 청소년들에게 이동전화는 학교나 집에 정박돼 있는 공간적 한계를 넘어 친밀한 관계를 맺을 수 있는 도구다(김성동 2008, 165~169).

넷째, 저항성의 문화다. 인터넷과 모바일 미디어를 통한 정보적 소통은 집단 지성을 형성시켜 대중을 집단행동의 주체로 이끈다. 실제로 인터넷과 모바일 미디어는 세대와 계층을 망라해 전체 사회의 의제를 구성하고 구성원 사이의 의사소통을 매개하는 핵심적 커뮤니케이션 수단이 되고 있다. 동시에 정부를 감시하고 견제하며 공공 의제를 설정할 수 있게 되면서 수직적 지배와 피지배 관계는 좀더 수평적인 관계로 바뀌고 있다.

그동안 정치에 무심하던 젊은 네티즌들이 사이버 공동체 활동에 적극 참여하고 있는 현상을 고려할 때, 인터넷은 정치 참여를 유인할 효과적 도구다. 그러나 이런 고도의 정보 네트워크 체계가 대중을 감시하고 통제할 수 있다는 역설에 주목해야 한다. 이 문제에 관련해 포스터는 '슈퍼 파놉티콘'을 통해 감시를 당하는 사람이 감시에 필요한 정보를 스스로 제공하는 상황에 주목한다. 신용카드는 물론 미니홈피, 블로그, 이메일, 포털 사이트에 자기 정보를 스스로 올리는 상황은 도리어 감시 체계의 확산을 도와준다는 것이다(황근 2006, 129~130).

4. 탈근대적 구조 변동의 지형도

대중 형성의 계보학은 개화기와 일제 강점기, 개발독재 시기, 민주화와 세계화 시기로 나눠 역사적으로 살펴볼 수 있다. 근대의 여명기에 형성된 대중은 소비 주체로서 지니는 집단적 감수성을 경제 근대화와 세계화 시기까지 이어간다. 또한 국가적 차원의 긴박한 근대화 프로젝트 속에서 포섭과 동원의 대상이 되기도 했다. 그러나 대중은 수동적 존재일 수만은 없다. 서구적 가치 체계의 수용, 근대 교육의 확대, 대중문화의 발달은 대중을 앎의 주체로 바꾸어갔고, 민권 향상을 위한 집단행동을 가능하게 했다.

2002년을 기점으로 등장한 새로운 대중 실천은 이런 역사가 만들어낸 최고의 걸작이라 할 만하다. 집단 지성이 만들어낸 자율적 실천과 자발적 참여는 근대 이후 대중 시대가 지향해온 가치이자 이상이기 때문이다. 이런 새로운 대중 실천은 세 가지 구조 변동을 통해 이해할 수 있다.

첫째, 물적 생산 방식의 변화다. 외환 위기 이후 전면화된 신자유주의적 재구조화 속에서 한국 경제는 탈공업화의 길로 접어들었고, 효율성과 비용 절감을 이유로 구조 조정이 본격 추진됐다. 그 결과 기업 규모별, 업종별, 소득별 양극화가 구조화되면서 대중의 삶은 불안정해졌다. 흉흉한 민심은 지배 체제에 맞선 저항을 촉발시켰지만, 대중을 더욱더 고단한 삶(기성 지배 체제)에 묶어두는 냉소주의와 패배주의가 양산되기도 했다.

둘째, 정치적 지배 방식의 변화다. 신자유주의적 재구조화 속에서 국가는 자율화, 민영화, 개방화 정책을 통해 자본과 노동의 유연화에 앞장섰다. 친자본적 정책이 대중들에게 하나의 '상식'으로 수용돼야 했기 때문에, 국가는 전통적 가치와 덕목을 강조하는 신보수주의 이데올로기를 앞세워 대중의 저항에 대응했다. 국가는 경찰을 자임하며 경제적 빈곤과 대중의 저항을 범죄시하고 치안 활동을 단호히 펼쳤다. 1980~1990년대에 견줘 폭력 시위가 크게 줄었는데도 로보캅을 연상시키는 경찰의 강화된 무장과 공권

분야	개화기·일제 강점기 시기	개발독재 시기	민주화와 세계화 시기
	식민지 수탈 체제	국가 주도 개발독재 체제	시장 주도 신자유주의 체제
경제	산미 증산 계획 지하자원 공출 노동력 강제 동원 제국주의 침략 자본	표준화 공업화 자원 최우선 수직적 통합 직무 전문화 비율별 보수 정규직 비중 높음 직장 충성도 강조	유연화 탈공업화 수요 최우선 수평적 통합 직무 구분 철폐 개인별 보수 비정규직 비중 높음 자기 계발 강조
	식민 통치 지배 체제	권위주의 지배 체제	자유주의 지배 체제
정치	무단 통치 문화 통치 민족 말살 통치	시장 개입 공기업 국가 주도 경직된 행정 권위적 규제 권력 집중화	시장 방임 공기업 민영화 신공공관리 행정 비권위적 탈규제 권력 탈집중화
	시민사회의 태동	시민사회의 발전	시민사회의 전환
시민 사회	민권운동 독립운동 자강 계몽운동	민주화운동 기층 민중과 학생 사회운동 단체 의식화 조직적 대오 정치의 과잉화	시민운동 전자적 공중 유연 자발 집단 집단 지성 네트 행동주의 정치의 문화화
	문화의 식민화	문화의 도구화	문화의 산업화
문화	근대 문화의 태동기 대중적 감수성 형성 제도적 검열의 시초 근대 도시공간 형성 이중 도시 황국신민 사상 내선일체 사상	문화의 일국화 장르의 총합 검열과 규제 예술인 중심 문화 예술성 추구 도시 집중 공간에 사물 배치 반공 이데올로기	문화의 세계화 삶의 양식 진흥과 육성 시민 중심 문화 공공성 추구 지역의 장소성 스크린에 사물 재현 신보수주의

대중 형성과 탈근대적 변환의 구조 변동 지형도

력 남발은 치안 정치의 현실을 잘 보여준다.

셋째, 사회적 소통 방식의 변화다. 인터넷과 모바일 미디어를 중심으로 한 새로운 커뮤니케이션 문화는 자율적인 개인이 고도의 네트워크를 통해 타인하고 맺는 관계를 빠르게 진전시킴으로써 집단행동에 필요한 폭발적 결집을 가능하게 했다. 라인골드가 지적한 대로 대중들은 네트 전쟁을 통해 자기 목소리를 모아 사방에 대고 외친다. 기성세대 또는 부모 세대하고 확연히 구분되는 N세대의 특징으로 탭스콧은 선택의 자유, DIY 정신, 철저한 조사와 분석, 공공성을 신뢰하는 태도, 상호 협력, 일과 놀이의 융합을 들었다.

우리는 이런 논의를 통해 대중 형성의 기원과 실천의 동학을 구조적 차원에서 이해할 수 있다. 아울러 대중 형성에 관한 통시적이고 공시적인 접근을 한국 사회의 구조 변동에 관련해 규명할 수 있다. 따라서 대중 연구는 단순한 대중의 생활사 연구가 아닌 동시에 당대의 특별한 사건에만 주목한 몰역사적 연구가 될 수 없다. 그렇다면 어떻게 이런 작업을 종합해 대중 형성에 끼친 구조 변동의 지형도를 그릴 수 있을까?*

먼저 경제 분야를 살펴보자. 개화기와 일제 강점기 시기에는 일제의 식민지 수탈 정책에 따라 토지 개혁과 산미 증산 계획이 실시됐고, 전시 총력전 체제 속에서 지하자원의 공출이나 징용과 징병 같은 노동력의 강제 동원이 시행됐다. 개발독재 시기에는 국가 주도로 공업화를 위한 경제개발이 진행됐는데, 공정의 표준화와 수직적 통합 말고도 자원을 최우선으로 하는 노동 집약적 생산이 시도됐다. 민주화와 세계화 시기에는 시장의 주도 아래 탈공업화를 위한 유연화 정책이 시도됐고, 수평적 통합과 아웃소싱이 일반화되면서 수요를 최우선으로 하는 기술 집약적 생산이 전개됐다.

---

* 지형도는 스윈지도우(Eric Swyngedouw)가 만든 '포디즘-유연적 축적' 도표와 정일준, 〈통치성을 통해 본 한국 현대사〉, 《민주사회와 정책연구》(17호), 2009의 사회 체제 비교 도표를 참고해 재구성했다.

한편 개화기와 일제 강점기 시기에 자본은 제국주의적 침략에 유리하게 장시간 노동과 저임금 기조를 바탕으로 하는 초과 착취 체제를 구축했는데, 3·1운동을 전후해 광산, 철도, 부두 노동자들이 공제회와 노동조합을 결성해 저항운동을 펼쳤다. 개발독재 시기에는 구획화된 직무 전문화 속에서 수직적 노동 조직을 통해 단일 업무가 수행되기 시작하는 한편, 직무 설계 기준에 근거해 비율별 보수가 지급됐고, 직장 충성도를 강조하는 정규직 중심의 채용이 일반화됐다. 민주화와 세계화 시기에는 직무 구분이 철폐되면서 수평적 노동 조직을 통해 복합 업무가 수행됐는데, 성과급 중심의 개인별 보수 체계가 확립되면서 자기 계발이 강조됐고, 비정규직을 중심으로 채용이 진행됐다.

　다음으로 정치 분야를 살펴보자. 개화기와 식민지 시기에는 헌병 경찰이 통치하는 강권적 무단 통치(1910~1919)와 식민 통치를 은폐하고 민족의 분열을 목적으로 한 문화 통치(1919~1931), 병참 기지화 정책을 실시한 민족 말살 통치(1931~1945)가 실시됐다. 개발독재 시기에 국가는 통치 주도 세력으로서 강력한 권력 집중화를 통해 권위주의적 지배 방식, 곧 시장 개입, 국가 주도의 공기업 운영과 관리, 경직된 행정 체제로 국정을 운영했다. 민주화와 세계화 시기에 국가는 막강해진 시장 권력의 공모자로 나서며 권력의 탈집중화 속에서 탈권위주의적 지배 방식을 구사했고, 공기업 민영화와 신공공관리 행정 체제를 통해 국정을 운영했다.

　시민사회 분야에도 다양한 변화가 일어났다. 개화기와 식민지 시기에는 시민사회가 태동하고, 몰려드는 서구의 문물과 가치에 자극받은 근대 사상이 확산하면서 민권운동, 독립운동, 자강 계몽운동이 펼쳐졌다. 개발독재 시기는 국가권력을 갈등 대상으로 하는 민주화운동이 기층 민중과 학생을 중심으로 전개된 정치 과잉의 시대라 할 수 있는데, 재야 단체와 사회운동 단체가 운동 주체로서 의식화를 거친 조직 대오를 갖춰 강력한 투쟁을 펼쳤다. 민주화와 세계화 시기에는 시민의 다양한 생활권을 확보하려는 시민운동이 유연 자발 집단을 중심으로 펼쳐지면서 정치의 문화화가 진행됐고, 인터넷을 무대로 하는 전자적 공중의 네트 행동주의와 직접 행동을 통해 집단 지성의 새로운 장이 개척됐다.[*]

문화 분야에도 여러 변화가 있었다. 개화기와 식민지 시기에는 근대 문화의 태동기라고 할 정도로 서구 문물이 유입되면서 소비 주체가 모던이라는 이름하고 함께 등장하고 근대적 감수성과 감각이 만들어지기 시작했지만, 일제의 강권적 통치 속에서 국가기구를 동원한 제도적 검열에 시달렸다. 개발독재 시기에 문화는 예술의 진정성만 추구하려 한 예술인들이 활동하는 한정된 영역이었고, 국가는 검열과 규제를 통해 권력을 찬양하는 문화만 공인했다. 민주화와 세계화 시기에 문화는 새로운 국가 경쟁력의 영역으로 인식되면서 국가적 진흥과 육성을 통해 산업화되고 세계화됐으며, 삶의 양식으로 이해되면서 모든 구성원(시민)이 공공성에 기초해 마땅히 누릴 권리로 자리 잡았다.

또한 개화기와 일제 강점기 시기에 도시는 '조선 시가지 계획령'을 통해 강압적으로 만들어졌는데, 만주와 중국 침략에 대비해 병참 기지를 만들 목적으로 철도가 놓이고 일본인과 한국인의 거주 공간을 확연히 차별한 정책은 이중 도시를 초래했다. 개발독재 시기에는 공간적 분업에 따른 생산이 도시를 집중으로 배치됐는데, 토지와 사물이 결합돼 공간에 배치되는 공간 구성은 도로망과 철도망을 따라 진행됐다. 민주화와 세계화 시기에는 공간적 통합에 따른 생산이 지역의 장소성을 강조하면서 진행됐고, 유비쿼터스 네트워크 속에서 재현된 사물들은 유선과 무선 통신망을 따라 실제 공간과 가상 공간을 넘나들며 배치됐다.

마지막으로 이데올로기를 살펴보자. 개화기와 일제 강점기 시기에는 일

---

[*] 2000년대 이후 사회적 변화와 정치적 변동 과정에서 한국 시민사회에 나타나고 있는 주목할 만한 변화를 '시민사회의 재구조화' 현상으로 규정한 조대엽은 다양한 수준의 시민 결사체가 형성될 수 있는 조건과 특징을 논의한다(조대엽 2007, 257~263).

본 '천황'의 백성이 되게 한다는 황국신민 사상과 조선과 일본의 몸과 정신이 하나라는 생각을 주입한 내선일체 사상이 전개됐다. 개발독재 시기에는 취약한 국가권력의 정당성을 시급히 확보할 수단으로 조국 근대화와 반공 이데올로기를 조직적으로 유포해 국민 총동원 체제의 병영 사회가 구축됐다. 민주화와 세계화 시기에는 무한 경쟁의 시장 원리를 전면화한 신자유주의와 가족애나 충성심 같은 전통적 가치를 강조한 신보수주의가 지배 이데올로기로 작동했다.

2장

참여 군중
― 광장의 시민, 욕망하고 연대하는 대중

1. 거리의 시민들 ― 욕망하고 연대하는 유목적 주체

2002년은 새로운 대중 시대라 부를 기념비적 사건이 연이어 발생했다. 신년 벽두에 터진 오노 사건은 사이버 공간을 반미의 물결로 채웠다. 민주당의 대선 후보 경선 대회에서 노무현 신드롬을 몰고온 '노풍'은 정치 개혁의 새바람을 불러일으켰다. 작렬하는 태양보다 더 뜨겁던 길거리 응원전의 광풍은 무더위를 날려버리기에 충분했다. 미선이 효순이 정국을 밝힌 촛불들은 한겨울의 칼바람을 금세 녹였다. 2008년에 벌어진 미국산 쇠고기 수입 반대 촛불 집회는 이런 사건들이 합류하는 바다 같았다.

일련의 사건을 이끈 주역은 다름 아닌 대중이다. 대중들은 여론과 주위 사람에 이끌려 또는 삶의 불만을 해소하기 위해 나온 불평분자들이 아니다. 폭발적 결집에서 발견되는 자발성과 헌신성, 열정과 상상력은 그 자체로 충만했고, 사회적 가치의 중요성과 그런 가치의 생산이 새롭게 인식되는 계기가 됐다. 교환가치가 화폐로 전환 가능한 것이라면, 사회적 가치는 화폐로 전환되지는 않지만 사회적 결속과 소속감을 가져다주는 무형의 자산이다.

노동 패러다임이 중심인 자본주의 사회에서 교환가치는 절대적이지만, 그것만으로 사회가 유지되고 발전하지는 않는다. 길거리 응원전과 SOFA 개정을 촉구한 촛불 집회, 노풍을 통해 정치 선진화를 향한 유권자들의 바람, 검역 주권과 안전한 먹을거리를 확보하려고 거리로 나선 시민들의 외침은 스스로 자기 욕망을 조직화하고 질서와 체계를 세워 실천했다는 점에서 대안적 삶의 형태를 상상하게 만든다. 이런 경험과 성과들이 바로 돈 (교환가치)으로 환산될 수 없는 사회적 가치다(김성일 2003, 23~24).

따라서 위의 사건들은 일시적 또는 무매개적으로 일어난 군중 행동으로 치부될 수 없다. 사건의 원인과 실천 양태, 공유된 집합 의식의 성격과 형성 과정을 면밀히 분석한 뒤, 그것들이 갖는 의미를 한국 사회 속에 투영할 수 있어야 한다. 새로운 대중이 형성되고 있다는 것은 물적 생산 방식, 정치권력의 작동, 사회적 소통, 감성 구조가 변하고 있다는 의미다. 따라서 새로운 대중 시대를 알린 사건들과 주체들을 규명하는 과정은 한국 사회의 변동을 이해하고 그 변화를 야기할 징후들을 포착하면서 대안 사회를 모색하는 작업이 된다.

참여적 군중의 능동성에 주목한 다중론은 경제의 탈근대화 속에서 새롭게 부각된 비물질 노동을 질료로 한 노동의 급격한 성격 변화에 기반해 다중을 규명한다. 다중의 출현과 저항에 접근에 관한 논의는 아우또노미아 이론을 주창한 네그리와 비르노에서 시작된다. 아우또노미아 이론은 넓게는 1960~1970년대 서유럽 좌파의 마르크스주의 재전유(전화), 좁게는 이탈리아 평의회운동과 노동자주의operaism에 연원을 두며(Katsiaficas 1999, 76~90), 노동자 계급 중심성에서 벗어나 새로운 사회 주체의 혁명성을 사고하기 위한 방안으로 반反위계-반反대의제의 정치성과 다중이 설정됐다.

그렇다면 폭발적 대중 결집의 주체인 참여적 군중은 어떤 특성을 갖고 있을까? 첫째, 네트워크 중심적이고 융복합적이다. 참여적 군중의 네트워크는 이전 시대하고는 완전히 다르다. 무엇보다도 전통적인 혈연과 지연 네트워크가 퇴색했고 편의적 집단성이 발현됐다. 목적성과 자기 중심적 집단화가 두드러졌다. 또한 사회적 관계성의 패러다임도 바뀌었다. 이웃은 이제 더는 옆집에 사는 사람이 아니다. 참여적 군중이 맺는 휴먼 네트워크는 사이버 공간으로 확장됐고, 체면과 허세가 아닌 실질적 필요성 속에서 긴밀하게 연결됐다.

다른 한편으로 참여적 군중은 융복합적이다. 아날로그 시대에는 한 우물만 파면 됐지만 디지털 시대에는 여러 개의 우물을 파야 한다. 집중과 분산이 아니라 다양성과 융합이 문제가 된다. 디지털 시대는 기술적 융합이 산업, 문화, 사회 융합을 거쳐 생활 방식과 사고방식의 융합으로 나아간다. 이런 조건 속에서 참여적 군중들은 '원 소스 멀티 유즈one source multi use'를 통해 새로운 개념의 생산성을 만들어낸다. 동시에 여러 일을 처리하는 멀티태스킹multitasking이 보편화되고 다양성이 키워드로 부상했는데, 참여적 군중들은 다양한 사회적 자원들을 조합하는 데 필요한 황금 비율을 찾아내어 새로운 삶의 무기를 만들어냈다.

둘째, 참여적 군중은 도전적이며 직접 행동을 선호한다. 만약 도전적이지 않았다면 디지털 시대가 열렸을 리 만무하며, 길거리를 축제와 집회의 장으로 전용하지도 못했다. 디지털 시대가 가져다준 가장 큰 변화는 새로운 도전을 향한 경계심이 사라졌다는 점이다. 도전과 모험은 새로운 기회와 가치를 만들고 진취적 미래를 그려낸다. 또한 풍부한 정보는 직간접적인 도전 기회를 확대하고, 디지털 도구를 통한 시뮬레이션으로 위험 부담을 줄여 도전 기회를 증대시킨다.

이렇게 해서 참여적 군중의 도전은 문화적이고 정치적인 도전으로 확대된다. 좀더 적극적이고 도전적으로 의견을 표출하면서 정치적 행동과 집단행동을 감행한다. 정치적 측면에서 보면 참여적 군중은 대의제를 통한 재현의 정치를 거부하고 직접 민주주의를 구현하는 데 자발적으로 뛰어든다. 따라서 참여적 군중은 재현의 존재가 아닌 표현의 주체로, 서로 이질적인 것들의 집합으로 정의된다(고병권 2007, 158~159). 한국 사회에서 직접 민주주의를 위한 직접 행동이 시도된 대표 사례는 미국산 쇠고기 수입 반대 촛불 집회를 이끈 '아고리언agorian'들이 있다. 현대판 아고라인 사이버 공간은 누구나 자신의 의견을 개진하고 수정하며 논쟁과 협상을 벌이는 자유 공간으로서, 대중의 집적 행동의 핵심적 기지가 된다.

셋째, 참여적 군중은 자기 과시적이고 기술 소비적이다. 자신을 드러내고 과시할 도구가 많다. 셀카나 누드 등 몸을 노출하거나, 얼짱 열풍과 몸짱 신드롬에 동참하면서 자신을 드러낸다. 해킹이나 크래킹도 자기 과시적 경향의 하나로 볼 수 있는데, 단순한 과시욕으로 인터넷 범죄를 저질렀다는 언론의 보도는 이런 경향을 반영한다. 타인에게 해를 입히는 위험성을 경계하기보다, 자신을 과시하고 우쭐해하는 행동이 주는 즐거움을 선호한 결과다. 자기 과시는 때때로 자기 방어적 성향으로 표현되기도 한다. 대중 앞에서 자신을 과시하고 싶어하지만, 대중의 비판이 두려운 나머지 이런 욕구를 타인을 향한 공격으로 돌변시키기도 한다.

자기 과시적 욕구는 디지털 기기를 과잉 소비하는 행동으로 이어지기도 한다. 신기술이나 신제품을 먼저 써야 직성이 풀리는 얼리어답터들이 늘어났고, 디지털 기기를 팬시 상품이나 패션 트렌드로 여기게 됐다. 기술이 지닌 기능과 효용이 아니라, 디자인과 유행에 동참하는 일이 중요하다. 이런 소비 성향 때문에 기술은 더 빠르게 갱신된다. 기술은 문화에 접속하면서 새로운 사회 환경을 만들어내며, 엔지니어를 넘어 대중이 다뤄야 할 분야로 전환된다.

넷째, 참여적 군중은 가상과 실제의 경계를 자유롭게 횡단하며 문화 중심적으로 행동한다. 참여적 군중들의 공간 관념은 완전히 다르다. 예를 들어 게임 〈세컨드라이프〉에서 하는 생활은 실생활보다 더 실제적이다. 또한 인터넷에서 동영상이나 폭력적 콘텐츠에 노출된 사람들 중 일부는 사이버 공간에서 일어나는 범죄를 심각한 잘못으로 인식하지 못하기도 한다. 이미지의 홍수 속에서 발전한 최첨단 복제 기술은 이미지로 실제를 압도한다. 이런 상황은 가상 세계를 실제 세계의 대안 또는 교묘한 허상으로 보이게 만든다(김용섭 2005, 88~107).

다른 한편 참여적 군중은 문화 중심적이다. 그런 의미에서 문화 부족이라 부를 수 있는데, 문화 부족은 '스타일'의 삶과 '세력권'의 삶을 통해 자기 자신을 주체화한다. 문화 부족에게 스타일은 주류 문화 트렌드를 표상하는 패션하고는 다르게 신체에 각인된 정동이라고 할 수 있다(이동연 2005, 22~23). 한편 문화 부족의 삶능력은 자신들만의 일정한 세력권을 형성함으로써 집단적 정체성을 드러낸다. 특정한 세력권을 형성하려는 문화 부족 현상 중에 가장 대표적인 것이 팬덤fandom 집단인데, 이런 사람들에게 기술과 정보는 신뢰도보다 재미와 흥미를 기준으로 선별된다. 이제 교육은 에듀테인먼트, 정보는 인포테인먼트, 스포츠는 스포테인먼트로 변한다.

이런 다양한 특성들은 삶의 창조적 능력을 활성화한다는 점에서 '삶능력'이라 부를 수 있다. 삶능력이란 "삶을 창조하는 능력으로서 집단적 주체성, 사회성 그리고 사회 그 자체의 생산"을 말하며, 여기에 기반해 대중은 자기 가치를 자율적으로 증진하는 삶의 정치를 전개한다(Virno 2005, 152~153). 네그리와 비르노는 삶능력의 왕성한 표출을 다중의 특이성으로 이해하는데, 네그리의 경우에는 전지구적 권력의 일반 형태인 제국에 저항하는 주체로, 비르노의 경우에는 비물질 노동을 통한 성숙된 일반 지성을 사용해 자기 가치를 실현하는 능력으로 설정된다.

한국 사회에서 참여적 군중에 관한 관심은 2002년 이후 발생한 새로운 대중 실천을 통해 높아졌다. 집단행동에 나선 주체들은 기성 운동 조직을 통해 행위 목표를 공유하지 않았고, 체계적 동원 기제보다 자발성에 기초한 참여 동기를 정보적 소통을 통해 증폭시킨 점에서 기성의 운동 주체하고 달랐기 때문이다. 행위 목표의 공유와 상황에 관한 정보적 소통, 자발성에 기초한 연대감의 형성은 분명 참여적 군중의 핵심 요소다. 그렇다고 이런 기제들이 정형화되고 고정된 것은 아니다. 응원자, 네티즌, 추모객, 유권자로 불리는 이 대중들은 분명 상이한 욕망의 계열에 배치돼 있다. 그런 의미에서 이 대중들은 다양한 방식으로 자신을 형성하고 변형하는 유목적 주체들이다(김성일 2003, 17~18).

2. 광장과 촛불 — 다양하고 모호한 주체들의 대중 실천

2002년 이후 발생한 새로운 대중 실천을 통해 등장한 참여적 군중은 한국 사회의 현재와 변화를 측정하는 지표가 된다. 다양한 사건들이 시청 앞 광장과 광화문 사거리에서 발생했다는 것만으로도 이런 정황은 쉽게 이해된다. 한국 사회의 지배 분파(권력의 중심부라 할 시청, 정부종합청사, 제도 언론사, 금융 회사, 보험 회사, 미국 대사관을 비롯한 각국 대사관)가 집중된 시청 앞 광장과 광화문 사거리를 대중이 자신의 편의대로 전유해 광장 문화를 부활시켰다는 사실은 새로운 변화의 징조이기 때문이다. 행사나 시위를 하려면 법적으로 불허되거나 까다로운 절차가 필요한 이곳에서 대중이 자신의 욕망을 자유롭게 분출하고 소통하며 축제의 장을 만드는 경우는 매우 드물다. 요컨대 참여적 군중의 새로움은 지배 권력의 중심부인 시청 앞 광장과 광화문 사거리에서 계급과 계층, 세대와 성별을 하나로 묶는 행위 목표와 의식의 공유를 자발성에 기초해 형성했다는 데 있다(김성일 2003, 15~16).

폭발적 대중 결집을 가능하게 한 주체는 누구이며 어떤 특성을 갖고 있을까? 첫째, 계급과 계층, 세대와 성별을 초월해 있다. 여기에는 영상 세대라 할 10대 청소년부터 청년 실업에 가위눌려 지내는 20대 청년 세대, 민주화의 주역인 386세대와 절대 빈곤을 타개한 산업 역군인 40~50대를 포괄한다. 또한 사이버 공간에서 필요한 정보를 수집하고 이 정보를 가공해 자기 의견을 개진하며 집단 지성을 만든다.

길거리 응원전은 이런 특성이 극명하게 투영된 사건이다. 2002년 6월 4일 광화문 일대의 전광판 앞에 5만여 명이 모여 폴란드를 상대로 첫 경기를 치르는 축구 대표팀을 응원한 게 시작이었다. 이날 광화문 말고도 서울시에서 설치한 월드컵공원의 플라자에 4만여 명, 대학로 마로니에공원에 3만 5000여 명, 잠실야구장에 3만 5000여 명이 모이는 등 서울 전역에서 약 30여만 명이 길거리 응원전을 펼쳤다.

6월 10일 한국과 미국의 경기를 앞두고, 대규모 길거리 응원전이 예상되면서 반미 시위로 전환될 가능성을 염려하는 목소리가 곳곳에서 제기됐다. 판정 시비로 얼룩진 오노 사건의 앙금이 남아 있었기 때문이다. 이런 염려 탓에 시청 앞 광장이 개방되면서 광화문의 응원 인파는 분산됐고, 동시에 중심가 전역에서 응원이 펼쳐지게 됐다. 또한 대학로에서 대형 화면을 설치해 길거리 응원전을 주관한 SK텔레콤이 이날 시청 앞 광장에서 열린 응원전을 주관하면서 길거리 응원은 공연하고 함께 진행되기 시작했다.*

당일 30여만 명이 시청 앞과 광화문 일대에서 공연과 길거리 응원을 펼쳤는데, 경기가 끝난 뒤 비에 젖어 곤죽이 된 쓰레기를 치우는 붉은 악마의 모습이 국내외 많은 사람들을 감동시켰다. 서울 전역에서 45만여 명, 전국적으로 77만여 명이 길거리 응원전에 참가한 이날 이후 시청 앞 광장과 광화문 사거리는 길거리 응원전의 상징이 됐고, 그 뒤 이곳에 광장이 만들어지는 결정적 계기를 마련했다.

---

* 2002년 6월 10일 시청 앞 광장의 길거리 응원전 프로그램은 비더레즈 존(응원 메시지 보드, 페이스페인팅, 비더레즈 포토, 붉은 악마 티셔츠 배포), 필승 콘서트(레이지본, 노브레인, 크라잉넛, 윤도현 밴드의 공연, 대표팀 오프닝 영상, 축하 영상, SKT 홍보 영상) 등이었다(서울특별시 2003, 213~215).

길거리 응원전에는 10대와 20대의 청년층과 화이트칼라 계층이 적극 참여했다. 한편 연령이 높거나 전업주부인 경우 참여율은 상대적으로 낮았다 (서울특별시 2003, 366). TNS미디어코리아가 한 조사에 따르면 스페인 경기의 경우 지상파 4개 채널과 케이블 텔레비전 축구 채널을 포함한 전체 시청률은 72.8퍼센트로 집계됐는데, 50대 이상 여성이 51.5퍼센트로 가장 높았고 남자 20대는 23.0퍼센트로 가장 낮았다(《연합뉴스》 2002년 6월 23일).

둘째, 사회적 불의social injustice에 문제를 적극 제기하고 자신이 지지하는 정치인을 후원하는 유권자 구실을 수행한다. 87년 체제가 구축된 뒤 진전된 사회 민주화의 물결 속에서 정치사회는 여전히 전근대적 행태를 답습하고 있었다. 지역주의와 정쟁, 보스 정치와 부패에 질린 대중들은 제도 정치를 향한 지지를 철회하게 됐고, 급기야 선거 참여율이 급속히 떨어졌다.

제도 정치를 향한 무관심과 반감이 지배하던 분위기를 단숨에 바꾼 사건은 노사모의 출현이었다. 노사모는 제도 정치의 개혁과 활성화를 목표로 결성된 유권자들의 자발적 모임이었다. 노사모 활동에 참여하거나 지지를 보낸 주요 집단인 386세대는 현재 40~50대로, 우리 사회의 허리를 지탱하는 세대다. 이 세대는 노무현을 통해 정치 선진화를 달성하려고 했는데, 노무현이라는 인물이 아니라 노무현으로 상징되는 다양한 정치 개혁의 지표들(지역주의와 《조선일보》를 향한 비판)을 대중 스스로 의제화한 점이 중요했다. 노사모는 대중 스타가 아니라 정치인을 대상으로 한 팬덤 문화를 만든 점 말고도 인터넷의 정치적 위력을 재인식시킨 점에서 의미가 크다. 인터넷은 제도 정치의 한계를 극복시켜줄 새로운 참여 문화의 가능성을 제공했다. 그동안 유권자의 정치 개입은 투표를 중심으로 정형화돼 있었다. 바로 이 점이 유권자의 정치 불신을 조장하고 선거 보이콧을 하게 한 주요 요인이었다. 이런 상황에서 인터넷은 다양한 정치 개혁의 목소리를 한데 모으고 공론화하는 혁신적 매체로 등장했고, 정치 참여의 다양한 채널을 개발할 수 있는 결정적 기회를 제공했다.

셋째, 참여 과정에서 핵심 주체와 동조자의 경계가 모호해졌다. '핵심 주체'란 사태를 하나의 사건으로 진단하고 대중 결집의 필요성을 알리는 모든 주체를, '동조자'란 핵심 주체가 제공하는 정보를 통해 사태의 실상을 이해하고 공유하는 잠재적 지지자를 말한다. 핵심 주체와 동조자 모두 정당이나 시민단체처럼 조직된 집단일 수 있고 블로거와 아고리언 같은 개인일 수 있다. 핵심 주체와 동조자는 대중 결집에 필요한 정보를 제공하고 집단행동에 필수적인 인적 자원이나 물적 자원을 동원할 때 선도적이냐 아니냐에 따라 상대적으로 구분된다. 문제는 핵심 주체와 동조자의 구분이 온라인과 오프라인을 통한 참여 과정에서 모호해진다는 데 있다. 정보적 소통을 통한 사건의 진단과 평가 과정에서 정보가 빠르게 전파되고 갱신되면서 모든 사람이 지식 생산자가 되며, 다종다양한 실천 양식이 개발되고 전개되는 과정은 지도부의 중심성을 근본부터 해체한다.

오노 사건은 이런 특성을 잘 보여준다. 진상규명위원회 같은 조직적 대응은 없었지만 개인 차원에서 경기 영상과 쇼트트랙 경기 규칙을 게시판에 올리며 사람들은 결집했다. 그런 의미에서 오노 사건의 핵심 주체는 인터넷에 글을 올린 게시자 개개인이다. 문제는 이 개인들이 일으킨 눈덩이 효과 속에서 하나의 커다란 비판 담론이 형성됐다는 점이다. 김동성 선수의 정당성뿐 아니라 미국의 일방주의 정책, 맥도널드화, 한-미 관계의 문제점 등을 대중이 공유하게 됐고, 그 결과 온라인을 중심으로 코카콜라, 맥도날드, 스타벅스 등 미국 상품 불매 운동이 펼쳐지기도 했다.

물론 조직적인 대중 결집과 실천에는 핵심 주체의 구실이 중요하다. 핵심 주체의 분명한 존재와 조직적 준비는 대규모 대중 참여를 이끌어낼 기폭제가 되기 때문이다. 이때 핵심 주체의 존재는 계몽과 지도보다는 상향식의 자발적 참여를 가능하게 하는 데 한정된다. 오노 사건의 진상이 인터넷을 통해 확산되고 공중파 방송까지 그 내용을 인용해 보도한 사실은 핵심 주체의 활동이 지닌 의미와 파급력을 가늠하게 한다.

길거리 응원전에서 활약한 붉은 악마도 핵심 주체의 구실을 충실히 수행했다. 월드컵 기간 동안 온 국민이 '붉은 악마'가 됐지만, 붉은 악마의 헌신적 노력이 없었다면 길거리 응원전은 불가능했다. 길거리 응원전을 처음 제안하고 진행한 주체가 붉은 악마였기 때문이다. 또한 길거리 응원전에서 목격된 참여의 자발성과 개방성, 응원의 독창성과 비영리성은 붉은 악마 특유의 조직 문화였지만 대중의 폭발적 참여를 이끌어낸 요인이기도 했다.*

이 세 가지 특성은 미선이 효순이 촛불 집회를 통해 결합되기 시작했고, 미국산 쇠고기 수입 반대 촛불 집회를 거치며 더 극적으로 활성화됐다. 먼저 미선이 효순이 촛불 집회에 참여한 대중의 열기는 매우 놀라웠다. 길거리 응원전처럼 스포츠가 아니라 정치적 사안에 대중들이 대규모로 결집했기 때문이다. 특히 갈등의 대상이 미국이라는 점은 더욱 놀라웠다. 미국을 향한 어떤 비판 담론도 공식화될 수 없던 정치 상황에서 미국을 정면 비판한 사례는 무척 이례적이었다.

사건은 2002년 6월 13일 오전 10시 30분 무렵 일어났다. 경기도 양주군 광적면 효촌 2리 56번 지방도에서 친구 생일잔치에 가려고 갓길을 걷던 여중생 신효순과 심미선이 미 2사단 44공병대 장갑차(운전병 마크 워커 병장)에 깔려 그 자리에서 숨졌다. 미군은 진상을 철저히 조사하겠다고 공언하지만, 곧 진상을 은폐하기에 급급한 모습으로 바뀌었다. 사건 직후 미군은 사고 현장 최초 목격자의 접근을 막은 데 이어 병원 구급차 기사의 사진 촬영을 방해했고, 심지어 미군 운전병을 대상으로 초동 수사를 벌이려는 한국 경찰을 막아섰다. 미 2사단 측은 6월 15일 두 여중생의 장례가 끝난 뒤 사단장 면담 약속을 파기했고, 6월 19일 한-미 합동 조사 브리핑에서 "미군은 최선을 다했다"고 발표하며 사고를 두 여중생 탓으로 돌렸다.

---

* 피시통신 축구 동호회에서 출발한 붉은 악마의 대표팀 응원은 1997년부터 시작됐는데, '도쿄 대첩'이라고 불리는 프랑스 월드컵 예선 최종전 일본 원정 응원은 붉은 악마를 대중적으로 알린 결정적 계기였다(이순형 2005, 18~21).

유족과 시민단체들은 유족, 언론, 시민단체, 한국 경찰, 미군이 참여한 상태에서 사고 궤도 차량을 동원한 현장 조사를 실시하자고 제안했지만, 미군은 거부했다.*

미군 당국이 진상을 규명할 의지가 없다는 사실이 밝혀지자, 분노한 유족과 '미군 장갑차 여중생 심미선, 신효순양 살인사건 범국민대책위원회(범대위)'는 형사 재판 관할권 이양을 촉구했다. 형사 재판 관할권이 넘어와야 진상을 규명하고 책임자를 처벌할 수 있기 때문이다. 법무부가 2002년 7월 10일 형사 재판 관할권을 포기하라고 미군 측에 요청하자 당황한 미군 당국은 다시 사과문을 발표했다. 그러나 미군 당국은 한국에 형사 재판 관할권을 이양하지 않으려고 미군 2명을 미국 군사법원에 일방적으로 기소했다. 미군 당국과 한국 정부는 연이어 대책회의를 열었고, 2002년 8월 5일에 한국 검찰이 사건 진상을 왜곡하고 축소해 발표하더니 8월 7일에는 주한 미군 사령관이 형사 재판 관할권 이양을 거부한다고 공식 발표했다.

사건이 일어난 지 13일 만인 2002년 6월 26일, 노동자, 농민, 빈민을 비롯한 여성, 종교인, 교사, 대학생, 청소년, 시민단체 등 110여 개 단체가 참여한 범대위가 출범했다. 범대위는 8차례의 범국민대회와 500여 회에 이르는 촛불 집회를 이어갔다. 이 과정에서 길거리 응원전 이후 일상에 복귀한 대중들이 다시 모여들기 시작한다. 참가자들은 길거리 응원전을 만끽한 10대와 20대, 386세대였다. 이미 평화적인 응원 문화를 경험한 뒤라 촛불 집회는 평화적으로 진행됐다. '민족화해자주통일협의회'에서 제작한 추모 플래시의 조회 수가 100만을 넘어선 사례에서 볼 수 있듯, 이제 대중의 폭발적 결집은 하나의 문화로 자리 잡아가고 있었다.

2008년의 미국산 쇠고기 수입 반대 촛불 집회는 이런 대중 결집의 절정

---

* 여중생 사건이 발생하고 3개월이 지난 2002년 9월 16일 사고 현장에서 겨우 4킬로미터 떨어진 곳에서 주한 미군 훈련 차량에 치여 박승주 씨(35)가 사망하는 사건이 또 발생했다.

이었다. 2008년 5월 2일 중학생과 고등학생들이 "미친 소, 미친 교육 반대"*
를 외치며 시작된 촛불 집회에는 청년 세대와 386세대는 물론 40~50대 장
년층까지 합류하기 시작했고, 사회운동 단체들이 중심이 돼 '광우병 위험
미국산쇠고기전면수입을 반대하는 국민대책회의(대책위)'를 만들어 집회와
시위를 정례화하면서 많은 대중이 참여하는 사회운동이자 문화제로 발전
해갔다.**

  이 촛불 집회의 가장 큰 특징 중 하나는 참여 주체의 중심이 10대였다
는 점이다. 포털사이트 다음의 아고라에 '이명박 탄핵'에 관한 온라인 서명
운동을 처음 발의한 네티즌인 아이디 '안단테'는 경기 지역의 고등학교 2학
년 남학생이었다. 다음 카페 '안티 이명박'의 회원인 이 고등학생이 주도한
서명 운동은 5월 3일에 70만 명을 돌파할 정도로 대중적 관심을 끌었는데,
카페 회원이 6만 명을 넘어서는 시점에서 신규 회원 중 상당수가 10대였다.

  10대가 이 촛불 집회의 기폭제로 등장한 이유는 무엇일까? 해답은 이
학생들이 미국산 쇠고기 수입의 직접 피해자라는 상황, 곧 학교 급식 대상
자라는 점에 있다. 당장 급식을 먹어야 하는 10대들은 쇠고기 문제에 가장
민감할 수밖에 없는 1차 이해관계자였다. 학생들은 "미국산 쇠고기가 수입
되면 값싼 재료를 이용하는 급식을 먹는 우리들이 가장 많은 피해를 입는
다"는 결론에 쉽게 이르렀다(《국민일보》 2008년 5월 30일). 이런 문제의식은 자기 건강
을 지켜내려는 본능적 직감에서 나왔지만, 그 뒤 인터넷을 통한 정보적 소
통을 통해 이성적 대응 방식들이 하나씩 갖춰지기 시작했다.***

---

* '미친 교육'은 이명박 정부의 신자유주의 교육 정책을 빗댄 말로, 촛불 집회에 참여한 10대들의 불만과 분노
의 핵심 배경이 된다. 경쟁과 시장 논리를 내세운 정부의 교육 정책은 10대들의 고단한 삶을 더욱더 황폐하게
만들 게 분명했고, 10대들은 이 문제를 '미친 소' 문제에 결합시켜 촛불 집회에 참여하게 됐다(이해진 2008, 80).
** 5월 2일은 정부가 "미국산 소고기는 안전하다"는 내용의 담화문을 발표한 날이다. 이 담화문 내용에 반발
해 그날 서울 청계광장에 처음으로 수천 명이 촛불을 들고 모였다.
*** 촛불 집회에 참여한 학생들은 집회 참여 이전부터 다른 학생들에 견줘 건강, 먹을거리, 사회 현실 등에 관
심이 많은 반면 연예인이나 외모에는 상대적으로 관심이 덜하다고 스스로 평가했다(김철규 2008, 60).

그런데 10대들의 사회적 발언이 갑작스럽게 나타난 것은 아니다. 이미 10대들은 그 전부터 불합리한 학교 규정을 바꾸려는 단식과 1인 시위를 마다하지 않았고, 두발 단속에 항의해 학교 옥상에서 종이비행기를 날리기도 했다. 2002년을 시발로 한 일련의 대규모 집회와 이벤트에 참여한 경험은 이명박 정부가 내놓은 일련의 신자유주의 교육 정책에 반응하면서 대규모 결집으로 나아가는 기폭제가 됐다.* '어륀지' 해프닝을 몰고온 영어 몰입 교육 시도, 학원 자율화를 명분으로 한 0교시 수업과 우열반 부활, 교육의 선택 폭을 넓힌다는 취지로 도입한 자립고 문제는 10대들의 원성을 순식간에 사회운동으로 전환시켰다. 고등학교 때부터 청소년 단체에서 활동한 한 촛불 집회 참여자는 "10대들이 대거 광장으로 쏟아진 것은 쇠고기에 앞서 '0교시'가 있었기 때문이며, 이 점을 바로 보지 못하면 이번 사태를 이해할 수 없다"고 말한다(《한겨레》 2009년 5월 14일).

이명박 정부가 내놓은 '4·15 학원 자율화' 조치로 냉혹한 경쟁에 내몰린 10대들에게 쇠고기 문제는 불에 기름을 붓는 형국이었다. 한국 사회에서 보수도 진보도 수렴할 수 없던 집단인 10대들은 스스로 욕망을 분출하면서 사회 전면에 등장했다. 자신의 존재와 정체성을 승인받으려는 '인정 정치'의 열망이 표출된 이런 모습은, 효율과 경쟁으로 특징지어진 신자유주의적 교육 정책이 자신들을 무한 경쟁과 적자 생존의 고통 속으로 몰아넣으리라는 전망을 거부하는 몸짓이었다.

촛불 집회에 활발히 참여한 10대들이 쏟아낸 발언들은 참여자들을 감정적으로 격앙시켜 '우리'라는 공감대를 고취하는 접착제가 됐다. 자유 발언 시간에 나온 10대들은 서로 발언하겠다고 앞다퉈 무대에 올랐는데, 거칠지만 소박한 언설들이 참여자들에게 집회의 의미를 더욱 강하게 각인시켰

---

* 촛불 집회에 참석한 10대를 추적조사 한 연구결과에서도 사회운동의 참여에서 오는 학습효과가 이후에도 지속되고 있다는 사실을 입증하고 있다. 참가자들은 자기를 '촛불세대'로 규정하면서 민주시민으로서의 정체성과 사회문제에 관한 의식이 촛불 집회 참여를 통해 높아졌다고 응답했다(김철규 2010, 278-284).

다. 이런 적극성은 오프라인 모임을 기반으로 하지 않고도 자기 입맛에 맞는 곳을 쏙쏙 찾아 활동하는 인터넷 세대의 특징을 보여주는데, 10대들에게 인터넷은 부수적 놀이 공간이 아니라 일상 그 자체였다.

10대의 선도적 활동에 고무된 다른 세대들의 참여는 자기반성에 기초한 성찰에서 시작됐다. 핵심 주체로 등장한 10대의 실천 속에서 청년 세대와 기성세대가 동조자로 하나둘 결집하기 시작한다. 먼저 386세대는 각박한 일상에서 소시민으로 살아가는 자기 처지를 반성하고 그동안 잊고 있던 민주화를 향한 열망을 재생시켰다.* 30~40세대의 참여는 "학부모들이 자녀들의 집회 참여를 양해하던 소극적 참여에서 벗어나, 같이 손잡고 참여하는 적극적 참여로 변하고 있다"는 기사에서 쉽게 확인된다.

경기도 평택에서 온 한 학부모는 5월 9일 초등학교 5학년 딸의 성화에 못 이겨 촛불 집회에 참석했다며 감회를 밝혔다. "미군 기지 운동 때도 평택의 일반 시민들은 큰 관심이 없었는데, 이번 집회에서 몇 명이나 모일지 반신반의했다." 또한 집회에 참여하려고 분당에서 청계광장을 찾은 한 시민은 말했다. "미국산 쇠고기 수입 문제는 더는 아이들에게 맡겨둘 문제가 아니고, 어른들이 나서서 관련 문제를 제도화해야 한다."** 6월 3일 밤 서울에서는 빗속 시위가 진행됐다. 메가폰을 든 경찰이 "시민들에게 불편을 주지 않도록 협조해달라"고 하자, 인도에 있던 한 40대 남자는 "내가 시민이다"라며 촛불 집회를 적극 지지했다(《경향신문》 2008년 6월 4일).

1차 피해자인 자녀를 둔 학부모도 쇠고기 파동에서 자유로울 수 없었다. 이렇게 촛불 집회는 '독재 타도'나 '미군 철수' 등 거대 담론이 아니라

---

* 386세대는 역사상 처음 등장한 교복 자율화 세대로, 1970년대 중반의 공교육 평준화와 1980년 전두환 정권이 실시한 과외 금지 조치를 통해 절대적 '평등'과 '획일'을 세대 경험으로 공유했다. 또한 선과 악의 구분이 명확한 시대였기 때문에 싸워야 할 '적'을 분명히 인식하고 치열한 투쟁을 전개한 실천적 세대다.
** 이날 집회장인 평택 시내 제이시 공원에는 300개가 넘는 촛불이 밝혀졌는데, 가족 단위 참가자들이 많았다. 한국생협연합회 어머니들이 미국산 쇠고기의 위험성을 조목조목 꼬집자 이곳저곳에서 "옳소!"라는 구호도 나온 이날 집회는 교육과 대운하 문제까지 다뤘다(《한겨레》 2008년 5월 11일).

'먹을거리 안전' 같은 생활 밀착형 주제로 변화했다. 촛불 집회의 자유 발언대에 올라선 청소년과 주부, 노인들은 저마다 "급식 식탁에서 광우병 공포를 없애자. 우리 아이를 광우병 공포에서 벗어나게 해달라"고 외쳤다《국민일보》 2008년 5월 30일).

한편 20대 청년 세대의 참여도 점차 늘기 시작했다. '88만원 세대'인 청년 세대는 1997년 말 외환 위기를 겪으며 '무한 경쟁'이라는 시대정신을 체화하면서 철저한 시장주의자라는 자기 정체성을 갖고 있었다. 청년 세대의 참여가 제한적이기는 하지만 증가했는데도 이 촛불 집회에서 핵심 주체가 되지 못한 이유는 무엇일까? 청년 세대들은 촛불 집회를 자기 눈높이에서 의미화하고 공론화하려고 주체적으로 노력하기보다는 단순히 시위대의 일부로 참여했다. 그나마 대부분의 대학생들은 축제와 중간고사 기간이 맞물린데다 취업 준비에 여념이 없어서 직접 참여하기가 쉽지 않았다. "지난주까지 중간고사 기간이었고 이어서 축제 분위기다. 촛불 집회에 참가하자는 대자보에 눈길 주는 학생도 별로 없다"고 말하는 한 대학생의 인터뷰에서 이런 정황이 확인된다《동아일보》 2008년 5월 10일).

참여 주체의 또 다른 특징은 여성과 가족 단위 참여가 두드러졌다는 점이다. 촛불 집회 참석자의 절반은 중학생과 고등학생이었고, 그중에서도 여학생이 대부분을 차지했다. 촛불 집회에 참여한 한 여학생은 "학교에서도 남자 애들은 관심이 없다. 여자애들이 광우병 얘기도 많이 하고 관련 인터넷 카페에서 활동도 많이 한다"고 말했다《동아일보》 2008년 9월 9일). 또한 인터넷 동호회를 중심으로 많은 여성들이 참여하기 시작하고 자녀를 데리고 나온 주부들이 대거 합세하면서 운동권과 남성 중심이던 사회운동의 문화가 바뀌기 시작했다. 가부장제 사회의 소수자인 여성과 성인 중심 세상의 소수자인 청소년을 둘러싼 이중의 차별 구조는 여성과 청소년에게 좀더 명확한 참여의 동기를 제공했다.

한편 '유모차 부대'로 지칭되는 주부들의 활발한 참여는 촛불 집회의 파급력과 성격을 가늠하게 한 대표 상징이다. 인터넷 카페의 젊은 부모 모임에서 나온 엄마들은 '72시간 연속 집회' 둘째 날인 6월 6일 오후 서울 시청 앞 광장에서 안국역까지 '유모차 부대'라는 깃발을 들고 행진했다. 걸을 수 있는 아이는 '고시 철회 협상 무효'라는 구호가 적힌 카드와 풍선을 손에 쥐고 아장아장 걸었고, 아기가 탄 유모차에는 '우리 집은 광우병 위험 쇠고기 수입을 반대합니다'라는 구호가 적힌 미니 현수막이 걸려 있었다《연합뉴스》 2008년 6월 6일).

스포츠 동호회, 요리 정보 사이트, 인테리어 정보 사이트, 성형수술 커뮤니티, 패션 커뮤니티 등 여러 인터넷 동호회도 활발히 참여했다. 미국 프로야구를 즐기는 사이버 커뮤니티인 엠엘비파크MLBPARK는 자발적으로 인터넷에서 토론과 모금을 진행해 신문에 광우병 반대 광고를 게재했다. 포털사이트 다음의 토론방인 아고라와 주부들이 활동하는 '82쿡'이나 '마이클럽' 같은 사이트에는 '조중동' 3개 언론사에 광고를 실은 기업 목록이 올라왔고, 기업 이름은 물론 고객 의견을 접수하는 전화번호와 사이트 주소까지 시시각각 업데이트되면서 광고 중단 압력이 행사됐다《한겨레》 2008년 6월 2일).

이런 전대미문의 대중 실천은 그 뒤 자유로운 기업 활동 보장과 소비자 권리 찾기를 둘러싼 논쟁으로 이어진다. 검찰 기소까지 간 이 논쟁은 악덕 기업을 상대로 하는 소비자운동으로 국한될 수 없다. 이 논쟁의 핵심에는 신자유주의가 강요한 시장 논리가 전면화된 현실과 이 현실에 맞선 대중의 반발과 저항이 있기 때문이다.

그 뒤 '쇠고기 재협상'을 촉구하던 문화제 성격의 집회는 신자유주의 정책에 반대하는 반정부 투쟁으로 전환됐고,* 핵심 주체도 10대에서 20~30대로 바뀌며 과격한 시위가 이어지자 경찰의 대응 수위도 점차 높아졌다. 애초 문화제의 물꼬는 광우병이 두려운 10대 학생들이 텄지만, 20대 대학생과 87년 민주화를 경험한 386세대, 주부와 장년층이 가세하면서 정부의 실정이라는 쟁점이 새롭게 설정됐다. 촛불 집회가 진행되면서 주요 구호도

'쇠고기 재협상, 고시 철폐'가 '한-미 FTA 반대, 전면 백지화'를 거쳐 '독재 정권 타도, 대통령은 물러나라'로 바뀌었다. 5월 주말부터는 수만 명이 참가하는 대규모 집회가 이어지면서 몇몇 시위대가 청와대 진출을 시도했다.

그러나 2008년 촛불 집회의 두드러진 특징은 핵심 주체가 다양하면서도 모호하다는 점이다. 유모차를 끌고 나온 주부를 비롯해 예비군이나 어르신 등 각계각층 남녀노소를 가리지 않고 다양한 주체가 동참했다. 지방에서 KTX를 타고 상경한 시위자도 있었고, 전직 경찰 출신 모임인 '대한민국 무궁화클럽'과 '대한민국 어버이연합' 같은 보수 단체도 보였다. 또한 5월 31일에는 초기에 나타나던 '확성기녀'나 시위를 이끄는 유도 차량마저 사라졌고, 시위 행렬 앞에서 깃발을 들고 시위대를 이끌던 조직원들 역시 참여자들의 반발에 막혀 일주일 만에 사라졌다. 대신 대중들은 자발적으로 급식조와 의무조 등 할 일을 나눠 질서를 유지했다. "정부는 배후를 운운하는데 사실 가보면 자발적으로 나온 사람이 대부분"이라는 한 집회 참여자의 말에서도 이런 사실을 확인할 수 있다(《세계일보》 2008년 6월 2일).

참여자의 참여 형태도 매우 자유로웠다. 오프라인과 온라인, 집단과 개인을 넘나드는 새로운 연대의 모습, 상대방의 주체성을 존중하면서 하나가 되는 모습은 장시간 이어지는 밤샘 집회에도 촛불이 사그라지지 않은 이유를 충분히 설명해줬다. 6월 1일 친구들하고 함께 촛불 집회에 참석한 뒤 가두 행진이 시작되자 저녁을 먹으러 시위대를 빠져나온 한 참여자는 말했다. "누가 나오라고 해서 온 것도 아니고 깃발 따라 온 것도 아니기 때문에 강제성은 없으며, 빠졌다가 언제든 다시 합류하면 된다"(《경향신문》 2008년 6월 4일).

---

* 쇠고기 문제가 신자유주의 반대로 확대된 밑바탕에는 촛불 집회의 근본 원인이 누적된 신자유주의적 전환을 향한 불만, 신자유주의적 변화를 강하게 추동하면서도 대중의 삶이 직면한 위험에는 무기력한 신자유주의 국가를 향한 반발이 놓여 있다. 이런 상황이 가져온 불만과 불안, 곧 고용, 교육, 생태, 의료 등 어느 분야에서나 계기만 생기면 적지 않은 공포를 바탕에 깔고 분출될 수 있던 사안들은 서로 반드시 연결돼 있지는 않았지만 그렇다고 서로 연관성이 없지도 않았다. 이때 광우병의 위험은 총체적 불안에 불을 지필 수 있는 쟁점이었다(백승욱 2009, 38~39).

참여자의 이런 참여 형태는 대열에서 이탈하려는 행동이 아니라 재충전해 다시 돌아오려는 선택이다. 여기에서 "흩어지면 죽는다" 식의 1980년대 스크럼은 무의미하다. 참여자들은 걷다가 피곤하면 길가에 앉아 쉬고, 맥주를 마시며 담소를 나누다 다시 무리에 합류했다. 이런 광경은 마치 상류의 물이 아래로 흐르면서 지반이 약한 토양을 침식하며 다양한 지류를 만들어내는 모습을 연상시킨다. 바야흐로 길거리가 정치 회합의 장소를 넘어 휴식과 놀이가 결합된 문화의 장으로 전환된 상황이 펼쳐졌다.

　　지켜내야 할 대오가 없기 때문에 참여자들은 촛불 집회에 매일 나와야 한다는 부담도 적었다. "밤샘 집회에 참여한 다음 날은 인터넷에서 집회 생중계를 보는데, 꼭 매일 시청 앞에 가지 않아도 문제의식을 공유한 다른 시민들이 나와주고 그 다음에는 내가 다시 채워주면 된다"(《경향신문》 2008년 6월 4일). 이런 참여 형태의 자유로움은 인터넷 미디어 환경이 제공한 혁명적 소통 체계의 변화에 기인한다.

　　다양한 참여자의 결집과 자유로운 참여 형태 속에서 명분 없는 권위는 부정됐고, 공동체적 가치가 존중됐다. 6월 3일 광화문에서 한 참여자가 전경 버스 위로 오르자 시위대는 일제히 "위험해, 내려와"를 연호했고, 경찰을 자극하는 행동이 보이면 어김없이 "비폭력"이라는 구호가 들렸다. 자유로운 참여가 방종이 아니라는 점을 보여주는 사례였다. 오히려 자유로운 참여 속에서 서로 공유하고 지켜야 할 책임과 윤리가 무엇인지 모든 참여자는 알고 있었다.

　　이런 실천 윤리는 촛불 집회가 끝난 뒤에도 발견됐다. 공식적인 촛불 집회가 종료되면 참여자들은 어김없이 쓰레기를 주워 담고 주변을 정리했다. 길거리 응원전을 끝낸 뒤 현장을 치운 붉은 악마를 포함한 일반 시민들 속에서도 이미 이런 모습이 보였다. 군중의 행동이 폭력과 무질서를 야기한다는 엘리트주의적 편견은 여지없이 무력해진다. 자율적 윤리의 창출은 촛불 집회의 성격을 특징짓는 또 다른 요인이다.

거리 청소뿐 아니라 의료봉사대, 약자 보호, 법률 상담까지 하면서 참여자들은 집회를 하나의 완결된 공동체로 승화시켜 나갔다. 자급자족의 형태가 참여자 사이의 자율 연대 속에서 형성된 것이다. 참여자들이 누가 시키거나 만들어 준 게 아니라 스스로 최선의 답을 내놓고 있었다는 의미다. 이런 자율적이고 자기 구성적인 실천은 참여자들이 집에서 각자 만들어 들고 나온 '사제 피켓'에서도 확인된다. 이명박 대통령이 "1만 명의 촛불은 누구 돈으로 샀고 누가 주도하는지 보고하라"고 일갈한 뒤, 한 10대 청소년은 '내 돈으로 촛불 샀다. 배후는 양초 공장'이라고 적은 피켓을 들고 나오기도 했다(경향신문 2008년 6월 6일).

새로운 결집과 집단행동의 양태를 주도하며 출현한 이 대중들은 새로운 대중 실천을 이해하는 데 핵심이 된다. 한 가지 주의할 점은 이 대중들이 선험적 저항 주체는 아니라는 사실이다. 참여적 군중이라 일컬어질 수 있는 이 대중들의 역능이 진보 또는 보수로 향할 가능성은 언제나 열려 있다. 따라서 어떤 진단도 참여적 군중의 출현을 예상할 수도 없었고, 진로를 교정할 수도 없다. 참여적 군중은 이미 그런 지적 작업의 구성물이 나타나기 이전에 자기 자신을 역사 속에 드러내기 때문이다. 한 가지 분명한 사실은 이 참여적 군중들이 사회의 커다란 세력으로 등장했고 영향력이 매우 커졌다는 점이다.

3. 내 돈으로 촛불 샀다 — 촛불 소녀 그리고 연대와 욕망의 정치

2193만 명 대 20만 명 — 참여적 군중의 구성과 의의

오노 사건, 노사모 활동, 길거리 응원전, 미선이 효순이 촛불 집회, 노무현 후보의 대통령 당선(2002), 이라크전 반대와 파병 반대 촛불 집회

(2003), 대통령 탄핵 반대 촛불 집회(2004), 미국산 쇠고기 수입 반대 촛불 집회(2008)에는 핵심 주체가 분명히 존재하고 있었으며, 이 핵심 주체들의 존재는 대중 결집과 집합 의식, 실천 형식이 사전에 공유되고 조직적으로 준비됐다는 것을 시사한다.

이런 분석은 대중의 집합행동이 무매개적이고 쉽게 흥분하는 특성을 지니며 폭력을 일삼는다는 인식(엘리트주의)을 무색하게 한다. 이 사건들은 상황 인지의 순간부터 의미 구성과 결집을 위한 자원 동원에 이르기까지 조직적 준비가 있었기 때문에 가능했다. 문제는 핵심 주체가 엘리트 집단이 아니라는 점이다. 대의 기구(제도 정치, 지식인, 사회운동 단체)를 거쳐 동원되는 방식이 아니라 '무명씨' 개개인과 다양한 커뮤니티들이 핵심 주체로 나섰다. 명령과 복종의 위계 구조가 없었다는 사실도 널리 알려져 있다.

따라서 이 대중들은 자신을 대표할 집단이나 모델을 통해 계몽되거나 지도되는 집단이 아니다. 오히려 자신들을 집단화하고 드러내기 위해 다양한 물적 자원과 인적 자원을 동원하고 활용한다. 이런 능동성 속에서 대중들은 엘리트주의적 시선에 맞서 치열한 공방을 벌인다. 제도 언론과 정부는 길거리 응원전에 참여한 대중을 유럽의 홀리건에 견주며 '질서 정연한 응원 문화' 같은 규제 담론을 설파하려 했다. 또한 '노풍'을 정치사회의 저발전이 초래한 유권자들의 심판으로 보지 않고 '일시적 바람'으로 몰아가면서 '노무현 죽이기'에 골몰했다.

그러나 붉은 악마가 보인 행동은 합리적이고 조직적이었으며, 자기 규율 아래 적대적 행동이나 무규범 상태를 허용하지 않았다. 포르투갈을 상대한 예선 3차전에서 붉은 악마와 포르투갈 응원단은 모두 N석(응원석)에 있었지만 물리적 충돌은 발생하지 않았다. 더욱이 붉은 악마는 경기가 끝난 뒤 자기들이 앉아 있던 자리를 청소하는 모범까지 보였다. 이런 대중들을 유럽의 홀리건에 투사하고 예기치 않은 군중 행동을 염려한 사람들은 기성 언론과 엘리트주의자들뿐이었다. 노풍을 유권자의 준엄한 심판이 아니라 하나의 정치 이벤트로 한정지으려 시도한 사람들도 기성 언론과 보수 집단들뿐이었다. 경선 과정의 불법성 운운하며 제도 정치에 관련된 대중의 새로운 개입을 인정하지 않으려 하기도 했다.

국내외 전문가와 기자들이 한 말에서도 이런 정황이 확인된다. 멕시코 방송인 《테베 아즈테카》는 "수많은 월드컵 경기를 관전했지만 이렇게 수준 높은 질서 의식을 보기는 처음"이라고 했고, 영국의 《인디펜던트》는 "축구 역사상 월드컵에서 패배하고도 6월 25일 밤의 한국처럼 그렇게 환호한 나라는 없었다. 훌륭한 패자였다"고 했으며, 인도네시아의 《리퍼블리카》는 "젊은 군중인데도 규율과 윤리를 엄격히 준수하고 있다. 우리가 배워야 하는 점이다"라고 보도했다(서울특별시 2003, 376).

한편 김호기는 "내 안에 존재하는 '우리'를 발견했다는 점을 높이 평가"한다면서, "특히 50대 이후 산업화 세대와 30~40대 민주화 세대, 종전까지 개인주의로만 이해됐던 10~20대 신세대들이 다 같이 공동체 지향적인 태도를 보였다는 점"에 큰 의미를 부여했다(조선일보 2002년 7월 3일). 현택수는 길거리 응원전을 주도한 10~20대를 새로운 세대로 구분하기를 주저하면서, 이 세대가 갖는 즐거움의 코드에 주목했다. 이동연 역시 "축제는 일탈이며 갑갑한 현실에서 벗어나 감정을 발산함으로써 다시 현실로 돌아갈 기운을 얻는 난장"이라며 길거리 응원전의 문화적 측면(광장과 축제)에 주목했다. 강홍빈은 "스스로 즐거움을 누릴 줄 아는 이 세대가 한국 역사상 최초의 유연성과 창의성을 발휘하는 세대가 될 것"이라 전망하기도 했다(동아일보 2002년 6월 30일).

붉은 악마는 축구 국가대표팀 공식 서포터스 온라인 회원을 넘어 '월드컵 4강'이라는 문화 열기에 도취한 일반 대중까지 포괄했다. 따라서 붉은 악마 현상은 마니아 집단의 욕망뿐 아니라 일반 대중의 욕망에도 기인하며, 이런 폭발적이면서도 혼란스러운 문화 정체성은 붉은 악마 또는 서포터스 문화를 하나의 문화 부족 현상으로 보게 한다. 이때 문화 부족은 특정한 소수 집단의 문화 공동체를 지시하기도 하고, 붉은 악마 같은 문화현상처럼 특정한 사건 속에서 문화적 쾌락을 발산하는 많은 개인을 지시하기도 한다(이동연 2005, 242~243).

확실히 이 대중들은 연인원 2193만여 명이 참가*한 길거리 응원전과 20만여 명이 참여한 미선이 효순이 촛불 집회의 주역이었다. 또한 한때 X세대로 불리던 신세대들**하고 다르게 어느 세대보다 자기 생각과 가치를 행동으로 옮기는 데 주저함이 없는 개방성과 유연함을 보인다. 지난날 신세대가 내수 시장을 개척하는 데 필요한 자본의 욕망을 채워주는 소비 대중으로 호명됐다면, 이 새로운 대중은 정보적 소통을 통해 자기를 지성화하고 자발적으로 참여하는 특성을 보인다. 상품화의 논리에서 철저히 벗어난 이 대중들의 등장은 '돈'과 '조직'이라는 전통적 동원 기제를 무력하게 한다.

행위 주체의 유형이 다양하다는 점도 주목할 대목이다. 일련의 사건에서 주요 행위 주체의 유형은 네티즌이었다. 그러나 노사모 활동에서 볼 수 있듯이 유권자라고 하는 근대 정치의 주체 역시 공존하고 있다. 이 둘의 어색하지만 의미 있는 '동거'는 나름의 근거를 가진다. 기성 정치의 한계를 느낀 유권자들이 자기 생각과 의견을 개진하고 소통하며 하나의 집단으로 결집하는 데 인터넷이 대단히 유용한 수단으로 활용된 것이다. 2002년 12월 대선에서 벌어진 노무현 후보의 기적 같은 당선은 정보화 시대의 주인공인 네티즌과 근대 정치의 주역인 유권자가 합작한 대표적 사건이다.

길거리 응원전을 주도한 응원자라는 주체 유형과 사이버 공간에서 활동하는 네티즌과 조우 역시 흥미롭다. 네티즌은 사이버 공간에서 활동하기

---

* 길거리 응원전 참여 인원을 경기별로 살펴보면, 폴란드전 50만 명, 미국전 77만 명, 포르트갈전 279만 명, 이탈리아전 420만 명, 스페인전 500만 명, 독일전 650만 명, 터키전 217만 명이다.
** 오렌지족을 둘러싼 논쟁으로 촉발된 신세대론에서 신세대는 1990년대 초 압구정동을 무대로 한 청(소)년들을 가리킨다. X세대는 1990년대 들어 새롭게 등장한 청(소)년 세대들의 감수성과 스타일 앞에서 기성세대의 가치관과 인식 체계는 작동 불가능하다는 점을 수학에서 사용하는 미지수 ☒에 빗대어 가리킨 용어다.

때문에 '리얼리티' 개념이 부재한 반면, 응원자는 많은 인파 속에서 서로 부대끼며 활동하기 때문에 유독 '리얼리티'가 강조된다. 문제는 가상 공간과 실제 공간을 놓고 벌어지는 주체의 변화무쌍한 변이다. 정보화 시대에 육체는 근대적 의미로 인식되지 않는다. 시공간이라는 선험적 좌표축의 어느한 점으로 고정되는 근대적 육체하고 다르게, 정보기술의 급격한 발전은 영화 〈매트릭스〉에서 볼 수 있듯이 탈육화의 문제를 제기한다.

이런 맥락에서 응원자라는 주체와 네티즌이라는 주체가 보인 공존 관계는 이례적이다. '육체'를 둘러싼 이런 공존은 정보화 시대에 야기될 다양한 문제, 곧 사이보그화의 증대가 초래할 인간 정체성의 위기, 정보 독점과 접근성에서 오는 정보 불평등, 정보 맹신에서 오는 정보 물신주의를 진단하고 해결책을 모색하는 데 유용한 아이디어를 제공할 것이다.

한편 미국산 쇠고기 수입 반대 촛불 집회는 개인을 넘어 집단으로 승화됐고, 일대 장관을 연출했으며, 영리한 군중의 역능이 유감없이 발휘됐다. 또한 그동안 정치적인 것으로 분류될 수 없던 것들이 실제로는 지극히 정치적인 것이었다는 사실이 증명되는 철학적 논증의 빛 한 줄기를 던졌다. 문제의식을 갖고 참여한 사람에다 그런 사람들을 구경하러 모인 사람까지 합세하면서 촛불 집회에는 한국 사회의 다층적이면서도 모순적이며 비대칭적이면서도 불균등한 대중의 욕망이 투사됐다. 사람들은 촛불을 보면서 무한 경쟁에서 오는 삶의 버거움과 탈락의 고통을 달랬고, 주변화가 안겨준 고독을 잊었다.

명박산성 — 참여적 군중의 정치적 성격과 쟁점

일련의 촛불 집회, 특히 미국산 쇠고기 수입 반대 촛불 집회에 대중은 왜 그렇게 폭발적으로 참여했을까? 촛불 집회 참여자들이 이명박 정부를 향해 갖고 있는 기본 태도를 이해하면 해답을 찾을 수 있다. 먼저 이명박 후보의 당선은 유권자들의 제한적 지지와 수수방관 또는 냉소적 태도에 기인한다.* 노무현 정부에 실망한 탓에 대선을 개혁과 보수의 대결로 바라보는 대신 방관하고 냉소하는 태도가 팽배했고, 그 결과 "누가 되든 잘살게 해주면 된다"는 물질적 욕망이 선거에 투영되면서 이명박 정권을 탄생시킨 것이다. 대중은 도덕적 정부가 아니라 무한 경쟁의 삶을 안정적으로 살아가게 할 국가를 택했다(박영균 2008, 48).

대중이 이명박 정권 지지를 빠르게 철회하고 이탈하는 과정은 김대중 정부를 거쳐 노무현 정부로 이어지는 과정에서 추진된 신자유주의적 재구조화를 향한 불만과 삶의 위기가 새 정부에서도 달라질 수 없다는 사실을 미국산 쇠고기 파동을 거치며 알게 되면서 시작됐다. 따라서 신자유주의적 재편이 야기한 모순, 특히 무한 경쟁에 내몰리며 경제적 위기와 삶의 불안이 만성화된 대중의 현실이 일차적으로 규명돼야 한다. 용암이 분출할 만한 분화구를 찾듯, 삶의 한계 지대로 내몰린 위기감과 불안을 해소할 대상을 찾아 배회하던 대중도 약한 고리인 '쇠고기 정국'을 발견한 것이다.

그런 의미에서 2008년의 촛불 집회를 "탈물질화된 가치의 정치가 아니라 물질적 이해관계 안에서 형성된 욕망의 분출"로 분석한 박영균의 주장은 옳다(박영균 2008, 46~48). 촛불 집회의 핵심이 신자유주의적 지구화와 자유주의적 통치 체제에 있다고 본 박영균은 대중의 결집은 사회 양극화가 야기한 삶의 위기라는 물질적 이해관계에 긴밀히 연결돼 있다고 분석했다. 이런 분석을 토대로 박영균은 촛불 집회의 주체를 '다중' 같은 주체하고 동일시하거나 독특한 현상으로 보는 시각에 문제를 제기한다. 촛불 집회가 '다중

---

* 따라서 대선에서 대중의 이명박 선택은 신자유주의에 대한 지지로 해석할 수 없다. 이런 선택은 노무현 정부가 펼친 신자유주의 경제정책으로 야기된 대중의 삶이 추락한 것에 기인한다. 참여정부의 경제정책으로 피해를 본 대중은 그 보상기회를 이명박의 '경제 살리기' 약속에서 찾으면서 이명박 지지자로 돌아섰다. 문제는 경제를 망친 개혁적 자유주의자들 대신 보수적 자유주의자 선택했다는 점이다(강내희 2008, 74-75).

지성'이라는 새로운 주체의 형성으로 나아가고 있다는 점은 인정하지만 말이다.

촛불 집회의 주체를 신자유주의와 물질적 가치에 관련지어 논의한 이런 주장은 옳지만, 다중이라는 새로운 주체의 형성으로 볼 수 없다는 말은 문제가 있다. 다중의 형성은 경제의 탈근대화라는 물적 생산 방식의 변화에 밀접히 연관돼 있기 때문이다. 물질적 가치와 탈물질적 가치는 선택의 문제가 아니라 동일한 경제적 토대 위에서 상대방을 규정한다. 그런 의미에서 탈물질적 가치에만 주목하며 다중 출현을 과장되게 논의할 수 없는 만큼이나 물질적 가치에만 주목할 수는 없다. 물론 박영균도 다중이 물질적 세계 그 자체를 벗어날 수 없으며 그런 물질적 이해의 망을 근거로 비물질적 세계에 연결돼 있다고 본다. 문제는 이론적 수사나 철학적 표현이 아니라 다중이 다중으로 보이게 되는 대중의 탈근대적 형성에 주목해야 한다는 점이다. 경제적 생산관계에 관한 고려뿐 아니라 탈근대적 대중의 특이성을 규명할 새로운 접근 방식이 필요하다.

2008년의 촛불 집회는 전례가 없을 정도의 대규모 대중 결집을 통해 펼쳐졌다. 특히 남성에 견줘 여성이, 대학생에 견줘 중고등학생이, 사회운동가보다 사회적 발언에는 담을 쌓고 살던 일반인들이 더 많이 참여했다. '직업적 데모꾼'이니 '촛불 좀비'니 하며 보수 진영은 악의적 비난을 퍼부었지만, 이 대중들은 보는 사람의 웃음을 자아낼 정도의 상상력, 시위 도중 길거리 공연을 벌이는 생기발랄함, 진압 경찰에게도 생수를 건네는 여유, 연행되는 자신의 모습을 기념하려고 디지털 카메라로 촬영하는 치기 어린 모습을 보이며 집회를 활기차게 이끌었다(강내희 2008, 66~67).

문제는 이렇게 많은 대중이 모여 한목소리로 외쳤는데도 '명박산성'으로 상징되는 지배 체제의 강고한 장벽을 돌파하지 못했다는 점이다. 무척 냉소적으로 촛불 집회 참여자를 바라보는 한윤형은 집회 참여자들에게 묻는다. "그렇게 많은 규모의 참가자들이었다면 명박산성을 넘을 만큼의 충분한 물리력이 있었을 텐데, 왜 명박산성을 돌파하지 못했는가?" 집회 참여자의 다양한 구성과 거기에서 야기된 전술상의 혼선에 주목하는 견해다(한윤형 2009, 33~34).

이런 냉소는 촛불 집회 참여자의 문제를 되짚게 한다. 집단 지성, 다중의 자율성에 문제를 제기하는 백승욱은 촛불 집회의 주체가 갖는 한계를 지적한다. 직접 행동과 직접 민주주의를 혼동하면 안 되고, 대중이 거리로 나와 스스로 외치고 발언하는 행동은 직접 민주주의의 한 계기일 수 있지만 그것 자체로 직접 민주주의가 될 수는 없다는 것이다. 또한 광장에 나온 대중의 모순, 광장이라는 공적 공간에서 드러내는 진보성과 일상이라는 사적 공간에서 보이는 퇴행(로또, 부동산, 펀드, 주식 신드롬)은 다중의 자율성을 의심하게 한다고 비판했다(백승욱 2009, 44~45).

촛불 집회의 주체를 대중으로 보느냐 다중으로 보느냐 하는 문제에 이득재도 조심스럽게 접근한다. 촛불 대중과 촛불 다중의 문제는 국가, 주권, 계급, 혁명을 어떻게 파악하느냐 하는 문제, 촛불과 좌파의 접속 또는 절합의 문제, 촛불의 미래를 재구성하는 문제에 직결되는 중요한 사안이기 때문이다. 한국의 자율주의자들이 주장하는 다중의 진보성이 이번 촛불 집회에서는 온전히 드러나지 않았다고 지적하는 이득재에게 새로운 주체란 다중이 아니라 국내적으로 그리고 국제적으로 비정규직으로 수렴되는 노동자 계급이다(이득재 2008, 99~104).

이런 한계를 극복할 방안으로 이득재는 헌정적 위기의 요소들을 보편적 권리를 쟁취하는 계기로 삼자고, 곧 분열되고 분할돼 있는 경계들을 넘어서는 새로운 구성, 보편성을 통한 새로운 구성을 시도하자고 제안한다. 이런 보편성의 정치 속에서 대중은 자생적으로 분출하는 저항의 움직임을 횡적 연대와 자기 전화의 동력으로 활용할 수 있게 된다(백승욱 2009, 48~49). 이 기준에 견줘 보면 현실적으로 이번 촛불 집회는 경계 넘기에 실패했다. 지배 이데올로기를 의문시하고 '노동자 시민'이라는 계기를 활성화하며 사상적 자기 검열의 벽을 허무는 문제는 전혀 해결되지 않았기 때문이다.

한편 촛불 집회를 이명박 정부를 향한 타격으로 해석하는 관점은 인민과 촛불을 동일시하는 착시 현상의 결과라고 이택광은 비판한다. 대중들은 이명박 대통령에 분노하면서도 한나라당 지지를 철회하지 않았기 때문이다. 궁극적으로 촛불 시민들이 한 요구는 쾌락의 평등주의, 곧 "네가 즐기는 만큼 나도 즐길 수 있는 권리"였다고 이택광은 본다. 따라서 촛불 집회는 이명박 정부와 부르주아를 향해 쾌락의 평등주의를 주장한 중간 계급의 행동이 된다. 촛불 집회에 불을 붙인 주체는 중간 계급의 아들딸이었고, 이런 행동을 통해 감각의 구조를 변화시킨 측면에서 정치적인 것을 발현했지만 새로운 정치적 대안을 제시하지는 않았다. 결국 이번 촛불 집회는 한국 사회에서 정치의 의미를 되묻는 중요한 사건이었지만, 새로운 정치적 대안을 만들고 혁명적 주체를 구성하지는 못했다(이택광 2009, 66~68).

폭발적으로 결집한 대중의 다양한 구성은 한편으로 새로운 사회 연대의 가능성을 제시했지만, 다른 한편으로 체제의 근본 모순을 파헤치고 대안 사회를 모색하는 데 많은 한계를 드러냈다. 이런 한계는 촛불 집회에 낭만적이거나 감상적으로 접근하는 태도를 경계해야 한다는 점을 일깨워준다. 그러나 대중은 선험적으로 고정되고 완결된 주체가 아니기 때문에, 진보성을 획득할 실천을 통해 좀더 나은 모습으로 진화할 수 있다는 점 또한 잊어서는 안 된다.

한편 10대들이 불붙인 촛불의 물결이 시간이 흐르면서 기성세대로 확장된 이유는 무엇일까? 한국 사회에서도 이제 본격적인 생활 정치의 실험이 시작됐다는 진단도 있다(《한겨레》 2008년 5월 11일). 화장장이나 쓰레기 매립장 건설 반대처럼 님비 논란에 휩싸이기 쉬운 사안하고 다르게, 광우병 파동은 안전한 먹을거리의 확보라는 측면에서 한국 사회를 하나로 묶었다는 것이다. 이때 생활 정치란 이념에 관계없이 자신의 생활을 위협하는 정책에 반대하는 정치적 참여를 말하는데, 이런 진단은 이번 촛불 집회를 민주주의의 기초인 시민의 참여 정치, 건강과 생명을 지키기 위한 생활 정치(비정치적인 것의 정치화), 대의 민주제의 위기를 인식하게 만든 시민 교육의 장으로 규정한 홍성태의 논의하고 일치한다(홍성태 2008, 13~15). "신자유주의에 반대한다"는 정치적 구호보다 "미친 소는 너나 드세요" 같은 생활 정치의 언어가 더 강력한 호소력을 보인 점에서도 이런 특징이 확인된다.

그러나 생활 정치의 가능성이 신자유주의 전횡과 거기에서 야기된 민주주의 위기를 어느 정도 해결해줄 것인지는 다시 검토해야 한다. 생활 정치의 혁신성을 고찰하는 좀더 구체적인 기획을 모색해야 한다는 것이다. 이때 신사회운동의 성과와 한계는 타산지석으로 삼을 만하다. 신사회운동이 노동운동 중심의 패러다임에서 벗어나 시민의 다양한 권리(주거, 환경, 문화, 보건, 교육, 교통)를 사회운동의 의제로 제기했기 때문이다.

촛불 집회를 '68혁명의 한국판 초기 형태'라 주장한 정상호는 68혁명과 촛불 집회가 문화 변동적 요소를 공유하고 있다는 점과 모두 새로운 주체가 집단적으로 형성되는 모습이 발견된다는 점을 근거로 들었다. 이어 이번 촛불 집회를 '68'에 대응해 '08'이라 명명하면서, 문화적 접근, 주체의 다원성과 자발성, 조직화된 전위나 지도부의 부재, 정당을 비롯한 제도 정치권의 제한된 구실을 기준으로 '08'과 '68혁명'을 비교했다(정상호 2008).

이어 둘 사이의 본질적 차이점을 살펴보면서 정상호는 이번 촛불 집회의 근본적 한계를 지적한다. 68혁명이 역사상 가장 넓은 지역에서 발생한 혁명인 반면 촛불 집회는 광화문이라는 한 나라의 수도 한복판에서 발생한 중앙 집중적 사건이며, 68혁명 때는 신좌파 정당이 새롭게 등장한 반면 촛불 집회 때는 시민들과 제도 정당이 분리됐다. 또한 68혁명 이후에 다양한 급진적 대안 그룹이 조직돼 분권과 자치의 풀뿌리 민주주의로 이어진 반면, 촛불 집회는 대안의 조직화에 실패했다. 이런 분석은 촛불 집회의 주체가 야기한 한계를 인식하고 대안을 모색하는 데 중요한 아이디어를 제공한다.

촛불 소녀 — 참여적 군중의 문화적 성격과 쟁점

10대, 그중에서도 여학생의 두드러진 참여가 갖는 한계는 무엇일까? 이 질문의 해답은 무엇보다도 10대 여학생들의 대중적 참여 자체가 아니라 이 집단의 참여를 이해하고 분석한 시각의 편협성에서 찾을 수 있다. 2008년 촛불 집회의 대표 상징 중 하나는 '촛불 소녀' 캐릭터였다. 동글동글한 얼굴의 이등신 신체를 가진 촛불 소녀는 유관순을 떠올리게 하면서도 문근영과 김연아 같은 앳된 표정을 연상시켰다. 촛불 소녀는 유관순처럼 나라를 위해 분연히 떨쳐 일어난 정의의 화신으로, 문근영과 김연아처럼 모든 사람들이 좋아하는 '국민 여동생'으로 의미화됐다.

이 캐릭터는 왜 촛불 집회의 상징이 됐을까? 촛불 소녀를 국민 여동생이라는 이미지를 연상시켜 집회의 순수성과 보편성을 동시에 획득하려던 대책위의 문화정치로 본 이택광은 국민 여동생이라는 언표가 다분히 남성적 시선을 내포하고 있다고 비판했다(이택광 2009, 58~59). 10대 여학생을 포함한 여성들이 많이 참여하기는 했지만, 촛불 소녀라는 상징은 결과적으로 촛불 집회를 남성적 시선에서 의미화하게 했다. 여성들의 주체적 참여는 대책위, 언론, 남성 참여자 등 남성적 시각을 통해 볼거리의 대상으로 전락한 측면이 다분하고, 따라서 젠더적 시각에서 반성이 필요하다.

촛불 소녀가 야기하는 또 다른 문제가 있다. 순수성이라는 이미지는 집회의 정당성을 강조하고 대중의 참여를 이끈 촉매제였지만, 보수 진영에게는 '불법'과 '폭력'을 운운하며 "집회의 순수성이 정치적으로 악용됐다"는 주장을 펼치는 핵심 근거가 됐다. 10대 여학생들의 대중적 참여를 순수성의 이름으로 미화한 뒤 인터넷 괴담과 배후설을 유포하는 과정에서 촛불 집회의 타락을 고발한 보수 언론의 전략을 분석한 이상길에 따르면 '좋은 시위'와 '나쁜 시위'를 구별하고 시위대의 정당성을 인정받기 위해 넘어서는 안 될 한계를 설정하는 전략이 만들어졌다.

촛불 집회 초기에 보수 언론은 일반 시민들이 가족의 식품 안전과 검역 주권을 지키기 위해 자발성에 근거한 비폭력 시위를 전개하고 있다고 보도했다('좋은 시위'의 레퍼토리). 그러나 전문 시위꾼, 정치인, 시민운동가, 노조원, 실업자, 대학 총학생회, 반미 세력, 친북 좌파 세력이 연계해 쇠고기를 넘어선 다양한 의제를 부각시켜 체제 전복을 노리는 폭력적 집단행동을 선동하는 방향으로 시위 내용이 전환됐다('나쁜 시위'의 레퍼토리). 촛불의 순수성을 지키자는 자정의 목소리를 중계하면서 순수한 촛불을 훼손하는 여러 층위의 타자, 곧 정당, 조직, 노조원, 술 취한 아저씨, 쇠고기를 넘어선 다른 의제, 폭력 등을 부각시킨 보수 언론의 태도에서 이런 전략의 변화를 발견할 수 있다(이상길 2009, 96~99).

순정으로 시작된 10대 여학생과 일반 시민들의 촛불 집회가 정치 단체, 좌파 세력, 사회 불만 세력이 개입하면서 순수성을 잃고 과격해졌다는 서사 구조는 허구적이며 구시대적이다. 보수 진영의 이런 관점은 대중 결집과 집단행동을 무질서와 파괴로 보는 엘리트주의적 시각의 연장선에 있다. 시대가 바뀌고 사람도 바뀌는 판에, 대중을 '무식한 존재'로 보는 태도(정부의 임기응변식 책임 회피, 보수 언론들의 언어 폭력, 경찰의 폭력 진압, 시위 주동자의 수배와 구속, 각종 관변 단체의 손해 배상 청구 소송(이상길 2009, 100))가 촛불 집회의 진짜 배후 세력이다.

한편 여성의 참여가 두드러진 점을 지적한 뒤 촛불 집회의 특징 중 하나로 '여성화된 촛불 집회'를 드는 시각이 있다. 한 전문가는 "문자 메시지 등을 이용하고 함께 뭉쳐 참여하는 것이 오빠부대와 비슷한 행동 양상이다. 잠재적이고 추상적인 부분에 민감한 여학생들이 연예인에 빠지듯 광우병이라는 이슈에 빠진 것"이라고 말하기도 했다. 또한 "남학생들에게 쇠고기라는 일상적 소재는 관심거리가 못 됐다"고 분석한 전문가도 있었다(《동아일보》 2008년 5월 9일).

여성의 대규모 참여에 관련해 박형신과 이진희는 촛불 집회에서 감정 범주들이 가족 동원의 메커니즘으로 작동한 과정을 규명한다. 인지적 동원에서 작동하고 있는 '배후의 감정들background emotions'을 통해 그동안 놓치고 있던 대중 결집의 요인을 검토하고, 촛불 집회를 여성주의적 생활 정치로 보는 관점을 비판한다.

이런 접근은 생활 정치를 여성의 영역으로 등치시켜 남성과 여성 사이의 이성과 감정이라는 이분법을 그대로 유지함으로써 행위 배후에 있는 감정들을 무시한다는 것이다. 가족 동원의 감정 범주로 '모성'의 사회적 실천, 정부와 전문 지식 체계에 관한 '신뢰'의 철회, 광우병이라는 미래에 닥쳐올지도 모를 '공포', 기본권 부정에 관한 '분노'를 설정한 박형신과 이진희는 이런 감정들이 구체적으로 가족 동원을 이끈 과정을 분석한다.* 또한 이런 다양한 감정은 집단행동에 참여한 결정적 원인이 아니고, 촛불 집회의 비폭력성(집회 참여에 따른 위협의 부재)과 경찰의 폭력적 진압, 국가의 고압적 태도 때문에 생겨난 분노가 가족 단위의 동원을 직접 촉진한 요인으로 봤다.

이런 접근은 촛불 집회에서 드러난 대중의 집합 의식의 이면에 흐르는 감정을 통해 동원과 연대가 가능해진 과정을 알려준다는 점에서 주목할 만하다. 행위의 동기를 구성하는 다양한 감정이 사회적으로 표출되고 공유되는 메커니즘을 분석하는 작업은 대중이 세계를 이해하고 의미를 구성하며 자율적 실천을 전개하는 과정을 규명하는 데 중요한 통찰력을 제공하기 때문이다. 그러나 새로운 대중의 출현은 물적 생산 방식, 지배 체제의 통치 전략, 사회적 소통 체계의 변화를 동시에 고려할 때만 좀더 입체적으로 분석할 수 있다. 새로운 주체의 형성은 사회 변동의 궤적하고 함께하기 때

---

* 이때 모성은 여성 억압적 제도로서 모성이 아니라 생명을 기르고 보전하는 여성들의 끊임없는 실천으로서 모성을 의미한다. 분노는 위험한 먹을거리를 개인의 선택 문제(주부의 책임)로 돌린 정부를 향한 감정이다. 불안은 자신의 선택만으로는 자식의 안전을 지킬 수 없다는, 곧 자신의 선택 영역 밖에 있는 학교 급식의 안전에 관한 염려다(박형신·이진희 2008).

문이다. 그런 의미에서 '감정'과 '구조'가 만나는 접점이 더 입체적으로 규명
돼야 한다.

3장

그대는 왜 촛불을 드셨나요
― 집단 지성과 영리한 대중의 혁명

1. 영리한 대중 ― 집단 지성과 대중의 지성화

새로운 대중 실천의 특징은 '영리한 군중'이 나타난다는 점이다. '영리하다'는 말은 많은 것을 알고 있어서 좋다는 게 아니라, 행동에 필요한 지식과 정보를 스스로 만들어낸다는 의미에서 자율성과 생산성을 가리킨다. 영리한 군중은 촛불 집회에서 발견되는 자기 구성적 자율성 말고도 황우석 사태에서 볼 수 있는 추종자들의 구명 활동에 이르기까지 실로 다양하게 모습을 드러낸다. 여기에서 대중 결집과 집단행동이 억압과 착취라는 외적 조건의 영향을 받아 사후적으로 발생하는 것이 아니라는 점이 확인된다. 사태를 진단하고 대중 결집에 필요한 인적 자원과 물적 자원을 스스로 동원하는 대중 자신의 능력이 주요 요인으로 설정되는 것이다.

따라서 참여적 군중은 (들뢰즈식으로 표현하면) 이미 존재하는 관계를 유지하려는 권력의 선분을 가로지르며 새로운 배치를 생산하고 구성하는 긍정적이고 창조적 욕망(욕망하는 생산)을 지닌 유목민적 주체다. 이때 '욕망'이란 무언가를 하려고 하는 것이고, 그런 방식으로 어떤 관계를 형성하는 힘 또는 의지이며, 그것 자체로 어떤 관계의 산물이다. 그런 만큼 욕망은 관계하고 더불어 존재하고 작동하며, 주체나 대상 이전에 존재하면서 특정 주체와 대상을 만들어낸다(이진경 2002b, 64~70). 이런 욕망은 결핍된 대상을 채우려는 보충이 아니라, 삶의 의지로서 용솟음치는 충만한 생산적 실천이 된다. 이제 대중은 고착화된 정주적 삶을 거부하고 새로운 삶을 영위할 영토를 찾아 나서는 욕망의 주체가 된다(이진경 2002a, 229~234).

길거리 응원전과 여러 촛불 집회 참여자들이 보여준 정보 분석, 상황 판단, 행동 결정은 새로운 방식으로 형성되는 집단 지성의 위력과 가치를 실증한다. 이렇게 새로운 과정을 통해 형성된 집단 지성이 비르노에게는 일반 지성으로, 네그리에게는 다중지성으로, 천정환에게는 대중지성으로 개념화된다. 새롭게 형성된 집합적 지식 체계를 집단 지성으로 총괄해 살펴볼 때, 이것은 사물이나 사건에 관한 '지식'으로 한정되지 않는다. 무엇보다도 집합적 지식 체계로서 집단 지성은 지식으로서 형성되는 일정한 조건과 체계를 함축한다. 곧 세계에 관한 인식 과정과 태도, 체계화에 필요한 제도와 공간이 동시에 수반된다. 촛불 집회에 관련된 집단 지성의 경우, 미국산 쇠고기의 안전성이라는 인식 말고도 사태를 바라보는 주체의 일정한 태도를 결정하는 사회적이고 문화적인 조건들, 소통 매체로서 인터넷과 휴대폰이 수행한 구실, 정보적 소통이 가능한 다양한 지식 네트워크들, 반대 집단의 존재와 담론에 관한 반박과 자기 수정 등이 포괄된다.

그렇다면 이런 집단 지성은 구체적으로 어떻게 형성될까? 브리태니커 Britannica에서 위키피디아Wikipedia로 바뀐 백과사전에서 이런 변화가 극명하게 발견된다. 사전은 지식의 총합이면서 지식을 정의하고 체계화하는 태도와 관점을 명확하게 보여주기 때문이다. 위키피디아는 누피디아Nupedia라는 무료 온라인 백과사전에서 갈라져 나왔다. 누피디아는 전문가들이 자원해서

글을 쓰고 검토하고 관리하는 시스템이다. 따라서 누피디아는 필자를 안정적으로 확보해야 했는데, 자발적으로 자기 시간과 노력을 들여 글을 게재한 사람은 생각보다 많지 않았다. 더욱이 초안 작성부터 출판에 이르는 과정까지 결제 절차가 복잡하고 느렸다.

그래서 소프트웨어 엔지니어 커닝햄^{W. Cunningham}은 유저가 스스로 편집할 수 있는 기능을 웹사이트에 장착했다. 독자들이 '편집'이라는 창을 클릭해 페이지의 내용을 추가, 변경, 삭제할 수 있게 되면서 독자와 필자의 경계는 허물어졌다. 유저 스스로 참여하고 만들어내는 지식 생산 체계의 혁신에 더해 주목할 만한 점은 정보의 질이었다. 위키피디아는 특정 개념을 설명하는 문장 속의 단어를 링크할 수 있게 해 이 문제를 해결했다. 이렇게 해서 많은 사람들이 많은 정보를 갖고 서로 연계됨으로써 좀더 완전하고 정확한 지식이 생산됐다. "위키피디아는 매우 견고한 자체 수정 과정을 갖추고 있다. 위키피디아에는 일반 대중의 검토가 끊임없이 진행되고 있으며, 이 과정에서 엄청난 가치가 창출된다"(Shirky 2008, 128).

위키피디아를 넘어 대중의 자발적이고 폭발적 결집이 형성되는 과정을 보여주는 사례가 있다. 런던 지하철에서 폭탄이 터지자 몇 분 지나지 않아 어떤 사람이 '2005년 7월 7일 런던 폭발 사건'이라는 제목의 위키피디아 사전을 만들었다. 이 글이 처음 등장할 때는 다섯 문장 분량이었고, 폭발의 원인을 지하철 내부의 이상 전압으로 봤다. 사건 직후부터 버스 폭발이 지하철 폭발에 관련돼 있다는 사실이 밝혀지기 전까지 떠돌던 가설 중 하나였다. 추가 소식이 들어오면서 이 위키피디아 페이지는 처음 네 시간 동안 1000여 회가 넘게 편집됐다. 유저들은 뉴스 소식통을 링크로 추가했고, 가족이나 친지, 연인을 찾으려는 사람들이나 단순히 집까지 갈 방법을 찾는 사람들을 위해 연락처 목록도 올렸다. 2001년 고안된 개방형 백과사전이 신속히 정보를 수집하고 유포하는 범용한 도구가 됐다(Shirky 2008, 128~129).

이런 과정을 통해 형성된 집단 지성은 대중의 폭발적 결집을 낳았고, 더 강력한 집단의식을 형성시켰다. 이제 시민단체가 주도하는 90년대식 사회운동의 시대는 온라인 토론을 벌이다 쟁점이 형성되면 언제든 오프라인 공간으로 나와 직접 행동에 돌입하는 대중운동의 시대로 바뀌었다. 인터넷이라는 신경망을 통해 개인의 창조적 발상이 다른 사람의 창의성을 자극하고 촉발시킨 극명한 사례가 바로 한국의 촛불 집회다.*

집단 지성을 통해 형성된 대중의 지성화는 그것 자체로 자기 동일성을 끊임없이 해체하고 비껴가는 탈주를 감행한다. 이런 탈주는 참여적 군중의 형성에서 유일자이기를 중단하고 다원적이며 복수적으로 존재하려는 욕망을 반영한다. 다중에 구별되는 집합적 주체로 민중을 설정하고 특성을 밝히는 비르노에게 민중은 하나 또는 유일자로 표상된다. 원자화돼 있는 개인을 주권 정치에 연계시켜 단일한 주체인 시민으로 호명하려 한 구심적 운동의 결과물로 민중을 파악하기 때문이다.

그러나 새롭게 등장한 참여적 군중은 일반 의지가 아닌 일반 지성 또는 집단 지성을 통해 구성되며 비국가적 영역에서 공적 지식의 공유를 추구한다. 따라서 이런 대중은 국가주의로 귀결되는 게 아니라, 비국가적 정치 형태와 의사 결정 구조 또는 비대의적 민주주의 형태를 모색하는 주체가 된다. 그런 의미에서 공론장과 시민을 쌍으로 하는 문제 설정은 수정돼야 한다. 공론장과 시민을 둘러싼 담론은 대중과 비제도 영역을 쌍으로 하는 집단 지성보다 더 큰 계급적 한계를 내장하기 때문이다.

공론장은 17세기부터 19세기 전반까지 서유럽에 존재한 시민 계급, 곧 부르주아의 공적 담화 공간이었다. 하버마스J. Habermas에 따르면 공론장은 사적 영역과 국가권력이 분리되면서 생성된 공간으로, 국가와 자율성을 가

---

* 근대 이후 지식과 정보의 최고 권위를 상징하던 국가기구조차 넘어서는 힘이 다중 지성에 있다고 보는 조정환은, "한국의 다중지성이 갖추고 있는 정보 수집·분석 능력은 과거 공안기관의 수준을 넘어섰다"며 "과거에는 남들이 어떻게 하는지 쳐다보는 '대중'만 있었지만, 이제 세계 첨단을 달리는 인터넷에 기초해 각 개인이 분석가·정치가·활동가가 됐다"고 말했다(《한겨레》 2008년 6월 19일).

진 개인들의 완충 지대다. 공론장은 시민사회의 시민적 합리성이 발현되는 소규모 공간이다. 그러나 공론장은 자본주의 초기 단계부터 발발한 계급 투쟁과 대중의 역동성을 담아내지 못한 한계를 드러냈다. 백인 남성 부르주아 교양인을 의미하는 시민을 여론과 정치의 주체로 설정했기 때문이다. 따라서 대중의 존재와 집단 지성을 민주주의에 관한 사유에 포함시키지 않으면 안 된다. 이렇게 해서 공론장 개념에서 제외되던 대중, 곧 여성, 노동자, 빈민, 식민지인 등이 민주주의 논의에 포함될 수 있다(천정환 2008, 112~114).

2. 민주주의와 소통 ─ 집단 지성의 형성과 진화

집단 지성은 사태에 관한 단순 이해를 넘어, 지식과 정보의 공유를 가능하게 한 정보적 소통과 집단행동의 정당성을 공유하는 일련의 과정을 포괄한다. 그런 의미에서 집단 지성은 관념의 차원을 넘어 사태를 사건으로 변화시키고 방관자를 참여자로 만드는 물질적 힘을 갖는다. 그렇다면 이런 집단 지성은 오노 사건을 비롯해 각종 촛불 집회에서 어떻게 형성되고 물리적 힘을 발휘했을까?

첫째, 집합 의식을 공유하기 위한 행위 목표를 설정하는 문제에서 각 사안에 따른 분명한 지향점이 설정됐다. 오노 사건은 김동성 선수가 정당한 게임을 운영한 사실을 규명하는 작업과 미국 상품 불매를, 노사모는 민주당 대선 후보 선정 과정에서 노무현 지지를, 길거리 응원전은 한국 축구 대표팀의 승리를, 미선이 효순이 촛불 집회에서는 책임자 처벌과 SOFA 개정을, 이라크전 반대 파병 반대 촛불 집회에서는 미국의 일방주의 노선 철회와 반전 평화를, 미국산 쇠고기 수입 반대 촛불 집회에서는 검역 주권의 회복과 신자유주의적 정책 반대를 행위 목표로 설정했다. 명확한 행위 목표의 존재는 이 사건들이 우발적으로 또는 감정적 흥분에 기초해 발생한 것이 아니라는 사실을 재차 확인시킨다.

스포츠부터 정치 개혁과 사회운동까지 포괄하는 이 사건들에서 나타난 행위 목표의 명확한 설정과 다양함은 각각의 집합행동들이 상이한 계열에서 '욕망의 선'을 타고 있다는 것을 의미한다. 욕망의 선이란 감각적 소비가 아니라, 대상을 인식하고 변형하며 특정한 관계를 맺는 상황에서 자신도 변하려고 하는 주체의 의지를 말한다. 핵심 주체의 존재 유무에 따라 행위 목표의 선명도가 다르게 설정된다고 할 때, 이 사건들에서는 네티즌, 노사모, 붉은 악마 같은 다양한 주체들이 있기 때문에 행위 목표를 명확히 설정할 수 있었다.

둘째, 집단 지성을 구성하는 내용은 서로 이질적이면서도 사안에 따라 융합된다. 오노 사건에서 이런 점이 뚜렷하게 관찰되는데, 이 사건은 민족이라는 근대 주체가 새롭게 형성된 참여적 군중의 능동성에 겹쳐지면서 전개됐다. 이때 민족이라는 주체와 민족주의는 하향식으로 호명된 수동적 집단과 이데올로기가 아니라, 대중이 스스로 재구성한 점에서 저항적 성격을 갖는다. 민족과 민족주의는 구성의 산물인 만큼, 누가 어느 상황에서 활용하느냐에 따라 가변적일 수 있는 것이다. 따라서 민족이라는 주체는 상황에 따라 수동성과 능동성, 진보와 보수의 격자 안에서 다양하게 설정된다.

김동성 선수가 금메달을 빼앗기면서 촉발된 오노 사건은 민족이라는 집단 정체성을 매개로 전개된 문화적 차원의 반미 운동이다. 오노 사건이 발생한 솔트레이트시티 동계 올림픽은 민족적 우월성과 국민적 통합을 위해 스포츠가 이데올로기적 도구로 활용되는 모습을 잘 보여줬다. 또한 3S 정책으로 낙인찍힌 스포츠가 대항 헤게모니를 창출할 수 있는 방법도 분명하게 제시했다.

9·11 테러로 초강대국의 지위에 큰 상처를 입은 미국은 솔트레이크시티 동계 올림픽을 더 없이 좋은 국민 통합과 국력 과시의 도구로 활용했다. 주최국인 미국 선수단은 입장식에서 9·11 테러로 찢긴 성조기를 들고 나

왔고, 냉전 시기에 구 소련을 이긴 미국 아이스하키 선수들이 마지막 성화 주자로 나왔다. 이런 상황에서 미국에 유리한 편파 판정이 나오리라는 예견이 나왔고, 오노 사건도 예외는 아니었다.

그러나 각본 없는 드라마는 김동성 선수 금메달 박탈 사건이 야기한 효과에 있었다. 해방 공간 이후 반미 감정이 당시처럼 대중적 동의를 통해 공개 표출된 때는 한 번도 없었다. 오노 사건으로 야기된 반미 감정은 여느 반미운동 단체의 활동보다 강력한 파장을 불러일으켰다. 맥도날드, 스타벅스, 코카콜라는 미국을 상징하는 상품으로 낙인찍혀 불매 운동의 목표가 됐고, 인터넷은 반미운동의 담론을 쏟아내는 마이크가 됐다. 물론 이런 대중의 반미 감정은 미국을 정치적으로 비판한 수준은 아니었다. 그러나 네티즌의 주요 구성 계층인 1020세대의 폭발적 관심과 참여는 젊은 세대들의 대미 인식이 형성되는 데 큰 영향을 미쳤다. 따라서 오노 사건이 야기한 반미 감정의 고조와 반미운동의 고양을 지나치게 강조하는 태도는 바람직하지 않다. 스포츠가 국가 이미지를 알리는 이벤트로 규정될 경우, 오노 사건으로 촉발된 반미 감정은 한낱 에피소드에 불과할지 모른다. 특히 미국을 '영원한 혈맹'이라 생각하는 사람이 많고, 미국의 대중문화를 선망하는 소비 행태가 남다른 한국에서 미국은 여전히 '좋은 나라'다.

명확한 행위 목표의 설정을 통한 집합 의식의 형성과 다양한 의식 형성 요인들의 결합이 만들어낸 집단 지성은 미국산 쇠고기 수입 반대 촛불 집회에서 더 뚜렷이 관찰할 수 있다. 자유 발언 시간에 쏟아진 다양한 언설과 주변에 자유롭게 설치된 다양한 표현물(참여자 스스로 만든 현수막, 피켓, 사진, 그림, 만화, 시, 노래, 유인물)을 살펴보면 쉽게 확인된다. 참여자들의 언설과 표현물을 통해 쇠고기 문제를 어떻게 생각하고 있고, 참여에 필요한 동기와 준비물을 어떤 경로로 마련했는지 알 수 있기 때문이다.

자유 발언을 할 기회를 달라며 줄을 길게 선 10대들의 언설은 어떻게 쇠고기 문제가 폭발적 대중 결집의 주제가 됐는지, 곧 하나의 사건으로 의미화됐는지를 보여준다. 10대들이 집회 때마다 서로 발언한다고 적극적으로 나서는 바람에 사회자가 "30~40대 중에는 없냐?"고 말할 정도였다. 30~40대는 긴장된 모습으로 발언 순서를 기다렸지만, 10대 발언자들은 무대에 오르기 직전까지 자기들끼리 떠들 정도로 발랄하면서도 확실한 목적의식을 갖고 있었다. 실제로 10대들은 연단 위로 올라와 "지난 선거 때 20대 투표율이 19퍼센트다. 10대 때 정치에 관심이 없다가 갑자기 생기는 것이냐, 20대의 무관심이 이명박을 당선시켰다", "경제를 살리지 말고, 목숨을 살려달라", "광우병 쇠고기를 수입하려거든, 차라리 대운하를 파라", "광우병 걸려 민간 의료보험 혜택 못 받거든 대운하에 뿌려다오" 같은 재치 있는 입담을 늘어놓으며 좌중을 압도했다. 젖소 복장을 하고 시민들에게 유인물을 나눠주던 한 여고생은 "주최 쪽 자원봉사자들을 도와주다 친해져 아예 자원봉사에 나섰다"고 말했는데, 여기서 10대들의 자발적이고 창의적인 참여를 가능하게 한 상황 인식의 한 단면을 볼 수 있다(《한겨레》 2008 5월 14일).

그런데 이런 일련의 과정, 곧 대중 결집을 위한 인지적 차원의 집합 의식의 형성은 인터넷이라는 매체를 통해 가능했다. 인터넷은 제도 정치와 시민운동의 매개를 거치지 않고 대중 스스로 직접 행동을 할 수 있게 만드는 결정적 매체다. 사회의 공리 체계에 무관하게 자율적이기 때문에 인터넷은 사회에 매개돼 있지 않은 새로운 배치 전략을 구사하게 한다. 예를 들어 한 손에는 촛불을, 다른 한 손에는 휴대폰을 들고 시민기자가 된 참여자들은 촛불 집회 현장을 실시간 중계하며 기성 언론의 권위를 비웃었다.

인터넷을 놀이자 생활로 체화한 10대들에게 쇠고기 문제에 관한 정보 수집과 소통, 이 과정을 통한 관련 지식의 축적은 참여의 정당성을 더욱 확고히 다지게 해줬다.* "관심 있는 뉴스를 발견하면 댓글을 꼭 읽어 보는데,

---

* 2008년 싸이월드 가입자는 2200만 명인데, 대부분 10대 후반에서 20대 초반이다. 평균 78명의 일촌을 두고, 5개의 클럽에서 활동하며, 79명의 메신저 대화 상대가 있다.

반응을 읽다 보면 기사를 봐야 할 흐름을 알 수 있다"고 한 고등학생은 인 터뷰에서 이런 상황을 짐작할 수 있다(《한겨레》 2008년 5월 14일). 인터넷 게시판과 메신저, 문자 메시지는 누구나 사용하는 도구지만, 2.0세대인 10대들이 사 용하면 그 기능과 파급력은 더 강력해진다. 이런 정보적 소통을 통한 지식 의 형성과 토론은 지속적 참여를 가능하게 한 자기 계몽적 학습 활동이다 (이해진 2008, 82).

'웹 2.0'이 누구나 데이터를 생산하고 공유할 수 있도록 한 사용자 참여 중심의 인터넷 환경이라면, '2.0세대'는 인터넷 공간에서 쌍방향 커뮤니케이 션을 통해 필요한 지식과 정보를 수집, 가공, 종합해 자신의 의견을 만들어 가는 10대를 가리킨다. 디지털 유목민이라 부를 수 있는 이 세대는 개인주 의적이면서도 소통을 중시하는 열린 공동체를 지향하는데, 이런 특성 때문 에 진보와 보수라는 굳어진 틀에 갇히지 않는다. 실제로 10대들은 '촛불소 녀코리아' 같은 조직을 거친 참여 형태를 보이기도 했지만, 인터넷을 통해 광우병 쇠고기 수입과 관련된 지식과 정보를 스스로 학습하고, 학교와 인 터넷 공론장에서 토론하며, 집회에 참여하면서 공감과 연대를 확인하는 과 정을 일상화했다.

전자적 대중이라고 할 수 있는 이 10대들은 아주 빠른 방식으로 지식 과 정보를 생산하고 확산시켰다. 인터넷 포털에 미국산 쇠고기 관련 기사 가 뜨면 수백 건의 댓글이 달렸는네, 10대들이 댓글을 다는 데 필요한 시간 은 겨우 1분이었다. 또한 관심 있는 글이나 사진을 발견하면 독점하지 않 고 미니홈피와 블로그, 카페 게시판에 퍼 날랐다. 댓글이 연쇄 반응을 일으 키며 새로운 논쟁이 펼쳐지면 디지털 인맥(일촌 파도타기)을 타고 퍼가기 를 통해 다시 전파시켰다.

스스로 세력을 만들고 문제를 해결하는 2.0세대가 출현한 사건은 이전 에도 있었다. 1999년 온라인 청소년 커뮤니티인 '아이두www.idoo.net'가 만들어 질 때, 이 사이트를 중심으로 펼쳐진 '두발 제한 폐지 운동'은 시작한 지 석달 만에 16만 명이 서명할 정도로 호응이 뜨거웠다. 그때 10대이던 촛불 집회 참여자 중 한 사람은 "10대의 사회 참여는 2000년대 초부터 이어진 일관된 현상으로서 그동안 기성세대들이 주목하지 않았을 뿐"이라고 말하기도 했다《한겨레》 2008년 5월 14일).

2.0세대는 단순히 촛불 집회를 통해 드러난 10대에 국한된다고 볼 수 없다. 오히려 2.0세대는 한 세대를 가리키면서도, 참여적 군중이 형성될 수 있게 한 정치, 경제, 사회, 문화 환경의 변화를 아우르는 시대적 코드다.* 예를 들어 아고라는 2.0세대뿐 아니라 성인들에게도 광우병과 촛불 집회 관련 정보를 교환하고 토론하는 장이었다. 실제로 촛불 집회에 참여한 많은 사람들이 아고라에서 정보를 얻었는데, 어느 촛불 집회 참여자는 "아고라 등에서 다양한 정보와 의견을 접하면서 미국산 쇠고기의 안전성을 의심하게 됐고 나름대로의 관점을 갖게 됐다"고 말하기도 했다《미디어오늘》 2008년 6월 4일).

이런 과정을 거쳐 형성된 집단 지성의 자율적 구성은 강남 코엑스 앞에서 전개된 촛불 집회에서 좀더 구체적으로 확인된다《한겨레》 2008년 6월 19일). 이때 구성된 집단 지성은 다음의 두 가지 과정을 거쳐 대중을 결집시켰다. 첫째, 코엑스 앞 촛불 집회를 제안하고 이 제안의 타당성을 둘러싼 논의가 활발히 진행되는 과정이다. 이 과정은 잠재적 참여자들을 집단행동에 직접 참여하게 하기 위한 상황 인식의 단계라고 할 수 있다. 사회운동 같은 집합행동은 문제의 원인과 대안이 밝혀지더라도 직접적 행위로 전화될 수 있게 참여를 자극할 공공선이나 활동의 유용성 등 물질적이고 도덕적인 유인활동이 추가로 진행돼야 한다. 따라서 이 단계에서는 참여자들이 왜 참여하게 됐는지 알려주는 참여 동기와 무엇이 참여하게 만들었는지 보여주는 동원 장치가 검토될 수 있다.

---

* 이런 총체적인 환경의 변화가 경제의 탈근대화 속에서 형성된 비물질노동의 사회적 확산, 곧 정동적 노동의 일반화에 따른 대중의 삶능력의 향상에 기인한다는 사실을 잘 알려져 있다.

6월 3일, 'histo'라는 아이디를 쓰는 네티즌이 다음 아고라 자유토론 게시판에 "정부 관료와 한나라당 국회의원들이 많이 살고 있는 강남에서 촛불 집회를 열면 더 효과가 크지 않을까요?"라는 글을 올렸다. 많은 네티즌이 "아직은 시청 앞 결집이 중요하다"는 내용의 댓글을 남겼다. 그러자 '눈물의샘'이라는 아이디를 쓰는 네티즌이 "일요일은 소망교회에서, 국제 행사가 있는 날은 코엑스 앞에서 촛불 집회를 하자"는 글을 올렸다.

6월 9일 이후 이명박 정부의 고압적 태도에 화가 난 네티즌들은 '국제적 충격'이 필요하다는 주장에 지지를 보내기 시작했다. 'shiny'라는 아이디를 쓰는 네티즌은 "우리의 모습을 세계에 정확히 알려 압박 수위를 높여야 합니다. 16일부터 코엑스에서 각국 인사들이 참가하는 중요한 회의가 있다는 말을 들었어요"라고 올리며 구체적인 집회 날짜를 제시했다. 이때부터 강남 지역에서 촛불을 밝히자는 목표 의식을 공유하고 효과적인 실천 전략이 정보적 소통을 통해 활발히 논의됐다.

둘째, 코엑스 앞 촛불 집회에서 펼쳐질 실천 양식을 논의해 결정하는 과정이다. 이 과정은 해당 사안에 적용될 해결 방안을 제안하는 단계라 할 수 있다. 무엇이 행해져야 할지 대중적으로 판단하고 결정하는 것이다. 문제를 해결하려면 무엇이 행해져야 하는지 관련된 대안을 모색하고 누가 해결할 것인지 관련된 주체가 검토된다.

네티즌들은 이틀 동안 '코엑스 앞 대규모 촛불 집회', '서울역 집회 뒤 행진', '시청 앞 광장에 집중' 등 다양한 의견을 교환했다. 코엑스 앞 집회 찬성론자들은 외신의 이목을 모으고 경찰력을 분산시키며 강남 주민의 참여를 유도한다는 논리를 내세웠다. 반대론자들은 강남 주민의 참여가 의심스런 상황에서 오히려 집회 참가자만 분산시킬 수 있다고 염려했다.

팽팽한 논쟁은 10일을 고비로 한쪽으로 기울기 시작한다. '464'라는 아이디를 쓰는 네티즌이 12일 올린 '16·17일 강남 코엑스 앞 집회 제안' 글을 읽은 8000여 명 중 857명이 찬성을 표시하고 3명이 반대의 뜻을 밝혔다.

이제 구체적인 행동 양식이 논의되기 시작했다. 외신과 각국 각료들을 겨냥해 'Health Before Wealth'(부 이전에 건강), 'Medicare For All'(모든 사람을 위한 의료보험) 등 30여 개의 영문 구호가 게시판에 올라왔다. 네티즌들은 댓글을 달아 문법 오류를 고치며 최종 문안을 작성했고, 코엑스 앞 거리 구조를 분석하거나 물과 간식 보급에 관한 의견을 나누며 거사를 준비했다.

16일 오후가 되자 집회를 독려하는 수백 건의 글("저 지금 코엑스 앞으로 출발합니다", "비 온다니 우산 챙기세요", "드뎌 강남 번개구나 아싸")이 올라왔고, 저녁 7시에 마침내 코엑스 앞 촛불 집회가 시작됐다. 현장 상황을 전하는 글과 응원하는 글이 아고라 게시판을 채우면서, 네티즌들은 코엑스 앞 첫 촛불 집회의 느낌을 나눴다. "주요 기업이 밀집한 동네인지라 함부로 폭력 진압하면 촛불에 회의적인 강남이라 해도 여론이 엎어지는 건 시간 문제지요"(아이디 암행의사단). "시위의 효율성을 높이려면 삼성역 6번 출구가 아닌 봉은사 입구에서 모여야 합니다"(아이디 디팩토).

이 사례에서 볼 수 있듯이 참여적 군중의 활발한 소통은 새롭게 형성된 집단 지성의 성격과 특징을 이해하는 핵심 지표가 된다. 그런 의미에서 촛불 집회는 소통하지 않는 국가를 향한 대중의 분노가 만들어낸 사건이며, 해결의 방안도 국가와 국민의 소통에 있다는 것을 알 수 있다. 따라서 촛불 집회는 제도로서 민주주의를 수호하기보다는 민주주의 원리를 '실천'하려는 요구였다.

요컨대 집단 지성은 사태를 하나의 유의미한 사건으로 규정하고 대중 결집에 필요한 인적 자원과 물적 자원의 동원을 대중적으로 공유하게 만든 일련의 지식 구성 체계다. 이때 인터넷을 통한 정보적 소통은 불완전한 개별 지식과 정보를 체계적으로 다듬고 풍부하게 한 유의미한 실천이 된다. 집단 지성은 대중이 함께해야 할 근거와 이유를 모색하고 지향한다는 점에서 다양한 사회적 차이가 인정되는 상향식 민주주의에 연결된다. 따라서 집단 지성을 민주적으로 구성하고 공적으로 활용하려면 이것을 규제하거나 사적으로 독점하려는 국가권력과 기업의 음모가 중단돼야 한다.

3. 촛불 혁명? — 집단 지성을 둘러싼 쟁점들

인식의 전환과 함의

오노 사건을 통해 형성된 집단 지성은 문화적 측면에서 미국을 바라보는 인식과 태도를 흔들었다는 점에서 의미가 크다. 과거의 반미운동, 1980년대 반미운동의 주제는 미군 철수와 핵무기 철거 같은 정치적 쟁점들이 대부분이었다. 1990년대부터 펼쳐진 반미운동은 미군의 불법 폐수 방류, 폭격 훈련과 헬리콥터 소음, 미군 기지 반환, 미군 기지 내 아파트 건립 반대처럼 생활권 수호 투쟁으로 변모했다.

그러나 오노 사건에서 대중은 이 두 시기에 나타난 의제들하고는 다른 집단의식을 공유했다. 미군 철수 같은 정치적 이슈로 발현되기보다는 자기 실속만 챙기기에 급급한 미국의 도덕성에 문제를 제기한 것이다. 이런 문제 제기는 '페어플레이'라는 스포츠 정신을 어긴 미국을 향한 도덕적 비판으로 대변된다. 윤리적이고 도덕적인 금기가 유난히 엄격한 한국 사회에서 페어플레이 위반은 대중의 공분을 사기에 충분한 촉매제였다.

한편 오노 사건은 스포츠를 좀더 적극적으로 사고할 수 있게 했다. 오노 사건이 야기한 반미 감정의 고조와 반미운동의 확대는 스포츠만이 가질 수 있는 강력한 흥분제 기능 덕분에 대중의 자발적 참여로 나타날 수 있었다. '3S'라는 오명으로 낙인찍힌 스포츠의 이런 기능이 오히려 '반미'라는 우발적 효과를 만들어낸 점은 흥미롭다. 문제는 강력한 이윤 창출의 수단이며 충실한 지배 이데올로기의 나팔수인 스포츠가 야기한 역설과 파장이다. 지배 계급의 가장 미더운 방패라 할 영역조차 가장 치명적인 자기 괴멸의 원인이 되는 역설의 현현顯現 말이다. 지배와 저항의 기원과 전개 양상은 선험적으로 규정되거나 예측될 수 없었다.

스포츠의 반란은 길거리 응원전으로 이어졌는데, 오노 사건으로 손상된 자존심은 길거리 응원전에서 애국심과 민족적 자긍심을 고취하며 회복됐다. 어느 조사에 따르면 길거리 응원전에 참여한 뒤 생긴 변화로 '애국심이 생겼다'(31.9퍼센트)는 대답이 압도적으로 나왔다. 다음으로 '이웃 간의 관계가 돈독해지고 공동체에 대한 중요성을 느꼈다'(15.4퍼센트), '질서의식과 시민의식의 성숙'(6.8퍼센트), '레드컴플렉스가 없어지고 태극기에 대한 친근감이 생겼다'(2.7퍼센트)는 순으로 응답이 나왔다. 이 모든 응답은 강한 귀속감의 표현인데, 비판적으로 보면 국가주의의 강화로 해석될 수도 있다. 반면 '축구에 대한 관심 증가'가 18.5퍼센트에 그친 사실은 흥미롭다 (서울특별시 2005, 370).

오노 사건에서 드러난 민족주의가 약소민족의 설움에 기초했다면, 길거리 응원전에서 나타난 민족주의에는 "우리도 할 수 있다"는 강한 긍정이 내포돼 있었다. "월드컵이라는 국가 대항 스포츠를 계기로 민족주의가 건전한 방향으로 표출된 결과가 바로 길거리 응원 문화"(신용하)이며, "대규모 인원이 모이는 길거리 응원은 전쟁과 대립으로 점철된 20세기의 민족주의와 국가주의가 21세기에도 여전히 그 위력과 영향력을 보여주고 있지만, 과거와 달리 성숙한 시민사회를 토대로 표출돼 그 성격이 매우 개방적이고 건전하게 변했다"(조대엽)는 진단이 이런 논리를 보여줬다(《연합뉴스》 2002년 6월 11일).

또한 길거리 응원전은 질서 의식과 공동체 의식을 고양시키고 공적 가치가 새롭게 구성되는 계기로 작용했다. "8강전 응원 때 안면을 익힌 옆집 가족과 4강전과 3~4위전을 함께 시청했다"며 "이제 엘리베이터에서 만난 이웃에게 반갑게 인사를 건네는 모습은 전혀 어색하지 않다"고 말한 시민들의 반응에서 이런 사실이 확인된다(《한국경제신문》 2002년 7월 4일). "월드컵은 지구

촌의 스포츠 축제인 동시에 한국인들에겐 '내 안의 우리'를 재발견하는 공동체 축제가 됐다"는 평가도 가능해졌다(《한국경제신문》 2002년 7월 11일).

미선이 효순이 촛불 집회에서도 민족은 저항 이데올로기의 핵심 질료로 활용된다. '피해자는 있되, 가해자는 없다'는 문제의식은 SOFA의 문제점을 대중적으로 공유하게 만들었다. 대중의 분노를 자극하고 이들을 광화문 대로로 결집시킨 촉매제는 민족이라는 동류 의식이었다. 미국과 평등한 행정 협정을 체결하지 못한 데서 오는 약자의 소외감과 공감대였다. 이런 민족의식의 형성과 대중적 공유는 패배 의식이 아니라, 민족적 자존심이 훼손된 현실을 향한 공분에서 비롯됐다. 약소민족이라는 피해 의식보다는 "우리도 존중받을 만한 무엇이 있다"는 내부에서 나온 충만감이 작용했다.

이런 민족적 자존심은 길거리 응원전을 통해 형성된 대중적 결집이 가져온 흥분과 자신감에서 나왔다. 포르투갈, 이탈리아, 스페인 같은 유럽의 축구 강국들을 하나하나 이기는 과정은 끈질긴 생명력으로 나라와 민족을 지켜온 한국인의 강인한 생명력에 겹쳐졌다. 단순히 축구라는 스포츠에서 거둔 승리가 아니라, 서구를 향한 뿌리 깊은 콤플렉스가 대중적으로 해소되는 해방의 경험이었다. 근대화의 모델을 서구 사회로 설정한 이상, 한국인의 자아상은 언제나 이 사회들을 거울로 해야만 했다. 잘 알려진 대로 이런 관행이 서구 사회를 향한 동경과 콤플렉스의 기원이 됐다. 새롭게 또는 뒤늦게 형성된 민족적 자부심과 일체감에 상처를 입힌 것이 바로 미선이 효순이 사건이었다.

따라서 민족주의를 둘러싼 집단 지성은 대중들의 자긍심과 소속감, 연대 의식을 형성시킨 점에서 큰 의미가 있다. 민족이라는 근대 주체와 민족주의라는 지배 이데올로기가 특정한 정세에 따라서는 저항의 에토스가 될 수 있다는 사실을 말해주기 때문이다. 그런 점에서 집단 지성은 당연시되는 관념과 가치 체계를 되짚게 하는 인식의 전환을 적극적으로 이끈다. 이때 이런 인식의 전환을 이끈 주체가 다름 아닌 참여적 군중이다.

이데올로기적 성격과 쟁점

집단 지성을 이데올로기 측면에서 고찰해보자. 오노 사건은 반미라는 분명한 이데올로기를 갖고 있었다. 물론 여기에서 반미는 미국을 향한 정적 반대가 아니라 편파 판정을 향한 도덕적 분노를 내용으로 한다. 노사모는 근대 정치의 산물인 선거의 공정성과 제도 정치의 개혁을 목표로 설정했다는 점에서 자유주의 이데올로기를 갖는다. 붕당 정치와 보수 정치로 일관한 기성 정치권의 봉건적 행태와 수구 언론인《조선일보》를 향한 비판은 투명하고 공정한 정치와 선거를 주창한 자유주의 정치 이데올로기에 맥을 같이한다.

따라서 노사모의 정치 노선을 좌파로 보는 시각은 그것 자체로 수구 세력의 편협함을 드러낸다. 민주당 대선 후보 경선 직후 치른 기초단체장 선거에서 부상한 민노당의 노선조차 온전한 좌파로 볼 수 없는 상황에서, 노사모를 둘러싼 색깔 논쟁은 한국 정치의 후진성을 여실히 보여준다. 기초단체장 선거에서 민노당이 얻은 8퍼센트의 지지율은 진보 정당사에서 획기적 사건이었다. 표면적으로 보면 노동자를 대변한다는 의미에서 민노당의 노선은 좌파로 규정될 수 있다. 그러나 제도 정치권 진입을 통한 정당 활동을 지향한 만큼, 민노당은 제도 정치권 자체를 부정하는 급진적 또는 전통적 좌파하고는 구별된다. 또한 노동자뿐 아니라 시민이라는 유권자를 지지 기반으로 해야 한다는 점에서 자유주의 노선을 어느 정도 견지한다고 볼 수 있다.

길거리 응원전에서는 적대 관계나 갈등 대상이 부재했다는 점에서 특정한 이데올로기의 흔적은 찾아볼 수 없다. 미국을 상대로 예선전을 치르는 과정에서 보인 참여자들의 태도에서 이런 사실을 알 수 있다. 경기 직후 미국인과 미국 대사관을 향한 어떤 폭력적 집단행동도 벌어지지 않았다. 물론 '대~한민국'이라는 응원 구호와 응원 복장으로 선보인 태극기를 국가주의의 망령으로 비판할 수 있고, 광적 응원을 대중 파시즘의 징후로 볼 수도 있다. 그러나 이런 비판은 연인원 2193만여 명에 이르는 대규모 대중 결집과 대중 행동을 평가하기에는 너무 협소하다.

그렇다면 미국산 쇠고기 수입 반대 촛불 집회가 설정한 이데올로기는 무엇일까? 신자유주의의 전횡이 야기한 사회 양극화와 주변화된 삶에서 오는 불안의 만성화에서 해답을 찾을 수 있다. 물론 이명박 정부가 국민의 염려를 무시하며 광우병 특정 위험 물질이 포함된 미국산 쇠고기를 전격 수입하기로 결정한 일이 1차 원인이므로 먹을거리 안전과 검역 주권 회복이 1차 해결 과제인 것은 분명하다.

그러나 2008년 촛불 집회가 대중적으로 확산된 계기는 이명박 정부가 추구하려는 신자유주의 정책들이다.* 첫째, 각급 학교의 우열반 편성 전면 허용, 0교시와 심야 보충수업 부활 등 교육 자율화를 명분으로 여러 정책을 추진했다. 둘째, 방송 민영화와 의료 민영화를 명분으로 방송 분야와 보건 의료 분야에서 자본 축적을 획책하려 시도했다. 셋째, 물류 수송비 절감과 수자원 개발을 명분으로 대운하 사업을 강행했다. 넷째, 인수위 시절 '어린지' 해프닝을 일으킨 영어 몰입식 교육 소동, '고소영' 중심의 내각과 청와대 비서진 구성 등 1퍼센트만을 위한 정부를 구성했다.

대중은 이런 사안들에 반발하고 저항 이데올로기를 공유했다. 한 촛불 집회 참여자는 "한국전력, 의료보험에 수돗물까지 민영화한다니 불안해 죽겠고, 국민을 떠받든다, 경제를 살리겠다고 해서 뽑았는데 지금 남은 건 배신감 뿐"이라고 목소리를 높였다. 건설업에 종사한다는 한 참여자도 "작년에는 그래도 1월부터 일했는데 올해는 5월까지 일이 없었다. 경제 대통령이

---

* 학원 자율화 조치는 사교육 시장을 육성해 교육의 시장화를 앞당기려는 정책이었고, 물 사유화나 공기업 민영화는 공공 부문을 사기업의 수중에 넣으려는 조치였으며, 경기 활성화와 일자리 마련을 이유로 내건 대운하 건설은 자본에 새로운 개발과 투자 기회를 제공하려는 게 목적이었고, 공영 방송 장악은 이런 조치들을 비판하는 목소리를 막으려는 시도였으며, 미국산 쇠고기 수입은 한·미 FTA를 빨리 타결하려는 정책이었다.

라고 말만 하지, 난 일이 없어 하루하루가 힘들다"고 말했다(《이데일리》 2008년 6월 4일). 이렇게 쇠고기 문제로 시작된 대중의 참여는 정권을 향한 포괄적 비판과 개입으로 확대됐다. 한 참여자는 "노무현 대통령이 언론에 나와 맞장을 뜨자고 했을 땐 대통령이 우습고 품위 없다고 생각했는데 지금 생각하니 그 맞장이 소통의 의미였던 것 같다"고 말하기도 했다(《이데일리》 2008년 6월 4일).

이제 촛불 집회는 광우병 쇠고기 문제에 더해 학원 자율화, 대운하 건설, 공기업 민영화, 물 사유화, 공영 방송 장악에 관한 비판을 담은 '1+5 의제'로 정식화됐다. 신자유주의를 향한 대중적 비판이 공론화된 것이었다. 그러나 이런 변화가 곧 자본주의에 관한 근본적 비판과 반대를 의미하지는 않았다. '1+5 의제'의 채택은 촛불 집회에 참여한 다양한 대중의 요구를 반영하고는 있지만 대중이 노골적으로 신자유주의 반대와 자본주의 철폐를 외친 것은 아니었다.

그러나 '1+5 의제'의 공론화는 신자유주의, 아니 잠재적으로 자본주의를 반대하는 대중이 출현한 징후로 볼 수 있다. 외환 위기 이후 줄곧 진행된 신자유주의적 재구조화의 모순을 체화한 대중이 삶의 문제로서 신자유주의에 관한 문제의식을 서서히 형성하고 있다는 의미였기 때문이다. 이때 대중이 경험한 신자유주의는 사회적 자원의 상향적 재분배, 곧 공기업 민영화, 사회적 공유재의 사유화, 보건 의료나 교육 등 공적 서비스의 축소와 민영화, 연금 등 사회 안전망의 축소였다.

그런데 취임 100일도 되지 않은 시점에서 이명박 정부가 대중의 강력한 저항에 부딪힌 이유는 무엇일까? 대선에서 이명박 후보를 지지한 유권자들의 선택이 신자유주의에 관한 지지는 아니었기 때문이다. 이명박 후보의 높은 지지율은 중상주의 노선을 통해 경제가 살아날 수 있으리라는 기대와 참여정부를 향한 보수 진영(한나라당이라는 정치 세력과 조중동이라는 보수 언론, 재벌이라는 경제 세력)의 악의적 무력화가 만든 정서적 거부감에 기초했다. 오히려 대중은 신자유주의가 표방한 무한 경쟁의 시장 원리가 내포한 폭력성을 삶의 경험을 통해 아주 잘 알고 있었다. 문제는 대선에서 이명박 후보의 이런 국정 운영 철학이 잘 드러나지 않았다는 점이다. 이런 대중의 선택은 87년 체제의 위기에 연결된다.* 경제적 측면에서 보면 87년 체제는 외환 위기로 크게 위축됐다. IMF가 제시한 구조 조정 프로그램은 신자유주의 코드에 맞게 한국 사회를 전면 재구조화하는 것이었다. 지배 분파들에게 IMF 한파는 초국적 금융자본의 힘을 통해 87년 체제를 신자유주의 체제로 전환할 절호의 기회로 다가왔다. 김대중 정부가 수행한 온건한 경제 정책은 기본적으로 총자본의 이해에 부합했다.

이런 우호적 상황에 힘입어 총자본은 노무현 정권에 들어서면서 노골적으로 본성을 드러냈다. IMF와 김대중 정부가 추진한 경제 정책의 최대 수혜자인 총자본은 연거푸 대선에서 실패하자 국내 투자 축소와 자유로운 기업 활동의 보장을 요구하는 여론 조작을 통해 이익을 보전하려 했다. IMF 구조 조정을 통해 투자 자본이 아닌 투기 자본으로서 손쉽게 이윤을 보전할 수 있게 되자, 총자본은 더는 강한 투자 욕구를 가질 필요가 없었다. 연간 최고 매출액을 연거푸 갱신하면서도 국내 투자에 인색한 총자본(특히 재벌)의 행태를 보면 이런 정황을 알 수 있다.

또한 자유로운 기업 활동을 보장하라는 요구는 이자 놀이를 법적으로 허용하라는 말에 다름 아니었다. 실물 경제의 근간이라 할 '공장 건설-고용 창출-상품 생산-시장 창출'이 아니라, 주식 투자나 부동산 투기 또는 펀드 사업을 통해 이윤을 독점할 환경을 제도적으로 인정하라는 주장이었다. 총자본의 이런 공격적인 요구는 87년 체제가 구축하려 한 경제 민주화

---

* 정치적 측면에서 87년 체제는 2004년에 일어난 대통령 탄핵 사건을 계기로 심각한 한계를 드러냈다. 1987년 6월 항쟁의 최대 성과물 중 하나인 직선제 개헌을 통한 대통령제가 국회를 통해 완전히 부정되는 역설적 상황이 발생한 것이다. 87년 체제의 한계는 6월 항쟁을 계기로 좀더 근본적인 사회 민주화로 나아가지 못한 정치적 한계에서 기원한다. 87년 대선에서 양김이 분열하고 노태우 정권이 수립되면서 지배 분파는 왜곡된 지배 체제에 생긴 파열구를 빠르게 복구할 수 있었다. 시민(대중)의 급진적인 민주화 요구는 체제 안으로 제도화됐고, 이런 변화는 체제 유지를 위한 유효한 자원이 됐다(조대엽 2007, 258~260).

와 분배 정의를 근본적으로 흔들었다.

요컨대 87년 체제는 정치적 측면에서는 갈등의 제도화를 통해, 경제적 측면에서는 신자유주의 세계화에 따른 총자본의 공세로 위기가 심화됐다. 이 위기는 '대의제 민주주의의 위기'로 바꿔 쓸 수 있다. 87년 체제가 이끌어낸 민주주의는 엄격히 말해 근대 민주주의였기 때문이다. 자유와 평등을 기본으로 하고 시민사회의 자유로운 결사와 비판이 가능하며, 시장 속에서 경제 활동이 가능하게 한 일련의 조치들은 서구 사회에서 발전돼온 근대 민주주의하고 비슷했다.

민주주의의 확대와 쟁점

서구 사회의 근대 민주주의는 68혁명을 기점으로 비판됐다. 이런 비판은 근대 민주주의가 껴안을 수 없는 새로운 가치와 주체가 형성돼왔으며, 그 주체들의 정체성과 권리를 확보하기 위한 새로운 가치 체계와 정치 체계가 필요하다는 것을 뜻한다. 이제 대의제의 위기, 곧 선출된 엘리트를 통한 정치의 실효성이 근본적으로 의문시되기 시작했다. 정치인의 부패, 행정 조직의 관료화, 국가권력의 비대화, 기업의 횡포, 자유 시장의 실패, 언론의 여론 조작 등은 더는 국가와 제도가 일반 의지를 대변하지 않는다는 사실을 대중에게 각인시켰다. 대중은 스스로 자신을 정치화하기 시작한다. 이런 과정은 지식 축적, 소통 체계, 물적 생산 방식, 의미화 방식 등 전방위적 측면에서 진행됐다. 오노 사건부터 미국산 쇠고기 수입 반대 촛불 집회까지 이르는 사건들은 이런 일련의 배경 속에서 설명될 수 있다.

민주주의에 관련해 미국산 쇠고기 수입 반대 촛불 집회가 설정한 수위는 〈헌법 제1조〉라는 노래의 "대한민국은 민주공화국이다. 모든 대한민국의 주권은 국민에게 있고 모든 권력은 국민으로부터 나온다"라는 가사에 응축돼 있다. 문제는 이 가사가 한편으로 촛불 집회의 한계를 여실히 보여준다는 점이다. 먼저 참여자들은 이 구절을 한편으로는 주권국다운 국가를 만들어달라는 요구로, 다른 한편으로는 국가 안의 억압성을 폭로하고 그 경계를 넘으려 한 시도로 각기 다르게 인식했다(이광일 2008, 48). 문제는 이명박 정부가 민주적 방식으로 국정 운영을 할 수도 있다는 기대가 촛불 집회의 진로를 가로막았다는 사실이다.

〈헌법 제1조〉에서 대한민국의 정체로 등장하는 '민주 공화국'이라는 정의를 통해 이광일은 국가와 제도 정치를 '공적인 것'으로 보고 경제를 포함하는 시민사회를 '사적인 것'으로 나누는 자본주의 논리를 비판하는 동시에, 이윤을 획득하기 위해 국가권력을 이용해 모든 사회관계를 지배하고 사유화하려는 신자유주의 논리가 민주 공화국를 실현하는 데 방해물이 된다고 주장한다. 이어서 민주 공화국이 민주주의 원리에 따라 주권자인 인민대중을 '공공적인 것'으로 처리하는 정체로서 민주주의와 공화주의가 분리된 개념이 아니라는 점, '공적인 것'의 내용이나 국가의 성격과 위상은 미리 부여돼 있는 게 아니라 긴장과 모순의 사회관계 속에서 끊임없이 재구성된다는 점, 민주 공화국을 실현하려면 개혁 자유주의 정치 세력과 수구 보수 정치 세력을 통해 사회의 지배자로 등장한 신자유주의가 극복돼야 한다는 점을 강조했다(이광일 2008, 53~60).

그런 의미에서 '1+5 의제'의 설정은 그것 자체로 의미가 있다. 촛불 집회가 먹을거리의 안전성과 검역 주권의 확보를 요구하는 수준을 넘어, 이명박 정부가 추진하려 한 민중 배제의 신자유주의 정책을 비판했기 때문이다. 이 의제는 신자유주의에 관한 대중적 비판이 공론화되는 계기로 작용하기는 했지만, 자본주의를 향한 근본적 비판과 대안 사회를 모색하는 단계까지 발전하지는 못한 한계를 드러냈다. 각 의제들이 병렬적으로 제시됐을 뿐 모든 의제를 통괄하는 전략적 담론이나 상징이 대중적으로 공유되지는 못했다.

'1+5 의제'가 상징적 수준에 머문 결과 촛불 집회 이후 한국 사회가 구체적으로 어떤 변화를 겪게 됐느냐는 질문에 명확한 답변을 하지 못하게 된다. 적어도 1987년의 6월 항쟁이나 7~9월 노동자 대투쟁은 기만적이기는 했어도 6·29선언를 비롯해 노조 합법화와 노동 조건 개선이라는 성과를 받아냈다. 반면 2008년 촛불 집회를 통해 국가권력과 자본한테서 얻어낸 성과는 명확하지 않다. 촛불 집회에 참여한 10대들을 대상으로 하는 추적 조사에서도 이런 사실이 확인된다. 촛불 집회의 성과가 미흡하다는 견해가 많았기 때문이다(김철규 2010, 276).

오히려 국가 권력은 촛불 집회의 원인을 국민의 이해가 부족한 탓으로 단정하면서, 국가 시책이 제대로 전달될 수 있게 한다며 미디어법 입법을 강행 처리했다. 자본도 한-미 FTA를 빨리 체결하자는 견해에서 한 치도 양보하지 않았다. 촛불 집회의 유산이 무엇인지 심각하게 고민하게 만드는 상황이다. 물론 기만적이기는 하지만 대운하 사업을 포기하게 만들었고, 노골적인 기업 친화적 제스처를 중지시키기는 했지만 말이다.

본래 민주주의란 비대칭적 사회관계로 구성돼 있는 사회에서 필연적으로 발생하는 수탈, 배제, 억압, 차별, 그리고 고통받는 대중들로 상징되는 현실의 모순을 해소하는 목적의식적 운동이다. 중요한 것은 현실의 민주주의가 그것 자체로 완결된 게 아니라는 점이고, 따라서 새로운 가치와 실천이 지속적으로 채워져야 한다는 점이다. 안전한 먹을거리를 요구하는 목소리부터 신자유주의 반대에 이르는 폭넓은 지식 내용을 연계시킬 방법에 관한 고민은 계속돼야 한다.

문화정치
— 신자유주의에 맞서는 참여 군중의 자율적 실천

1. 노드에서 네트워크로 — 신자유주의 감성 권력에 맞서는 문화정치

새롭게 출현한 참여적 군중의 실천은 오프라인과 온라인을 망라한다. 다시 말해 실제와 가상을 자유롭게 넘나들며 새로운 실천 공간을 창출하고 전유한다. 인터넷에서 많은 정보들이 다운과 업로드를 거치며 끊임없이 변형되고 확장되듯, 이 새로운 군중들이 전유한 공간도 형성과 변이를 거쳐 끊임없이 이동한다. 이렇게 실천 공간을 재구성하는 역능은 들뢰즈의 '탈영토화'와 '재영토화' 개념을 상기시킨다. 들뢰즈에게 '영토'란 생산이 일어나는 환경으로서, 주어진 영토의 경계를 벗어나려는 탈영토화 과정과 새로운 영토가 형성되고 고정되는 재영토화 운동이 서로 독려하고 한계 짓는다. 이 때 욕망하는 생산의 분열적 과정은 탈영토화를 이끌어내지만, 사회적 생산은 욕망의 분열적 흐름을 끊임없이 코드화하며 특정한 인위적 영토로 재영토화한다.

이런 과정을 통해 대중은 사회 체계를 통해 코드화된 사물과 공간, 이름과 정체성, 지위와 기능을 자신의 욕망에 따라 변형하고 전유한다. 이런 실천은 문화정치의 성격을 갖는다. 세계를 이해하고 의미를 부여하는 과정을 통해 정체성과 실천이 구성되기 때문이다. 그런데 문화정치는 지배와 저항이 전개되는 헤게모니의 장이다. 문화정치는 지배 체제를 안정적으로 재생산하기 위한 지배 이데올로기 형태로 일방적으로 전개되지 않는, 지배와 저항이라는 두 갈래의 벡터가 힘겨루기를 하는 역동적인 장이다. 따라서 문화정치는 그것 자체로 비대칭성과 모순의 양면성을 함께 지닌다. 이런 이중성은 참여적 군중의 실천에 그대로 반영되며, 대중 형성의 복잡성만큼이나 대중의 실천 또한 다층적이다.

참여적 군중의 실천이 문화정치의 특성을 갖는 이유는 현재의 지배 체제가 주체의 감성과 신체뿐 아니라 무의식까지 관리할 정도의 세밀함과 정교함을 갖추고 있기 때문이다. 이런 상황은 신자유주의 체제가 경제뿐 아니라 문화와 사회에 관한 실질적 포섭을 강화한 결과에 기인한다. 무엇보다도 신자유주의적 지배 방식의 특이성은 개인의 신체(몸과 정신의 결합체)를 포섭과 배제의 대상으로 설정한다는 데 있다. 신체란 인간 존재의 기반이자 사회적 삶을 살아가는 토대로서, 주체와 신체의 관계를 결정하는 양식은 주체와 사물의 관계를 비롯해 사회적 관계를 결정하는 양식을 반영한다. 따라서 신체는 단순히 외모를 둘러싼 아름다움에 국한되지 않는다. 자본 생산의 기초 자원으로, 사회 계급의 과시적 상징 자본으로, 가부장제의 영속을 획책하는 남근의 횡포 대상으로 신체는 인식된다. 결국 신체는 치열한 사회적 이해관계가 경합하는 정치의 장이다.

그렇다면 신자유주의 지배 방식은 몸을 통해 어떻게 전개되며, 그 결과는 어떤 것들이 있을까? 신자유주의는 매혹적인 유혹을 통해 몸을 치장하고 변형하는 '신체 정치body politics'를 구사하면서 재생산의 욕구를 이어간다. 신체는 관리, 통제, 투자의 대상이 되며, 상품화를 거쳐 매매할 수 있는 유용한 자원으로 탈바꿈한다. 내면에 관한 통제도 세밀하게 진행돼 생각과 감성은 지배 체제에 맞게 코드화된다. 신체는 하나의 자본이 돼 개인 소유의 대상이 되고, 함량 미달이 되면 즉각 폐기 처분되는 처지에 놓이게 된다.

따라서 신자유주의 체제에서 신체는 주체에게 귀속되는 본래적 실체가 될 수 없다. '신체 자본physical capital'이 돼 계급에 따라 다르게 형성되고 분배되며, 소유권은 시장을 거쳐 이전된다.* 신자유주의 신체 정치는 '몸 프로젝트'로 부를 수 있는데, 몸 프로젝트란 신체를 관리하는 일이 자아 정체성을 형성하는 과정의 일부로 수행되는 일종의 자기 관리 양식을 말한다. 개인의 사회적 구실과 의미는 신체를 결정짓는 방식에 연계된 과정 속에서 고찰되고, 신체에 부여된 특성과 의미도 사회적 산물로 인식된다. 특정한 신체의 형태와 실행에 부여된 사회적 의미들이 내면화되면서 자아 정체성에 큰 영향을 미친다.

이렇게 해서 신자유주의는 개인주의와 업적주의가 결합된 나르시즘적 자기 계발의 성공 신화를 신체에 각인시켜 대중을 몸 프로젝트의 철저한 실행자로 주체화한다. 이제 신체는 경쟁의 대상이 되고, 매매의 조건이 되며, 가치 척도의 기준이 돼 무한 경쟁과 무한 책임 속으로 투입돼, 구조 조정의 요구는 몸까지 확대된다. 저효율과 고비용으로 상징되는 지방은 제거돼야 하며, 매끈한 몸매는 잉여가치를 생산하는 자본의 주요 자원이 된다. 뚱뚱한 신체는 대중이 날씬한 몸매를 관리하는 데 온 힘을 쏟을수록 더욱더 부정적으로 이미지화된다.

이렇게 신자유주의 지배 방식은 '감성 권력'의 성격을 갖는다. 군주제의 왕 같은 위엄보다는 영웅적이면서도 다정한 친근감을 주는 대중 스타의

---

* 부르디외는 몸을 계급의 상징물로 파악하면서, 다양한 사회적 힘에 연관돼 발달하는 미완의 실체이며 사회적 불평등을 유지하는 데 필수적인 대상으로 봤다. 다양한 계급과 계급 분파들은 자기 몸에 취하는 각양각색의 태도를 통해 계급적 지위와 위신을 드러낸다. 이때 몸의 형태에 부여된 상징 가치들은 자아 형성에 중요한 요소가 된다.

이미지로 다가오는 것이다. 따라서 신자유주의 지배 방식은 영화 〈블레이드 러너〉나 〈매트릭스〉 또는 애니메이션 〈공각기동대〉에서 볼 수 있는 디스토피아처럼 암울하거나 차갑지 않다. 주체의 감성과 신체뿐 아니라 무의식까지 구성하고 관리할 정도의 세밀함과 정교함을 갖고 있기 때문에, 오히려 정서적이며 따뜻하기까지 하다(김성일 2003, 19~20).

대중의 실천은 지배 체제에서 벗어나 있다는 의미에서 '그 무엇도 아니지만', 바로 이런 특성 때문에 지배 체제를 혼란에 빠뜨린다. 체제 친화적 주체 구성의 권역에서 벗어나 일정한 형태로 주체화되지 않았기 때문에 통치를 교란시킨다. 지배 체제의 호명을 거부하거나 불가능하게 만든다는 것, 탈정체화를 통해 새로운 주체를 구성하는 그런 실천은 새롭게 '정치'를 부활시킨다. 랑시에르가 정의한 대로 정치란 대중을 획일화하는 '치안'하고 다르게 대중 사이의 차이와 불일치를 정상화하는 자율적이고 구성적인 실천(역능)이다.

이런 저항을 네그리는 '다중의 괴물스러움'이라는 은유로 설명한다.* 이때 다중의 신체(살)는 끊임없이 삶의 충만함을 목표로 삼는 사회적 존재의 원소로서 정치적 신체의 위계적 기관들 안으로 포획될 수 없기 때문에, 더군다나 민중도 국민도 공동체도 아닌 다중이기 때문에 공포의 대상이 된다. 그러나 이런 다중의 괴기성은 새롭고 대안적인 정서 네트워크를 통해 공통성과 특이성 사이에서 새로운 사회관계를 형성한다.

네그리는 다중의 실천을 네트워크 투쟁으로 설정하면서, 민중의 주권 개념에 의존하지 않고 다중의 삶정치적 생산성에 기초를 둔 새로운 운동에 주목한다. 이때 민중이란 지배적 국가 권위를 대체하고 권력을 잡기 위해 경쟁하는 주권 형태를 말하는데, 문제는 투쟁 대상인 지배와 권위의 형식

---

* 이런 은유를 통해 네그리는 인공적 삶의 변이들이 상품으로 변환되는 데 도전하고, 자본주의적 권력이 자연의 변형들을 판매용으로 내놓은 데 도전하며, 지배 권력을 뒷받침하는 새로운 우생학에 도전하는 다중의 실천성에 주목한다.

들이 저항 운동 자체에 끊임없이 재등장한다는 점이다. 이렇게 해서 다중의 네트워크 투쟁은 정보 체계와 네트워크 구조에 일치하는 한편 포스트 포드주의적 생산 조건들에 조응하면서 소통의 새로운 회로들, 사회적 협력의 새로운 형식들, 상호 작용의 새로운 양식을 구축하며 전개된다.

일명 '시애틀 전투'라 불리는 대규모 반세계화 운동도 이런 형식으로 전개됐다. 1999년 11월 30일 WTO 회의에 항의하는 네트워크로 연결된 자율적인 시위 집단들은 시애틀 전투를 승리로 이끌기 위해 이동전화, 웹사이트, 노트북 등 디지털 무기로 무장하고 '벌떼swarming' 작전을 수행했다.[*] 도시를 무대로 벌어진 투쟁에서 무선 통신과 사회적 이동 네트워크가 계획적이고 전술적으로 사용된 이 시위는 서로 다른 이해관계를 대변하지만 WTO에 반대하는 폭넓은 시위자들을 한데 모았다. 더 나아가 시위자들은 직접 행동네트워크[DAN]를 통해 온건한 불복종, 더 나아가 대규모 체포에 이르기까지 다양한 실천 수위에 관한 정보를 수시로 소통하며 새로운 형태의 실천을 만들어냈다.

협력 체계의 급진적 형성이라 할 수 있는 이런 사회적 네트워크 속에서 공통의 지식을 산출하는 사회적 관행이 만들어지면서 다양한 문제들이 해결돼갔다. 각 개인에게 다른 사람이 무엇을 알고 있는지 알려주고 적절한 방식으로 소통이 진행되면 집단을 형성한 개인들은 일종의 집합 지능을 발휘한다. 이렇게 해서 컴퓨터 연산으로 이해되는 국부적 과제를 수행할 능력을 지닌 많은 행위자들은 개인의 능력을 초월하는 많은 문제들을 성공적으로 다룰 집단 지성과 행동에 참여하게 된다.

고도의 네트워크 속에서 개인과 개인은 하나의 연결점[node]이 되는데, 이 것은 단지 기술 장치들의 결과물이 아니라 기술 그 자체가 된다. 모이고 흩

---

[*] 벌떼 전술은 시애틀 전투에서만 발견되는 것은 아니다. 라인골드에 따르면 멕시코의 사파티스타 운동, 러시아의 체첸 반군, 영국의 훌리건, 콜롬비아의 FARC 게릴라도 네트 전쟁 전략과 벌떼 전술을 사용한다.

어지고 이동하고 융합되는 디지털 기술의 속성이 집단 지성을 만드는 새로운 사회관계의 핵심 요인이 된다는 것이다. 라인골드는 컴퓨터 기술, 통신, 위치 인식이 결합하면서 가능해진 새로운 사회관계로서 '임시 이동 사회 네트워크'를 개념화했다. 이런 사회적 네트워크 속에서 대중을 구성하는 모든 개인들은 다른 개인들에게 연결되는 사회적 링크, 곧 의사소통과 사회적 유대의 통로를 가진 연결점이 된다(Rheingold 2003, 326~336).

대중의 실천이 갖는 이런 특징들은 길거리를 새로운 공간으로 창출한 길거리 응원전과 촛불 집회에서 압축적으로 드러났다. 길거리를 소통의 광장으로 만드는 과정에서 하나의 노드이던 개인들은 정보적 소통을 통해 사회적 네트워크를 형성하고, 다양한 의견을 게시하고 토론을 벌여 합당한 결과를 자율적으로 도출하며, 길거리를 정치와 문화가 펼쳐지는 축제의 장으로 탈영토화했다. 이런 광장의 출현은 새로운 주체의 등장과 실천의 혁신이 만들어낸 결과물이다.

그동안 한국 사회의 광장 문화는 박제화된 죽은 공간이나 다름없었다. 특히 군사 정권의 대중 히스테리, 곧 대중 결집 자체를 두려워한 신경증은 광장 문화를 황폐하게 만들었다.[*] 취약한 권력 기반 탓에 대중이 가하는 비판이 두려운 군사 정권은 집시법을 통해 대중의 집결을 원천 봉쇄했다. 그나마 만들어진 광장은 전시 행정과 정치 선전의 도구로 활용됐다. 활력 넘치는 광장 문화는 거세됐고, 대중들도 대낮의 확 트인 공간에서 뭔가를 하는 것을 계면쩍어 했다.

관리와 통제의 대상이던 광장 문화가 복원되기 시작한 계기는 87년 6월

---

[*] 조국 근대화와 민족 중흥을 통치 이념으로 삼은 박정희 정권은 광화문광장의 권력적 이용을 새롭게 시도했다. 가장 주목할 부분은 경복궁 정면에 광화문을 다시 세우는 일이었다. 한국전쟁으로 석축만 앙상하게 남은 경복궁은 산업화와 경제성장의 기호인 철근과 콘크리트로 급히 복원됐다. 광화문의 권력적 상징성은 도로 확장과 지하보도 건설, 이순신 동상 건립을 통한 세종로 상징화 작업에 결합되면서 한층 더 의미가 증폭됐다(하상복 2009, 44~46).

항쟁이다. 정치적 회합은 금지되고 정권을 지지하는 동원만 인정되는 왜곡된 광장 문화 속에서 6월 항쟁은 광장 문화의 정치성을 제기했다. 이한열 장례식에 모인 시청 앞 광장의 100만 인파는 그동안 소통되지 못한 민주화의 열망이 빚어낸 공동체 문화의 복원을 상징했다. 언론 통제를 통한 정보 규제가 극심한 상황에서 길거리는 대중에게 허용된 유일한 소통의 장소였다(김성일 2007, 110~111).

87년 체제가 확립된 뒤 길거리를 중심으로 한 광장 문화는 점차 합법화됐고 기능도 다양해졌다. 차도는 사전 신고만 하면 정치 집회를 할 수 있는 공간이 됐고, 각종 축제가 열리는 공공장소로 각광받았다. 그러나 이명박 정부가 출범한 뒤 길거리 광장 문화는 큰 제약을 받는다. 불법 집회라는 이유로 시청 앞 광장이 전경 버스로 차벽으로 원천 봉쇄되는가 하면, 광화문광장에서는 정치 집회가 불허됐다. 문화 공연만 유일하게 허용된 상황은 전두환 정권이 문화정치의 하나로 연 '국풍 81'을 연상시켰다.

2. 거리가 변하면 세상이 바뀐다 — 참여 군중의 문화정치와 대중 실천

차량 통행만 허용되며 기능적 구실만 해오던 길거리가 대중의 욕망이 소통되는 열린 광장으로 탈영토화되는 과정은 크게 두 가지 계기가 작용했다. 첫째 계기는 길거리 응원전을 통해 축제의 장으로 용도 변경된 것이고, 둘째 계기는 미선이 효순이 촛불 집회를 통해 거리 정치를 문화화한 것이다. 미국산 쇠고기 수입 반대 촛불 집회는 이 두 계기가 뚜렷하게 표출되면서 길거리의 성격을 문화정치의 장으로 빠르게 형질 변경했다. 따라서 이 세 가지 사건의 전개 과정을 살펴보면 새로운 대중 실천이 갖는 문화정치의 특성을 쉽게 이해할 수 있다.

먼저 첫째 계기인 길거리 응원전에서 전개된 대중 실천의 문화정치를 살펴보자. 한국팀 경기가 있는 날이면 수십만 명에서 백만 명에 가까운 인파가 광화문 사거리와 시청 앞 광장에 모여 열띤 응원을 펼쳤다. 길거리는 차도만을 의미하지 않기 때문에 함께 응원할 모든 공간의 기표로 의미화된다. 따라서 광장은 차도를 차단하는 데 그치지 않고 사람이 모일 만한 모든 곳을 포괄한다.

길거리 응원전은 구체적으로 어디서 어떻게 펼쳐졌을까? 광화문 사거리와 시청 앞 광장 말고도 대학로와 학교, 월드컵 경기장 주변, 주거지 근처의 단체 응원 장소(아파트와 주택가의 공공장소)에서 펼쳐졌다. 또한 영화관, 술집, 카페, 음식점 등에서 단체 관람이 진행됐다. 주거지 근처에서 진행된 단체 응원은 아파트나 주택가의 공공장소에 대형 스크린을 설치해 주민들이 함께 응원한 경우인데, 대체로 30대 이상, 자영업자, 전업주부, 아파트 거주자들이 많았다. 광화문 사거리와 시청 앞 광장에서 길거리 응원을 한 집단은 주로 10대, 학생, 미혼자였다. 술집, 음식점, 카페에서 관람한 뒤 길거리 응원 장소로 이동한 집단은 대체로 남자, 20대, 미혼자였다(서울특별시 2003, 366~367).

참여자들은 길거리를 새로운 응원 장소로 만들고 재기 발랄한 응원 형식을 개발해 자신들만의 개성을 표출했다. '대~한민국'의 연호만으로는 참여자들 사이에 형성된 일체감을 모두 설명할 수 없는데, 함께한다는 느낌을 좀더 강력히 제공한 것은 스타일의 공유였다. '스타일'이란 취향과 정서가 일정한 코드를 통해 외적으로 드러난 재현물을 말한다. 길거리 응원전의 대표적 스타일은 '비더레즈' 티셔츠와 태극기를 변용한 패션이었다.

특히 1020세대들은 태극기를 가위로 오리고, 바늘로 꿰매고, 재봉틀로 박음질해 자신만의 멋진 태극기 패션을 만들었다. 태극기 랩 스커트부터 원피스, 티셔츠, 탱크톱, 망토, 스카프, 두건, 문신에 이르기까지 종류도 다양했다. 또한 월드컵 기간 중 얼굴에 태극무늬를 비롯한 다양한 페이스 페인팅을 해 유행을 선도했다. 이런 평가를 하는 언론도 있었다. "태극기는 단순한 응원도구에서부터 두건과 티셔츠, 망토 등 패션으로 활용됐다. 애국가도 기존의 무거운 리듬에서 탈피해 록 음악 스타일의 '가벼운' 곡으로 편곡돼 거리에서 불려졌다. …… 태극기와 애국가, 대한민국 국호가 박수 소리와 함께 한반도를 뒤덮으면서 한국인이라는 자부심이 솟아났고 권위주의적 국가관도 함께 붕괴됐다"(《매일경제》 2002년 6월 30일).

물론 '대~한민국'이라는 구호가 서구적 의미에서 국가주의와 민족주의로 회귀하는 모습으로 비칠 수 있다. 그러나 참여자들은 국가권력의 호명을 받은 응원자가 아니었다. 오히려 엄숙주의와 금단의 대상인 태극기를 응원 도구로 써 자신의 욕망을 재기 발랄하게 분출한 점은 대중 실천이 갖는 문화정치의 한 단면을 보여준다. 그런 의미에서 '대한민국'이라는 기표는 하향식으로 호명되거나 타자를 인정하지 않으려는 배타적 집단의 구호가 아니라, 응원에 동참해서 함께 즐거움을 나누는 '우리'라는 공동체 의식의 발현이라 할 수 있다.

다음으로 둘째 계기인 미선이 효순이 촛불 집회에서 전개된 대중 실천의 문화정치를 살펴보자. 무엇보다도 이 촛불 집회는 길거리 응원전의 유산을 이어받은 대중운동이었다. 남녀노소를 가리지 않고 다양한 주체들이 참여한데다, 정보적 소통을 통해 집합 의식을 형성하고 공유했으며, 각양각색의 실천 방식이 등장해 길거리 촛불 집회를 대중적으로 이끌었기 때문이다. 미선이 효순이 촛불 집회의 시작은 '앙마'라는 아이디를 쓰는 네티즌이 게시판에 올린 글에서 시작됐다. 이 제안 하나에 11월 30일 1만여 명이 광장에 모였다.

"광화문을 촛불로 채웁시다. 전세계에 우리의 의지를 보여줍시다. 우린 광화문을 걸을 자격이 있는 대한민국의 주인들입니다. ……광화문을 우리의 영혼으로 채웁시다. 광화문에서 미선이 효순이와 함께 수천수만의 반딧불이 됩시다. 토요일, 일요일 6시. 우리 편안한 휴식을 반납합시다. 검은 옷을 입고 촛불을 준비해주십시오. …… 경찰이 막을까요? 그래도 걷겠습니다. 차라리 맞겠습니다. 우리는 폭력을 더 큰 폭력으로 갚는 저급한 미국인들이 아닙니다. …… 저 혼자라도 하겠습니다"(최세진 2006, 248~251).

네티즌들은 이 글을 다른 사이트에 퍼가기 시작했다. 집회를 준비할 관련 동아리가 생겨났고, '사이버 범대위'라는 홈페이지가 만들어졌다. 이 모든 과정은 완전히 개인들의 자율적 참여로 진행됐다. 조직된 집회가 아니니 집회 신고는 당연히 하지 않았고 집회 현장에서도 주도하는 조직이나 단체가 없었다. 집회의 뜻에 동의한 개개인들이 삼삼오오 모인 탓에 경찰도 집회를 막을 명분과 방법이 없었다. 오히려 이렇게 시작된 촛불 집회는 전사회적으로 파문이 빠르게 확산되는 계기가 됐고, 한나라당의 이회창마저 집회에 참여하겠다고 하는 일이 벌어졌다.

《동아일보》와 《조선일보》는 2002년 11월 21일 이후 가해자들이 무죄 판결을 받은 뒤에야 논평과 기사를 실었고, KBS와 SBS도 집회 당일까지 단순 보도에 그치고 있었다. 그러나 인터넷에서 대중의 판단은 이미 끝난 상태였다. 사건 관련 자료와 정보들이 올라오고 유포되는 사이에 미국의 패권주의와 SOFA의 문제점이 공유됐고, 촛불 집회에 결집하기 위한 구체적 논의가 진행된 것이다. 초기에 이 사건은 월드컵에 완전히 가려져 있었지만 얼마 뒤 인터넷에서 새로운 쟁점으로 떠올랐다. 특히 이 사건의 희생자가 10대라는 점은 인터넷의 주된 이용 계층인 10대를 자극했고, 10대들이 이 문제를 자기 문제로 받아들이면서 집회에 적극 참여했다.

상황 인지와 정보적 소통은 대중 결집의 계기가 될 수 있지만 실천의 지속까지 보장하지는 못한다. 대중 실천의 계기하고 별도로 지속을 위한 전략이 마련돼야 한다. 문제는 이런 과제가 주관 단체가 아니라 참여자 개개인의 자발성에 기초해 수행될 수 있느냐 하는 것이다. 미선이 효순이 촛불 집회는 이런 염려를 단숨에 씻어냈다는 점에서 새로운 대중 실천의 가능성을 보여줬다. 촛불 집회의 지속 여부가 참여자들 사이의 자유로운 토론과 자발적 결정에 따라 정해졌기 때문이다.

촛불 집회에서 한 시민은 지속적인 추모제를 제안했고, 참여자들은 '매일/매주/매달'이라는 선택지에서 매주 모이자는 안이 다수결로 결정했다. 이날의 분위기를 한 참가자는 이렇게 전했다. "즉석에서 앰프를 빌리고, 마이크를 빌리고, 사회자를 뽑고, 마치 양촌리 김 회장 잔칫집 풍경이었어. 프로그램이 뭐가 있었겠어. 그저 말하고 싶은 사람 앞으로 나와 '미군 미워여', '부시 싫어여', '소파 허접해여' 막 이러구 사람들은 박수치고. 게다가 '앞으로 일주일에 몇 번 모일까여 다수결로 정합시다' 이러니까 사람들이 거수하고, 그거 사회자가 카운트하더니 일주일 한 번 집회로 쾅쾅 결정내리고. 이거 진짜 골 때리는 풍경이었어. 근데 이게 진짜 민주주의거덩"(《한겨레21》 437호 2002년 12월 5일).

참여자의 자발성에 기초한 촛불 집회 연장 결정은 촛불 정국이 절정에 이를 때까지 그 영향력을 지속시켰다. 대중의 자발적 참여가 실질적 힘을 보여준 사례라고 할 수 있다. 만약 범대위의 주도 아래 촛불 집회가 진행됐다면 지속성을 보장받을 수 없었을지도 모른다. 사건을 보도하는 언론의 태도가 촛불 집회가 시작되기 전에는 적극적이지 않았기 때문이다. 대중이 대규모로 결집하고, 자발적 참여가 두드러지고 집회가 민주적으로 진행되면서 정부와 언론은 미선이 효순이 사건에 주목하게 됐다.

이런 대중 실천이 전개되면서 촛불 집회는 미군 당국과 정부는 물론 범대위를 상대로 긴장 상태에 빠져들었다. 개개인이 자발적으로 참여하고 주도한 촛불 집회에서 애초부터 지도부가 설 자리는 없었기 때문이다. 이미 7월 이후 홈페이지에 접속하는 네티즌들이 빠르게 늘어나는 상황에 범대위는 적절히 대응하지 못했다. 범대위는 의정부에서 열리는 집회에 집중했고, 단체 중심의 조직 체계로는 개별 네티즌을 상대하기가 부담을 가졌기 때문이다. 첫 촛불 집회가 열렸지만 범대위 내부에서는 관련 논의가 전혀 없었고, 다가올 2차 집회(12월 7일)에 관해 어떤 지침도 내리지 못했다.

오히려 11월 30일과 12월 7일의 집회에서 운동 단체와 집회에 참여한 대중은 갈등을 빚었다. 네티즌들은 이런 반응을 보였다. "괜히 …… 전경들에게 시비 걸면서 …… 충돌을 야기할 겁니다. 그럼, 한총련 대학생들 이마 터지고 피 줄줄 흘리겠죠. …… 한총련 학생들은 바로 그걸 노리는 겁니다. …… 한총련은 이번 시위로 자신들의 입지를 굳히고." "시위에 동감한다는 건지 표 긁으러 온 건지 얼굴 대문짝만큼 크게 찍힌 트럭 두 개 몰고 오신 권영길 아저씨……." "경찰과 추모식에 참석한 많은 사람들이 대치된 상태에서 경찰들과 밀고 당기고 하고 있을 때 제 옆에 노동권으로 보이는 한 여자(확실치 않습니다)가 하는 말이 '이게 무슨 데모냐고 이렇게 조잡한 데모는 처음 봤다'고 하더군요. 정말 어이가 없더군요"(최세진 2006, 256~258).

'깃발'로 상징되던 운동 단체들과 대중 사이의 갈등은 촛불 집회의 특이성을 단적으로 보여준다. 참여자들이 운동 단체의 참가 자격을 문제 삼은 것은 아니다. 대중 스스로 준비하고 운영하며 책임지려는 '상향식 민주주의'를 구현하는 과정에서 운동 단체가 보인 고압적 태도가 문제였다. 상황이 심각해지자 초기 제안자인 '앙마'는 참여자들에게 "깃발은 그분들의 자존심입니다. 한 깃발 아래 같이 서달라는 것도 아니지 않습니까. 너그러워 집시다. 깃발이 보이면, 아, 저분들도 왔구나, 서로 칭찬합시다"라며 달랬고, 운동 단체들에게는 "여기 처음 오시는 시민들은 기존의 집회 형식을 낯설어 합니다. …… 거리감을 주는 표식을 떼어주십시오. 기존의 방식을 과감히 떨치십시오"라고 요청했다(최세진 2006, 259~260).

12월 7일 집회에서 대중과 범대위 사이의 갈등이 첨예하게 표출됐다. 미국 대사관으로 가자는 대중의 요구를 무시하고 광화문에서 정리 집회를 하려던 범대위 측 사회자가 한 연설자를 소개하던 중 대중들은 "나가자, 나가자"를 외치며 대사관으로 몰려갔고, 결국 범대위는 "위험하니 천천히 가라"는 말만 할 수밖에 없었다. 이런 상황을 한 네티즌은 이렇게 비판했다. "미선이 효순이의 한을 푸는 것은 시위대와 범대위가 함께 결정해야 하고 대중의 자발적 행동에 목소리를 기울여야 한다"(최세진 2006, 261~262).

범대위와 대중의 갈등은 대중 실천의 성격을 뚜렷하게 보여준다. 참여적 군중의 자발성과 자율성에 기초한 권능은 국가권력과 자본뿐 아니라 때로는 시민단체 같은 제도화된 시민사회 영역하고도 마찰을 빚을 수 있다. 그런 의미에서 이 대중들은 그것 자체로 '위험한 존재'로 보일 수 있다. 제도의 그물망으로 포섭될 수 없기 때문이다. 따라서 참여적 군중을 바라보는 시선에는 기대와 애정만큼이나 의심과 불신이 담겨 있다. 문제는 참여적 군중의 역능이 어떤 사회적 배치 속에 놓이느냐에 따라 반동적일 수도 있고 진보적일 수도 있다는 점이다. 이때 '사회적 배치'란 사회적 현실을 생산하는 물적 조건들의 생산과 그 생산을 활성화하는 주체성을 구성하는 다양한 사회 심급들의 영향력을 말한다.

신자유주의 지배 체제가 강화되면서 참여적 군중은 자유 경쟁 속에 더욱 예속돼 초국적 자본의 이윤 획득에 필요한 자원을 공급하는 수탈 대상으로 전락했다. 그러나 신자유주의 지배 체제가 약화되고 민주주의가 확장될 때, 참여적 군중의 역능은 '욕망하는 생산'이 될 수 있다. 욕망하는 생산이란 주체 앞에 제시된 욕망 대상의 제한된 목록을 통해 선별적으로 구성되는 욕망이 아니라, 욕망 대상을 변형시키고 그 대상을 주체의 신체(내면)에 접속시키면서 자신과 욕망 대상을 새롭게 변화시키는 능동적 활동(역능)을 말한다.

길거리 응원전과 미선이 효순이 촛불 집회를 계기로 창출된 대중 실천의 문화정치는 미국산 쇠고기 수입 반대 촛불 집회를 통해 절정에 이르렀다. 한편으로 축제의 장소가 내재성이 지배하는 공간이라고 할 때 참여자들은 청와대 행진이 막히면 길거리에서 난장을 텄고, 이명박 정부가 고답적 자세로 일관하면 대통령을 '2MB'로 만들어 현장에서 조롱했다. 다른 한편으로 광장의 활력이 그곳을 채운 사람들의 활동성에 있다고 할 때 2008년 촛불 집회에서는 자발적이고 창의적이며 기상천외하고 유별난 상상력들이 발랄하게 분출됐다. 이런 재기 발랄한 문화정치는 한편으로 촛불 집회가 펼쳐지는 현장에서, 다른 한편으로 인터넷과 모바일 미디어를 통한 사이버 공간에서 동시에 전개됐다.

먼저 촛불 집회의 전개 과정에서 나타난 대중 실천의 문화정치를 살펴보자. 새로운 집회 형식, 곧 운동^{movement}과 놀이^{play}의 결합은 집회 첫날인 5월 2일의 분위기에서 확인된다. '이명박 탄핵을 위한 범국민운동본부'가 주최한 이날 집회에 참석한 사람은 1만 5000여 명이었는데, 그중 꽤 많은 수가 1020세대로 인터넷 포털사이트 다음의 '안티 이명박' 카페 회원이 주축이었다. 행사의 정식 명칭인 '미국산쇠고기수입반대 촛불문화제', 별칭인 '미친 소! 너나 처먹어라!'는 표제어, 주요 구호인 '너나 먹어 미친 소', '이명박은 그만해' 등은 앞으로 이어질 촛불 정국의 성격을 설명할 중요한 상징이 된다. 집회의 콘셉트가 행사명에 응축돼 있다고 보면, 이런 은유적 표현은 정치적 이성보다 문화적 감성을 자극하는 문화정치의 성격을 좀더 명확히 보여주었기 때문이다.

참여자들의 문화적 상상력은 곳곳에서 발견됐다. 파란불이 켜질 때마다 왔다갔다하는 '횡단보도 시위'를 하는 사람도 있었고, '머리털 나고 처음으로 나라 걱정에 잠 못 잔다'는 피켓을 든 중학생도 있었으며, 산책을 가장한 합법적인 청와대 앞 1인 시위도 등장했다. 또한 시위대를 연행하려는 경찰 앞에서 112에 전화를 걸어 신고하는 사람도 있었다. 6월 3일 서울 서대문에서는 경찰청을 향해 저지선을 뚫으려는 시위대 한편에서는 아코디언과 바이올린을 들고나온 악단이 〈젊은 그대〉를 연주하고 있었다(《경향신문》 2008년 6월 4일).

또한 네티즌들은 한나라당 홈페이지에 미국산 쇠고기 관련 게시물을 올렸는데, '뇌송송 구멍탁' 같은 구호를 비롯한 각종 합성 사진과 만화들이 풍자의 미학을 극대화시켰다. 음울한 음악을 배경으로 이명박 대통령의 잔여 임기를 표시한 '이명박 퇴임 시계'도 등장했다. 머리부터 발끝까지 하나로 된 젖소무늬 옷을 입은 한 대학생은 "저는 미친 소인데 미국으로 보내

달라는 의미에서 이 옷을 준비했다"로 말하기도 했다(《이데일리》 2008년 6월 4일). 이런 풍자와 해학은 시위 현장 곳곳에서도 발견됐다. 행진 도중 경찰 저지선에 부딪치자 전경 버스에 불법 주차 딱지를 붙이거나 '때리고 보니 내 동생', '청수야 사람답게 살아라' 등 경찰의 폭력 진압을 규탄하는 메모를 붙이며 집단행동의 정당성을 자신 있게 표현했다.

5월 9일 집회* 역시 서울 청계광장을 비롯해 부산 서면, 인천 부평 문화의 거리, 수원 수원역 광장, 청주 철당간 광장 등 전국 곳곳에서 문화제 형식으로 진행됐다. 청계광장에 1만여 명이 모인 이날 집회에서는 힙합 가수와 비보이 공연, 학부모 율동 등 문화 행사와 자유 발언이 진행됐다(《동아일보》 2008년 5월 10일). 이날 집회의 풍경에서도 '이명박은 물러나라', '탄핵, 탄핵' 등의 구호가 쏟아졌지만, 2007년 한-미 FTA 저지 집회나 노동 관련 집회에서 등장한 세 과시용 깃발은 거의 눈에 띄지 않았다.

5월 중순을 고비로 광우병 관련 이슈가 수그러든 반면 촛불 집회는 대규모 거리 시위로 전환됐는데,** 24일 무렵부터 정부의 고압적 태도를 비판하는 데 내용이 집중됐다. 특히 대규모 인파가 거리 행진을 하면서 경찰하고 충돌이 잦아졌다. 한 달이 넘게 진행된 촛불 문화제로 격앙된 민심만큼이나 경찰의 대응 수위도 높아졌다. 초기에는 대시민 접촉을 최대한 차단하려고 했지만, 거리 시위로 전환되는 국면에서는 물대포와 검거 위주의 진압 작전이 전개됐다.

특히 전경차에 올라 물대포 발사를 방해하는 참여자들이 나타나자, 경찰은 시위대가 아예 올라오지 못하게 높이 1미터 정도 되는 철제 방어벽을 만들고 그 사이로 카메라와 비디오를 밀착시켜 시위 현장을 채증했다. 그

---

* 이날 집회는 참여연대 등 1500여 개 시민단체, 정당, 인터넷 모임이 6일 결성한 '광우병위험 미국쇠고기 전면수입을 반대하는 국민긴급대책회의'가 처음 주관한 행사였다.
** 5월 24일 열린 17번째 촛불 집회가 첫 거리 행진으로 이어진 뒤 열흘째 거리 시위도 계속됐다. 모두 545명이 경찰에 연행됐고 부상자도 시민과 경찰을 합쳐 모두 200여 명에 이르렀다(《세계일보》 2008년 6월 2일).

러나 경찰의 이런 대응은 행진을 막는 데 역부족했고, 시위대의 번뜩이는 재치와 풍자의 미학은 다시 한 번 더 빛을 발했다. 전경들이 카메라를 들이대고 채증을 하려 하자 시민들은 깃발을 이용해 촬영을 방해했고, 철제 방어벽 위에 선 전경이 깃발을 빼앗자 일제히 "돌려줘!"를 외쳤으며, 전경이 다시 그 깃발을 떨어뜨려 돌려주자 "고마워!"라고 연호했다. 참여자는 "전경들이 시민들에게 놀림감이 되고 있는 것 같고, 정작 우롱당해야 하는 사람은 어청수 청장 등 경찰 고위직 간부들"이라고 말하기도 했다(《이데일리》 2008년 6월 4일). 또한 거리를 가로막은 경찰차에 교통 위반 스티커를 발급하는가 하면, 물대포 진압 때는 "온수로 뿌려달라"거나 "때수건을 달라"며 재치 있게 대응했다(《경향신문》 2008년 6월 4일).

문화제에서 거리 시위로 바뀌는 전환은 자발적 연행을 택한 시민 불복종 운동을 거쳐 반정부 투쟁으로 전환하는 변화를 예고했다. 5월 27일 시위대는 "경찰과 싸울 필요 없이 유치장을 가득 채워 우리의 분노를 보여주자"며 자발적 연행을 택했다(《한국일보》 2008년 6월 7일). 미동조차 없는 이명박 정부의 소통 부재 정치와 경찰의 폭력 진압이 주된 원인이었다. 이제 이명박 정부는 국민의 정부와 참여정부로 이어지는 10년 동안 구축된 절차적 민주주의의 혜택을 본 시민들에게 군사정권 시절로 후퇴한 민주주의의 위기로 인식됐다.

이제 촛불 집회는 시청 앞 광장을 거점으로 뻗어 나온 주요 도로를 통해 청와대로 진출하는 거리 행진을 병행하며 진행됐다. 6월 3일 저녁 7시 시청 앞 광장에는 비가 오는 날씨에도 1만 5000여 명이 모였는데, 민주노총도 이날 청계광장에서 첫 집회를 열어 촛불 집회에 합세했다. 종전에는 개인 참가자나 가족 단위가 많았지만 이날은 학교별로 나온 대학생들이 선두 그룹을 형성했다. 대학생들이 선두 그룹이 되자 거리 시위의 속도는 한결 빨라졌다. 다양한 사람들이 마치 산책하듯 느린 속도로 통일되지 않은 구호를 외치던 모습하고는 다른 양상이 펼쳐졌다(《이데일리》 2008년 6월 4일).

6월 5일부터 시작된 '미국산 쇠고기 수입을 반대하는 72시간 철야 촛불 집회'는 정치와 문화가 결합된 문화정치의 진수를 보여줬다. 일명 '국민 MT'라 불린 72시간 연속 집회는 장엄하다기보다는 차라리 재미와 난장, 톡톡 튀는 정치 유머의 잔치였다. 고대 그리스의 민회처럼 자유 발언을 하고, 토론을 거쳐 채택한 내용을 행동으로 옮기는 모습은 풀뿌리 민주주의를 실현하는 과정이었다. 참여자들은 밤샘 촛불 집회에서 미국산 쇠고기 수입 반대 구호를 외치는 데 그치지 않고 각종 문화 공연과 길거리 헌법 특강, 영화 상영회 등을 자발적으로 벌이며 거리 시위를 문화와 축제의 공간으로 만들었다.

72시간 연속 집회 기간 동안 인디밴드 '두번째 달 버드'가 기타와 신시사이저, 북을 들고나와 즉석 공연을 펼쳤다. 처음에는 20명 정도가 공연을 지켜봤지만, 〈아리랑〉, 〈아침이슬〉, 〈광야에서〉 등 촛불 집회에서 즐겨 부르는 노래들을 잇따라 연주하자 청중은 400여 명으로 늘어났다. 청중 신청곡이 차례로 연주되면서 즉석 공연은 2시간이나 계속됐다. 촛불 집회가 이어지면서 인터넷을 통해 만나 의기투합한 '시민악대'도 등장했다. 포털사이트 다음의 아고라에 "악기를 다룰 줄 아는 사람들이 모이자"는 게시물이 올라온 뒤 뭉친 시민악대는 급히 꾸려진 만큼 다루는 악기도 트럼펫, 기타, 색소폰, 아코디언, 드럼 등 가지각색이었지만 곳곳에서 큰 호응을 얻었다. 한편 '민주사회를 위한 변호사 모임'의 백승헌 회장이 나서 '헌법 제1조 길거리 특강'을 한 뒤 시민들의 자유 토론이 활발하게 이어지기도 했다(연합뉴스 2008년 6월 6일).

5월 2일부터 문화제 형식으로 시작된 촛불 집회는 5월 24일을 기점으로 대규모 가두 행진으로 전환됐고, 6월 5일부터 3일 동안 진행된 72시간 연속 집회를 통해 절정에 다다랐다. 그 뒤 공권력을 앞세운 정부의 탄압과 '괴담론'이나 '음모론'을 앞세운 여론 조작에 밀려 대중이 숨 고르기에 들어가고 대책위의 휴식이 겹쳐지면서 촛불 집회는 하향세로 접어든다. 물론 전국적으로 수만 명의 참여자가 여전히 촛불을 밝혔지만, 서서히 운동의 동력은 하향 곡선을 그리기 시작했다.

이런 국면에서 촛불 집회의 의미를 되돌아보고 성과를 가시화하며 함께 나누려는 집회가 모색됐다. 물론 끝까지 싸우자는 결의가 집회 내내 이어졌다. 그러나 대중을 결집시키기 위한 새로운 이슈를 발굴하는 데 한계에 부딪치면서 참여자 수가 빠른 속도로 떨어졌다. 이때 촛불 집회의 전면에 종교인들이 부상했다. 촛불 집회는 마치 우리들은 종교처럼 순수하고 신성했다는 의미와 성과를 대중적으로 공유하는 미사(또는 법회)를 연상시켰다. 이제 촛불 집회는 '승리했다'는 자축을 나누고 '아름다운 경험이었다'는 자족감을 공유하면서 종결 국면으로 치닫는다.

7월 5일과 6일에 열린 집회에서는 촛불 집회의 마지막 남은 동력이 모두 방전되는 상징적 날이었다. 저녁에 시작된 '7·5 국민승리 선언 범국민 촛불대행진'에서 참여자들은 오후 8시 50분부터 11시까지 남대문, 명동, 종로의 차로를 완전 점거한 채 "국민에게 항복하라"거나 "이명박은 물러가라" 같은 구호를 외친 뒤 평화적으로 집회를 마쳤다. 불교, 개신교, 천주교, 원불교 등 4개 종단 대표자들이 '국민이 주는 마지막 기회를 겸허히 받아들이시길'이라는 말을 적은 현수막을 들고 선두에서 행렬을 이끌었다. 이날 대책위는 '미국산 쇠고기 전면 재협상, 미국산 쇠고기 전량 회수와 유통 중단, 경찰청장과 방송통신위원장 파면, 촛불 집회 참여자의 구속과 수배 조치 해제, 의료 민영화·방송 장악 음모·교육 공공성 포기·대운하 사업·고환율 정책 중단, 이명박 대통령 면담과 공개 토론회 개최' 등 청와대에 보내는 5대 요구 사항을 발표했다(《연합뉴스》 2008년 7월 6일).

시위대의 이런 주체적이고 기발한 행보는 공권력의 대응을 무력화시키며 투쟁과 축제가 하나 되는 새로운 실천 양식을 만들어냈다(전규찬 2008, 116~117). 이렇게 촛불 집회는 스타일의 정치를 구현해갔다. 집회의 스타일은 시위에 참여하는 주체들의 분자적 조직화, 시위를 표현하는 문법의 다의성,

시위와 행동의 정체성을 둘러싼 언어 투쟁과 취향의 차이를 생산한다(이동연 2008, 157~158). 촛불 집회에 참여한 개인들의 스타일은 존재적 모순의 콤플렉스에서 벗어나 적극적으로 자신을 표현하고 타자를 설득하며 만들어졌다. 참여자들의 소수 집단성을 표현하는 깃발들의 집합적 배치나 개인들의 다양한 표현 양식들이 적극적이고 구체적으로 드러났다.

그럼 인터넷과 모바일 미디어를 매개로 펼쳐진 대중 실천의 문화정치를 살펴보자. 정치와 문화가 결합된 새로운 형태의 집단행동이 동력을 잃지 않은 이유는 웹 2.0으로 대표되는 인터넷 방식의 대중운동이 자발적이고 개방적인 참여를 유도했기 때문이다. 대중 스스로 지성화되는 상황에서 작동한 효과적 동원 기제는 대중의 폭발적 결집에 결정적 영향을 미쳤다. 촛불 집회는 스스로 인터넷에서 정보를 얻고, 토론하고, 공유하는 개방적 시민운동으로 승화했다. 블로그, UCC, 미니홈피 등 웹 2.0 기제의 활용은 대중을 더욱 유기적으로 연계시켰다. 미선이 효순이 촛불 집회와 대통령 탄핵 반대 촛불 집회 이후 누적된 인터넷 토론과 평화적 시위가 촛불로 승화한 셈이다.

디지털 문화를 세대 문화로 경험한 10대들에게 인터넷과 모바일 미디어는 대규모 결집을 넘어서 자신들만의 재기 발랄함을 자유롭게 표현할 수 있게 해줬다. 특히 이동전화는 정보 수집과 소통의 중요한 매체였다.* 2007년 서울 중랑구의 한 초등학교에서 화재 대피 훈련을 하던 학부모 3명이 크레인에서 떨어져 사망한 사건이 벌어졌을 때 방송에 나온 동영상은 이 학교 4학년 여학생이 찍은 것이었다. 10대들은 촛불 집회 현장을 실시간으로 카페 회원들에게 전달했고, 회원들은 카페 게시판을 통해 이 동영상을 공유했다. 또한 '우측에 무슨 단체 깃발을 든 사람 있음. 깃발 따라가지 마

---

* 2007년에 수행된 한 연구에 따르면 휴대전화 사용자 1646명의 하루 평균 휴대전화 사용 시간은 56분이지만, 중학생 110분, 고교생 99분으로 직장인(44분)이나 주부(21분)의 사용량을 두 배 넘게 초과했다(《한겨레》 2008년 5월 14일).

세요'라는 문자 메시지를 보내 행동 통일을 유도하기도 했다. 20~30대들이 카페 이름이 적힌 손팻말로 사람을 모으는 동안, 10대들은 손등 위에 한 별 표시나 흰 수건 등으로 회원들을 알아봤다.

10대들의 이런 소통 문화는 촛불 집회가 정치적 의미에 더해 자기들만의 개성을 표현하는 장이었다는 사실을 알려준다. 촛불 집회 초기의 대표적 레퍼토리이던 문화제와 자유 발언에서 10대들은 자기를 둘러싼 현실과 마음 속에 품은 생각을 거침없는 솔직함과 기발한 상상력으로 표현했고, 청중의 환호와 인정을 받으며 즐겁고 짜릿한 정치 체험을 했다. 이런 경험 속에서 10대들은 시민적 주체로서 감수성과 정치적 상상력을 키워갔다. 5월 17일의 '청소년 행동의 날'은 '미친 교육'으로 집약된 청소년들의 현실 문제를 함께 공유하고 행동할 공간을 10대 스스로 만들어낸 상징적 행사였다(이해진 2008, 82~83).

일명 '시민기자'로 불리는 사람들의 등장도 새로운 미디어 환경이 만들어낸 대중 실천의 또 다른 모습이었다. 시민기자들은 '스트리트 저널리즘 street journalism'이라 불리는 '웹 2.0 방식 미디어'를 통해 활동했는데, 이것은 서비스 업체가 이용자에게 플랫폼을 개방하면 이용자 스스로 참여와 소통을 활성화하고 새로운 콘텐츠까지 생산해내는 참여 지향형 인터넷 체계다.* 와이브로 인터넷과 카메라를 갖추고 노트북을 이용해 현장을 인터넷으로 생중계한 이 시민기자들의 활약은 실로 대단했다. 5월 31일 10만 명의 시위대가 시청 앞 광장에 모였을 때 대표적인 인터넷 사이트 아프리카www.afreeca.

---

* 웹 2.0 기제의 활용은 전개되는 과정은 이렇다. 먼저 무선 인터넷을 지원하는 노트북과 초고속 인터넷에 접속할 수 있는 무선 인터넷(와이브로) 단말기, 영상을 찍을 수 있는 웹캠이나 캠코더가 있어야 한다. 인터넷에 접속하려면 와이브로 서비스에 가입해야 하는데, KT 와이브로는 월 2만 원이 안 되는 이용료에 USB형 단말기도 무료로 제공한다. 장비를 갖췄다면 생중계를 할 수 있는 방송 서비스 환경을 제공하는 인터넷 업체에 회원으로 가입한다. 대표적인 곳이 나우콤 아프리카(www.afreeca.com)다. 비디오 장치와 오디오 장치를 설정하면 노트북 화면에 웹캠에서 나오는 화면이 보이는데, 이 화면을 아프리카 프로그램에서 제공하는 라이브 캠 툴로 캡처한 뒤 방송하기 버튼을 누르면 인터넷 채널을 통해 생방송을 할 수 있다.

^{com}에서는 1891명의 1인 개인 방송국이 생중계를 진행하기도 했다.*

아프리카를 서비스하는 나우콤이 한 집계에 따르면, 촛불 집회가 본격 시작한 5월 25일부터 6월 1일까지 생중계된 인터넷 개인 방송의 누적 시청자 수는 400만 명을 넘어섰고, 6월 1일에는 2501개 채널에 127만 명을 넘어섰다.** 한편 카메라 동호회 중 큰 규모를 자랑하는 'SLR클럽'도 회원 100여 명을 자체 조직해 촛불 집회를 현장 촬영했는데, 집회 중 현장 사진을 실시간으로 올려 과잉 진압의 실상을 알리는 데 일조했다. 시민기자의 활동 덕분에 촛불 집회에 참가하지 않은 많은 사람들도 얼마든지 온라인에서 같은 생각을 공감하고 의견을 나눌 수 있었다.

진보신당 칼라티비의 조대희 PD는 "디지털 장비가 저렴해지고, 서버 접근성이 쉬워진 점, 무선 휴대 인터넷이 상용화된 것이 쇠고기 촛불 정국에서 1인 미디어 시대가 가능한 주요 배경이 됐다"고 설명했다(《미디어오늘》 2008년 6월 4일). 각종 블로그나 UCC 등에 문자나 게시글로 중계되는 것까지 합하면 하루에도 줄잡아 수천 명의 시민기자가 현장을 뛰어다닌 셈이다. 촛불 집회가 정치, 사회, 문화 영역에서 새로운 진화 단계를 지나고 있다는 사실을 보여주는 좋은 사례다.

시민기자의 자율적 활동 때문에 '조중동'으로 대표되는 보수 언론은 적어도 쇠고기 문제에 관련해서는 의제 설정력을 완전히 상실했다. 대중 스스로 기자가 돼 사실을 전하고 아고라를 통해 의견을 소통하면서 발현된 집단 지성은 조중동의 '쌩얼'을 목격하게 만들었다. 보수 언론들은 미국산

---

* 1800개가 넘는 중계 채널이 만들어지는 이유는 채널당 200명인 접속자가 꽉 차면 자동으로 영상을 전달받아 방송하는 또 다른 채널이 열리기 때문이다.

** 대규모 장외 집회가 열릴 때마다 집회를 중계한 《오마이뉴스》의 중계 방식도 변화했다. 그동안 텍스트와 사진을 중심으로 편집한 기사를 '현장 0신' 형태로 시차를 두고 올렸지만, 이번에는 동영상 현장 중계가 중심이 됐다. 기자들이 현장에서 와이브로를 이용해 중계 센터로 데이터를 송출하면 화면을 변환하고 자막을 입혀 내보내는 방식이었다. 보도 방식을 이렇게 바꾸자 더 많은 시청자를 확보할 수 있었다. 경찰이 물대포로 시위대를 강제 해산하면서 과잉 진압 논란이 벌어진 6월 1일 하루에만 접속자 수가 120만 명에 이르렀다(《한겨레》 2008년 6월 2일).

쇠고기의 안전 문제를 제기한 여론을 '광우병 괴담'을 퍼뜨리는 세력으로 폄훼하고 배후 세력과 폭력 시위를 강조했기 때문이다. 시민기자들과 네티즌들이 벌인 활약 덕분에 이런 왜곡 보도는 낱낱이 까발려졌고, 한 네티즌은 정보 공개를 신청해 정부 기관의 조중동 구독 현황을 공개하기도 했다.

보수 언론을 바라보는 대중의 인식이 전환된 결과는 구체적인 물리력 행사로 이어졌다. 온라인 동호회를 중심으로 '조중동 광고 중단 운동'이 시작된 것이다. 5월 30일 명인제약이 광고를 당분간 게재하지 않기로 결정했고, 목우촌도 항의 전화를 받은 뒤 사과문을 게재했다. 락앤락은 6월 1일 MBC 라디오의 〈정오의 희망곡 정선희입니다〉에 협찬을 중단한다고 발표했다. 진행자가 미국산 쇠고기 수입 반대 촛불 집회를 비하하는 발언을 해 논란에 휩싸인 뒤 네티즌들의 항의가 빗발쳤기 때문이다.*

한편 조중동에 내리친 철퇴는 진보 언론을 향한 관심으로 이어졌다.《경향신문》은 촛불 집회가 본격 시작되면서 5000부 넘게 신규 독자가 늘었고, 2000부 가까이 늘어난《한겨레》의 경우 6월 2일 하루에만 500명의 신규 독자가 생겼다.《오마이뉴스》는 촛불 집회 인터넷 생중계를 하면서 자발적 시청료를 모금해 8일 만에 1억 원을 돌파했다.**《민중의 소리》는 20차례가 넘는 촛불 집회에서 간이 전송 장비를 설치한 갤로퍼 차량으로 이곳저곳 현장을 누볐는데, 대중의 태도는 매우 호의적이었다. 진보신당의 자체 인터넷 방송《칼라티비》도 당 홍보대사인 진중권을 앞세워 직접 현장을 중계하며 대중의 관심을 한 몸에 받았다.

인터넷에 모인 네티즌들이 여론을 형성하고, 스스로 기자가 돼 사태의

---

* 회사 관계자는 "회사 홈페이지 게시판과 고객상담실에 정선희 씨가 진행하는 〈정오의 희망곡〉에 협찬을 하는 데 항의하는 글과 전화가 쏟아져 6월부터 협찬을 중단하기로 결정하자 다시 격려하는 글이 올라오고 있다"고 말했다(《한겨레》 2008년 6월 2일).

** 공지를 띄운 5월 26일부터 6월 2일까지 ARS와 신용카드, 통장 입금 등으로 자발적 시청료 내기에 참여한 건수는 모두 2만 9000여 건. 금액으로는 1억 600만 원이 넘었다(《미디어오늘》 2008년 6월 4일).

진상을 전하고 의미를 생산한 활동은 대중 실천이 갖는 문화정치의 실체를 보여준다. 보수 언론들이 대중의 신뢰를 잃는 까닭은 지나친 정파성 때문이었지만, 그런 사정에 상관없이 블로그나 커뮤니티 사이트는 담론이 확장되는 과정에서 여론의 선도하는 확실한 주체가 됐다. 정보 채널이 잘게 쪼개져 분산돼 있는 것처럼 보였지만, 양질의 콘텐츠가 선별되고 제곱의 비율로 확산되는 과정에서 주류 언론 못지않은 영향력을 행사했다.

웹 2.0으로 대표되는 인터넷 방식의 집단행동이 거세지자 국가권력은 이런 흐름을 규제하고 관리할 묘안을 짜냈다. 한나라당은 6월 16일 그동안 소홀히 다룬 인터넷 여론 동향을 신속히 파악해 국정 운영에 반영한다는 취지로 '인터넷판 사이드카' 도입 방침을 밝혔다. '사이드카'란 주식 선물 시장에서 가격이 급등락할 경우 시장에 미치는 충격을 최소화하려고 일시적으로 매매 체결을 중지해 시장을 안정시키는 제도다. 사이드카가 정부의 인위적 개입을 의미하는 만큼, 네티즌들은 곧바로 다음 아고라 등에서 온라인 여론 통제 의혹을 제기하며 한나라당을 맹비난했다.

한편 방송통신심의위원회가 광고주 불매 운동 관련 글을 삭제하기로 결정하자 네티즌들도 곧장 대응에 나섰다. 보수 언론이 폐쇄를 요청한 다음의 언론소비자주권국민캠페인 카페^{cafe.daum.net/stopcjd}는 회원이 4만 7000명을 넘어서는 등 가입자가 급증했는데, 회원들은 보수 신문에 광고한 기업에 전화를 걸어 항의했다. 네티즌들은 포털이 글을 삭제하고 카페를 폐쇄하는 사태에 대비해 제2, 제3의 망명지를 구축했다. 포털사이트 다음 아고라의 기능하고 비슷한 아고리언 사이트^{www.agorian.kr}가 운영됐는가 하면, 해외 망명지를 찾아 스프레드시트를 웹에서 사용할 수 있는 구글 데이터베이스에 문제가 된 광고주 목록을 올리기도 했다《한겨레》 2008년 7월 3일.

인터넷과 모바일 미디어는 참여자들의 정보적 소통을 가능하게 함으로써 자발성과 자율성에 기초한 촛불 집회를 지속시킨 원동력이었다. 많은 사람들이 수행한 지식과 정보의 누적과 수정은 사태를 좀더 온전하게 이해할 수 있게 했고, 앎과 실천의 주체로서 참여적 군중을 진화시켰다. 참여적 군중에게 기성 권력과 언론의 고답적 자세는 문화정치의 소재가 돼 조롱과 비판의 대상으로 전락했다. "생각이 변하면 세상이 바뀐다"는 말이 있듯, 세계를 이해하고 특정하게 의미를 부여하는 방식이 대중적으로 확산하면서 사회 변화의 새로운 추동력으로 대중(참여적 군중)이 급부상했다.

3. 다시 열린 광장 — 자율적 실천은 광장을 어떻게 바꿨나

광장 문화 부활하다

길거리 응원전에서 보인 참여자들의 다양한 응원 형태는 새로운 유행을 창출하며 대중의 이목을 끌었다. 치열한 경기만큼이나 다종다양한 응원 방식도 또 하나의 경연장을 방불하게 할 만큼 열기가 뜨거웠다. 광장 문화가 부활한 것이다. 앞서 살펴본 대로 한국 사회에서 광장 문화의 변화는 현대사의 질곡하고 함께한다. 근세만 보더라도 한국 사회의 광장 문화는 대단히 역동적이었다. 난장과 동제洞祭는 활기찬 광장 문화를 보여주는 대표 사례다. 난장은 장이 서는 정해진 날이 아닌 때 새로운 시장을 내거나 이미 존재하던 시장을 활성화하기 위한 특별 행사였다.* 많은 사람들이 모일 수 있는 곳에 난장이 섰는데, 주로 사방이 확 트인 길목이 선택됐다. 난장을 통해 시장(경제 활동)과 놀이(오락)는 유기적으로 결합됐고, 연희 주체와 관객은 함께 어우러졌다.

동제도 난장과 비슷한 특성을 공유한다. 동제란 풍년과 무병을 기원하

---

* 새로운 고객이 될 마을 사람들의 이목을 잡으려고 마을 유지나 거상들은 남사당패 같은 놀이패에 돈을 줘 행사를 이끌게 했다.

려고 마을 사람이 모두 모여 마을을 지켜주는 수호신에게 지극정성으로 올리던 공동 제사다. 제사와 당굿에 이어 마을 공터에서 벌어진 뒤풀이는 남녀노소를 불문하고 모두 하나 되는 축제였다. 신분, 나이, 성별에 상관없이 펼쳐진 대동놀이는 마을 사람의 연대 의식과 공동체 문화를 형성시켰다. 동제는 종교(제사)와 놀이(뒤풀이)의 결합물로서 서양의 축제와 매우 닮았으며, 한국 사회의 축제 문화가 오래전부터 있었다는 의미이다.*

광장 문화의 전통이 사라진 때는 경제 근대화와 반공 이데올로기를 통해 병영 사회를 구축하려고 한 박정희 정권 때다. 권력의 취약성을 경제개발과 반공 이데올로기로 돌파하려 한 박정희 정권은 강력한 국민 동원 체제를 만드는 과정에서 장애물로 생각되는 모든 요소를 전근대적 잔재로 규정하고 대대적인 정화 작업을 벌였다. 농경 문화에 기초한 난장과 동제도 경제 근대화의 장애물로 간주돼 국가적 차원에서 통제되고 관리됐다.** 이런 과정 속에서 진행된 광장 문화의 해체와 관제화는 연희 주체와 관객의 분리, 일과 놀이가 분리되는 결과로 이어졌다(김성일 2007, 107~108).

광장 문화의 질곡이 정점에 다다른 때는 전두환 정권 시기였다. 전두환 정권은 대중의 비판을 딴 곳으로 돌리고 저항을 무력화하기 위해 전형적인 3S 정책을 구사했다. 영화관(스크린), 심야 술집(섹스), 야구장(스포츠)은 국가가 허용한 유일한 광장이었다. 사전 검열이 삼엄한 상황에서도 〈애마부인〉 같은 에로 영화는 버젓이 스크린에 걸렸고, 통행금지 해제 이후 향락산업이 일상으로 침투했으며, 축구, 야구, 씨름 프로 스포츠는 광주의 비극

---

* 현대 사회에서 벌어지는 축제들은 민속이나 관습의 형태로 남아 있는 경우가 많지만, 고대 또는 전통 사회에서 축제는 종교가 중요한 토대가 됐다. 따라서 종교와 축제는 유기적인 관계를 맺고 있는데, 축제를 의미하는 '페스티발(festival)'도 '성일(聖日)'을 의미하며 종교 의례에서 비롯됐다. 축제는 종교적 상징성과 비일상적 유희성이 유기적으로 결합되기 시작했다. 따라서 축제는 말 그대로 '축(祝)'과 '제(祭)'가 포괄적으로 표현되는 문화 현상이며, 대부분의 지역에서 행해지는 축제의 기원은 종교적 제천 의식에 있다. 축제는 성스러운 존재나 힘을 만나 의사소통할 수 있는 수단인 것이다.
** 국가적 욕망 속에서 상당수의 전통문화와 민속문화들이 '전근대'라는 오명으로 소멸됐고, 일부는 정책적 필요에 따라 보존되고 육성(전통문화 복원, 무형문화재 선정) 됐다.

을 잊게 만들었다.*

이런 질곡 속에서도 1987년 6월 항쟁을 계기로 복원된 광장 문화가 길거리 응원전을 통해 새로운 판본으로 등장했다. 대중 스스로 축제의 장을 만들어낸 길거리 응원전은 놀이 형식을 통해 레드 콤플렉스를 극복하고 엄숙한 국가주의에서 벗어나 민족적 자긍심을 고취시켰다. 비더레즈 티셔츠는 '빨갱이'에서 '열정'으로 빨간색의 이미지를 바꿨고, 태극기를 활용한 응원은 국기가 상징하는 국가의 엄숙함을 친근함으로 전환시켰다. 한 해외 언론은 "'붉은 악마'로 상징되는 한국의 월드컵 열기가 지난 수십 년 동안 한국 사회를 억눌러온 '레드 콤플렉스'를 해방시켰다"고 전했고(《연합뉴스》 2002년 6월 18일), 이어령은 "붉은 악마가 연출한 각양각색의 태극기 패션을 보라. 이제 국가는 더 이상 저 위에 근엄함의 상징이 아니라 그 누구든 자신의 자유 의지로 휘날릴 수 있는 친근한 대상으로 탈바꿈했다"고 말했다(《Weekly》 2002년 6월 24일).

물론 한쪽에서는 민족주의를 통한 집단 호명을 염려하기도 했다. 태극기와 '대~한민국' 연호는 대중에게 '내 안의 내셔널리즘'을 조장하고 애국심을 고취하는 불길하면서도 획일적인 집단 광기로 비판받았다. 그러나 "서포터스의 대형 태극기와 일사불란한 '대한민국' 구호로 대변되는 애국심이나 민족주의적 경향들은 배타적 민족주의의 문제로 보기보다는 한국의 근대적 문화의 기질 혹은 비동시성의 동시성을 경험하게 만든 문화적 촌스러움의 현상"이라는 진단이 더 설득력이 있다(이동연 2005, 252~253).

한편 길거리 응원전에서 생겨난 민족적 자긍심은 "우리도 할 수 있다"는

---

* 통행금지 해제라는 호기 말고도 고도성장에 따른 황금만능주의와 검열에 따른 문화의 음성화가 결합하면서 등장한 향락 산업은 대중의 삶 속에 깊이 파고들었고, 불법 비디오, 외설 영화, 유흥업소, 마약, 과소비 등이 심각한 사회 문제로 등장했다. 한편 졸속으로 추진된 프로야구 출범이 노린 대중 통제의 결과는 너무나도 아이러니했다. 출범 2년째부터 시작된 해태 타이거즈(연고지 광주)의 연승 행진과 시즌 우승은 광주 콤플렉스에 시달리던 5공화국에 뜻밖의 선물을 선사했다. 소외되고 억눌려 있던 전라도 사람들이 유일하게 모일 수 있는 야구장에서 부른 〈목포의 눈물〉은 격정적으로 승화됐다.

자신감에 접속했다. "한국 국민들은 스스로 원해서라기보다는 외부로부터 변화를 강요받았기 때문에 자기부정 의식이 강해질 수밖에 없었다. 이번 월드컵은 '우리도 할 수 있다'는 자기긍정 의식을 키워주는 데 큰 역할을 했다"는 평가가 이런 점을 말해줬다(동아일보 2002년 6월 27일). 주목할 점은 이런 민족적 자긍심이 서구의 침략주의하고는 완전히 다르며, 미선이 효순이 촛불 집회에서 강력한 대중 참여를 이끈 실질적 동기가 됐다는 사실이다.

미선이 효순이 촛불 집회에는 반미라는 명확한 저항 이데올로기가 존재한다. 그런데 실천 양식의 측면에서 보면 예전의 반미운동하고 많이 다르다. 공적 영역에서 미국을 비판하는 담론이 불허된 상황에서 미국을 향한 문제 제기는 그것 자체로 처벌과 격리의 대상이 됐다. 반미운동은 결연한 의지와 용기를 갖고 수행돼야 했다. 그러나 미선이 효순이 촛불 집회 때의 실천 양식은 길거리 응원전을 그대로 계승했다. '책임자 처벌과 추모'라는 엄숙하고 무거운 집회의 주제하고 다르게 촛불 집회는 〈오, 필승 코리아〉와 〈아리랑〉이 울려 퍼지는 활기찬 문화제로 진행됐다.

미선이 효순이 촛불 집회에서 발견되는 길거리 응원전의 또 다른 유산은 광화문과 야간 집회 문제에 관련된다. 1980년 서울의 봄 이래 한 번도 시위대에 개방되지 않은 광화문이 처음으로 열린 것이다(최세진 2006, 267~268). 네티즌들은 광화문에 모이는 행동과 야간 집회가 불법이라는 사실을 전혀 알지 못했다. 길거리 응원전 때도 집회 신고 없이 얼마든지 모였고 언론도 대대적으로 홍보해줬기 때문에 법적 문제가 있다는 사실을 전혀 몰랐다. 따라서 2008년 촛불 집회도 광화문에서 심야에 열리는 것을 당연하게 생각했다.*

그러나 길거리 응원전을 계기로 개방되고 광장으로 만들어진 현재의 광화문 앞에서는 예전의 열기와 활기를 좀처럼 찾아볼 수 없다. 광화문광장에서 할 수 있는 퍼포먼스를 정부가 규제하기 때문이다. 협소한 문화 공연행사로 국한된 정부의 허가 기준은 광화문광장을 죽은 공간으로 만들고 있다. 관제화되고 정비된 공연물의 전시는 방종과 자유, 일탈과 쾌락, 비난과 비판이 한데 어울린 광장 본연의 모습에는 애초부터 어울리지 않는다. 바야흐로 광장의 자유로운 사용권을 놓고 대중과 국가권력 간에 벌어질 한판 대결이 다가오고 있다.

자율적 실천의 성격과 쟁점

대중의 자율적 실천을 뚜렷하게 보여준 미국산 쇠고기 수입 반대 촛불 집회는 어떤 성격을 가질까? 촛불 집회의 성격 규명은 집단행동의 목표가 어떻게 설정됐고 어떤 방식으로 전개됐는지를 평가하는 데 중요한 기준이 된다. 무엇보다도 2008년 촛불 집회는 87년 체제가 성립된 뒤 만들어진 민주주의 제도가 제대로 작동하지 못한 데서 비롯됐다. 2008년 촛불 집회가 한국의 민주주의 발전에 확실하게 기여한 부분은 시민사회의 의사를 결집하고 항의를 조직함으로써 권위주의적 권력 행사와 정책 결정에 결정적 제약을 가한 점이다.

2008년 촛불 집회는 민주주의 제도들이 무기력하고 제대로 작동하지 않으며 중심 메커니즘인 정당이 제 기능을 못할 때 그 자리를 대신한 일종의 구원투수였다(최장집 2008). 촛불 집회의 성과를 인정하면서도 운동 정치만으로는 민주주의가 발전될 수 없다는 것이다. 민주주의란 제도 안에서 사

---

* 헌법재판소가 헌법 불합치 결정을 내리고 국회가 법 개정을 미루면서 2010년 7월 1일부로 야간 옥외 집회가 전면 허용됐다. 헌법재판소에 따르면, 야간 옥외 집회 금지는 1962년 12월 31일 집시법이 제정될 때부터 존재했다. 1962년 12월 26일 개정된 헌법은 18조 4항에서 옥외 집회의 시간과 장소를 법률로 규제할 수 있게 명시했다. 개정 집시법 6조는 이 조항을 근거로 일출 전과 일몰 후(현행 집시법에는 '해가 뜨기 전이나 해가 진 후'로 문구만 바뀌었는데, 앞으로는 '야간'이라 한다) 옥외 집회를 금지하고, 위반할 경우 주최자는 3년 이하의 징역 또는 6만 원 이하의 벌금형에 처하도록 했다. 그 뒤 1989년 3월 29일 집시법이 개정되면서 10조에서 야간 옥외 집회를 금지하는 대신 예외적으로 허용할 수 있는 단서 조항을 뒀다. 2007년 5월 11일에 집시법이 또다시 개정됐지만, 야간 옥외 집회에 관해서는 앞선 법령의 조항을 유지했다(《뉴시스》 2010년 6월 30일).

회 갈등이 처리되고 문제가 타협되는 과정에서 합리적 결정이 내려지는 제도를 통해 가능하기 때문이다.

이런 견해는 2008년 촛불 집회에 관한 과잉 해석을 비판하는 견해하고 통한다. 박상훈은 대중의 놀라운 창발성과 집회의 새로움에 관한 과장된 해석과 경도된 감정 이입을 중간층 엘리트 지식인이 보이는 전형적 행태라고 꼬집었다. 촛불 집회를 아날로그 정치와 디지털 정치, 근대 정치와 탈근대 정치, 전통적 정당 정치와 참여적 생활 정치 등으로 이원화해 새로움을 강조하는 태도는 자의적이며 사태를 신비화한다는 것이다(박상훈 2008).

따라서 박상훈은 촛불 집회를 대의제를 부정하는 근거로 삼는 논리, 곧 대의 민주주의를 나쁜 민주주의 유형으로 규정하고 직접 민주주의를 대안으로 내세우는 태도는 문제가 있다고 봤다. 민주주의 정치 체제의 한 유형으로서 직접 민주주의는 존재하지 않으며, 현실의 민주주의는 대표를 뽑고 그 대표에 책임을 묻는 대의 민주주의이기 때문이다. 또한 민주주의에서 운동 정치를 통해 정치 체제의 문제를 해결하려는 태도 역시 위험하다고 박상훈은 주장한다. 민주주의는 큰 변화를 잘 허용하지 않으며, 그것 자체로 강고한 제도적 정당화의 원리를 갖고 있기 때문이다.

따라서 촛불 집회에서 발현된 긍정적 요소들이 민주주의 발전의 실질적 동력이 되려면 정당과 자율적 결사체를 중심으로 한 정치적 대표 체계가 강화돼야 한다고 최장집과 박상훈은 주장했다. 촛불 집회의 성과 중 하나인 시민들의 높은 정치 참여율은 제도의 변화를 동반할 때 비로소 결실을 맺는다는 것이다. 이 과정에서 민주주의의 사회적 성취는 진보 정당의 정치력을 활성화하고 사회를 좀더 넓은 공동체적 기반 위에 통합할 수 있게 진보 정당의 구실을 강화하는 것으로 설정된다.

촛불 집회의 성과를 대의제 같은 제도 정치의 혁신으로 연결시키려는 시도는 운동 정치와 제도 정치가 엄연히 다르다는 인식에 기인한다. 최장집은 운동 정치가 권위주의적 권력에 대응하고 정책에 맞선 반대를 조직할 수 있게 하지만, 문제 해결에 필요한 구체적 대안을 형성하고 서로 다른 이해관계와 여러 대안를 조정하는 데는 많은 비용과 시간이 든다고 봤다. 박상훈도 민주주의의 핵심을 정당 체제의 구축에 관련지으면서 운동 정치가 제도 정치 체제를 대신할 수 없다고 진단했다.

촛불 집회의 새로움에 주목하는 견해도 있다. 이병천은 2008년 촛불 집회를 위험사회에서 시민의 건강, 안전, 생명을 지키는 새로운 생활 정치 또는 생태 정치의 대표 사례로 본다. 또한 촛불 집회가 발전하는 과정에서 새로운 요구와 주체가 나타나고 결합했으며, 87년 체제의 지속이 아니라 새로운 참여 욕구, 새로운 자율적 시민운동, 새로운 오프라인과 온라인 광장 민주주의에 주목해야 한다 주장한다. 이런 특징들은 제도 정치뿐 아니라 구 시민사회운동에 맞선 도전의 성격을 갖는다(이병천 2008, 122~126).

한편 촛불 집회를 둘러싼 제도 정치와 운동 정치의 논쟁을 선택의 문제가 아니라 상호 보완과 결합의 문제로 보는 견해도 있다. 2008년 촛불 집회가 제도화된 의회 정치와 직접 행동 정치(사회적 정치, 비제도적 정치, 운동 정치) 동안의 올바른 관계 설정에 관련된 과제를 제시했다고 보는 조희연은 의회 정치와 직접 행동 정치의 새로운 협력 모델을 주장했다.* 직접 행동이 모든 정치에서 불가피하다고 보는 조희연은 대중이 광장으로 나와 직접 행동 정치를 구현한 2008년 촛불 집회의 동력은 의회 정치의 제도적 틀을 확장하는 실질적 자원이 돼야 한다고 주장했다.

이런 해결책은 고원이 내세우는 견해하고도 일맥상통한다. 2008년 촛불 집회에서 나타난 새로운 정치 주체가 하향식 정당 지배 구조와 낮은 책임

---

* 조희연은 촛불 집회 같은 사회운동을 제도화된 정치하고 구별되는 '또 다른 수단에 의한 정치'로 보면서, 정치의 주체로서 사회 구성원들, 민(民)의 정치라는 의미에서 '사회적 장치', '직접 행동 정치'라는 개념을 제시한다. 또한 2008년 촛불 집회를 의회 정치의 중심성을 강조하는 사건이기보다는 제도화된 의회 정치와 사회 사이의 근원적인 괴리를 보여주는 사례로 보면서 제도화된 의회 정치만을 민주주의 정치의 전부라고 생각해서는 안 된다고 주장한다(조희연 2008, 231~236).

성만을 보인 대의제 정치 체계를 상대로 충돌을 심화시킴으로써 앞으로 본격적인 정치 개혁의 압력 주체가 될 것이라고 고원은 전망했다. 또한 2008년 촛불 집회를 통해 자발적 참여를 위한 정당의 토대를 구축하고 민주적 책임성에 입각한 생산적 정당 체제를 형성하자고 주장했다. 지지자 중심의 네트워크형 정당 구조를 혁신함으로써 한국 사회의 실정과 정치사회적 전통에 맞는 한국형 정당 모델을 찾자는 것이다.*

그러나 2008년 촛불 집회에는 제도 정치와 운동 정치라는 이분 구도로 수렴될 수 없는 많은 활동과 상상력, 모험과 실험들이 있었다. 그런 의미에서 제도 정치와 운동 정치의 관계를 모색하는 데 집중하는 문제 설정을 근본적으로 바꾸는 접근이 필요하다. 따라서 "촛불은 기존의 정치적인 것으로 분류할 수 없었던 것들이 실제로는 지극히 정치적인 것이었다는 사실을 증명하며, 문제는 묘사가 아니라 촛불의 작동 방식의 탐색이다"(이택광 2009, 55~56)라는 주장은 중요한 함의를 갖는다.

이런 문제의식은 다중 실천이 가질 수 있는 자치 능력을 규명하려는 유영주의 시도하고 통한다. 다중 실천이 방종과 무질서는 아니기 때문에 자기 자신을 지켜낼 자치 능력의 확보는 집단행동의 성패를 좌우한다. 6월 10일(시위대의 자체 거리 토론)과 7월 11일(대책위 대표자회의)에 벌어진 토론을 통해 유영주는 인민 주권이 창출되는 과정을 규명한다. 그리고 2008년 촛불 집회는 웹 2.0을 향한 찬사와 온오프 소통에 기초한 독창적 저항 문화의 신기원으로, 거리 정치는 한시적이나마 참여를 통한 인민 주권의 실현을 가능하게 한 사건으로 이해된다(유영주 2009, 83~84).

6월 10일 명박산성 앞에서 열린 거리 토론이 민주주의의 실체적 진실을 보여줬다고 평가하는 유영주는, 폭력과 비폭력, 합법과 불법을 놓고 치열

---

* 구체적인 실천 방안으로 예비 경선 등 다양한 참여 제도를 통해 운동의 에너지를 결합시키고, 참여적 의사결정 제도를 발굴하며, 국민소환과 국민발안 같은 직접 민주주의 기제를 도입하는 것을 들 수 있다(고원 2008).

한 토론이 진행된 상황에서 절망의 민주주의를 대체할 직접 민주주의의 실체를 목격했다고 말한다. 시민들은 처음 1시간에 걸친 토론을 거쳐 비폭력 저지선과 그 상징적 주체인 예비군의 저지를 넘어 스티로폼을 쌓았는데, 이런 행동은 직접 행동을 전개하다 현장에서 맞닥뜨린 문제에 관해 참여자들이 토론을 통해 해결 방안을 마련하는 자치의 힘이라는 것이다. 반면 7월 11일 '광우병대책회의 전국대표자회의'를 촛불 집회에 관한 운동권 대의 정치의 압축판이라고 비판한다. 이날 토론 의제의 핵심이 "대안 없이 질주하는 촛불을 어찌할 것인가"에 집중돼 있었기 때문이다(유영주 2009, 72~82).

인민 권력의 가능성을 촛불 집회를 통해 분석한 유영주는 유념해야 할 점을 하나 지적한다. 인민 권력이 대중의 직접 행동에서 비롯되지만, 대중의 직접 행동 자체가 스스로 인민 권력으로 형질 전환되지 않는다는 사실이다. 이런 사실은 지도, 이념, 노선 같은 방향과 네트워크, 연대, 연합, 전선, 당 같은 인민 권력을 완성하기 위한 방법론이 추가로 요청된다는 것을 의미한다. 그렇지만 유영주는 다중의 자치 능력이 인민 권력의 충분조건이라는 사실에는 변함이 없다고 본다.

인민 권력을 모색하는 유영주의 시도는 집단 지성과 집단 감성의 결합을 통한 급진 정치를 기획하는 고길섶에게 이어진다. 촛불 집회는 급진 정치의 구현으로 인식되는데, 지도부도 없고 깃발도 없는 충만할 대로 충만해진 리좀적 접속이 실행됐기 때문이다. 촛불 집회에서 발견되는 집단 지성과 집단 감성의 표출을 시민 대중이 다중으로 전환된 기관 없는 신체들의 향연으로 보면서, 고길섶은 더는 대의 조직적 원리들이 기능할 수 없는 자기 조직적 원리들의 창출에 주목했다(고길섶 2008, 143~145).

그렇다면 2008년 촛불 집회에서 펼쳐진 실천의 한계는 무엇일까? 먼저 길거리를 광장으로 전유하는 행위를 통해 정치 집회를 축제로 만든 이 실천은 성과만큼이나 뚜렷한 한계를 드러냈다. 한계는 촛불 집회가 이어지면서 참여자들 사이에서 발생한 실천 방식의 혼란에서 발견된다. 촛불 집회를 항쟁과 봉기로 전환시키려는 흐름과 비폭력을 외치며 축제 분위기로 이어가려는 흐름 사이의 갈등이 첨예해진 것이다. 실제로 경찰의 저지선 앞에서 다른 길을 찾아 청와대로 진격하려는 대열과 그 자리에 앉아 쇠고기 문제를 성토한 대열이 명확하게 구분됐다.

또한 안전한 먹을거리라는 주장에서 볼 수 있는 안전 대 불안전 구도를 한국 사회에서 가장 불안전한 지위에 놓여 있는 비정규직 노동자나 이주 노동자 문제에 연계했어야 한다는 주장도 제기됐다(백승욱 2009, 42). 대중운동 내부에는 운동의 대상과 목표 또는 실천의 폭과 깊이에서 '불균등한' 인식이 존재할 수밖에 없다고 보는 이광일도, '연대'와 '호혜'라는 시민 인륜을 통해 이런 한계를 극복하는 과정이 민주주의를 실현하는 과정이라고 지적했다. 이광일은 이어서 대중들이 〈헌법 제1조〉가 내세운 모토를 주권 국가다운 국가를 만들자는 요구로 인식함으로써 민주 공화국의 주권자가 되지 못하는 이주 노동자들의 고통 같은 소수자 문제를 간과했다고 비판했다.

아울러 웹 2.0 방식의 실천이 갖는 한계 또한 명확히 살펴봐야 한다. 2008년 촛불 집회가 인터넷에 밀접히 연관돼 있기 때문에 새롭다고 생각하는 태도는 잘못됐다고 이택광은 지적한다. 인터넷을 참정권이 제약된 청소년의 창조적 선택이자 청소년 정치사회화의 새로운 양상이라고 본 장우영의 주장에 관해, 이택광은 인터넷이 촛불 집회를 가능하게 한 주요 요인이기는 하지만 동시에 법의 한계에 촛불 집회를 묶어놓은 안전장치라 비판한다. 또한 인터넷을 사회의 공리 체계에 무관하게 자율적이고 선험적인 성격을 내포한 매체로 보는 고병권의 주장에 관해서도 인터넷은 매개되지 않는 특이성의 영역이 아니라 한국 사회의 상징 질서에 연동된 구조라고 비판한다(이택광 2009, 61~62).

마지막으로 촛불 집회에서 들러리로 나선 진보 진영이 보인 정치적 무능력을 지적해야 한다. 촛불 집회가 진행되는 동안 진보 진영은 "참여하는 좌파가 아닌 구경하는 좌파"로 있었다. '2.0세대'를 위한 정치 의제가 없는 진보 진영에게 10대들의 사회적 진출은 당혹스러울 수밖에 없었다. 또한 대중들이 대규모로 참여하고 있는 상황에서도 신자유주의와 자본주의 반대를 널리 알리는 노력이 턱없이 부족했다(강내희 2008, 76~79). 좌파의 정치력이 부재한 탓이기도 했지만, 더 근본적인 원인은 스스로 떨쳐 일어난 대중에게는 어떤 지도 주체나 이론이 외삽될 수 없다는 데 기인한다. 그렇다고는 해도 촛불 행진의 진로를 설정하는 과정에서 진보 진영이 드러낸 수세적 태도는 문제가 있었다.

대중이라는 환상

1. 대중 연구 — 신자유주의에 맞선 정치적 기획

길거리 응원전은 말할 것도 없고 미국산 쇠고기 수입 반대 촛불 집회도 끝난 지금, 대중을 규명하고 대중 연구를 지속하려는 이유는 무엇일까? 이 사건들을 촉발시킨 대중은 사라지지 않았기 때문이다. 사건은 소멸했지만 대중은 또 다른 분출구를 찾아 이곳저곳을 떠돈다. 그리고 폭발적으로 분출하기 쉬운 분화구를 찾아 언제든 자신의 위용을 드러낼 것이다. 앞으로 새로운 분출구가 될 분화구는 사회의 모순이 응집된 곳이며, 지배 권력과 자본에는 자신의 영향력이 흔들리는 가장 약한 지점일 것이다. 차르 같은 구세력과 신흥 부르주아지 신세력에게 모두 권력의 공백 지점인 약한 고리를 파고들어 민중 봉기를 성공시킨 러시아 혁명을 연상하는 것은 지나친 비약일까?

오노 사건을 시발로 해 길거리 응원전을 지나 미국산 쇠고기 수입 반대 촛불 집회에서 정점에 다다른 대규모 대중 결집은 한국 사회의 모순과 억압 구조를 적나라하게 드러냈다는 점에서 지속적으로 관심을 두고 연구해야 하는 주제다. 신자유주의 재구조화가 본격화된 외환 위기 이후 20여 년이 다 돼가고 있는 지금, 대중이 찾고 있는 분출구는 직접 민주주의를 향한 곳일 수 있지만 대중 자신을 적대시하고 차이를 인정하지 않은 대중 파시즘을 향한 곳일 수도 있기 때문이다. 그런 의미에서 대중 연구는 시류에 편승한 지적 관심이 아니라, 지금 여기 대중의 삶을 짓누르는 부당한 권력과 자본에 맞서는 정치적 기획이다.

대중 연구의 정치성을 확보하기 위한 작업으로서, 이 책은 새로운 주체의 형성과 실천의 동학을 규명해 대중의 현재적 삶을 진단하려 했다. 이런 작업은 대안 사회를 모색하는 방향을 설정하고 실현 가능한 실천 전략을 모색하는 데 유용한 자료가 될 것이다. 대중의 삶이 지속되는 한 대중 연구도 지속될 수밖에 없고, 대중들의 삶이 위기에 몰릴수록 대중 연구의 필요성은 커질 테니 말이다.

이런 필요성에 따라 한국 사회에서 대중이 형성되는 과정을 개화기와 일제 강점기, 개발독재 시기, 민주화와 세계화 시기로 나누고 각 시기에 형성된 소비 주체인 대중, 동원 대상인 대중, 저항 주체인 대중을 고찰했다. 또한 오노 사건을 비롯해 여러 촛불 집회에 나타난 대중의 새로운 실천을 민주화와 세계화 시기 이후에 일어난 구조 변동에 연계해 분석했다.

그런데 새로운 변혁 주체의 계보학을 쓰고 있는 지금 대중의 진화가 매우 긍정적인 것만은 아니다. 매우 모순적인 모습을 보이고 있기 때문이다. 한편으로 대중은 진보성을 갖지만, 다른 한편으로 '대중의 질곡'이라고 부를 수 있는 문제점이 나타나고 있다. 대중의 질곡이 나타나게 된 근본 원인은 신자유주의 재구조화가 초래한 사회 양극화와 불안한 삶의 만성화에 있으며, 이런 질곡은 왜곡된 포퓰리즘을 통한 집단 지성과 실천의 왜곡으로 표출되고 있다. 맹목적 애국주의와 배타적 민족주의가 결합한 왜곡된 포퓰리즘은 쏠림 현상이라는 실천 형태를 통해 사태를 감정적으로 재단하고 특정 개인과 집단을 겨냥해 마녀사냥을 전개한다.

먼저 왜곡된 포퓰리즘은 무한 경쟁의 과정에서 승자와 패자가 갈리고 엄연한 구별과 차별 때문에 삶의 안정성이 파괴된 현실을 바탕으로 형성된다. 무엇보다도 신자유주의가 강제한 무한 경쟁 체제는 개인의 능력에 따른 차별적 보상을 미화한다. "누구나 노력하면 성공할 수 있다"는 1960~1970년대의 이데올로기가 신자유주의에서는 "일한 만큼 받아간다"는 능력주의로 부활되고 있다. 그러나 무한 경쟁에 진입할 기회의 형평성과 경쟁 규칙의 공평성, 경쟁의 투명성은 제대로 지켜지지 않는다. 신자유주의가 내세우는 능력주의는 허구적 신화에 지나지 않는다.

적어도 능력주의가 실질적 효력을 가지려면 경쟁의 공정함과 결과에 따른 보상의 원칙이 명확히 확립돼야 한다. 그래야 대중이 일말의 희망을 걸고 무한 경쟁의 바다로 뛰어들 수 있다. 그러나 신자유주의 재편이 15년 이상 진행된 한국 사회에서 이런 원칙은 지켜지지 않았다. 경쟁을 위한 진입의 개방성도 애초에 지켜지지 않았다. '누구나'에 속하는 사람과 그렇지 않은 사람이 처음부터 분리됐기 때문이다. '노력'이라는 말도 문제가 있다. "어떤 노력이어야 하는가"에 따른 보상이 천차만별이기 때문에, 무조건 노력만 하면 성공할 수는 없다. 화이트칼라와 블루칼라는 모두 열심히 노력해도 동일한 보상과 사회적 평판을 얻을 수 없다. '성공'이라는 말도 좋은 것만은 아니다. 성공의 기준이 상대적일 수 있기 때문이다(김성일 2007, 123~124).

이런 현실은 결과 중심주의라는 한국 사회의 오랜 병폐에서 초래됐다고 볼 수 있지만,[*] 더 근본적인 원인은 신자유주의에서 연유한 무한 경쟁의 야

---

[*] 결과 중심주의는 압축적 근대화로 불리는 경제 근대화 과정에서 초래된 결과 중 하나다. 압축적 근대화란 속도전의 동의어로, 자원을 효율적이면서도 집중적으로 배분하고 최소한의 비용으로 소기의 목적을 초과 달성하려는 강박적 근대화를 추진하는 과정이다. 이런 과정에서 가시적 성과를 향한 맹목적 기대와 믿음이 생겨났고, 이런 기대와 믿음은 왜곡된 능력주의와 합리성의 질곡을 초래했다.

만성이다. 노골적으로 약육강식을 강요하는 불공정 경쟁 체제가 문제인 것이다. '1등만 기억하는 사회'가 되면서 "결과가 좋으면 그 과정도 좋다"는 식의 대중 심리가 보편화됐다. 건전한 노동 윤리가 깨지고 "인생은 한 방"이라는 풍조가 만연하는 현실은 이런 상황을 반영한다.

공정하지 못한 무한 경쟁 속에서 대중은 집단이 아니라 서로 경쟁해야 하는 개인으로 존재하게 된다. 이런 상황은 사회 문제를 개인화하는 신자유주의 정치 논리에 기인한다. 기업의 경영 위기는 무리한 대출과 사세 확장, 무책임한 인력 운용과 불법을 수수방관하는 정부 정책에 원인이 있는데도, 노동자 개개인의 근무 태만과 생산성 저하 탓으로 돌려진다. 개인은 경쟁에 뒤처지지 않으려면 자기 관리와 자기 계발에 힘써야 한다고 독려받는다. 그리고 경쟁 상대는 경쟁 업체가 아니라 내 옆의 동료로 설정된다. 자기 계발하는 주체로 바뀌는 전환은 산업은 존재하지만 노동은 존재하지 않고, 노동은 존재하지만 노동자는 존재하기 않으며, 노동자는 존재하지만 자본에 대항하고 국가가 보호해야 할 노동권이 존재하지 않는 희한한 상황을 초래한다(엄기호 2009, 81~84).

능력주의가 경쟁적 개인주의에 결합돼 있는 만큼, 대중은 성공을 위해 계급 상승을 향한 열망을 계속 품는 동시에 현재 자신이 놓인 사회적 지위와 경제적 상황을 부정하려 한다. 문제는 이런 자기 부정 속에서 진행된 온갖 노력들이 계급의식의 형성으로 이어지던 과거하고 다르게, 지금은 대중을 완전히 개별화시키고 있다는 점이다. 개인이 떠안아야 할 사회적 책임과 삶의 무게는 과거보다 크게 늘어났다. 이런 상황에서 생기는 개인의 왜소함과 무력감은 같은 처지에 있는 사람들을 동류로 인식하게 했고, 이 상황을 초래한 사람(세상)들을 향해서는 감정적 거부가 동반된 집단적 증오를 품게 했다(김성일 2007, 129~130).

이런 상황이 사회적 차이를 향한 인색함과 거부로 이어질 수 있다는 점에서 문제가 매우 심각하다. 감정적 동일시와 터부는 대중 파시즘의 출현을 예고하기 때문이다. 일차적으로 이런 문제의 원인은 무한 경쟁 체제가 만들어낸 승자독식 사회에 있다. 무조건 승자에게 몰아주기는 이기기 위해 동원된 성공 비결을 모든 사람이 따라야 할 교본으로 설정한다. 성공 신화는 무소불위의 유일자가 돼 모든 사회적 삶의 차이를 하나로 통합시킨다. 능력과 소질의 다양함이 차이가 아니라 차별로 왜곡되는 상황에서 많은 사람들의 다양한 삶도 하나로 통합되거나 배제된다.

자기 삶이 그것 자체로 인정받지 못하고, 다른 사람의 성공 모델을 따라야 하는 상황은 사람들을 더욱더 '노예'로 만든다. 행동과 생각의 준거 모델을 미리 설정하고 난 뒤 자신을 자각하는 방식은, 니체의 말로 표현하면 철저한 노예다. 니체에게 '주인'은 스스로 충만한 존재이기 때문에 어떤 참조 대상도 필요하지 않다. 그저 내부에서 용솟음쳐 나오는 삶의 의지를 충실히 따르기만 하면 된다. 그러나 '노예'는 언제나 자신을 비춰줄 거울이 필요하다. 그 거울이 바로 '주인'인데, 이것은 자신을 규정해주는 대*타자를 향한 무조건적 복종을 의미한다.

노예로서 자긍심을 상실한 대중은 자신을 지켜주고 보호해줄 강력한 주인을 요청하는데, 이때 국가가 주인으로 등장한다. 국가는 한편으로 엄한 아버지인 동시에 다른 한편으로 자상한 어머니의 이미지를 창출하면서 자신의 권력을 신비화하며 대중 위에 군림한다. 이렇게 국가는 부모라는 절대적 보호자로 자신의 이미지를 구축하면서 대중의 안위와 미래를 돌봐주는 최고의 은신처를 자임한다. 여기에서 편협한 애국심이 등장하게 되는 상황을 이해할 수 있다.

편협한 애국심 같은 쏠림 현상을 통해 드러난 왜곡된 포퓰리즘의 대표 사례는 '개똥녀' 사건, 황우석 사태, 영화 〈디워〉 논쟁이다. 먼저 개똥녀 사건은 일반인을 대상으로 한 왜곡된 포퓰리즘의 대표 사례다. 개똥녀는 지하철에서 반려견의 배설물을 치우지 않고 내린 젊은 여성에게 네티즌들이 붙인 별칭이다. 이 여성이 치우지 않은 반려견의 배설물을 같은 열차의 승객인 할아버지와 할머니가 치우는 사진이 인터넷으로 유포되면서 사건은 확산되기 시작했다. 이 사진은 순식간에 퍼졌고, 포털사이트 인기 검색어 순위 1위에 올랐다.

공공장소에서 자신이 키우는 반려견의 배설물을 치우지 않은 행동은 분명 잘못됐고, 당연히 고발이나 비판을 받아야 한다. 그러나 이 사건의 문제는 많은 사람들의 손가락질을 받을 만큼 큰 잘못은 아니고, 쏟아지는 댓글 속에서 사건의 진위가 사라졌다는 데 있다. 사진은 사물을 정확히 재현하는 매체이기는 하지만, 사물의 의미까지 있는 그대로 보여주지는 못한다. 이 사건을 촬영한 사진과 짧게 단 캡션도 상황을 있는 그대로 재현했을 뿐 그 사건이 갖는 의미를 확정하지는 못했다. '맥락'을 이해해야 한다는 말이다.

사건의 진위를 파악하는 데 필요한 '사실fact'을 규명하고 신중하게 맥락을 탐색하는 과정이 반드시 미리 진행돼야 한다. 이런 일련의 작업이 생략되면, 사건은 조작될 수 있고 왜곡될 수 있다. 이 사건의 핵심 문제는 이런 과정이 생략된 채 많은 사람들이 불쾌감과 분노만 투사하려 했다는 점이다. 많은 댓글 속에 방사된 언표들이 기댄 판단의 근거는 바로 앞의 댓글들이었지 사건에 관련된 확인된 사실이 아니었다. 사건의 실재성은 사라지고 댓글을 채우는 기표들의 연쇄가 또 하나의 서사를 구축한 셈이었다. 그런 과정에서 사건의 발단을 제공한 여성의 얼굴과 신상이 공개됐고, 사회의 공공선을 파괴한 마녀로 의미화됐다(김성일 2007, 128~129).

황우석 사태와 영화 〈디워〉 논쟁도 편협한 애국주의와 배타적 민족주의, 약자의 정서가 뒤섞여 빚어낸 최악의 왜곡된 포퓰리즘의 사례다. 황우석 박사는 연구비 28억 원에 관련된 사기와 횡령 혐의, 그리고 생명윤리법 위반 혐의로 불구속 기소됐다. 검찰은 환자 맞춤형 줄기세포가 처음부터 없었다고 발표하면서, 1번 줄기세포의 처녀생식 여부는 과학계가 규명해야 할 몫이라며 판단을 유보했다. 범죄 행위가 적나라하게 드러났는데도 여전히 황우석 박사를 지지하는 이른바 '황빠'들이 있다. 더구나 황빠는 아니더라도 황우석 박사의 몰락에 가슴 아파하는 대중적 정서가 우리 사회 저변에 흐르고 있다.

이런 상황의 중심에 왜곡된 포퓰리즘이 있다. 여기서 작동하는 왜곡된 포퓰리즘은 무한 경쟁에서 밀려난 대중이 만들어낸 집단적 피해 의식의 변종이다. 황우석 박사는 과학자가 아니라 대한민국의 '영웅'으로 신격화된다. 인류의 난치병을 치료하고 한국 경제를 발전시키는 차기 노벨상 후보이자 혁신적 경영인으로 우상화된 것이다. 대중은 황우석 박사를 향한 집단적 동일시를 통해 삶의 위기와 불안에서 오는 소외와 분노를 상상적으로 보상받으려 했다. 이런 대중의 정서 속에서 황우석 박사를 비판하는 사람은 국가와 국가의 영웅을 향해 무례한 행동을 하는 사람으로, 곧 나라를 팔아먹는 매국노로 규정됐다(김성일 2007, 132).

특히 약자의 정서는 황우석 박사를 '인간극장'의 주인공으로 만드는 데 결정적 구실을 했다. 고군분투하는 황우석 박사의 연구 장면은 무한 경쟁의 현실에서 치열한 삶을 살아가는 대중의 모습에 겹쳐지면서 강력한 동일시를 만들어냈다. 또한 새벽부터 늦은 밤까지 연구하는 황우석 박사의 일상은 '공부 안 하는 교수 사회'를 바라보는 대중적 반감에 결합되면서 지식인 사회에 관한 거부감을 촉발시켰다. 이런 거부감은 한국의 엘리트 집단을 향한 감정적 반감으로 이어졌고, 황우석 박사는 억압받고 소외된 대중하고 함께하는 현대판 '예수'로 의미화됐다.*

〈디워〉 논쟁 역시 황우석 사태에서 나타난 왜곡된 포퓰리즘을 이어간다. 관객 842만 명으로 역대 한국 영화 최다 관객 동원 6위에 오른 〈디워〉는 영화의 본고장 미국에서 2500개 영화관을 통해 동시 개봉한 한국 최초의 영화다. 〈디워〉는 개봉 전부터 최첨단 컴퓨터 그래픽CG을 이용한 사실적인 묘

---

* 실제로 이때 황우석 박사를 지지하는 인터넷 커뮤니티의 사진방에 보면 황우석 박사와 예수의 사진을 합성한 이미지가 게시돼 있었다. 이 사진에는 피 흘리며 십자가에 못 박힌 황우석 박사에게 돌을 던지는 MBC와 지식인 사회가 합성돼 있다(김성일 2007, 133~134).

사로 화제를 불러일으키더니, 개봉 초기에는 민족주의에 기초한 애국심 마케팅 탓에 영화평론가와 문화평론가들의 거센 비판을 받았다.[*] 그러나 대중은 영화관을 찾는 일에 더해 논쟁에 참여하며 심형래 감독 살리기에 나섰다.

심형래 감독은 한국을 빛낼 위인으로 의미화됐는데, 옹호의 근거는 세계에 자랑할 만한 CG 기술과 미국 현지 대규모 개봉을 통해 한국을 알린 점이다. 본질적으로 〈디워〉 논쟁은 텍스트라는 의미 구성체를 넘어 많은 사람들이 자기 눈높이에 맞춰 해석하고 평가하는 독해 과정에서 촉발됐다. 그런 의미에서 〈디워〉에 관한 텍스트 분석(서사 구조, CG 기술, 감독의 연출력, 배우의 연기력)은 그것 자체로 의미를 지니지만, 〈디워〉 논쟁 자체를 이해하는 데는 한계가 있다.

따라서 842만 명이라는 관객 수는 마케팅과 비평을 넘어 영화관을 찾게 만든 대중의 욕망 또는 감정 구조를 규명하면서 살펴봐야 한다. 여기서 왜곡된 포퓰리즘은 〈디워〉를 보러 극장에 온 관객들이 공유하고 있던 기대감과 호기심, 기회비용의 산출 기준을 규명할 키워드가 된다. 심형래 감독을 주인공으로 하는 또 다른 '인간극장'이 대중들 사이에서 호응을 얻어 엄청난 관객몰이가 가능했던 것이다. 개그맨 출신이라는 이유로 충무로 영화판에서 홀대받았다는 후일담에 대중들은 심형래 감독을 강하게 동일시했다. 충무로 영화판은 경쟁에서 이긴 엘리트 사회로, 심형래 감독은 무한 경쟁에서 인간 승리를 일궈낸 대중의 한 사람으로 의미화됐다(김성일 2007, 136~138).

요컨대 왜곡된 포퓰리즘과 쏠림 현상은 신자유주의의 전횡 속에서 주변부로 밀린 대중이 공유하는 집단 심리요 행동 원리다. 왜곡된 포퓰리즘은 편협한 애국주의와 배타적인 민족주의, 약자의 정서가 혼합돼 형성된다. 문

---

[*] 영화감독 이송희일의 평가와 〈100분 토론〉에서 문화평론가 진중권이 한 비평은 대중적 관심과 논쟁의 장을 폭발적으로 확장시켰다.

제는 왜곡된 포퓰리즘이 대중 스스로 만들어낸 산물이며, 적대 관계가 대중을 상대로 하고 있다는 점이다. 자신을 스스로 만들어가는 역능은 사회의 비판 세력으로 진화하게 만들기도 하지만, 대중 자신을 겨냥한 집단적 마녀사냥의 주술로 사용되기도 한다.

대중 연구는 삶의 안정성을 파괴하고 자신의 의지로 미래를 개척하지 못하게 만든 사회를 성찰하고 비판하며, 대안적 사회를 꿈꾸게 하는 정치적 기획이어야 한다. '정치적 기획'이란 현상에 관한 단순한 해석의 차원을 넘어, 있어야 할 가치와 삶의 모습을 프로그램화하는 일련의 작업을 말한다. 극심한 사회 양극화와 쓰레기가 되는 삶을 대량으로 생산하는 신자유주의의 전횡은 상호 협력하며 공생해온 인류사의 궤적을 근본부터 무너뜨렸다. 대중 연구는 이런 현실에 관한 강력한 고발자로 자신의 위치를 설정해야 한다.

2. 대중 연구 — 유동하는 대중을 구체적으로 포착하는 이론의 기획

인류의 출현 이래 르네상스에 이르기까지 인간은 우리, 곧 자신이 연결돼 있는 집단이나 가족을 사고와 행동의 준거로 설정해왔다. 그러나 근대 사회가 시작되면서 인간은 독립적인 원자, 곧 독자적 사고와 감정을 지닌 존재가 됐다. 이성에 따라 행동하고, 사람과 사물을 냉정하게 판단하며, 상황을 충분히 인지하는 행동하는 주체가 된 것이다. 그러나 이성적 주체로 설정된 개인은 대중이라는 블랙홀 속에 합류하기 시작하면서 완전히 다른 사람이 되는 역설에 직면했다. 대중 속의 개인은 지나친 폭력도 충분히 저지를 수 있으며, 까닭 모를 공포와 열광에 휩싸이기도 한다.

그래서 개인으로 환원될 수 없는 집단의 발현적 특성이라 할 수 있는 '대중성'이 관심의 대상으로 떠올랐다. 구성원 각각의 단순 총합을 넘는 특이성, 곧 대중성이란 개인 사이의 단순한 물리적 결합이 아니라 관계 형성을 통해 새롭게 구성된 집단성을 말한다. 대중성은 자신의 성향을 억누르고 개별적 의지를 집단 의지에 복종시키면서 나타나는 사회적 동조 현상이다. 이런 동조 현상이 이성적 주체에게 일어날 수 있었던 이유는 집단 의지가 개개인의 이성을 통해 확립된 진리로 수용되는 오인 과정 때문이다.

대중성이라는 바이러스는 구성원들에게 수적인 힘을 느끼게 하고 혼자 있을 때는 억제했을 법한 본능들을 발산하도록 유혹한다. 익명적이고, 따라서 무책임해질 수 있다는 생각이 팽배해지면서 개인은 이제 더는 자신의 행동을 의식하지 못하게 된다. 여기서 충동, 감염,[*] 분별 능력의 상실, 감정의 팽배 같은 대중성의 주요 키워드가 등장한다. 물론 대중성의 이런 성격은 대중 형성의 객관적 조건이던 근대 사회에서 물려받은 것이다.

그런 의미에서 근대 사회는 대중들이 반란을 일으켜 자기 자신을 역사의 전면에 등장하게 만드는 기초를 제공했다. 홉스봄E. Hobsbawm이 지적한 대로 중세의 안정적 질서가 해체되는 과정은 '혁명의 시대'로 불릴 정도로 모든 것이 붕괴되면서 진행됐다. 종교적 신앙이 분열됐고, 부모와 자식, 친구, 이웃 사이의 유대 관계가 무너지면서 개인이 겪는 삶의 무게도 새롭게 조정돼야 했다. 또한 개인은 근대라는 새로운 사회에 어서 빨리 편입해서 생존에 필요한 일정한 자격을 획득해야 했다. 사회 계약을 통해 국가에 자신의 권리 일부를 양도함으로써 '국민'이라는 자격을, 노동력 말고는 어떤 것도 소유하지 못한 탓에 불평등 계약을 감내하면서 '노동자'라는 자격을 획득해야 했다. 이 과정에서 사람들은 대중 사회 속으로 빠르게 편입됐다.

이런 과정을 통해 대중은 자본 축적의 원동력이 돼갔지만, 지배 권력의

---

[*] 감염은 대중을 구성하는 모든 개개인 사이에 상호 침투하는 강력한 힘인데, 감염의 강도에 따라 대중의 향방이 결정된다. 실제로 집단 이익을 위해 개인 이익을 희생할 정도로 감염성의 위력은 대단하다. 이런 감염성은 암시라는 심리 현상에서 나온다. 집합적 수준의 암시와 그것이 미치는 영향은 현실을 상대로 하는 관계의 상실과 자신의 상실, 집단이나 지도자의 권위에 기꺼이 복종하며 암시자의 명령에 순종하는 태도로 대표된다.

시각에서 대중의 대규모 결집은 시급히 관리되고 통제돼야 했다. 대중을 제도의 테두리 밖에서 또는 제도에 반대해서 일시적으로 모인 개인들의 집합체로 보는 견해는 대중의 결집을 두려워한 사람들의 히스테리다.* 여기서 대중은 집단이나 계급의 일시적 또는 영속적 해체의 결과로 규정된다. 해체된 사회관계의 집적으로 이해되는 대중은 하층민, 천민, 룸펜 프롤레타리아트, 평민들로 구성되며, 안정된 정체성도 없고, 사회 조직의 주변부에 있으면서 법과 관습 밖에서 살아가는 집단으로 규정된다.

그러나 혁명의 시대는 곧 대중의 시대였다. 르 봉은 대중이 투표나 반란을 통해 사건의 흐름과 정치에 막강한 영향력을 행사하는 상황을 기정사실화하면서, 이것을 사회변동의 징조로 해석해야 한다고 주장했다. 사회의 전통적 관계와 집단적 연대가 느슨해지고 해체되는 시점에 대중은 그 어느것의 위협도 받지 않은 채 위세를 키울 유일한 집단이라는 것이다. 르 봉은 "우리가 들어가는 시대는 진실로 군중의 시대가 될 것이다"고 말했다(le Bon 2005, 10~11). 홉스봄도 "당시 민중들은 자신들의 지배자와 싸웠고, 성자처럼 행동하지 않는 고용주를 야유했으며, 자신들이 당연히 받을 것에 대한 분명한 목소리를 냈다"고 언급했다(Moscovici 1996, 43~44).

이제 대중에 관한 이해가 좀더 진지하게 제기됐는데, 대중 연구에서 발견되는 몇 가지 특징을 살펴보자. 물론 이런 특징들이 대중 연구를 한정하거나 공통의 방법론으로 일반화될 수는 없을 것이다. 먼저 대중 연구는 거시적 관점에서 대중을 연구했다. 이 말은 대중이라 부를 만큼 규모를 갖춰야한다는 뜻이지만, 그렇다고 대중의 규모가 일정하게 정해져 있지는 않다. 단지 대중의 특성이라 할 익명적 관계, 개인으로 환원될 수 없는 집단성의 발현, 갑작스런 결집이 포착될 정도의 규모가 분석의 대상으로 설정된다.

---

* 이런 시각에서 대중은 미친 사람들, 곧 무한한 열광이나 지나친 공황 상태에 빠져 있고, 신앙이 꺼지면 다른 신앙에 매달리는 사람들로 이미지화된다. 또는 범죄 집단, 곧 천민이며 사회의 쓰레기인 대중은 아무것이나 공격하고 해치며 파괴하는 난폭한 사람들로 규정된다.

한편 대중 연구는 개인으로 환원되지 않는 대중성을 고찰했다. 개인적 수준에서 다르게 행동하고 사물을 판단하게 만든 집단의 속성을 연구한다는 것이다. 아울러 대중 연구는 대중 형성의 조건으로 특정 사회를 설정하고 상호 관련성을 규명한다. 예를 들어 시민은 시민사회, 대중은 대중 사회, 소비 대중은 소비사회, 다중은 탈근대 사회에 연관된 속에서 연구된다. 따라서 대중은 형성 조건으로서 사회변동의 궤적하고 어느 정도 조응한다. 대중의 다양한 모습은 역사적 전환기 또는 사회구조의 변동, 즉 물적 생산 방식의 변화, 정치적 권력 행사 방식의 변화, 사회적 소통 형식과 의미화 과정의 변화 속에서 삶의 안정(생존)을 위해 소통하고 뭉치며 때로는 집단행동으로 나서야 했던 절박성 속에서 형성됐다는 것이다.

이때 긴박한 생존의 요구는 '상향식 민주주의를 향한 열망'으로 바꿔 쓸 수 있다. 다수의 사람들이 급변하는 정세 속에서 인간으로서 누려야 할 삶의 기본적 욕구를 실현하기 위해 특정한 결집 형태로 뭉쳐야 했기 때문이다. 그런 의미에서 대중의 형성은 특정한 사회적 정세의 산물이다. 이 말은 사회적 정세에 관한 이해를 기반으로 해 대중들의 형성과 변이의 역동성이 추적될 수 있다는 것을 뜻한다. 따라서 대중 형성의 동학은 관념의 산물이 아니라, 급변하는 현실 속에서 어떻게든 살아남아야 했던 시대적 맥락 속에서 고찰돼야 한다.

시대적 맥락은 곧 지배 계급과 대중의 권력관계를 통해 드러나는데, 대중 연구는 이런 권력관계에 주목해왔다. 대중이 집단행동을 하게 된 다양한 원인을 규명하면, 대중들이 결집해야 할 이유인 삶의 질곡이 드러난다. 삶의 질곡은 정치적 권력, 경제적 자원, 사회적 위신의 불평등한 분배와 소유에 기인한다. 여기서 대중은 이데올로기 축에서 보수와 진보로, 참여 동기에 따라 강제성과 자발성으로, 행위 목표의 인지 정도에 따라 우둔함과 영리함으로 다양하게 분류된다. 또한 현실 공간에서 사이버 공간에 이르기까지, 이데올로기적 국가기구부터 생활 세계에 이르기까지, 의식 영역부터 무의식 영역에 이르기까지, 다양한 공간에서 다르게 존재하는 집합적 주체로 고찰된다.

마지막으로 대중 연구는 '사건'을 통해 현실로 드러난 대중적 현상에 관심을 가졌다. 일상적으로 존재하는 일반인들이 아니라 사건이라고 부를 만한 쟁점과 관심을 제기한 집단행동을 대상으로 했다. 물론 이런 사건들은 사회운동 같은 정치적 성격의 집단행동에만 국한되지 않는다. 실제로 대중은 예측 불허의 출몰을 감행하며 자기 존재를 강렬하면서도 순간적으로 드러낸다. 대중은 사건을 통해 자신을 드러내는데, 사건이란 그것을 구성하는 개인과 집단, 행위와 동기, 재현과 의미화 등이 특정하게 배치(계열화)돼 일정한 효과를 발휘하는 일련의 과정을 뜻한다(이정우 1999, 91~95).

사회현상이 다양하지만 대중의 관심과 주목을 이끌고 이어서 집단행동으로 나서게 만드는 사회현상은 드물다. 수많은 사회현상 중 일부만이 사건화를 거쳐 집단행동으로 발전한다. 이때 '사건화'란 특정한 계기를 통해 의미가 생산되고 교환되는 의미화 과정의 전환과 실천을 말한다. 다양한 대중의 형태를 가능하게 한 사회현상이 하나의 사건이 될 수 있는 이유는 그 안에 포함된 요소들의 개별성이 아니라, 그것들 사이에 발생하는 의미의 교환과 전환이 혁신적으로 진행됐기 때문이다.

사건은 정태적이고 완결된 하나의 결과가 아니라, 사건이 될 다양한 계기들의 다층적 결합(계열화)이 만들어낸 진행형의 동태적 과정을 수반한다. 예를 들어 A와 B라는 사건은 명사가 아닌 과정을 지칭하는 동사의 성격을 갖는다. 이런 상이한 계열화를 통해 사회현상이나 사실들은 그 안에 포함된 요소들의 개별적 의미로 환원되지 않고 완전히 다른 차원에서 사건으로 만들어진다(이정우 1999, 109~114).

이런 사건의 구성적 특성을 형성하는 데 대중의 실천이 끼친 영향은 절대적이다. 대중은 개인으로 환원될 수 없는 집단성을 통해 아무것도 아닌 것을 특별하게, 특별하게 간주해야 할 것을 아무것도 아니게 만든다. 따라서 대중은 선험적으로 성격이나 의미가 부여될 수 없다. 오로지 사건이게 만든 실천, 곧 계열화에 수반되는 집단행동을 통해 특정한 주체로 드러난다. 사건을 만드는 대중의 실천은 통념에 따라 전개되기도 하지만, 완전히 다르거나 새로운 방식으로 전개되기도 한다. 이 과정은 계열화의 두 방식인 이접disjunction과 통접conjunction의 종합 중 대중이 어떤 방식을 선택해 실천하느냐에 따라 달라진다.*

따라서 사건이란 이런저런 사회현상을 평면적으로 나열하는 게 아니라, 대상을 특정한 방식으로 바라보고 그 대상을 해석하고 평가하는 과정에서 구성된 의미 체계의 변화와 실천을 주도한 대중의 집단행동을 통해 만들어진다. 이 과정에서 대중은 주어진 사회현상을 사건화함으로써, 곧 집단행동에 필요한 의미 구성과 자원 동원 또는 행위 양식의 집합적 공유를 통해 구성된다. 그 결과 다른 사건들이 만들어지고 다양한 대중의 특이성이 드러난다.

이런 맥락에서 대중을 상수가 아니라 종속변수로 위치시킨 뒤, 어떤 메커니즘이 대중의 특이성에 영향을 미쳤는지를 규명하는 일이 중요해진다. 곧 대중은 유동적이고 형성 중에 있다는 의미다. 그런 의미에서 대중은 구체적인 역사적 맥락과 사회적 실천을 통해 늘 새롭게 구성되는 집단이라고 할 수 있다. 예를 들어 오노 사건, 노사모 활동, 길거리응원전, 미선이 효순이 촛불 집회, 미국산 쇠고기 수입 반대 촛불 집회의 주체들은 계급, 계층, 세대, 성, 지역을 망라한 중복적 참여자들로 볼 수 있지만, 참여 과정에서 의미 공유의 방식과 실천의 양태는 다양했다.

따라서 대중 연구는 대중 형성의 동학을 한국 사회의 구조 변동에 연동해 고찰하고 지금 여기의 문제와 그 문제의 기원, 나아가 대안을 모색하는

---

* 이접적 종합은 계열을 구성하는 항들을 놓고 이것인지 저것인지를 판단하는 상황에서, 통접적 종합은 계열을 구성하는 항들을 이항적으로 종합하는 상황에서 일어난다.

지적 작업이라 할 수 있다. 19세기 말 이래 근대 이행 과정에서 정치사회의 주체가 어떻게 형성됐는지, 그 형성 과정에서 어떤 시도가 전개되고 어떤 역사적 대안과 정치적 기획들이 나타났는지를 규명할 수 있어야 한다는 것이다. 이런 작업은 곧 어떤 지적, 사회적, 정치적 대립과 긴장 속에서 대중이 형성되고 존재했는지를 규명하는 작업이 된다.

특히 한국의 현대사가 드러낸 질곡의 궤적이 깊은 만큼 대중 형성의 동학은 역사의 발자취에 직접 연결된다. 서구 문물의 급속한 유입이 야기한 개화기의 충격, 일제의 식민 지배에 따른 근대화의 왜곡, 해방과 좌우익의 대립 속에서 벌어진 분단과 한국전쟁, 압축적 근대화와 민주화, 세계화와 정보화로 이어지는 변화는 대중의 특성과 존재 방식에 직접적이고도 절대적인 영향을 미쳤다.

따라서 대중 연구는 주체를 연구하는 작업이면서 사회사, 정치사, 문화사를 포괄하는 메타적 성격을 갖는다. 이런 메타적 성격이 대중 형성의 구체성을 규명하는 데 걸림돌인 것은 아니다. 오히려 이런 메타적 성격은 대중 연구를 시민사회론이나 계급론하고 다르게 만드는 방법론적 특성이 된다. 그런 의미에서 대중 연구는 메타적이면서도 방법론적 개방성을 추구한 문화연구Cultural Studies의 이론 전략하고 비슷하다.

문화연구는 문학의 절대성과 예술의 진정성을 강조하며 문화의 미적 가치를 탐구한 당대의 지식 사회가 취한 엘리트주의적 태도를 비판하면서 제기된 비판적 연구다. 영국의 버밍엄 대학교에 설치된 현대문화연구소Center for Contemporary Cultural Studies를 중심으로 모인 소장파 연구자들은 관념적이고 엘리트주의적 관점으로 접근한 인문주의와 휴머니즘을 비판하면서 일상으로 경험되는 삶의 양식으로 문화를 새롭게 규정했다.*

문화에 관한 인식의 전환은 문화를 연구하는 새로운 방법론을 요구했다. 새로운 문화연구의 방법론은 다음 세 가지 측면에서 구성됐다. 첫째, 문화연구는 학제간inter-disciplinary 연구를 기본으로 했다. 학제간 연구란 분과 학문 사이의 교류만을 의미하지 않고, 적극적이고 공격적인 반학제적 anti-disciplinary 견해를 취한다. 둘째, 문화연구는 방법론적 개방성을 취했다. 문화연구는 자신만의 유일한 통계적, 민속지학적, 텍스트적 분석 기법이 없기 때문에 구체적인 문화 분석에 사용되는 연구 방법의 선택은 실용적이고 전략적이며 자기 반사적self-reflective이다. 셋째, 문화연구는 문화정치의 작동 과정에 주목했다. 문화연구는 단순히 텍스트 분석(비평)에 그치는 게 아니라, 구체적 맥락 속에서 어떻게 그리고 왜 그런 연구가 진행됐는지를 질문한다.

문화에 관한 정태적 분석을 넘어 문화가 놓인 맥락까지 고찰하고, 이런 고찰을 가능하게 할 방법론을 다양한 학문의 성과에서 취한 문화연구의 구성주의적 전략은 대중 연구에도 필요하다. 따라서 대중 연구는 대중을 개념적 측면뿐 아니라 사회적 측면까지 고려해 입체적으로 다룰 필요가 있다. 이 문제에 관련해 코젤렉R. Koselleck은 개념사와 사회사의 관련성을 검토하면서 개념이 역사에 무관하게 존재하는 보편적 순수 논리로 연구되거나 사회적 사실을 드러내는 지시어 수준에서 연구돼서는 안 된다고 강조했다 (Koselleck 1985, 74~83).

따라서 대중 연구는 대중을 구체적인 사회집단이나 쟁점들에 관련지어 고찰하면서 의미의 확장이나 무의식적 곡해, 이념과 정치 세력에 따른 선택적 친화성이 어떻게 전개되는지를 규명할 수 있어야 한다. 또한 대중을 현상적 수준에서 설명하거나 묘사하는 수준을 넘어 대중을 둘러싼 정치적 갈등과 미래 전망 또는 집합적 정체성까지 탐구해야 한다. 대중을 둘러싼

---

* 문화에 관한 사회(학)적 정의라 할 수 있는 이런 인식의 전환 속에서 문화는 세 가지 측면으로 새롭게 규정된다. 첫째, 문화는 물질성을 갖는다. 문화는 대중의 일상 속에서 산업 생산의 방식으로, 사회적 힘으로, 정치적 효과와 문화적 권력의 형태로 실재한다. 둘째, 문화는 이데올로기를 생산하고 전달한다. 문화는 이데올로기이며, 그렇기 때문에 정상성의 문제가 제기될 수 있고 때로는 물리적 폭력보다 더 폭력적이기도 하다. 셋째, 문화는 권력과 불가분의 관계에 있다. 문화는 언제 어디서든 존재하는 권력의 형태로 존재하며, 권력은 특정한 문화적 효과를 만들어내고 실제를 왜곡한다.

시간성과 공간성의 다층적 측면이 분석되고 규명될 때, 대중 연구는 나름의 탄탄한 이론을 구축할 수 있을 것이다.

참고 자료

1. 1차 자료

《Weekly》, 《경향신문》, 《국민일보》, 《뉴시스》, 《동아일보》, 《매경이코노미》, 《매일경제》, 《문화일보》, 《미디어오늘》, 《서울신문》, 《세계일보》, 《연합뉴스》, 《오마이뉴스》, 《위클리경향》, 《이데일리》, 《조선일보》, 《한겨레》, 《한국경제신문》, 《한국일보》
노동부, 방송통신위원회, 통계청, 한국인터넷진흥원, 한국전산원

2. 국내 문헌

강내희. 1995. 《공간. 육체. 권력》. 문화과학사.

_____. 1996. 《문화론의 문제설정》. 문화과학사.

_____. 2003. 《한국의 문화변동과 문화정치》. 문화과학사.

_____. 2004. 〈서울의 도시공간과 시간의 켜〉. 《문화/과학》 가을호. 문화과학사.

_____. 2008. 〈촛불정국과 신자유주의 ― 한국 좌파의 과제와 선택〉. 《문화/과학》 가을호.

강상현. 2006. 〈유비쿼터스 신화와 모바일미디어〉. 《모바일미디어 ― 디지털 유목민의 감각》. 커뮤니케이션북스.

강심호. 2005. 《대중적 감수성의 탄생 ― 도박. 백화점. 유행》. 살림.

강상구. 2000. 《신자유주의의 역사와 진실》. 문과과학사.

강준만. 2003. 《대중문화의 겉과 속》. 인물과사상사.

_____. 2006. 《한국생활문화사전》. 인물과사상사.

_____. 2006. 《한국현대사 산책 3》. 인물과사상사.

_____ 외. 2008. 《고종 스타벅스에 가다》. 인물과사상사.

강현두 편. 2000. 《현대사회와 대중문화》. 나남.

경상대학교 사회과학연구원 엮음. 2006. 《한국 자본주의의 축적체제 변화(1987~2003)》. 한울.

고길섶. 2000. 《소수문화들의 정치학》. 문화과학사.

_____. 2005. 《부안 끝나지 않은 노래》. 앨피.

_____. 2008. 〈공포정치. 촛불항쟁 그리고 다시 민주주의는?〉. 《문화/과학》 가을호. 문화과학사.

고병권. 2009. 《추방과 탈주》. 그린비.

고병권 외. 2007. 《코뮨주의 선언》. 교양인.

고원. 2008. 〈촛불집회와 정당정치개혁의 모색〉. 《한국정치연구》 제17집.

공제욱. 1985. 〈현대한국 계급연구의 현황과 쟁점〉. 《한국사회의 계급연구 I》. 한울.

구본권. 2005. 《인터넷에서는 무엇이 뉴스가 되는가》. 커뮤니케이션북스.

권보드래. 2003.《연애의 시대》. 현실문화연구.

권혁범. 2000.《민족주의와 발전의 환상》. 솔.

권형진 외. 2005.《대중독재의 영웅 만들기》. 휴머니스트.

기호학연대 편. 2003.《대중문화 낯설게 읽기》. 문학과경계사.

김경일. 2003.《한국의 근대와 근대성》. 백산서당.

김덕영. 2000.《현대의 현상학 — 게오르그 짐멜 연구》. 나남출판.

_____. 2007.《게오르그 짐멜의 모더니티 풍경 11가지》. 길.

김덕호 외. 2008.《아메리카나이제이션》. 푸른역사.

김만수. 2004.《실업사회》. 갈무리.

김미지. 2005.《누가 하이카라 여성을 데리고 사누》. 살림.

김상헌. 2004.《대한민국 강남특별시》. 위즈덤하우스.

김상환 외 엮음. 2002.《라깡의 재탄생》. 창작과비평사.

김석수. 2008.《유비쿼터스 라이프와 미래사회》. 집문당.

김성구 외. 1998.《자본의 세계화와 신자유주의》. 문화과학사.

김성도. 2008.《호모 모빌리쿠스》. 삼성경제연구소.

김성일. 2002.〈대중의 새로운 구성 가능성 — 2002년 한국사회와 대중분석〉.《문화/과학》. 가
        을호. 문화과학사.

_____. 2007.《대중의 형성과 문화적 실천의 고원들》. 로크미디어.

김성준. 1997.《WTO법의 형성과 전망》. 삼성출판사

김성환 외. 1984.《1960년대》. 거름.

김영미. 2008.《그들의 새마을운동》. 푸른역사.

김왕배. 2000.《도시. 공간. 생활세계》. 한울.

김용섭. 2005.《디지털 신인류》. 영림카디널.

김원. 2006.《여공 1970. 그녀들의 反역사》. 이매진.

_____. 1999.《잊혀진 것들에 대한 기억 — 1980년대 한국 대학생의 하위문화와 대중정치》. 이후.

김주리. 2005.《모던 걸. 여우 목도리를 버려라》. 살림.

김진균. 1984.《한국사회변동연구 I》. 민중사.

김진균 외. 2003.《근대주체와 식민지 규율권력》. 문화과학사.

김진송. 1999.《서울에 딴스홀을 許하라》. 현실문화연구.

_____. 2003.《대중문화의 이해》. 한울.

김창남. 1994.〈하위문화집단의 대중문화 실천에 대한 일연구 — 대중음악을 중심으로〉. 서울대
        박사학위논문.

김청석 외. 1986.《80년대 한국사회》. 공동체.

김철규. 2003.《한국의 자본주의 발전과 사회변동》. 고려대출판부.

김철규 외. 2008.〈미국산쇠고기수입반대 촛불집회 참여 10대의 사회적 특성〉.《경제와 사회》겨

울호. 한울.

_____ 외. 2010. 〈촛불집회 10대 참여자의 정체성과 사회의식의 변화〉. 《경제와 사회》 봄호. 한울.

김행선. 2006. 《박정희와 유신체제》. 선인.

김형찬. 2004. 〈1970년대 통기타 음악과 청년문화의 인프라〉. 《대중음악과 노래운동. 그리고 청
년문화》. 한울.

김효정. 2007. 《문화를 통한 지역개발 사례연구》. 한국문화관광연구원.

김희재. 2004. 《한국 사회변화와 세대별 문화코드》. 신지서원.

당대비평. 2009. 《그대는 왜 촛불을 끄셨나요》. 산책자.

문강형준. 2008. 〈호명의 정치? IMF 시대의 국민 만들기〉. 《문화사회》 3호. 문화과학사.

민경배 외. 2008. 〈인터넷 시민 참여와 대의민주주의의 공존 가능성 — 2008년 촛불시위와 국회
의원 홈페이지 운영 실태를 중심으로〉. 《사회와 이론》. 통권 제13집.

민경우. 2007. 《민족주의 그리고 우리들의 대한민국》. 시대의창.

박길성. 2003. 《한국사회의 재구조화》. 고려대학출판부.

박명규. 2009. 《국민 인민 시민 — 개념사로 본 한국의 정치주체》. 소화.

박상훈. 2008. 〈촛불집회와 민주주의〉. 진보신당-경향신문 주최 토론회 토론문.

박영균. 2008. 〈촛불의 정치경제학적 배경과 정치학적 미래〉. 《진보평론》 가을호.

박영욱. 2003. 《철학으로 대중문화 읽기》. 이룸.

박천홍. 2002. 《매혹의 질주. 근대의 횡단》. 산처럼.

박태순 외. 1991. 《1960년대의 사회운동》. 까치.

박현채. 1998. 《민족경제와 민족운동》. 창작과비평사.

박형신 외. 2008. 〈먹거리. 감정. 가족 동원 — 미국산 쇠고기 수입 반대 촛불집회의 경우〉. 《사
회와 이론》 제13집.

백선기. 2003. 《정치담론과 인터넷》. 커뮤니케이션북스.

백승영. 2005. 《니체. 디오니소스적 긍정의 철학》. 책세상.

백승욱. 2009. 〈경계를 넘어선 연대로 나아가지 못했다〉. 《그대는 왜 촛불을 끄셨나요》. 산책자.

부경대 인문사회과학연구소. 2004. 《디지털시대의 신풍경》. 푸른세상.

불안정노동연구모임. 2000. 《신자유주의와 노동 위기 — 불안정노동 연구》. 문화과학사.

비교역사문화연구소 기획. 2005. 《대중독재의 영웅 만들기》. 휴머니스트.

새로운사회를여는연구원. 2009. 《신자유주의 이후의 한구경제》. 시대의창.

서관모. 1988. 《현대 한국사회의 계급구성과 계급분화》. 한울.

서동진. 2009. 《자유의 의지 자기계발의 의지》. 돌베개.

서울사회경제연구소 엮음. 2005. 《신자유주의와 세계화》. 한울.

서울특별시. 2003. 《서울특별시 리포트 — 1509일의 대장정》. 서울특별시.

서이종. 2002. 《인터넷 커뮤니티와 한국사회》. 한울.

서중석. 1988. 《80년대 민중의 삶과 투쟁》. 역사비평사.

선성원. 2005. 《가십으로 읽는 한국대중문화 101장면》. 미디어집.

성동규 외. 2007. 《모바일 커뮤니케이션》. 세계사.

소래섭. 2005. 《에로 그로 넌센스 — 근대적 자극의 탄생》. 살림.

손세관. 2001. 〈서울 20세기 주거환경의 변천〉. 《서울 20세기 공간변천사》(김광중 외). 서울시정
    개발연구원.

손정목. 2003. 《서울도시계획이야기 1~5》. 한울.

_____. 2003. 〈서울의 무허가 건물과 와우아파트 사건〉. 《도시문제》 6월호. 대한지방행정공제회.

송해룡 외. 2006. 《대한민국은 지금 체험지향사회》. 커뮤니케이션북스.

송호근. 2004. 《한국 무슨 일이 일어나고 있나》. 삼성경제연구소.

신광영. 1993. 《한국사회운동의 혁신을 위하여》. 백산서당.

신명직. 2003. 《모던뽀이, 경성을 거닐다》. 현실문화연구.

신인석 외. 2006. 《경제위기 이후 한국경제 구조변화의 분석과 정책방향》. KDI.

신현준 외. 2005. 《한국 팝의 고고학 1960》. 한길아트.

_____ 외. 2006. 《한국 팝의 고고학 1970》. 한길아트.

안병직 외. 2007. 《대한민국, 역사의 기로에 서다》. 기파랑.

엄기호. 2009. 《아무도 남을 돌보지 마라》. 낮은산.

우석훈 외. 2007. 《88만원 세대》. 레디앙.

우석훈. 2008. 《괴물의 탄생》. 개마고원.

유영주. 2009. 〈촛불 민주주의, 자치할 대안이 있는가〉. 《그대는 왜 촛불을 끄셨나요》. 산책자.

유팔무 외 엮음. 1998. 《시민사회와 시민운동》. 한울.

윤소영 엮음. 1996. 《알튀세르와 라캉》. 공감.

윤영춘. 1960. 〈실질과 다방〉. 《현대문학》 12월호.

원용진 외. 1999. 《현대 대중문화의 형성》. 서울대출판부.

이광일. 2008. 〈촛불 정치와 민주주의, 공화국의 미래〉. 《대한민국은 민주공화국이다》(남구현
    외). 메이데이.

이동연. 1997. 《문화연구의 새로운 토픽들》. 문학과학사.

_____. 2005. 《문화부족의 사회 — 히피에서 페인까지》. 책세상.

_____. 2006. 《아시아 문화연구를 상상하기》. 그린비.

_____ 외. 2007. 《미국 신보수주의와 대중문화 읽기》. 책세상.

_____. 2008. 〈촛불집회와 스타일의 정치〉. 《문화/과학》 가을호. 문화과학사.

이득재. 2008. 〈촛불집회의 주체는 누구인가〉. 《문화/과학》 가을호. 문화과학사.

이명진. 2005. 《한국 2030 신세대의 의식과 사회정체성》. 삼성경제연구소.

이문구. 2004. 《까치 둥지가 보이는 동네》. 바다출판사.

이병천. 2008. 〈이명박 정부와 촛불집회〉. 《촛불이 민주주의다》(권지희 외). 해피스토리.

이상길. 2009. 〈순수성의 모랄〉. 《그대는 왜 촛불을 끄셨나요》. 산책자.

이성욱. 2004. 《쇼쇼쇼 ─ 김추자. 선데이 서울 게다가 긴급조치》. 생각의 나무.

이순형. 2005. 《붉은악마와 월드컵》. 서울대출판부.

이승원. 2005. 《소리가 만들어낸 근대의 풍경》. 살림.

이승원. 2005. 《학교의 탄생》. 휴머니스트.

이시재. 1988. 〈사회운동과 사회구조의 제수준〉. 《사회운동과 사회계급》. 전예원.

이영미. 2006. 《한국대중가요사》. 민속원.

이완범 외. 2005. 《1980년대 한국사회 연구》. 백산서당.

이원보. 2005. 《한국노동운동사 100년의 기록》. 한국노동사회연구소.

이은미 외. 2003. 《디지털 수용자》. 케뮤니케이션북스.

이정우. 1999a. 《들뢰즈와 사건의 철학》. 거름.

_____. 1999b. 《시뮬라크르의 시대》. 거름.

이종구 외. 2006. 《1960-70년대 노동자의 작업장 문화와 정체성》. 한울.

이종래. 2006. 〈1990년대 축적체제의 변화와 노사관계의 변화〉. 《한국 자본주의의 축적체제 변화(1987~2003)》(경상대학교 사회과학연구원 엮음). 한울.

이종영. 1994. 《지배양식과 주체형식》. 백의.

이종오. 1988. 〈현대 한국사회와 사회운동〉. 《한국인문사회과학의 현단계와 전망》. 역사비평사.

이진경. 2002a. 《철학의 외부》. 그린비.

_____. 2002b. 〈혁명의 욕망. 욕망의 혁명〉. 《문화/과학》. 30호.

_____. 2003. 《노마디즘 1,2》. 휴머니스트.

_____. 2008. 《철학과 굴뚝청소부》. 그린비.

이택광. 2009. 〈촛불의 매혹은 우리에게 무엇을 남겼나〉. 《그대는 왜 촛불을 끄셨나요》. 산책자.

이해진. 2008. 〈촛불집회 10대 참여자들의 참여 경험과 주체형성〉. 《경제와 사회》 80호. 한울.

임수환. 1997. 〈박정희 시대 소농 체제에 대한 정치경제학적 고찰〉. 《한국정치학회보》 31호. 한국정치학회.

임지현 외 엮음. 2004. 《대중독재 1. 2. 3》. 책세상.

_____ 외. 1995. 《전환의 정치. 전환의 한국사회》. 사회비평사.

임희섭. 1994. 《한국의 사회변동과 가치관》. 나남출판.

_____. 1997. 《집합행동과 사회운동의 이론》. 고려대출판부.

일상문화연구회 편. 2004. 《일상문화읽기》. 나남.

장문석 외 엮음. 2006. 《근대의 경계에서 독재를 읽다》. 그린비.

장상환. 2006. 〈1990년대 자본축적과 국가의 역할〉. 《한국 자본주의의 축적체제 변화 (1987~2003)》(경상대학교 사회과학연구원 엮음). 한울.

장하준. 이순희 역. 2007. 《나쁜 사마리아인들》. 부·키.

전경수. 2003. 《문화의 이해》. 일지사.

전국불안정노동철폐연대. 2009. 《비정규직 없는 세상》. 메이데이.

전규찬. 2008. 〈촛불집회. 민주적·자율적 대중교통의 빅뱅〉. 《문화/과학》 가을호. 문화과학사.

전재호. 2006. 《반동적 근대주의자 박정희》. 책세상.

전태일. 1988. 《내 죽음을 헛되이 하지 마라》. 돌베개.

정기용. 1997. 〈일상. 공간. 라이프스타일의 정치학 — 삶을 위한 '영역' 회복〉. 《문화/과학》 제12호.

정대화. 2008. 〈촛불항쟁과 현단계 한국 민주주의 과제〉. 《촛불이 민주주의다》(권지희 외). 해피
스토리.

정보사회학회 편. 1998. 《정보사회의 이해》. 나남.

정상호. 2008. 〈'촛불'과 한국 민주주의 — '풀뿌리 생활정치'의 모색〉. 《환경과 생명》. 가을호.

정성진. 2006. 〈한국 자본주의 축적의 장기 추세와 위기 — 1970-2003〉. 《한국 자본주의의 축적
체제 변화(1987~2003)》(경상대학교 사회과학연구원 엮음). 한울.

정영희. 2005. 《한국사회의 변화와 텔레비전 드라마》. 커뮤니케이션북스.

정일준 외. 2004. 《1960년대 한국의 근대화와 지식인》. 선인.

정일준. 2009. 〈통치성을 통해 본 한국 현대사 — 87년체제론 비판과 한국의 사회구성 성찰〉(별
쇄본). 《민주사회와 정책연구》 17호. 민주사회정책연구원.

조대엽. 1999. 《한국의 시민운동》. 나남.

_____ 외. 2005. 《현대 한국인의 세대경험과 문화》. 집문당.

_____. 2007. 《한국의 사회운동과 NGO》. 아르케.

조명래. 2002. 《현대사회의 도시론》. 한울.

조민. 1986. 《국가독점자본주의론 1》. 한울.

조정래. 2002. 《한강》. 해냄.

조흡. 2001. 《의미 만들기와 의미 찾기》. 개마고원.

주은우. 2003. 《시각과 현대성》. 한나래.

조남현. 1979. 〈도시적 삶의 징후들〉. 《현대문학》 11월호. 현대문학사.

조정환. 2002. 《지구제국》. 갈무리.

_____. 2003a. 《아우또노미아》. 갈무리.

_____. 2003b. 《제국의 석양. 촛불의 시간》. 갈무리.

_____. 2009. 《미네르바의 촛불》. 갈무리.

조한혜정 외. 2003. 《한류와 아시아의 대중문화》. 연세대학교출판부.

조형준. 2007. 《일방통행로》. 새물결.

조희연. 2008. 〈촛불시위. 제도정치와 직접행동정치〉. 《촛불이 민주주의다》(권지희 외). 해피스토
리.

주무현. 2008. 〈1990년대 제조업에서 중소자본의 축적양식 — '양극화' 가설 검토를 중심으로〉.
《한국 자본주의의 축적체제 변화(1987~2003)》(경상대학교 사회과학연구원 엮음). 해
피스토리.

진중권. 2009. 《호모 코레아니쿠스》. 웅진.

지행네트워크. 2009. 《나는 순응주의자가 아닙니다》. 난장.

천정환. 2003. 《근대의 책읽기》. 푸른역사.

_____. 2008. 《대중지성의 시대》. 푸른역사.

철학연구회. 2004. 《디지털시대의 민주주의와 포퓰리즘》. 철학과현실사.

최녹진. 1995. 〈문화 공간 수용을 통해 본 '욕망하는 주체' — 라깡의 주체 개념의 재해석과 적용 가능성 모색〉. 서강대 석사학위논문.

최세진. 2006. 《내가 춤출 수 없다면 혁명이 아니다》. 메이데이.

최장집 외 엮음. 1993. 《시민사회의 도전》. 나남.

최장집. 2004. 《민주화 이후의 민주주의》. 후마니타스.

_____. 2008. 〈촛불집회가 제기하는 한국 민주주의의 과제〉. 경향신문 주최 긴급 시국대토론회 개회사.

_____. 2010. 《민중에서 시민으로》. 돌베개.

최평길. 2006. 《P세대. 대학생 진화론. 실용과 세대의 코드를 읽는다》. 연세대출판부.

편집부. 2001. 《서울20세기공간변천사》. 서울정개발연구원.

_____. 2001. 《서울20세기생활 · 문화변천사》. 서울정개발연구원.

하상복. 2009. 〈광장과 정치〉. 《기억과 전망》 21호. 민주화운동기념사업회.

하효숙. 2001. 〈1970년대 문화정책을 통해 본 근대성의 의미 — 문예중흥 5개 년 계획과 새마을운동을 중심으로〉. 서강대 석사학위논문.

한국공간환경학회. 1998. 《현대도시이론의 전환》. 한울.

한국사회학회 · 한국정치학회. 1995. 《한국의 국가와 시민사회》. 한울.

한국언론학회 외. 1998. 《정보화시대의 미디어와 문화》. 세계사.

한국역사연구회. 1998. 《한국현대사 4》. 풀빛.

한국정신문화연구원. 1999. 《1960년대 사회변화연구》. 백산서당.

한서설아. 2004. 《다이어트의 성정치》. 책세상.

한윤형. 2009. 〈왜 우리는 무력한 촛불이 되었나〉. 《그대는 왜 촛불을 끄셨나요》. 산책자.

함께하는시민행동. 2002. 《인터넷 한국의 10가지 쟁점》. 역사넷.

현택수. 2003. 《예술과 문화의 사회학》. 고대출판부.

홍석률. 2004. 〈1960년대 한국 민족주의의 분화〉. 《1960년대 한국의 근대화와 지식인》. 선인.

홍성태. 2002. 〈근대화에서 근대성으로〉. 《문화/과학》 가을호. 문화과학사.

_____. 2008. 〈촛불집회와 민주주의〉. 《경제와 사회》. 겨울호.

홍일표. 2009. 〈'이중의 탈제도화' 압력과 한국 시민운동의 대응〉. 《기억과 전망》 20호. 민주화운동기념사업회.

황 근 외. 2006. 《모바일미디어 — 디지털 유목민의 감각》. 커뮤니케이션북스.

황병주. 2009. 〈1960년대 비판적 지식인 사회의 민중의식〉. 《기억과 전망》 21호. 민주화운동기념사업회.

LG경제연구원. 2005. 《2010 대한민국 트렌드》. 한국경제신문.

3. 번역서와 국외 문헌

Adorno, Theodor W(ed.). 2001[1948]. 《계몽의 변증법》. 김유동 옮김. 문학과지성사.

Adorno, Theodor W. 1999[1966]. 《부정의 변증법》. 홍승용 옮김. 한길사.

Agamben, Giorgio. 2008[1995]. 《호모 사케르》. 박진우 옮김. 새물결.

_____. 2009[2003]. 《예외상태》. 김항 옮김. 새물결.

Anderson, Benedict. 2005[1983]. 《상상의 공동체》. 윤형숙 옮김. 나남.

Morris, Aldon D.. 1992. *Frontiers in Social Movement*. ed. by Carrol M. Mueller. New Haven: Yale University Press.

Althusser, Louis. 1990[1965]. 《마르크스를 위하여》. 고길환 외 옮김. 백의.

_____. 1991[1966]. 《자본론을 읽는다》. 김진엽 옮김. 두레.

_____. 1993. 《역사적 맑스주의》. 서관모 묶어 옮김. 새길.

_____. 1994. 《아미엥에서의 주장》. 김동수 묶어 옮김. 솔.

Arendt, Hannah. 1996[1958]. 《인간의 조건》. 이진우 외 옮김. 한길사.

Balibar, Etienne. 2007[1997]. 《대중들의 공포》. 서관모 옮김. 도서출판b.

Barnett, A. 1976. "Raymond williams and Marxism." *New Left Review*. Sept.

Baudrillard, Jean. 1991[1970]. 《소비의 사회》. 이상률 옮김. 문예출판사.

_____. 1994[1973]. 《생산의 거울》. 배영달 옮김. 백의.

_____. 1995[1972]. 《기호의 정치경제학 비판》. 이규현 옮김. 문학과지성사.

_____. 2000[1968]. 《사물의 체계》. 배영달 옮김. 백의.

Bauman, Zygmunt. 2008[2004]. 《쓰레기가 되는 삶들》. 정일준 옮김. 새물결.

Beck, Ulrich. 1997[1993]. 《위험사회. 새로운 근대성을 향하여》. 홍성태 옮김. 새물결.

Benjamin, Walter. 1996. 《발터 벤야민의 문예이론》. 반성완 묶어 옮김. 민음사.

_____. 2005[1981]. 《일방통행로》. 조형준 옮김. 새물결.

Berman, Marshall. 1995[1982]. 《현대성의 경험》. 윤호병 외 옮김. 현대미학사.

Berreby, David. 2007[2005]. 《우리와 그들. 무리짓기에 대한 착각》. 정준형 옮김. 에코리브르.

Blanchot, Maurice and Nancy, Jean-Luc. 2005[1984]. 《밝힐 수 없는 공동체. 마주한 공동체》. 박준상 옮김. 문학과지성사.

Brooks, David. 2001[2000]. 《보보스》. 형선호 옮김. 동방미디어.

Burke, Kenneth. 1989. *On symbols and society*. Chicago: Univ. of Chicago Pr.

Canetti, Elias. 1982[1960]. 《군중과 권력》. 강두식 옮김. 주우.

Carter, April. 2007[2005]. 《직접행동 21세기 민주주의. 거인과 싸우다》. 조효제 옮김. 교양인.

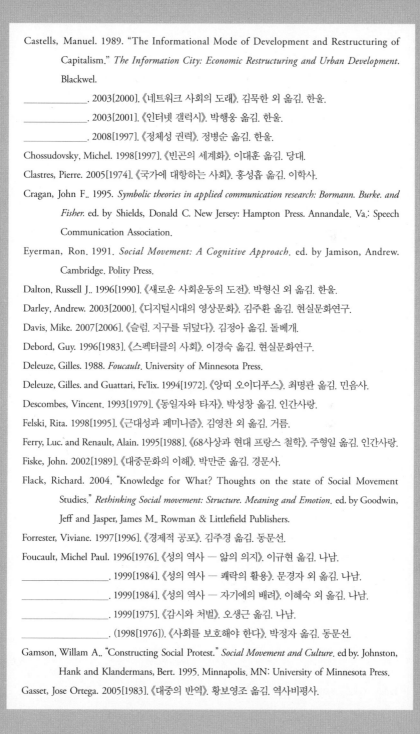
Castells, Manuel. 1989. "The Informational Mode of Development and Restructuring of Capitalism." *The Information City: Economic Restructuring and Urban Development.* Blackwel.

_____. 2003[2000]. 《네트워크 사회의 도래》. 김묵한 외 옮김. 한울.

_____. 2003[2001]. 《인터넷 갤럭시》. 박행웅 옮김. 한울.

_____. 2008[1997]. 《정체성 권력》. 정병순 옮김. 한울.

Chossudovsky, Michel. 1998[1997]. 《빈곤의 세계화》. 이대훈 옮김. 당대.

Clastres, Pierre. 2005[1974]. 《국가에 대항하는 사회》. 홍성흡 옮김. 이학사.

Cragan, John F.. 1995. *Symbolic theories in applied communication research: Bormann. Burke. and Fisher.* ed. by Shields, Donald C. New Jersey: Hampton Press. Annandale. Va.: Speech Communication Association.

Eyerman, Ron. 1991. *Social Movement: A Cognitive Approach.* ed. by Jamison, Andrew. Cambridge. Polity Press.

Dalton, Russell J.. 1996[1990]. 《새로운 사회운동의 도전》. 박형신 외 옮김. 한울.

Darley, Andrew. 2003[2000]. 《디지털시대의 영상문화》. 김주환 옮김. 현실문화연구.

Davis, Mike. 2007[2006]. 《슬럼. 지구를 뒤덮다》. 김정아 옮김. 돌베개.

Debord, Guy. 1996[1983]. 《스펙터클의 사회》. 이경숙 옮김. 현실문화연구.

Deleuze, Gilles. 1988. *Foucault.* University of Minnesota Press.

Deleuze, Gilles. and Guattari, Fe'lix. 1994[1972]. 《앙띠 오이디푸스》. 최명관 옮김. 민음사.

Descombes, Vincent. 1993[1979]. 《동일자와 타자》. 박성창 옮김. 인간사랑.

Felski, Rita. 1998[1995]. 《근대성과 페미니즘》. 김영찬 외 옮김. 거름.

Ferry, Luc. and Renault, Alain. 1995[1988]. 《68사상과 현대 프랑스 철학》. 주형일 옮김. 인간사랑.

Fiske, John. 2002[1989]. 《대중문화의 이해》. 박만준 옮김. 경문사.

Flack, Richard. 2004. "Knowledge for What? Thoughts on the state of Social Movement Studies." *Rethinking Social movement: Structure. Meaning and Emotion.* ed. by Goodwin, Jeff and Jasper, James M.. Rowman & Littlefield Publishers.

Forrester, Viviane. 1997[1996]. 《경제적 공포》. 김주경 옮김. 동문선.

Foucault, Michel Paul. 1996[1976]. 《성의 역사 — 앎의 의지》. 이규현 옮김. 나남.

_____. 1999[1984]. 《성의 역사 — 쾌락의 활용》. 문경자 외 옮김. 나남.

_____. 1999[1984]. 《성의 역사 — 자기에의 배려》. 이혜숙 외 옮김. 나남.

_____. 1999[1975]. 《감시와 처벌》. 오생근 옮김. 나남.

_____. (1998[1976]). 《사회를 보호해야 한다》. 박정자 옮김. 동문선.

Gamson, Willam A.. "Constructing Social Protest." *Social Movement and Culture.* ed by. Johnston, Hank and Klandermans, Bert. 1995. Minnapolis. MN: University of Minnesota Press.

Gasset, Jose Ortega. 2005[1983]. 《대중의 반역》. 황보영조 옮김. 역사비평사.

Gilloch, Graeme. 2005[1996].《발터 벤야민과 메트로 폴리스》. 노명우 옮김. 효형출판.

Giddens, Anthony. 1998[1994].《좌파와 우파를 넘어서》. 김현옥 옮김. 한울.

_____. 2001[1991].《현대성과 자아정체성》. 권기돈 옮김. 새물결.

Gorz, Andre. 1989. *Critique of Economic Reason*. tr. Handyside, Gillian and Turner, Chris. Verso.

Gramsci, Antonio. 1999.《옥중수고 I · II》. 이상훈 묶어 옮김. 거름.

Hall, Stuart. 1996[1988].《스튜어트 홀의 문화이론》. 한나래.

_____. 2007[1988].《대처리즘의 문화정치》. 임영호 옮김. 한나래.

Harvey, David. 1994[1989].《포스트모더니티의 조건》. 구동회 옮김. 한울.

_____. 1996[1989].《도시의 정치경제학》. 초의수 옮김. 한울.

_____. 2001[2000].《희망의 공간》. 최병두 외 옮김. 한울.

Heim, Michael. 1997[1993].《가상현실의 철학적 의미》. 여명숙 옮김. 책세상.

Henwood, Doug. 1995. "Info fetishism." *Resisting the virtual life: the culture and polities of information*. ed. by Brook, James. City Lights Books.

Hebdige, Dick. 1998.《하위문화》. 이동연 옮김. 현실문화연구.

Higgins, John. 1999. *Raymond Williams: Literature. Marxism. and Cultural Materialism*. Routledge.

Hobbes, Thomas. 2006[1651].《리바이어던》. 김용환 옮김. 살림.

John M, MacKenzie. 1984. *Propaganda and empire: The manipulation of British public opinion. 1880-1960*. Manchester Univ Press.

Hunt, Scott A. and Benford, Robert D.. 2004. "Collective Identity. Solidarity and Commitment," *The Blackwell Companion to Social Movement*. ed. by Snow, David A.. Soule, Sarah Anne. Kriesi, Hanspeter. Blackwell Publishing Ltd.

Jowett, Garth S.. 1999. *Propaganda and Persuasion*. ed. by O'donnell, Victoria J. Sage Publications Inc..

Katsiaficas, Georgy. 2000[1997].《정치의 전복》. 윤수종 옮김. 이후.

Kellner, Douglas. 1997[1995].《미디어 문화》. 김수정 옮김. 새물결.

Koselleck, Reinhart. 1998[1985].《지나간 미래》. 한철 옮김. 문학동네.

Kornhauser, William. 1959. *The Politics of Mass Society*. NY: The Free Press.

Lash, Scott. 1998[1996].《기호와 공간의 경제》. 현대미학사.

Le Bon, Gaustave. 2005[1896].《군중심리》. 이상돈 옮김. 가디서원.

Lefebvre, Henri. 1991. *The Critique of Everyday Life* V.1. Moore. J(trans.). London: Verso.

Lemaire, Anika. 1994[1970].《자크 라캉》. 이미선 옮김. 문예출판사.

Lofland, John. 1996. *Social Movement Organization: Guide to Research on Insurgent Realities*. New York: Aldine de Gruyter.

Lukács, Georg. 2005[1970].《역사와 계급의식》. 박정호 외 옮김. 거름.

Machiavelli, Niccolo. 1998[1513].《군주론》. 송우 옮김. 여명출판사.

Mackay, Charles. 2004[1841].《대중의 미망과 광기》. 이윤섭 옮김. 창해.

Maffesoli, Michel ed. 1995.《일상생활의 사회학》. 박재환 외 옮김. 한울.

Martin, Hans Peter. 2005[1996].《세계화의 덫》. 강수돌 옮김. 영림카디널.

McDonald, Kevin. 2002. "From Solidarity to Fluidarity: social movement beyond 'collective identity'-the case of globalization conflicts." *Sosial Movement Study*. 1(2).

Melucci, Alberto. 1995. "The Process of collective Identity." *Social Movement and Culture*. ed by. Johnston, Hank and Klandermans, Bert. University of Minnesota Press.

Moscovici, Serge. 1996[1981].《군중의 시대》. 이상률 옮김. 문예출판사.

Negri, Antonio. 1994[1978].《맑스를 넘어선 맑스》. 윤수종 옮김. 새길.

_____. 1996[1977].《지배와 사보타지》. 윤수종 묶어 옮김. 새길.

_____ ed. 1996[1994].《디오니소스의 노동》. 이원영 옮김. 갈무리.

_____. 1997[1981].《야만적 별종》. 윤수종 옮김. 푸른숲.

_____ ed. 2001[2000].《제국》. 윤수종 옮김. 이학사.

_____. 2008[2004].《다중》. 조정환 외 옮김. 세종서적.

Perter, Linebaugh ed. 2008[2000].《히드라》. 정남영 외 옮김. 갈무리.

Polletta, Francess. and Jasper, James M. 2001. "Collective Identy and Social Movement." *Annual Review of Sociology*. 27.

Poster, Mark. 1994[1990].《뉴미디어의 철학》. 김성기 옮김. 민음사.

_____. 1998[1995].《제2미디어시대》. 이미옥 외 옮김. 민음사.

_____. 2005[2001].《미네르바의 올빼미가 날기 전에 인터넷을 생각한다》. 김승현 외 옮김. 이제이북스.

Pratkanis, Anthony. 2001. *Age of Propaganda: The everyday use and abuse of persuasion*. ed. by and Aronson, Elliot. Owl Books.

Ranciere, Jacques. 2008[1998].《정치적인 것의 가장자리에서》. 양창렬 옮김. 길.

Reuth, Ralf Georg. 2006[1990].《괴벨스. 대중선동의 심리학》. 김태희 옮김. 교양인.

Reich, Wilhelm. 2006[1933].《파시즘의 대중심리》. 황선길 옮김. 그린비.

Revy, Pierre. 2002[1994].《집단지성》. 권수경 옮김. 문학과지성사.

Rheingold, Howard. 2003[2002].《참여군중》. 이운경 옮김. 황금가지.

Riesman, David. 2003[1961].《고독한 군중》. 이상률 옮김. 문예출판사.

Ritzer, George. 2003[1996].《맥도날드 그리고 맥도날드화》. 김종덕 옮김. 시유시.

Roszak, Theodore. 2005[1986].《정보의 숭배》. 정주현 외 옮김. 현대미학사.

Savage, Mike. 1996[1993].《자본주의 도시와 근대성》. 김왕배 외 옮김. 한울.

Schmookler, Andrew Bard. 1998[1993].《시장경제의 환상》. 박상철 옮김. 매일경제신문사.

Schussman, Alan. and Soule, Sarah Anne. 2005. "Process and Protest: Accounting for Individual

Protest Participation." *Social Forces*. 84(2).

Sennett, Richard. 2002[1998].《신자유주의와 인간성의 파괴》. 조용 옮김. 문예출판사.

Shirky, Clay. 2008[2008].《끌리고 쏠리고 들끓다》. 송연석 옮김. 갤리온.

Simmel, Georg. 2005.《짐멜의 모더니티 읽기》. 김덕영 외 묶어 옮김. 새물결.

_____. 2007.《예술가들이 주조한 근대와 현대》. 김덕영 옮김. 길.

Singer, Daniel. 2000[1999].《누구를 위한 세계화인가》. 윤길순 옮김. 살림.

Spinoza, Benedict. 2001[1924].《국가론》. 김성근 옮김. 서문당.

Stiglitz, Joseph. 2002[2002].《세계화와 그 불만》. 송복철 옮김. 세종연구원.

Storey, John. 2006[2001].《대중문화와 문화연구》. 박만준 옮김. 경문사.

Surowiecki, James. 2005[2004].《대중의 지혜》. 홍대운 외 옮김. 랜덤하우스 중앙.

Thompson, E. P.. 2000[1966].《영국노동계급의 형성》. 나종일 외 옮김. 창비.

Turner, Graeme. 2001[1992].《문화연구입문》. 김연종 옮김. 한나래.

Veblen, Thorstein. 2007[1899].《유한계급론》. 원용찬 옮김. 살림.

Virno, Paolo. 2004.《다중》. 김상운 옮김. 갈무리.

Virno, Paolo et al. 2005.《비물질노동과 다중》. 김상운 외 옮김. 갈무리.

Webster, Frank. 1999[1995].《정보사회이론》. 조동기 옮김. 나남.

Williams, Raymond. 2007[1965].《기나긴 혁명》. 성은애 옮김. 문학동네.

酒井隆史. 2007[2006].《폭력의 철학》. 김은주 옮김. 산눈.

柄谷行人. 2005[2001].《트랜스크리틱》. 송태욱 옮김. 한길사.

찾아보기